教育部、财政部高等学校特色专业教材
高等院校国际经济与贸易专业系列教材

U0890741

国际商务

丁浩员　谢雯璟　主编

上海财经大学出版社

图书在版编目(CIP)数据

国际商务 / 丁浩员,谢雯璟主编. —上海:上海财经大学出版社,2020.3
教育部、财政部高等学校特色专业教材
高等院校国际经济与贸易专业系列教材
ISBN 978-7-5642-3385-3/F·3385

Ⅰ.①国… Ⅱ.①丁… ②谢… Ⅲ.①国际商务—高等学校—教材 Ⅳ.①F740

中国版本图书馆 CIP 数据核字(2019)第 210247 号

□ 责任编辑 李嘉毅
□ 封面设计 张克瑶

国际商务

丁浩员 谢雯璟 主编

上海财经大学出版社出版发行
(上海市中山北一路 369 号 邮编 200083)
网 址:http://www.sufep.com
电子邮箱:webmaster @ sufep.com
全国新华书店经销
江苏句容市排印厂印刷装订
2020 年 3 月第 1 版 2020 年 3 月第 1 次印刷

787mm×1092mm 1/16 16 印张 410 千字
印数:0001－3000 定价:48.00 元

前　言

随着经济全球化的不断发展，世界正在快速变化着。中国在全球化的历史进程中扮演着越来越重要的角色。目前，我国已成为世界第二大经济体，世界第一出口大国、第二进口大国，吸引外资和对外投资十分活跃，国际经济合作程度不断加深，正在全面提高建设开放型经济的水平，迫切需要大批高层次、厚基础、复合型、外向型和创新型的国际商务专业人才。然而，我国国际商务人才队伍无论在数量上还是质量上与实际需求都存在很大的差距，突出表现为高层次复合型人才供给严重短缺；跨国经营的适应能力弱，缺乏国际化视野；应对国际市场新环境的创新能力严重匮乏。

本教材探讨了全球化、区域经济一体化背景下，国际商务活动的主要对象——国际贸易、国际直接投资、外汇交易、全球资本市场等的相关理论与实践，结合现实案例分析了政治、法律、经济等正式制度以及语言、文化、道德等非正式制度对国际商务活动的影响，通过引用简单的数理模型探讨了企业跨国经营时的战略选择。

本教材在系统、全面地对国际商务基本理论及其相关知识、技能和概念进行讲解的基础上，注重现代性与新颖性，结合了许多重要的国际时事，同时，在内容布局上增加了实用性和趣味性，以帮助读者提高国际交流和商务实践的能力。

系统性和全面性

国际商务这一学科在国内起步较晚，目前所使用的教材多为引进的国外教材，对我国的现实舆情分析相对较少。本教材作为一本国内的国际商务教材，不仅致力于系统性讲解，而且提供了国内外最近的研究成果，引入最前沿的论题供读者学习讨论，同时融合了国内发展的现状、特点及国内外重大事件，来帮助读者更全面地结合本国国情理解国际商务。

本书主要从以下几个方面对国际商务的相关知识进行了系统而全面的讲解：(1) 详述世界经济一体化发展历程和当前国际化环境；(2) 详察国际贸易和国际投资的相关理论与经济实践；(3) 阐明全球货币体系与各国汇率制度的功能和形式；(4) 解释世界各国国际分工差异的原因和表现；(5) 考察跨国企业的战略和组织结构。

第一章，阐释全球化的基本概念以及测度指标，分析全球化对经济、环境、文化等各方面的影响及各方对全球化的不同观点，介绍中国金融全球化的进程。

第二章，详述国际贸易理论，结合数据，分析全球及中国国际贸易的现状，并引导读者利用所学的理论来解释如今国际贸易的诸多重要事件。

第三章，分析国际直接投资的现状和发展趋势，阐明国际直接投资的含义和内容，详述国际直接投资的理论和应用。

第四章，引入汇率的概念，考察全球主要的外汇市场，分析外汇市场的特点和重要性，解释外汇市场的交易方式以及对企业的影响。

第五章，从理论角度对汇率进行讲解，阐明汇率决定理论和常见的汇率制度，详述我国汇率制度的变迁，解读国际收支平衡表。

第六章，阐释区域经济一体化的含义和动因，分析全球与区域经济一体化的进程，并结合一些具体事件，如“一带一路”倡议等做进一步的分析。

第七章，介绍全球资本市场概况，结合具体案例分析全球资本市场发展的动因和风险，引导读者理解汇率变动对国际商务活动的影响。

第八章，以案例为基础，阐述正式制度和非正式制度，明确制度对国际商务的重要作用。

第九章，从政治、经济、法律三个方面讲解正式制度，分析不同政治、经济、法律制度的优缺点，并介绍各国在政治、经济、法律制度方面的差异。

第十章，介绍非正式制度的具体形式，分别从宏观、微观的角度分析非正式制度可能对国际商务活动造成的影响。

第十一章，深入讲解跨国企业的运营，引入简单的数理模型，分析企业职能及其战略选择，探讨企业在国际商务环境中的竞争。

现代性和新颖性

本书引入了一些新近的学术理论和学术研究，使用最新的例子和统计数据，深入浅出地解释了全球发展趋势和国际商务理论，同时在适当的理论背景下探讨国内外时事，以帮助读者进一步理解相关知识点。比如，在第一章全球化中，介绍了我国的金融全球化进程，分析了2018年习近平在博鳌论坛上关于中国推进金融业开放的指示；在第二章和第三章中，结合相关理论和数据分析了2018年中美贸易摩擦对双方贸易和对外直接投资的影响；在第六章中，介绍了欧洲、美洲、亚洲和非洲在区域经济一体化方面所做出的努力，并结合时事，如英国“脱欧”等做了进一步分析；在第八章中，以编者的近期研究为例帮助读者明晰市场化指数的应用。

实用性和趣味性

为了提高学生的学习兴趣，增加本书的实用性、趣味性，本书引入了大量具有代表性的案例，如苹果公司的全球化、外资收购民族品牌、华为的跨国战略等，用事实来诠释理论。此外，本书还介绍了多种衡量指标，选用了大量具体数据，并给出相关的数据库，以帮助读者更直观地理解和进一步独立研究。

在写作过程中，我们的研究生曹姝劼、倪蓓、贾贞、周真珍、高爽和李肖做了很大的贡献，我们的家人也给予了很大的支持，在此表示感谢。

编　者

2020年3月

目　录

第一章

全 球 化

学习目标

- 解释全球化的概念并阐释全球化的 4 种重要体现形式。
- 用多种加总指标和网络指标测度全球化。
- 解释并测度金融全球化，了解中国金融全球化进程中的大事件。
- 对世界各经济体进行分类并列举各类别经济体的特点，了解世界主要区域性贸易集团和全球机构。
- 了解全球化对经济增长、收入不平等以及环境的影响。
- 了解如今各国对于全球化的观点。

引入案例

手机是如今人们重要的沟通工具之一。苹果手机是为全世界人们所熟知的一款手机，这款小小的手机正是全球化的一种体现。生产苹果手机的美国苹果公司构建了巨大的全球价值链，其产品的供应商来自全球 28 个不同的国家，并统一在中国进行组装。以苹果手机所使用的芯片为例，该芯片由英国的公司 ARM 向美国苹果公司提供所使用芯片的知识产权，再由美国苹果公司的工程师开发出适合苹果产品的芯片，接着在韩国的三星半导体工厂里进行加工生产，最后芯片被送到中国深圳的富士康工厂里组装进手机并销售到世界各地。在经济全球化的背景下，商品的生产被分割成了不同的部分，不同部分的生产工作被交由全球各地不同类型的企业完成，形成了一种全球生产体系。除了苹果手机，我们所使用的戴尔电脑、乘坐的奔驰汽车、穿着的耐克服装、品尝的星巴克咖啡都是全球化的产物。

1.1 什么是全球化

全球化(Globalization)就是世界经济变成一个更加相互依赖、更加密不可分的整体的过程，简单来讲，就是世界上各个国家的人民、各国的经济活动更加紧密地结合在了一起。

全球化有不同的体现方式，如“引入案例”中所提到的生产全球化，此外，还有市场全球化、人力资本全球化以及信息技术全球化等。

1.1.1 生产全球化

如今，很多跨国企业选择从全球各地区筹备商品和服务，以利用各国在劳动力、能源、土地等生产要素方面的优势，从而降低生产成本，提高产品质量。这种将某一产品的价值链交由不同国家的不同企业共同生产完成的方式，就是**生产全球化**(Globalization of Production)。以一架波音 777 飞机为例，其 30%左右的零部件生产由海外企业完成。其中，飞机的机身、舱门、机翼是由 8 家日本供应商提供的；飞机起落架是由一家新加坡企业生产供应的；机翼的阻力板则是由 3 家意大利供应商制造的。

早期生产全球化仅表现为产品制造环节的外包，部分企业通过外包的方式将产品的制造环节外包给劳动力资本、能源资本或土地资本价格更低的其他国家的工厂。然而，随着互联网技术的发展，人们的沟通成本降低，很多企业开始将服务外包给其他国家，如美国医院将部分放射科的工作外包给印度医生，实现了外包业务从简单产品制造到服务外包的升级。

1.1.2 市场全球化

产品生产完成后，便进入了产品的销售阶段。原本分散和独立的各国市场现在都相互融合，逐渐形成了一个巨大的国际市场，这就是**市场全球化**(Globalization of Markets)。那么，究竟是什么推动了市场的全球化呢？如今，消费者相似的偏好、跨国企业倾向提供标准化产品、贸易壁垒的下降都促进了全球化市场的形成。就像几乎全世界的消费者都能接受甚至喜爱星巴克咖啡的口味一样，如今各个国家消费者的偏好逐渐融合，形成了一部分全球性的标准；同时，一些跨国企业也倾向于在不同国家和地区提供统一标准的产品，如宜家在不同的国家提供的都是标准化的家具，对于同一个型号的餐桌，每家宜家提供的都是一模一样的产品；而贸易壁垒的下降，如运输成本的下降、关税的下降，能够让企业更加简单、便利地将产品销售到世界各地，从而让其有动机将其市场销售的布局扩大到全球。这些因素都推动了全球化市场的形成。

目前，大多数全球化企业在海外的生产和销售活动的规模远大于其在国内的生产经营活动。例如，雀巢 50%的销售来自境外市场，宝洁的这一比例达到 65%，可口可乐的这一比例则达到了 80%。

1.1.3 人力资本全球化

除了生产与销售，人力资本也呈现全球化趋势，很多企业开始在不同国家雇用员工来负责企业某项专业业务，即**人力资本全球化**(Globalization of Human Capital)。

许多新兴国家与欠发达国家有着充足与低廉的劳动力，很多跨国企业选择将一些低端职位转移到这些国家。其中，中国一直有“世界的工厂”的名号，这是由于很多跨国企业利用中国的低廉人力成本，将简单的工厂制造业务外包给中国的企业，如苹果手机的组装工作就被外包给了中国的富士康。同样，印度也有“世界的办公室”的称号，劳动力便宜、英语水平高、计算机操作能力强等因素导致了跨国企业将基础的服务业务转移到了印度，如 IBM 和微软等软件企业常常会雇用印度的工程师进行软件设计的测试工作。由于时差的原因，印度的工程师可以在美国的软件设计师晚间休息的时候进行漏洞检测，并在美国软件设计师次日上班时提供测试结果从而进行下一步研发工作，由此便能加快研发进程、节约时间、降低生产成本。除了软件研发与产品测试外，很多美国的跨国企业雇用了很多印度员工负责呼叫业务。印度有 70%以上的呼叫业务服务于海外市场，仅戴尔在印度就设有 4 个呼叫中心和 10 000 名员工负责呼叫业务。

随着越来越多海外留学学生归国，带来了更加先进的技术和管理方法，原本的非发达国家员工的素质和能力都有所提升，人力资本的全球化出现了新的趋势。对于全球化企业来讲，尤其是在新兴市场国家，“智力资本的竞争”开始成为一个关键的环节，因此，现在部分企业开始将高端行业的“白领”甚至“金领”职位转移到中国等新兴市场国家，而原本低端行业的“白领”“蓝领”职位则开始由中国等国家向其他人力资本更为低廉且员工能力相对较弱的发展中国家转移。如今中国的企业外包价值链就是处于这种由低端向高端发展的过程中：从行业来看，新一轮的外包已经不再是玩具、服装、家电等劳动密集型产业了，而是转变成了以软件、生物制药、信息技术等为主的高端服务业；从生产环节来看，海外企业的外包从原本简单的制造加工环节发展到了设计研发、供应链管理、金融服务等核心业务环节。因此，中国目前新一轮的离岸外包具有知识密集、高附加值等特点。

1.1.4 信息技术全球化

信息技术的传播是全球化的重要媒介和推动力。过去信息技术落后，国内基本的贸易和通信都困难，全球化更是难如登天。

我国最早的信息传播记载出现在三千多年前的商代，乘马传递曰驿。但这种方式传递消息太慢，容易出错，有时传信人未送达就身故，导致信息无法送达。周代出现了用烽火传递信息的方法，西汉则使用竹简上奏。公元 105 年，东汉宦官蔡伦发明了造纸术，纸的轻盈为远距离的信息传播增加了很大的可能性，但由于陆上传播工具依旧主要是马匹、人力等，国家、地区间信息往往依靠远洋航运系统，其传播速度缓慢。例如，1492 年 8 月 3 日哥伦布开始他的航行，临行前国王曾托付给他一封信，要他务必带给元朝“大汗”，但元朝早在 1368 年就已经被推翻，1492 年已经是明朝弘治五年了。1838 年莫尔斯的电报装置试验成功后，各国纷纷建立国内电报通信系统，重要信息可以更快地传递。

现代信息技术的发展在极大程度上促进了如今全球化的发展。信息技术已经深入我们每个人的工作和生活，信息技术的发展使得各国的边界逐渐模糊，使得各国企业进行全球化业务更加便捷。各种通信技术的发展使得不同国家的企业可以高效地交流，如人们可以通过电子邮件和视频会议的方式沟通、谈判、决策。同时，人工智能的发展，如智能翻译可以帮助使用不同语言的人们无障碍地进行交流，大数据处理能力的提高可以帮助人们搜罗和分析繁杂的各国信息等。此外，各跨国企业还能利用脸书、微博等社交网络平台获取不同国家的消费者偏好信息，并在不同国家对其产品进行推广销售等。因此，信息技术的发展促进了全球商务活动和全球化的发展。

1.2 全球化的度量指标

前文介绍了什么是全球化以及全球化的体现，那么全球化究竟是如何度量的呢？接下来的章节将介绍两种全球化的度量方法，一种是加总指标的度量方式，另一种是网络指标的度量方式。这里所说的加总指标，是指通过简单加总计算而得到的数值指标，网络指标则需要用复杂公式以网络建模的方式得出。

1.2.1 加总指标

用来探究经济全球化程度的加总式指标有很多，表 1－1 列举了比较常用的几种度量指标，如贸易开放度、外商直接投资额占总 GDP 的百分比以及发展中国家和新兴市场国家的各项指标(如购买力平价下的 GDP、对外直接投资额和外汇储备)占对应指标在全世界总额中的百分比。表 1-1 中右侧的数值是采用各指标计算出的指数,可以看到,每个指标的数值基本具有增长的趋势,这表明从 1980 年到 2010 年全球化的程度在不断加深。

表 1-1　　全球化度量的加总指标(经济类)

指　标(%)	1980 年	1985 年	1990 年	1995 年	2000 年	2005 年	2010 年
贸易开放度	38.4	37.8	38.0	41.8	48.8	53.7	56.0
发达国家	39.5	39.1	38.0	40.9	48.1	52.0	55.9
发展中国家和新兴市场国家	32.8	31.2	38.1	46.4	52.5	62.0	56.7
外商直接投资额存量占世界 GDP 的百分比	6.5	8.3	9.4	11.3	23.1	25.2	29.7
发达国家	4.9	6.5	8.9	10.8	22.7	25.3	30.7
发展中国家和新兴市场国家	11.8	14.7	13.6	16.4	40.1	50.2	60.3
发展中国家和新兴市场国家							
在购买力平价下的 GDP 占世界 GDP 的百分比	31.7	32.7	32.7	33.0	34.2	38.5	45.2
对外直接投资额占世界对外直接投资额的百分比	13.1	9.6	7.0	9.2	11.0	11.5	17.8
外汇储备占全球外汇储备的百分比	…	…	…	32.9	37.1	51.9	66.6

数据来源:世界银行。

贸易开放度是指一个国家或地区对外贸易开放的程度,是衡量一国全球化程度的重要指标,具体表现为市场的开放程度。通常,一个国家或地区的贸易开放度由该国或地区的产品和服务进口额和出口额占世界总 GDP 的百分比来测量。从表 1-1 中可见,在 20 世纪 90 年代之前,发达国家的贸易开放度远超发展中国家和新兴市场国家,但近 30 年来,这种情况出现了反转,发达国家贸易开放度反而落后于发展中国家和新兴市场国家。不过这种反转并不稳定,受 2008 年全球经济危机的影响,发展中国家和新兴市场国家的贸易开放度与发达国家基本持平。从总体来看,全球化的程度不断加深,无论是发达国家还是发展中国家,国与国之间的联系总体呈现增强的趋势。

接受外商直接投资是一国参与全球经济活动的一种常见方式,由一国所接受的外商直接投资额占其 GDP 的百分比也可以看出该国对外的开放程度、参与国际经济活动的积极程度,从而体现该国的全球化程度。就外商直接投资额占其 GDP 的百分比而言,发达国家和发展中及新兴市场国家的这一指标都在不断上升,再次显示了 20 世纪末至 21 世纪初,各国全球化不断增强这一趋势。对比流入发展中国家和新兴市场国家的资金占其 GDP 的比值增长速度,可以看到发展中国家及新兴市场国家的外商直接投资额占比从 1980 年的 11.8%一路高涨到 2010 年的 60.3%,远超发达国家从 4.9%到 30.7%的增长速度。从这个指标来看,全球化在发展中国家和新兴市场国家的发展速度,以及目前的发展程度要高于在发达国家的发展速度和程度。不过这个指标在横向比较时有缺陷,发展中国家和新兴市场国家相较发达国家而言,前者拥有更加充沛且低廉的人力资本、土地资本和自然资源,从而吸引了外资的流入;同时,发展中国家和新兴市场国家的 GDP 与发达国家相比基数小，因而造成了发达国家的外商直接投资额占比小于发展中国家和新兴市场国家。如果结合绝对数值，即所接受的外商直接投资总量与本国的对外投资来看，结论会大有不同。

除了贸易开放度、外商直接投资额占比之外，一国或地区的对外直接投资额占比、其 GDP 占世界 GDP 的比重、外汇储备占全球外汇储备的比重等都可以用来展示该国或地区的全球化程度。表 1－1 对发展中国家和新兴市场国家的这三个加总指标进行了列举，这里我们以外汇储备的占比为例，简单分析一下发展中国家和新兴市场国家全球化程度的发展。从发展中国家和新兴市场国家的外汇储备占全世界总外汇储备的比重来看，其占比在 1990 年仅为世界总外汇储备的 32.9%，而在 2005 年，发展中国家和新兴市场国家的外汇储备占比就已经超过了世界总外汇储备的 50%，在 2010 年更是涨到了 66.6%。这说明越来越多的发展中国家和新兴市场国家参与全球化进程，且参与的程度更深。以中国为例，自 2001 年中国加入世界贸易组织以来，中国加速融入全球经济，对外开放进一步扩大，国际收支持续大额顺差，加之西方经济持续低迷，促使外国直接投资大幅度增加，仅 2001 年全年中国外汇储备就净增 466 亿美元，外汇储备量突破 2 000 亿美元居于世界第二位。随着中国进出口贸易高速增长，同时伴随着美元利率的下降，使得人民币利率水平高于美元，进一步促进了外汇的流入，在经常项目和资本项目双顺差的推动下，中国的外汇储备出现大幅增长，2006 年 2 月底更是达到 8 536 亿美元，首次超过日本的 8 501 亿美元，跃居世界第一。2014 年 6 月底中国的外汇储备达到 39 932 亿美元的高峰。由于全球化程度的不断加深，中国与其他国家的联系也越来越紧密，高外汇储备造成中国面临其他国家货币贬值而导致的中国外汇储备购买力下降、资产受损的风险。根据中国人民银行公布的数据，2018 年 12 月末，中国外汇储备余额为 3.07 万亿美元。尽管近年来中国的外汇储备量有所跌落，但在大部分人看来，中国的外汇储备量仍处在较高水平。

在分析全球化程度动态变化的时候，除了列表，还可以通过画图的方式以更直观地展现其变化。本书将以贸易开放度这个指标为例来观察全球化的变化趋势。图 1－1 所使用的数据均来自国泰安数据库且均换算成美元。根据换算后的数据，我们将各国 1970 年到 2017 年的 GDP、进口额和出口额按年份加总后，计算出进出口贸易总额占总 GDP 的比例，得到贸易开放度指标的数值，并制作了图 1－1。可以看到，从 1970 年到 2017 年，全球进出口贸易额占 GDP 的百分比，也就是贸易开放度，总体呈上升趋势，即全球化进程在该时间段内在不断推进；特别注意，在 2009 年该指标出现明显跌落，就是在这个时间点前，2008 年全球经济危机爆发，各国

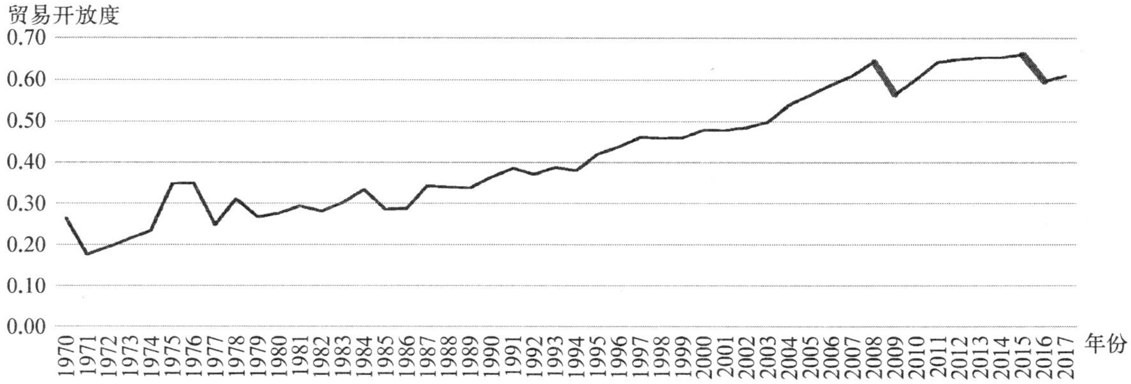

数据来源：国泰安数据库。

图 1－1　贸易开放度指标折线图

在此时开始对全球化进程的推进产生怀疑和担心，因而次年对外贸易额下降，全球化的发展受阻。从图 1－1 中可以看到，2016 年全球贸易开放度也有一次明显的跌落。此处的跌落可能是受特朗普推行贸易保护主义、英国拟“脱欧”导致人们对于贸易一体化的怀疑等的影响。图 1－1 还表明，尽管该指标总体上呈现上升趋势，但并非一路高歌、持续增长，而是涨跌起伏、不断变化发展的，这便印证了稍后的章节将要介绍的“全球化变化发展观”。

无论是贸易开放度，还是其他占比类指标，都是经济指标，除此之外，本书还会介绍一些非经济的、社会人文类加总指标来测度全球化。例如**互联网指标**。目前，互联网几乎深入每个人的生活，人们可以通过互联网来了解世界各地的政治、经济和文化等，如我们可以看看美国总统最近在推特上说了什么、昔日的日化王者——宝洁为何退市、南极的企鹅近来遇到了怎样的生存困境等。我们可以采用发达国家以及发展中国家和新兴市场国家的互联网使用人数占全球总人口的比例，从互联网的使用角度来衡量全球化。又如**人口类指标**。我们可以采用国际移民的存量人数、难民人数占全球总人数的比例，从人口角度来衡量全球化。再如**旅游指标**。随着交通的便利、收入的提升以及全球化的推进，越来越多的人会在假期选择出国旅游，工作的人可以借此换个环境放松心情，有孩子的家庭则可以通过出国旅游带孩子领略不同国家的风土人情，因此，国际旅游人数占全球人口的比例也可以从社会方面测度全球化。另外，书籍是人们了解外界的窗口，有关**国际化的书籍数量**也是一个从文化方面测度全球化的有趣指标。

以上这些指标与之前的加总指标一样，都是用来衡量一国或地区的全球化程度的。还有一些加总指标是专门用来体现全球的全球化程度的，如联合国成员的数目、政府间国际组织（如亚太经合组织、欧盟、东盟等）的数目、非政府国际组织（如国际红十字会、奥委会等）的数目等。这些指标无法针对某一个国家，却从全球的角度揭示了各国之间联系紧密程度的变化。

如同经济类指标，本书将这些非经济类指标列在表 1－2 中，从中可以看到，上述指标的数值几乎处于上涨趋势，这表明从 1980 年到 2010 年全球化在不断发展。

表 1－2　全球化度量的加总指标（非经济类）

指　　标	1980 年	1985 年	1990 年	1995 年	2000 年	2005 年	2010 年
互联网使用人数占全球总人口的比例（%）	…	…	0.1	0.8	6.7	16.0	30.2
发达国家	…	…	0.3	3.7	30.5	59.4	73.4
发展中国家和新兴市场国家	…	…	0.0	0.0	1.5	7.3	21.5
国际移民的存量人数占全球总人口的比例（%）	2.2	2.3	3.0	2.9	2.9	3.0	3.1
难民人数占全球总人口的比例（%）	…	…	…	0.3	0.2	0.1	0.2
工人汇款占全球 GDP 的比例（%）	0.41	0.39	0.42	0.36	0.43	0.63	0.75
国际旅游人数占全球总人口的比例（%）	3.5	6.7	8.6	9.5	11.4	13.0	13.7
有关国际化的书籍数量（册）	577	1 107	2 152	4 853	10 525	22 405	38 440
联合国成员数量（个）	154	159	159	185	189	191	192
政府间国际组织数量（个）	337	378	300	…	243	244	253
非政府国际组织数量（个）	4 265	4 676	4 621	…	6 357	7 412	8 198

数据来源：联合国、国际电信联盟。

1.2.2 网络指标

除了加总指标外，还能采用网络指标测度全球化。网络是由一群主体构成的总和，其中部分主体相互之间具有某种关联。这种相关关系的定义很灵活，可以是任何不同形式的关系。例如，国家间出口贸易的关系、股票投资者是否是同一家健身房的健身伙伴的关系、企业董事之间的校友关系以及企业之间的战略伙伴关系等，均可以用来构建网络。

此处引入社会网络分析中重要的度中心性的概念。度中心性(Degree Centrality)也称中心度，是在网络分析中刻画节点中心性(Centrality)的度量指标。一个节点的节点度越大，就意味着这个节点的度中心性越强，该节点在网络中就越重要。在无向图中，度中心性的计算公式如下：

$$度中心性=\frac{d_i(w)}{n-1}=\frac{\#\{j: w_{ji}=1\}}{n-1}$$

其中：w 为该网络的矩阵；$\#\{j: w_{ji}=1\}$ 为计算节点 i 与其他$(n-1)$个 j 节点之间直接联系的数量，即节点 i 的绝对中心度；$(n-1)$为节点 i 与其他$(n-1)$个 j 节点之间子的可能的连接数，绝对中心度 $d_i(w)$ 除以$(n-1)$即该节点 i 的相对中心度。

度中心性是衡量节点中心性的指标之一，除此之外还有两种衡量节点中心性的主要指标，如表 1-3 所示。

表 1-3　　接近中心性与中间中心性

名　　称	意　　义	公　　式	注　　释
接近中心性(Closeness Centrality)	反映网络中某一节点与其他节点的接近程度	$\sum_{j\neq i}\frac{l(i, j)}{n-1}$	$l(i, j)$ 是节点 i 和节点 j 之间最短线路的距离
中间中心性(Between Centrality)	通过经过某节点的路径数目来刻画节点的重要性	$\sum_{k\neq j;\ i\notin\{k, j\}}\frac{P_i(kj)/P(kj)}{(n-1)(n-2)/2}$	$P(kj)$ 是任意两点 k、j 之间所有测地线(即最短距离)的数目；$P_i(kj)$ 是 k、j 两点的测地线经过 i 点的数目

目前学术上有众多关于网络的研究，如丁浩员等(2019)研究了资本流动网络与全球贸易网络的因果关系。继美国之后，欧盟中的一些国家等发达国家和印度等新兴市场国家纷纷出台大量限制性贸易壁垒，从贸易角度“去全球化”有一触即发之势。在这样的背景下，该文讨论了一国在国际贸易网络和国际金融网络中地位的相互作用，结果表明，短期的贸易保护主义行为尽管会缩小贸易规模并减少贸易目的地的多样性，但不会改变资本流动状态；而美国升息等带来的资本在短期流动的变化，甚至一些国家进行的资本管制，则会对贸易收缩产生强化作用。如果目前以美国为首的贸易保护主义进一步发酵，并且较长时间持续，将会带来在贸易和金融两个维度的“去全球化”。故该文建议世界主要国家采取行动，尽快终止目前的贸易保护主义和单边主义行为。

在用网络指标测度全球化时，可以将国家之间两两进行贸易的关系构建成一张网络，其中一个点代表一个国家，点的大小代表其贸易量的多少，两个点之间的连线则表明这两个国家之间有贸易往来。从图 1-2 中可以看到，随着时间的变化，整个网络越来越密，这表明如今全球越来越多的国家参与国际贸易，全球化程度越来越深；此外，我们从点的大小还能发现，大部分点在逐渐变大，这表明大部分国家的贸易量在不断增加，其中，中国的贸易发展极为迅速，从原本的一个贸易小国如今成长为与美国不相上下的贸易大国。

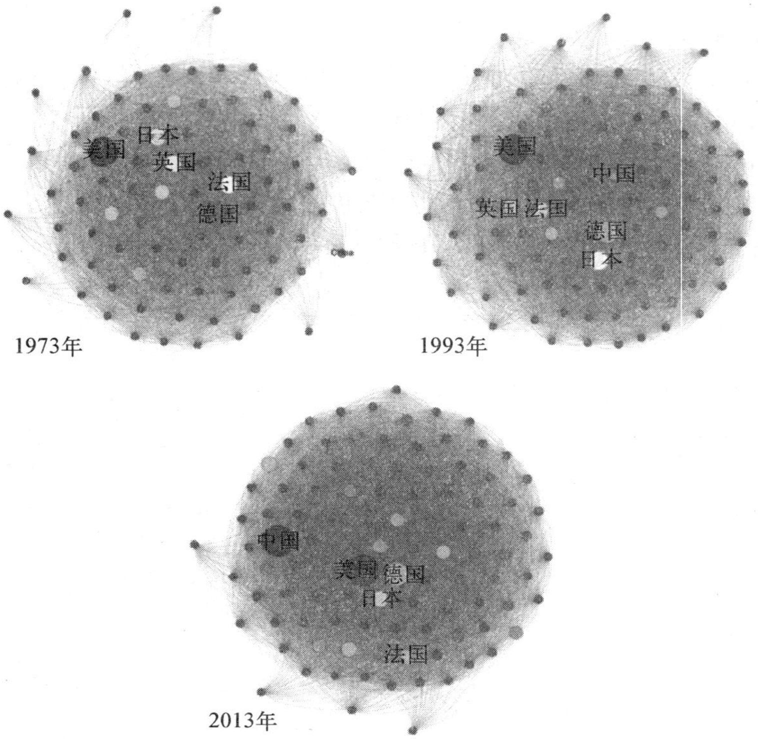

数据来源：贸易方向统计(DOTS)与联合投资组合调查(CPIS)。

图1－2　国际贸易网络变化图

此外，我们还能用国际航班交通图对全球化进行衡量。航线网越密集，表明各个国家之间的航线越多，全球化程度也就越深。

1.3　金融全球化

1.3.1　金融全球化的概念

前面一节介绍了经济全球化的度量方式，金融全球化则是经济全球化的重要组成部分，经济全球化必然要求和带来金融全球化。在这一节，我们将带大家了解一下经济全球化的核心——金融全球化。

金融全球化(Globalization of Finance)是指世界各国、各地区在金融业务、金融政策等方面相互交往和协调、相互渗透和扩张、相互竞争和制约已发展到相当水平，进而使全球金融形成一个联系密切、不可分割的整体。

金融全球化主要表现在资本流动全球化、货币体系全球化、金融市场全球化、金融机构全球化、金融协调和监管全球化等方面。资本流动的放开起初是固定汇率制度解体后，由发达国家率先尝试的，经过几十年的发展，国际资金已逐步流向发展中国家和新兴市场国家。国际货币体系在布雷顿森林体系解体后，通过多方努力，目前趋于相对稳定状态，为金融全球化奠定了基础。金融市场全球化则是国际资本流动的基础，国际金融市场的发展与壮大为金融全球化提供了“硬件”支持。跨境金融机构的涌现也催化了金融全球化。金融协调和监管的全球化则为全球化金融活动提供了保障。

1.3.2 金融全球化的度量方式

探究金融全球化的程度，可以采用每日货币交换流通量占 GDP 的比重、跨境银行海外资产占 GDP 的比重、跨境银行贷款和存款存量占 GDP 的比重等进行测度，如表 1－4 所示。表 1－4 中的数据是由国际清算银行(Bank of International Settlement，BIS)提供的，这些指标几乎都呈现上升的趋势，由此可以得出 1980 年至 2010 年，金融全球化程度一直在加深。

表 1－4　　金融全球化的度量指标

指　　标	1980 年	1985 年	1990 年	1995 年	2000 年	2005 年	2010 年
每日货币交换流通量/GDP	0.7	1.3	3.8	5.6	6.8	4.6	6.3
跨境银行海外资产/GDP	1.7	19.9	28.1	28.5	34.2	54.0	47.9
跨境银行贷款和存款存量/GDP	13.9	19.9	34.3	33.1	37.6	39.1	34.9

数据来源：国际清算银行官网。

国际清算银行是英国、法国、德国、意大利、比利时、日本等国的中央银行与代表美国银行界利益的摩根银行、纽约和芝加哥的花旗银行组成的银团，根据海牙国际协定成立于 1930 年，最初为处理第一次世界大战后德国战争赔款问题而设立，后演变为一家由各国中央银行合作的国际金融机构，是世界上历史最悠久的国际金融组织。目前，国际清算银行的使命是为各国中央银行服务以维护货币和金融稳定，促进这些领域的国际合作，并充当中央银行的银行。其数据是与各国中央银行、国家当局合作编制的，以分析金融稳定性、国际货币溢出效应和全球流动性。

当登录国际清算银行的网站，我们可以看到每 3 年各国年平均每日货币交换流通量的数据。根据国际清算银行中所有货币的流通量总额的数据和国泰安数据库中各国 GDP 的数据，我们可以计算出全球年平均每日货币交换流通量占 GDP 的比重，并通过换算成为指数，画成折线图(如图 1－3 所示)以呈现金融全球化的程度。从趋势上看，该指标与国际清算银行提供的每日货币交换流通量占全球 GDP 的比重呈相同的上升趋势，即金融全球化在不断发展中。

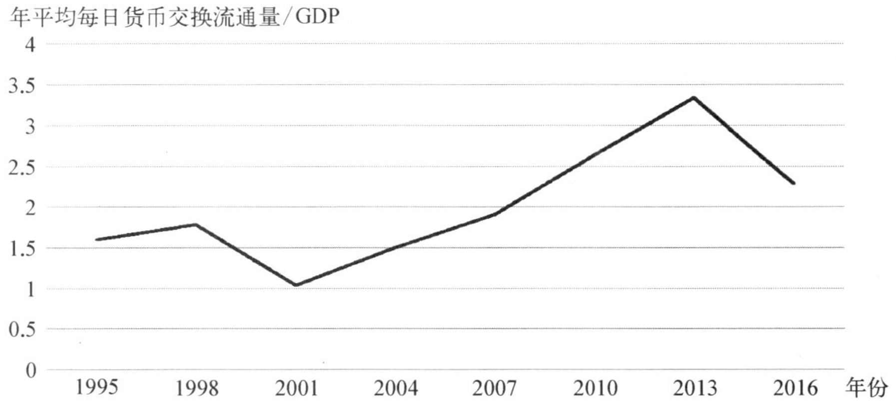

数据来源：国际清算银行官网和国泰安数据库。

图 1－3　金融全球化度量

在国际清算银行的官网上，我们还能看到其发布的银行发展报告。图 1－4 是国际清算银行截至 2018 年 12 月发布的跨境银行贷款年增速。在 2007 年以前，其增速几乎都大于零，即跨境银行贷款数额不断提升，年增速一度超 20%，全球化发展迅猛；但到 2008 年全球金融危机前后，跨境银行的贷款数额大幅跌落，全球化发展受阻，直到 2018 年年底跨境银行的贷款数额仍在不断上下波动。从目前来看，跨境银行的贷款数额正处于缓慢增长的过程中。这可能是由于近年来各国经济、政治环境不稳定、不确定性较强，跨境银行担心坏账问题而不愿意贷款，同时各国投资者在进行投资活动时也更加谨慎，因此贷款需求下降。

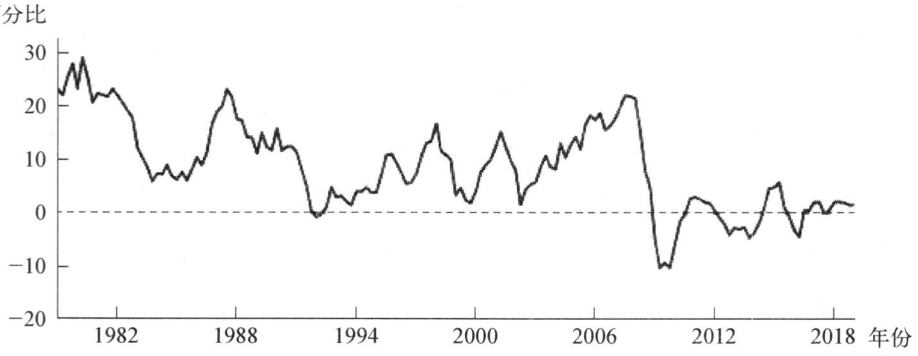

数据来源：国际清算银行官网。

图 1－4　跨境银行贷款年增速

来看一个反映金融全球化发展的例子。图 1－5 的纵坐标是至少连续两个季度 GDP 都下降的经济合作与发展组织（OECD）国家的占比。从图中可以观察到，在 20 世纪金融危机发生时，至少连续两个季度 GDP 都下降的 OECD 国家占所有 OECD 国家的比例均未超过 45%；而从 2007 年开始的金融危机期间，几乎所有 OECD 国家都出现了至少连续两个季度 GDP 下降的情况。由此可见，如今世界上各个国家越来越紧密地联系在了一起，当一个国家发生金融危机时，其影响会很快地蔓延到其他相关国家，造成其他相关国家的经济衰退。由此也能够说明，如今金融全球化的程度越来越深。

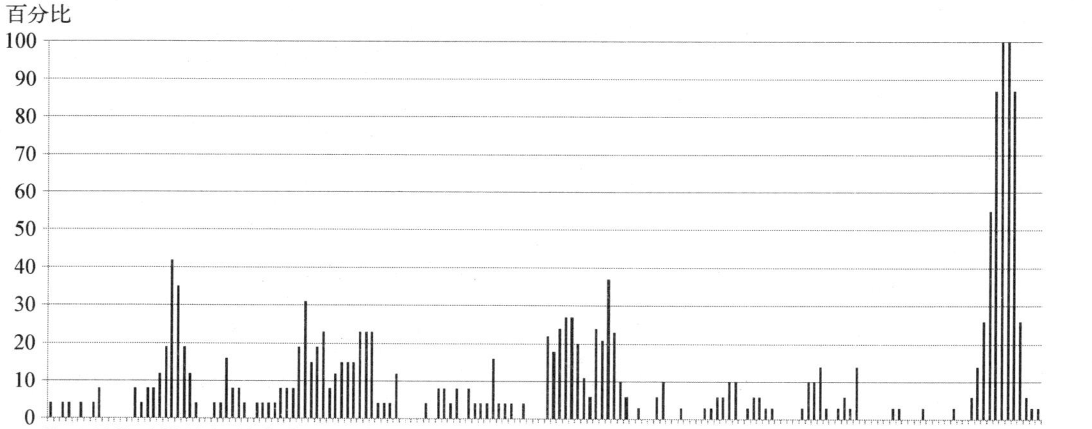

数据来源：http://data.oecd.org/。

图 1－5　至少连续两个季度 GDP 都下降的 OECD 国家的占比

1.3.3 中国的金融开放

从全球的视角来看，金融全球化的程度总体呈现上升态势。那么，中国的金融全球化进程又是如何发展的呢？

图 1－6 展现了中国金融全球化发展进程的部分大事件时间线，从 1994 年汇率并轨开始，中国的金融全球化发展拉开了序幕，到 2018 年习近平在博鳌论坛上关于中国推进金融业开放的指示，中国的金融全球化正在稳步推进中。接下来，我们将分版块详细地介绍中国为实现金融全球化所做的努力。

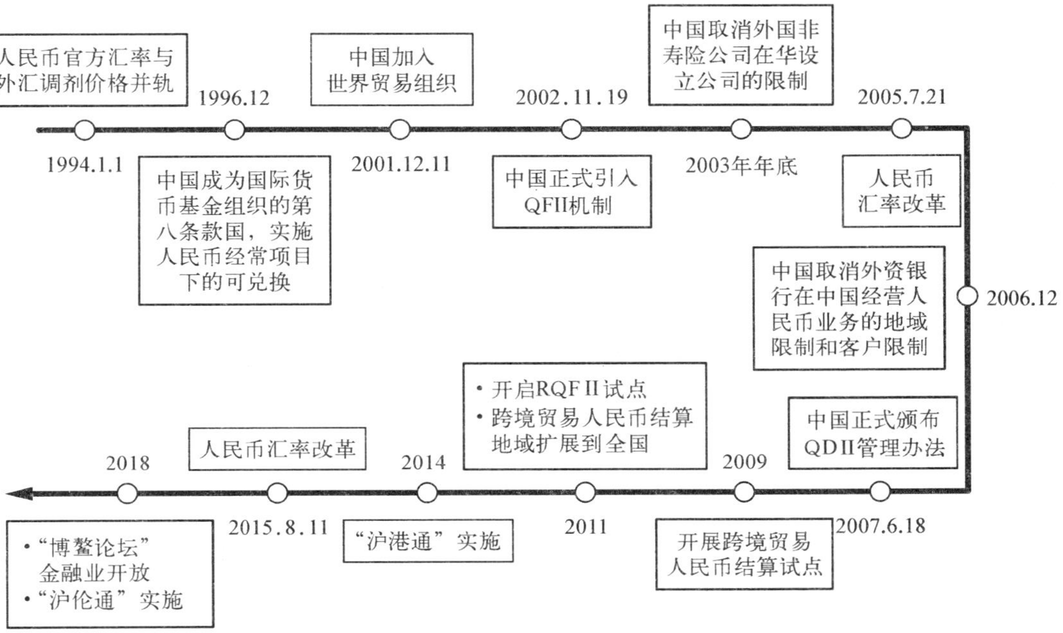

图 1－6　中国金融全球化发展进程部分大事件时间线

(1) 从人民币汇率制度的变化看中国的金融开放

人民币诞生初期，中国的计划经济体制尚未完全建立，人民政府宣布人民币不以黄金为基础，在实际操作中实行的是管理浮动制。人民币对美元的汇率根据人民币对美元的出口商品比价、进口商品比价和华侨日用生活费比价三者加权平均确定，这样的状态一直持续到 1952 年。自 1953 年起，国民经济实行计划化，物价由国家规定且基本稳定，人民币汇率实质上实行固定汇率制度。1973 年受布雷顿森林体系解体的影响，人民币汇率遵循"一篮子货币"原则实行单一浮动汇率制度。党的十一届三中全会以后，中国进入了向社会主义市场经济过渡的改革开放新时期。为鼓励外贸企业出口，中国的汇率体制从单一汇率制转为双重汇率制，官方汇率与贸易外汇内部结算价并存（1981～1984 年），官方汇率与外汇调剂价并存（1985～1993 年）。人民币汇率真正意义上的全球化进程，或者说市场化进程是从 1994 年开始的。

1994 年 1 月 1 日，人民币官方汇率与外汇调剂价格正式并轨，我国开始实施以市场供求为基础的、单一的、有管理的浮动汇率制度，中国的对外开放进程逐步推进。此前，由于固定汇率的官方汇率市场和外汇调剂市场并存，两个市场的价格不同就会导致套利从而产生寻租问题。为了促进出口，1994 年人民币汇率改革并轨，人民币对美元的汇率由原本的 5.7 左右提升到了 8.6 左右。随着汇率的提高，人民币贬值，使出口更有利，中国的国际收支出现顺差。

2005 年 7 月 21 日，人民币汇率机制改革开启，中国开始实施以市场供求为基础、参考“一篮子货币”进行调节、有管理的浮动汇率制度。2015 年 8 月 11 日，中央银行宣布调整人民币对美元汇率中间价报价机制，人民币汇率不再盯住单一美元，而是选择若干种主要货币并赋予相应的权重组成一个货币篮子，以市场供求为基础，参考“一篮子货币”计算人民币多边汇率指数，维护人民币汇率在合理均衡水平上的基本稳定。目前，人民币的汇率改革仍在不断地稳步推进中。

(2) 从国际收支平衡表的经常性账户和资本账户的开放程度看中国的金融开放

从经常性账户来看，1996 年 12 月，中国成为国际货币基金组织的第八条款国，实施人民币经常项目下的可兑换。这一举措为中国贸易的发展、与他国金融关系的发展以及人民币的国际化奠定了基础。2009 年国务院决定在上海、广州、深圳、珠海、东莞开展跨境贸易人民币结算试点，并在 2011 年将结算地域扩展到了全国。

从资本账户来看，此前，中国的资本账户基本处于关闭状态、未开放，尤其是针对短期资本而言，这是由于担心“热钱”在短期内大进大出会造成国内金融系统的不稳定。1997 年东亚金融危机爆发的一个直接原因便是亚洲部分国家在保持固定汇率的基础上扩大金融自由化以吸引外资，让国际炒家有了可乘之机，当危机萌芽时，这些炒家迅速撤出当地金融市场，使得市场迅速崩溃，危机爆发，而中国正是因为当时的金融账户未曾开放而得以保全。但是，在当时那样的封闭状态下，仍然有一些缝隙，如 QFII、QDII 以及互联互通机制。

2002 年 11 月 19 日，《合格境外机构投资者境内证券投资管理暂行办法》发布，中国正式引入 QFII 制度。QFII(Qualified Foreign Institutional Investor)机制是外国专业投资机构到境内投资的资格认定制度，也就是说，如果一个美国人看到中国证券市场上的贵州茅台涨势很好，且认为该公司有极强的发展潜力，想要投资这只在中国上市的股票，那他必须寻找一个被中国政府准许的合格境外投资机构，将他想要投资的资金交给这家投资机构，由该投资机构经中国的有关部门审批通过后，将这个美国人的投资资金从美元转换为人民币，再通过严格监管的专门账户投资到中国的证券市场。QFII 机制就是中国在货币没有实现完全可自由兑换、资本账户尚未开放的情况下，有限度地引进外资、开放资本市场的一项过渡性政策。在 QFII 的基础上，2011 年 11 月，中国正式开启 RQFII(RMB Qualified Foreign Institutional Investor)试点。2013 年，RQFII 正式确立。RQFII 专指人民币合格境外投资者，也称小 QFII。2018 年 6 月 12 日，中国人民银行和国家外汇管理局对当时实行的 QFII 和 RQFII 政策进行了调整，取消了相关资金汇出比例的限制和本金锁定期的要求并允许 QFII、RQFII 对其境内投资进行外汇套期保值，进一步推动了我国外汇市场的对外开放。根据国家外汇管理局公布的数据，截至 2019 年 4 月 29 日，累计有 290 家 QFII 机构合计获得了 1 057.96 亿美元的投资额度，有 214 家 RQFII 机构合计获得了 6 706.72 亿元人民币的投资额度。

2006 年，中国的部分银行推行了境外代客理财业务，即 QDII(Qualified Domestic Institutional Investor)。与 QFII 类似，在人民币资本项目不可兑换、资本市场未开放的条件下，国内的个人投资者若是看好美国苹果公司的股票，那么，其可以将资金交给有关部门批准的境内机构投资者，由该机构投资者有控制地投资美国资本市场的股票和债券等。2007 年 6 月中国证监会正式颁布《合格境内投资者境外证券投资管理试行办法》。截至 2019 年 4 月 29 日，外汇管理局共审批了 30 家银行类机构、58 家证券类机构、46 家保险类机构和 18 家信托类机构合计 1 039.83 亿美元的投资额度。

2013 年，中国（上海）自由贸易试验区正式设立。其在人民币资本项目可兑换、金融市场利率市场化、人民币跨境使用等方面创造条件，先行先试，使金融改革在区域内取得了突破性进展。

2014 年，上海证券交易所和香港联合交易所允许两地投资者通过当地证券公司买卖规定范围内的对方交易所上市的股票，这就是沪港股票交易市场互联互通机制，即“沪港通”。2018 年年底，“沪伦通”也正式实施，即符合条件的伦敦证券交易所和上海证券交易所的上市公司可以发行存托凭证（Depository Receipts, DR）并在对方市场上市交易。“沪伦通”解决了证券投资项下人民币输出和回流的问题，通过沪股和伦股，可以让人民币输出到伦敦离岸市场，也可以让伦敦的人民币回流到上海。相对于“沪港通”，“沪伦通”的体量更大，想象空间也更大。

（3）中国的金融行业开放进程

2001 年 12 月 11 日，中国正式加入世界贸易组织。按照世界贸易组织的有关规定，中国于 2003 年年底开始取消外国非寿险公司在华设立公司的限制，保险业对外开放。从银行业看，以 2004 年汇丰战略入股交通银行 19.9%的股份为标志，多家外资银行先后作为战略投资者入股中资银行。2006 年年底，中国内地的外资银行资产总额达到 8 068 亿元人民币。随着 2006 年《外资银行管理条例实施细则》的颁布，中国取消了外资银行在中国经营人民币业务的地域限制和客户限制，使得外资银行获得了更多国民待遇。截至 2017 年年末，外资银行在华经营性机构总数达到 1 031 家，近 15 年增长将近 5 倍；外资银行在华总资产约 3.2 万亿元人民币，相比 2001 年中国刚加入世界贸易组织的时候，增长 10 倍之多，并且实现的净利润总计超过 100 亿元人民币。

2018 年 4 月 11 日，中央银行行长易纲在博鳌亚洲论坛上宣布了中国超十项金融开放重磅措施，引起媒体和市场人士的高度关注。

此次金融业对外开放的核心内容可以用“三大原则、十二大举措、两个时间点”概括。

第一条原则是准入前国民待遇和负面清单原则。准入前国民待遇是指在企业设立、取得、扩大等阶段，给予外国投资者不低于本国投资者的待遇，即如果外国企业在中国投资建厂，则该外国企业从其前期设立工厂到后期扩大业务都至少能够享受政府给予的本土企业在设立工厂和扩大业务过程中所享受的一样的待遇。外商投资负面清单是指国务院以清单方式明确列出在中国境内禁止和限制投资经营的行业、领域、业务等，在市场准入负面清单以外的行业皆可依法平等进入。负面清单的好处在于，当市场上出现新行业时，政府的政策无法做到及时进行适应和变更，由于负面清单“黑名单”的属性，政府不从政策层面限制新兴行业的发展，将其交由市场进行调控。例如，此前非常火热的共享单车行业就是一个新兴行业，若政府实行正面清单原则，由于政府的反应速度不及市场，共享单车行业将不会在其设立之初就被囊括进正面清单而使其发展受限，那么共享单车行业就有可能不会实现此前的发展盛况；而若政府实行的是负面清单原则，由于共享单车行业并不在其设立的不准进入的负面清单中，那么只要该行业合法，就能平等地和其他行业一样进入市场进行发展和竞争。由此可以实现政府的简政放权、放管结合和优化服务，鼓励企业创新、激发人们创业的热情。

第二条原则是金融业对外开放与汇率形成机制改革和资本项目可兑换进程相互配合，共同推进。前文提到，目前人民币汇率制度实行的是以市场供求为基础、参考一篮子货币进行调节、有管理的浮动汇率制度。易纲指出，灵活的汇率机制是国际收支调节和跨境资金流动乃至整个经济的稳定器，风险可以通过市场化的汇率机制不断释放，不断有效配置资源。同时，资本项目可兑换也要同步进行，人民币国际化要求稳步推进资本项目可兑换，如果众多资本项目都是管制的，金融业对内、对外开放就名不副实。

第三条原则是在开放的同时，重视防范金融风险，使金融监管能力与金融开放度相匹配。随着金融开放水平的提高，资本流动更加自由，各种新型的金融产品相继出现，风险也就随之增大，若不能好好监管市场动向、控制金融风险，那么金融开放将使国内的金融市场危机四伏。前文提到的 1997 年东亚金融危机便是东亚部分国家金融开放度与金融监管能力不匹配，在保持固定汇率的基础上扩大金融自由化以吸引外资，却没能很好地监控风险所造成的后果。国际经验表明，只有在监管到位的情况下，金融开放才能起到促改革、促发展的作用。

“两个时间点”即在 2018 年 6 月 30 日前将“十二大举措”的前六项大部分落实，后六项措施在 2018 年年底前推出。表 1－5 列示了具体的“十二大举措”，我们将结合这“十二大举措”，总结此次金融业开放的四大特点。

表 1－5　　金融业开放的“十二大举措”

序　号	举　措　内　容
1	取消银行和金融资产管理公司的外资持股比例限制，内外资一视同仁，允许外资银行在境内同时设立分行和子行
2	将证券公司、基金公司、期货公司、人身保险公司的外资持股比例上限放宽至 51％，3 年后不再设限
3	不再要求合资券商的境内股东中至少有一家证券公司
4	为进一步完善互联互通机制，自 2018 年 5 月 1 日开始，将互联互通每日额度扩大 4 倍，“沪股通”“深股通”每日额度调整为 520 亿元人民币，“港股通”每日额度调整为 420 亿元人民币
5	允许符合条件的外国机构投资者来华经营保险代理业务和保险公估业务
6	放开外资保险经纪公司的经营范围，与中资机构一致
7	鼓励在信托、金融租赁、汽车金融、货币经纪、消费金融等银行业金融领域引入外资
8	对商业银行新发起设立的金融资产投资公司和理财公司的外资持股比例不再设上限
9	大幅度扩大外资银行的业务范围
10	不再对合资券商的业务范围单独设限，内外资一致
11	全面取消外资保险公司设立前须开设两年代表处的要求
12	“沪伦通”准备工作进展顺利，争取于 2018 年年内开通“沪伦通”

第一个特点是放松市场准入的限制。针对不同金融领域，政府对于持股比例的限制在逐步放开，使外国投资者有更大的话语权。例如，这次的“十二大举措”中提到，政府取消了银行和金融资产管理公司的外资持股比例限制，允许外资银行像内资银行一样在境内同时设立分行和子行；此外，政府还将证券公司、基金公司、期货公司、人身保险公司的外资持股比例上限放宽至 51％，3 年后外资在这些公司的持股占比将不再受到限制。

第二个特点是拓宽了金融开放的领域，不仅是传统意义上的银行、证券、保险等主要金融机构，而且鼓励在信托、金融租赁、汽车金融等银行业金融领域引入外资，实现金融业更深层次的开放。

第三个特点是进一步扩大了经营范围，扩大了金融市场和业务的准入，让外资机构更好地参与进来。例如，此次政府放开了外资保险经纪公司的经营范围，大幅度扩大了外资银行的业务范围等。

第四个特点是仍坚持资本市场双向开放。为进一步完善互联互通，如“沪港通”机制，政府将互联互通的每日额度扩大为原来的4倍，并争取于2018年年内开通“沪伦通”。未来，中国的资本跨境流动将有进有出，总体实现双向流动，共享金融市场效率提高和全球化带来的好处。

从上述特点来看，此次扩大金融业对外开放将能够促进中国金融机构微观效率的提高，有利于中国金融和经济的发展；同时，也会因为引进外资，加剧金融业的竞争，降低国内货币政策的有效性；并且，伴随着更加频繁的跨境资金流动，中国的货币政策、宏观调控等方面会受到影响，对维护中国的金融安全与稳定提出了新的要求。

1.4 全球化的表现

1.4.1 国别分类

全球的经济体可以被划分为发达国家和新兴市场经济体。在部分机构组织和学术期刊的分类中，新兴市场经济体又被分为发展中国家、转型经济体。

发达国家(Developed Country)是成熟的经济体，是完成了工业化、具有先进生产力、市场体制完善的国家，其人均国内生产总值、国际贸易和投资量都较大。从各大洲的分布来看，发达国家包括北美范围内的美国和加拿大，亚洲和大洋洲范围内的日本、澳大利亚和新西兰，欧洲的28个欧盟国家以及瑞士、挪威和冰岛。

发达国家的市场模式主要有以下几种(参见表1－6)：

一是英美国家采用的盎格鲁·撒克逊模式，此模式是最接近完全自由的市场模式。在英美国家，产权明晰且受到保护，企业自主经营、完全自由，公司治理体制完善，宏观经济手段成熟。

二是日本等国家采用的政府主导型模式，利用产业政策实现经济增长。此外，日本还有较为特殊的股权制度和雇佣制度。在日本，法人持股占比较大，法人之间相互持股极为常见，其优点在于法人之间互做人质，不用担心“后院起火”而可以专心开发新产品，在经济衰退时，法人之间可以相互拆借，共同渡过难关，这都最终导致日本民族工业体系的建立。就雇佣制度而言，日本采用终身雇佣和年功序列的雇佣制度，根据职工的学历和工作时间长短来确定其工资的多少，这种制度便于企业对工人的管理和对人力资本的投资，有利于增强企业的向心力。

三是德国采用的社会市场经济模式，也称莱茵模式，此模式强调社会保障体系的建立，利用税收和福利政策来实现社会的和谐和公正。在这些国家，自由竞争与政府控制并存，经济杠杆与政府引导并用，经济增长与社会福利并重。受原本重农主义分派、社会致公党以及传统基督教思想的影响，这些国家强调商业机构在追求自身利益最大化的同时，要注重社会经济秩序、社会平等，履行“以人为本”的价值观，保证企业的财务绩效、社会责任和外部环境的和谐，实现长期可持续的发展。

四是瑞典、挪威采用的福利国家市场模式。目前，这些国家正处于基金社会主义阶段，即通过立法将企业的部分利润从企业手中转变为工人的集体资产并进行生产投资，使之成为一种与资方资本相抗衡的力量和所有制成本。在这些国家，工会的权利是极大的。

表 1-6　　　　发达国家市场模式

市场模式类型	特　　点	典 型 国 家
盎格鲁·撒克逊模式	最接近完全自由的市场模式，产权明晰且受到保护，企业自主经营、完全自由，公司治理体制完善，宏观经济手段成熟	英国、美国
政府主导型模式	利用产业政策实现经济增长，且拥有特殊的股权制度和雇佣制度	日本
社会市场经济模式（莱茵模式）	强调社会保障体系的建立，利用税收和福利政策来实现社会的和谐和公正	德国
福利国家市场模式	通过立法将企业的部分利润从企业手中转变为工人的集体资产并进行生产投资，使之成为一种与资方资本相抗衡的力量和所有制成本	挪威、瑞典

新兴市场国家（Emerging Market Economics）是目前发展迅速的经济体，印度、中国、巴西等国家被认为是典型的新兴市场国家。“新兴市场”一词二十多年前由世界银行提出，代表那些为所有跨国企业提供巨大机会的市场。在新兴市场国家或地区，其政府的作用相对较为显著，发展较快，处于工业化进程中，大多数采用出口导向型战略且有过半殖民地半封建社会或殖民地历史。例如中国曾经采用的便是出口导向型策略，且在那个飘摇的 100 年中，中国曾一度沦为半殖民地半封建社会。

由于不同的机构组织有着不同的判定标准，因此在部分世界经济体的分类中，新兴市场经济体又被划分为发展中国家和转型经济体。

相对于发达国家，**发展中国家**（Developing Country）具备以下特征：发展中国家的人民大多收入水平和生活水平低下。例如 20 世纪五六十年代的中国，人均寿命比较短，文盲率高，目前老一辈中仍有很大一部分不识字，十几年前中国农村的很多外墙上仍然写着“彻底扫除文盲”的字样。那时的中国人均居住面积较小，尤其是在城市中，在几平方米的房间里一家人要完成睡觉、吃饭、家长工作、孩子学习等多种功能，厨房和厕所大多是在公共区域。然而，尽管收入水平和生活水平低下，发展中国家的出生率却很高。例如在非洲，部分发展中国家一个家庭有八九个孩子，这就导致了这些国家的人民扶养负担重的问题。从生产看，一般来说，发展中国家存在外来工业部门和传统农业部门并存的二元经济结构问题，且发展中国家的局部生产率和全要素生产率较低，产业结构不完善，初级产品或低附加值产品的出口占比大。例如，此前的中国技能工人占比低，因此工厂主要负责加工贸易，出口低附加值产品；然而，随着国家政策的要求以及高技术人才的归国，目前中国出口产品的技术密集度在不断提升。

尽管发展中国家工业化程度落后于发达国家，但发展中国家却拥有后发优势：首先，发展中国家拥有由落后带来的举国一致实现发展的压力，由压力转变为制度变革、生产力提升。例如中华人民共和国成立初期，举国上下一起发展生产，不断进行尝试和制度改革，最终实现了今天的经济快速发展。其次，发展中国家实现工业化的路径选择并不单一且可相互替代。再者，发展中国家可以从发达国家不断引入先进的技术和制度，如中国通过对外投资和进口替代，可以从技术的溢出效应中获取发达国家的先进技术，中国还不断引进其他国家的、适合中国国情的制度从而更好地促进中国的发展。

发展中国家在具有后发优势的同时也具有后发障碍：由于部分发展中国家与发达国家的收入差距过大，贫困恶性循环的压力、资本缺口的压力以及心理的压力都会阻碍发展中国家的发展。此外，由于发展中国家人口基数大且受教育程度低，因此还会面临人口迅速增长以及制度改革迟缓等问题。

还有部分经济体被联合国称为中欧和东欧的转型经济体，如俄罗斯。**转型经济体**(Economies in Transition)是指从政府控制的经济体系向自由市场或资本主义体系转变的国家。此类国家此前是由国有企业和政府控制的，在向自由市场和资本主义体系转变的过程中，这些国家的许多国有企业转变成了私有企业。

印度崛起与越南崛起

谈到印度，我们最先想到的是什么？是《我不是药神》里徐峥贩卖的“假药”？还是《调音师》里那个遇事就保持沉默的“假盲人”？或者是尼罗河的风光和迷人的香料？印度与中国一样，都是人口大国，也都是文明古国且都拥有优越的地理位置，那么印度是否会像中国一样崛起呢？随着信息化产业的发展和贸易全球化的浪潮，作为一个人口大国，印度能够提供大量的信息化技术人才和低端制造业人才。印度拥有低成本的劳动力资源，信息技术、计算机编程等的能力很强，英语更是几乎成为印度人的第二母语，因此，众多海外企业或跨国企业将印度作为其对外直接投资建厂或外包的首选，为印度经济的增长提供了动力。在此之前，出口到欧美的服装、毛绒玩具等低附加值产品大多是“Made in China”(中国制造)，但现在，“世界的加工厂”这一名号逐渐从中国转移到了印度。随着中国人力成本的上升，部分制造业市场从中国向东南亚和南亚地区扩散，这也给印度崛起提供了经济基础。虽然在经济方面，印度乘着世界贸易的“东风”成为“金砖国家”中一颗冉冉升起的明星，但是印度的一些民族文化及其政治体制问题虽然短时间内可能无法充分显现，但从长远来看可能会阻碍印度的发展。

再来看越南，近几年来东南亚成为冬日中国人出国旅游的首选。越南的芽庄、富国岛等，金色的沙滩、碧蓝的海水、悠然的海风还有甜腻的芒果和清新的椰汁，都是吸引中国人前去感受越南风土人情的亮点。除此之外，越南作为中国的近邻，其经济发展也一直颇受关注。伴随着中国国内经济发展水平的不断提高，劳动力成本也随之上升，人口密集型产业在国内的发展受到成本的约束，不再受欢迎；同时，随着中美贸易摩擦的不断加剧，部分产业和投资由于投资者认为中美商业环境的不确定性加大而选择转移出中国，顺理成章的，东南亚进入了人们视野，而拥有九千多万人口的越南自然成了各跨国企业和海外企业的关注重点。然而越南想要运用人口红利达到经济崛起的目标，目前看来还较为困难。越南缺少相应的配套措施。若外资企业想要选择在越南设立工厂，面临的第一个难关就是基础设施不足。没有适配使用的公路、合适的电网、充足的原料，让外资在越南开设工厂存在局限性。尽管越南本土企业借助外资和政策的改变在不断发展，但由于越南国内资源稀缺，大量物资需要从中国进口，其上游产业链断档严重，而下游产业也不乐观，再加上其国内经济快速发展导致的劳动力成本飞速上涨，越南想要真正地崛起，还有很长的一段路要走。

1.4.2 区域性贸易集团

前文介绍了全球各经济体的分类，本节将介绍这些经济体的联盟。目前，全球范围内的区域性贸易集团主要有北美自由贸易区、欧洲联盟和东南亚国家联盟三个贸易联盟，在这三个贸易联盟中，世界的主要贸易活动通过三种主要货币(美元、欧元和日元)完成。世界经济体系不再是单一的中心。目前,这些贸易集团还在不断扩大它们的影响范围并不断地通过贸易多边协议或单边协定吸纳新的国家加入。

欧洲联盟(European Union)简称欧盟,是由欧洲共同体发展而来的,创始成员国有6个,分别为德国、法国、意大利、荷兰、比利时和卢森堡,现拥有28个成员国。自从欧元成为法定货币后,欧盟内部实现了货币一体化,通过立法程序建立了欧盟统一的内部市场,消除了金融壁垒;同时,货币一体化还便利了人们的生活,当国外游客去欧洲旅游时,不必专门携带不同的货币,而只需要携带欧元便可以玩遍欧洲。此外,欧盟内部还实现了贸易一体化,在欧盟内部取消了关税等贸易壁垒。欧盟内部的一体化降低了各成员国之间的交易成本,使商品和公民可以在欧盟各国之间自由流动。

东南亚国家联盟(Association of Southeast Asian Nations)简称东盟,其成员国有马来西亚、印度尼西亚、泰国、菲律宾、新加坡、越南等。其前身是马来亚也就是现在的马来西亚、菲律宾和泰国于1961年7月31日在曼谷成立的东南亚联盟。从整个东亚经济来看,日本和"亚洲四小龙"为亚洲的发展中国家提供了充足的资金和技术。根据赤松要的"雁行"形态发展理论,东亚各国实行区域分工,当日本的某一产业开始衰退时,该产业被转移到"亚洲四小龙"国家,在"亚洲四小龙"国家该产业再次经历由盛到衰的过程,在其衰退时又被转移到中国内地和东盟各国,由此推动整个东亚的经济发展。

北美自由贸易区(North American Free Trade Area)由美洲的发达国家和发展中国家——美国、加拿大和墨西哥三国组成。1994年1月1日,《北美自由贸易协定》正式生效,北美自由贸易区宣布成立。北美自由贸易区是典型的南北双方为共同发展与繁荣而组建的区域经济一体化组织,南北合作和大国主导是其最显著的特征。三个成员国彼此必须遵守协定规定的原则和规则,如国民待遇、最惠国待遇以及程序上的透明化等来实现其宗旨,由此消除贸易障碍。

就目前来看,全球的区域性贸易集团的发展受两个方面的影响:一方面,从国际产业分工的角度来说,全球价值链合作所引领的不同国家之间分工与合作的趋势越来越明显。在这种情况下,各国之间的贸易投资相互依赖程度不断加深,一体化合作的内在需求也在不断提高,使得各国有趋向建立具有凝聚力的贸易投资合作的动机;另一方面,受金融危机、不同国家的政策以及美国贸易保护主义的影响,如美国退出跨太平洋伙伴关系协定、英国拟退出欧盟组织等,都不利于全球区域性贸易集团的发展。

美国退出跨太平洋伙伴关系协定

跨太平洋伙伴关系协定(Trans-Pacific Partnership Agreement, TPP)是目前重要的国际多边经济谈判组织,其前身是跨太平洋战略经济伙伴关系协定(Trans-Pacific Strategic Economic Partnership Agreement, P4)。TPP是由亚太经济合作组织成员国中的新西兰、新加坡、智利和文莱四国发起,从2002年开始酝酿的一组多边关系的自由贸易协定,旨在促进亚太地区的贸易自由化。除2017年退出TPP的美国外,目前TPP的成员国包括新西兰、新加坡、智利、文莱、澳大利亚、秘鲁、马来西亚、越南和日本等。

与其他贸易集团相比,TPP主要具备全覆盖、宽领域和高标准三个特点。首先,TPP涵盖关税、投资、竞争政策、技术贸易壁垒、食品安全、知识产权、政府采购、绿色增长和劳工保护等多个领域,覆盖面极广;其次,TPP既包括货物贸易、服务贸易、投资、原产地规则等传统的自由贸易区条款,也包含知识产权、劳工、环境、临时入境、国有企业、政府采购、金融、发展、能力建设、监管一致性、透明度和反腐败等亚太地区绝大多数自由贸易区尚未涉及或较少涉及的条款;此外,该协定在如环保、劳工、原产地和政府采购等方面包含了诸多高标准的条款。作为亚太经济一体化的重要平台,TPP 虽然本质上仍属于自由贸易区范畴,但其内容和标准均显著超过现有自由贸易区的水平。

2017 年 1 月 20 日,美国总统特朗普宣布美国从 12 国的 TPP 中退出。2017 年 1 月 23 日,其在白宫签署行政命令,标志着美国正式退出 TPP。美国退出 TPP 可能是由于在特朗普看来,TPP 等自由贸易协定损害了美国自身的利益,造成了美国工人的失业以及贸易的赤字,认为这些自由贸易协定是“不公平”的;此外,特朗普认为 TPP 中,美国做出了过多的让步,特朗普表示“经济投降时代终将结束,美国将再次经济独立”。

那么,美国退出 TPP 会产生怎样的影响呢?从美国来看,退出 TPP 使美国失去了从这一自由贸易协定中获取利益的可能并且会削弱美国在亚太地区的话语权,动摇亚太盟友对于美国的信任。从 TPP 的其他成员国来看,美国作为 TPP 的重要成员国甚至是主导方,其退出或将使其他经济体遭受经济损失并导致各方对 TPP 的关注和期待下降,日本首相安倍晋三曾表示“没有美国的 TPP 毫无意义”。此外,美国退出 TPP 或许被认为是对贸易保护主义的积极暗示,助长世界各国的贸易保护主义,阻碍全球化的发展。

1.4.3 全球机构的出现

本节将介绍全球范围内的超国家范畴的机构,这些组织旨在促进国际交流和融合。由于这些机构的出现,各国的边界正在逐渐模糊。超国家范畴的机构包括联合国、世界贸易组织、世界银行和国际货币基金组织等。

联合国(The United Nations)是第二次世界大战后成立的、由主权国家组成的国际组织,致力于促进各国在国际法、国际安全、经济发展、社会进步、人权及实现世界和平方面的合作。1945 年 10 月 24 日,在美国旧金山签订生效的《联合国宪章》标志着联合国正式成立。1971 年中国经历重重阻碍,终于恢复了在联合国的合法席位。根据宪章,联合国有以下四项宗旨:维护国际和平与安全;发展各国之间的友好关系;共同解决国际问题,促进尊重人权;成为协调各国行动的中心。因此,联合国在维护世界和平、缓和国际紧张局势、解决地区冲突方面,在协调国际经济关系,促进世界各国经济、科学、文化的合作与交流方面都发挥着相当积极的作用。

1947 年,为了限制全球关税、鼓励自由贸易,部分国家进行谈判并形成了**关税与贸易总协定**(General Agreement on Tariffs and Trade)。1994 年,关税与贸易总协定部长会议决定成立更具全球性的**世界贸易组织**(World Trade Organization, WTO),以取代关税与贸易总协定。目前,世界贸易组织是当代最重要的国际经济组织之一,拥有 164 个成员,成员贸易总额达到全球的 98%,有“经济联合国”之称。世界贸易组织主要负责监管世界贸易秩序和确保各成员遵守世界贸易组织各成员签署的贸易协定中制定的规则;同时,它也负责促成非成员之间签订附加的多国协定。中国于 2001 年成功加入世界贸易组织。

除了世界贸易组织外,欧盟、北美自由贸易区以及亚太经合组织等区域性贸易集团也是鼓励消除贸易壁垒的超国家范畴机构。亚太经合组织是一个相对松散的联盟,由 21 个国家和地区组成。其目标是到 2020 年在太平洋地区实现完全的自由贸易,但该组织成员之间并没有为促成贸易往来而达成较明确的协议。

国际货币基金组织（International Monetary Fund，IMF）和**世界银行**（World Bank）是由44个国家于1944年在布雷顿森林会议上创建的。国际货币基金组织的任务是维持国际货币系统的秩序，其在一国出现混乱并且货币相对其他国家大幅贬值时作为最后贷款者提供援助；但是，国际货币基金组织的贷款常常是附带条件的，作为贷款的交换，国际货币基金组织要求贷款国纠正错误的政策或是进行改革和结构调整以扭转混乱的局面，然而部分人认为这些政策是不合时宜的或是会导致这些国家丧失主权，从而引起争议。例如，国际货币基金组织会要求受援国强制关闭没有清偿能力的金融机构和企业，不给他们提供援助，然而在市场已经很动荡的情况下，这种激进的措施很可能会加剧人们的恐慌心理，使混乱升级。

1997年的韩国金融危机就是一个很典型的例子。原本1997年的东亚金融危机发源地并不是韩国，从某种分析来看，韩国本来顶多算是危机波及的较为远端的一个国家，其经济、金融制度和社会日常生活体系应当不至于受到毁灭性的冲击。危机开始后，为了保证自身的财富需要，部分先进入危机的国家和地区的金融机构将外汇投资或贷款从韩国转移出去，导致韩国的外汇短缺。韩国对外汇短缺形势过于严峻的判断使其迅速决定向国际货币基金组织申请应急外汇贷款。应当说，如此决策并无多大过错。然而，国际货币基金组织依据一份由美国经济学家提供的分析报告，认定韩国经济、财政和金融体系的脆弱性，强烈要求将其短期贷款与韩国经济体系的重组变革挂钩，在提供短期贷款的同时，韩国必须接受国际货币基金组织的财政、货币政策安排以及经济和金融体制的重组改造设计。结果，由于没有对韩国经济和财政金融体系进行深刻的了解而盲目地使用紧缩的财政政策和货币政策，导致韩国在危机初期外汇流出更为迅速，韩国的银行被迫进一步收缩贷款，导致韩国企业破产倒闭数量惊人，最终让韩国由危机波及的远端国家变成了危机的中心国家。这也就是为什么有的人将这次韩国危机直接描述为“IMF危机”的原因。

相较于国际货币基金组织，世界银行的设立则是为了促进经济发展。世界银行的主要作用在于向一些资金短缺的国家政府发放低息贷款，从而资助其进行部分重大基础设施项目的建设；同时，在世界银行的官网数据库里，有着丰富的数据可供读者使用。类似的，亚洲投资发展银行作为首个中国倡议设立的多边金融机构，其主要作用也是在支持基础设施建设上，其宗旨是为了促进亚洲区域建设的互联互通化和经济一体化的进程，并且加强中国及其他亚洲国家和地区之间的合作。

1.5 全球化带来的影响

1.5.1 经济增长

前面的章节介绍了什么是全球化、怎样度量全球化以及全球化的体现，那么，全球化究竟会带来怎样的影响呢？目前，大家普遍接受的是全球化将会带来经济增长。部分学者如张中元(2014)认为，经济全球化、社会全球化均能带来经济增长；周先波等(2009)则通过研究发现，全球化与经济增长之间存在非线性关系，认为全球化对经济增长的促进作用的大小与全球化程度有关，即当全球化水平低于某一界限时，开放度的提高对经济增长的促进作用会增强，当超过这一界限时，开放度的提高对经济增长的促进作用会减弱；此外，研究还发现，全球化是否对某一经济体的经济增长产生正面影响，还与该经济体的经济发展水平、人力资本积累水平和政治制度等因素有很大关系。

编者利用全球 188 个国家和地区从 1970 年到 2016 年的 GDP 和 KOF 全球化指标(Globalization Index)进行了一次简单的回归，以探究全球化与经济增长的关系，具体模型如下：

$$\log(GDP)_{i,t}=\alpha+\beta\cdot\log(Globalization\ Index)_{i,t}+\varepsilon_{i,t}$$

各国的 GDP 数值来自国泰安数据库，而 KOF 全球化指标则来自苏黎世理工学院经济研究所(KOF)的官方网站。通过引入时间和国家层面的固定效应并且聚类到国家层面后，从表 1-7 可以看到，实证结果拒绝参数 β 为零的原假设，且显著为正，说明从国家层面来看，一国的全球化程度增速越快，其 GDP 的增速往往也越快，或者我们能初步推论，全球化能够促进经济增长。目前进行的回归分析还较粗糙，若读者感兴趣，可以自己选择加入一些控制变量、挑选其他形式的全球化和经济发展度量指标或是加入非线性模型来完善这个回归，进行更加全面和准确的分析。

表 1-7　　全球化与经济增长基准回归

变　　量	log(*GDP*)
log(*Globalization Index*)	0.454 4*** [0.172 8]
年份固定效应	是
国家固定效应	是
观测值	7 437
R^2	0.968 7

注："***""**""*"分别表示在 1%、5%、10%的统计水平下显著，括号中的数值均为聚类到国家水平下的稳健标准误；回归包含年度和国家的固定效应。

1.5.2　收入不平等

全球化对经济增长具有正面影响，那么全球化还有怎样的负面影响呢？人们现在普遍认为全球化与收入不平等相关。从宏观层面来看，评判一个国家的收入是否平等，有两个重要的方式，即洛伦兹曲线和基尼系数。

洛伦兹曲线(Lorenz Curve)指的是在一个国家或地区内，由以"最贫穷的人口计算起一直到最富有的人口"的人口百分比与对应各个人口百分比的收入百分比的点组成的曲线。通过洛伦兹曲线，可以直观地看到一个国家收入分配平等或不平等的状况。横轴表示人口的累计百分比，纵轴表示收入的累计百分比。当所有收入都集中在一个人手中，而其余人口均一无所获时，收入分配达到完全不平等，洛伦兹曲线成为折线。当任意人口百分比均等于其收入百分比，从而人口累计百分比等于收入累计百分比时，收入分配则是完全平等的，洛伦兹曲线成为通过原点的 45 度线。洛伦兹曲线的弯曲程度有重要意义。一般来讲，洛伦兹曲线反映了一个国家收入分配的不平等程度。从图 1-7 来看，弯曲程度越大，收入分配越不平等；反之亦然。

基尼系数(Gini Coefficient)是 1943 年美国经济学家阿尔伯特·赫希曼根据洛伦兹曲线

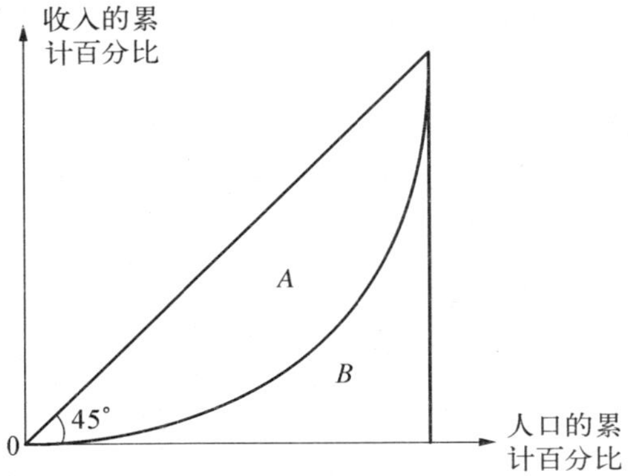

图 1－7 洛伦兹曲线

所定义的判断收入分配公平程度的指标，是介于 0 和 1 之间的比例数值，是国际上用来综合考察居民收入分配差异状况的一个重要分析指标。在图 1－7 中，设实际收入分配曲线和收入分配绝对平等曲线之间的面积为 A，实际收入分配曲线右下方的面积为 B，以 A 除以$(A+B)$的商表示不平等程度，这个数值被称为基尼系数。如果 A 为零，基尼系数为零，表示收入分配完全平等；如果 B 为零，则基尼系数为 1，收入分配绝对不平等。收入分配越是趋向平等，洛伦兹曲线的弧度越小，基尼系数也越小；反之，收入分配越是趋向不平等，洛伦兹曲线的弧度越大，基尼系数也就越大。国际上通常把 0.4 作为贫富差距的警戒线，大于这一数值容易出现社会动荡。

目前，全球基尼系数最高的地方是非洲的纳米比亚，亚洲地区的中国内地和中国香港的基尼系数都超过了 0.4。2001 年以后，中国香港的基尼系数甚至达到 0.525。根据中国香港特区政府统计处发布的数据，2016 年中国香港按原本每月住户收入编制的基尼系数高达 0.539，成为发达国家及地区中，贫富悬殊最严重的地区。

图 1－8 是根据中国统计局数据绘制的中国 2003 年至 2016 年的基尼系数折线图。从 2003 年到 2008 年，中国的基尼系数上下波动，但总体呈上升趋势，并在 2008 年达到顶峰 0.491；从 2009 年开始，中国的基尼系数逐步下降，在 2015 年达到谷底为 0.462；2016 年，中国的基尼系数有所上升。总体来看，中国的基尼系数均超过了国际警戒线。

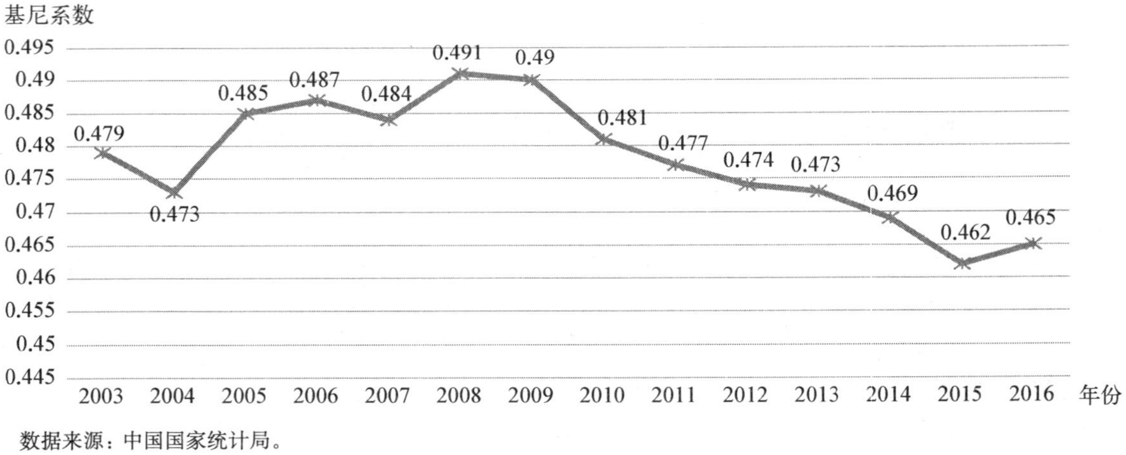

数据来源：中国国家统计局。

图 1－8 2003～2016 年中国居民人均可支配收入基尼系数

那么，中国究竟是给世界贡献了平等还是不平等呢？从图 1－9 可以看到，世界的不平等程度在包含中国和没有包含中国的情况下差别很大。可以观察到，1980 年到 2000 年，如果没有中国，世界的平均基尼系数是上涨的，而加入了中国后，世界的平均基尼系数是下降的，这说明中国在这段时间向世界贡献了“收入平等”，也许是由于中国在这个阶段虽然比较落后，但是刚刚从计划经济体制走向开放，因此国民的收入整体上较为均等。2000 年后，随着中国加入世界贸易组织，中国的经济与全球的经济更加紧密地联系在了一起，中国的经济发展对其他国家的经济产生了影响，因此不论是否包含中国，世界的基尼系数都在下降，这也说明，随着经济的发展，收入会变得相对更为均等。

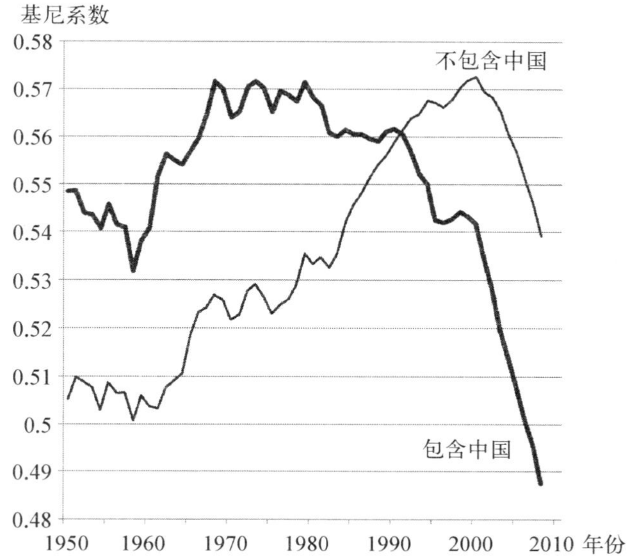

数据来源：世界银行。

图 1－9　包含中国与不包含中国的世界收入不平等情况

学 术 聚 焦

陈波(2013)利用 2000 年到 2007 年的中国工业企业数据库，对我国规模以上企业的出口与技能工人和非技能工人收入差距的关系进行了实证分析，具体模型如下：

$$\ln S = \beta_1 exshare + \beta_2 \ln gp + \beta_3 \ln kl + \beta_4 \ln labor + \beta_5 \ln year + \beta + \varepsilon$$

其中：S 代表参与国际贸易的出口企业的溢价工资；$exshare$ 代表企业的出口密集度，被定义为企业出口交货值与工业销售产值的比值；gp 代表劳动生产率，即企业附加值与总雇用人数的比值；kl 代表企业的资本密集度，是企业的固定资产净值平均余额和总从业人员数的比值；$labor$ 代表企业的全部雇用人数，反映企业规模的大小；$year$ 代表企业的存续时间，用来控制企业成立时间对工资差距的影响。结果表明，出口非常显著地引致了技能工人和非技能工人的工资差距的拉大。

关于高收入人群与低收入人群的收入差距，沃尔夫冈(2017)根据美国的相关数据进行实证分析，探究出口对于企业高收入人群(高管)的工资的影响，研究发现，在控制企业规模与技术水平影响的条件下，企业的出口与企业高管的收入增长正相关，即企业出口扩大了企业内的收入差距。

根据沃尔夫冈(2017)的文章，编者运用中国上市企业的数据来研究中国企业内工资不平等与全球化的关系。丁浩员、曹姝劼(2019)使用中国企业的出口额来衡量全球化程度，用企业收入前三的董事、监事或其他高管的平均工资与企业所有员工的平均工资的差来度量企业内工资的不平等程度，从而衡量中国企业的全球化对于企业内收入差距的影响。研究匹配了2005～2013年中国A股上市企业数据库与中国海关贸易数据库。模型包含被解释变量、主解释变量以及控制企业规模和盈利水平等的控制变量，如资产回报率和企业总资产等，所有被解释变量均采用滞后一期；此外，模型中还引入时间、地区和行业的固定效应。按照该模型进行稳健标准误差估计，分别探究企业年出口额、年建立的出口贸易联系数量、年出口目的地数量以及年出口产品种类数量与企业内收入差距的关系。经过实证研究表明，企业年出口额即企业的出口集约边际与企业内收入不平等的关系不显著；企业的出口广延边际即企业的出口目的国数量、出口产品种类数量以及企业建立的出口贸易联系的数量均与企业收入不平等显著正相关。由此可以表明，全球化确实加剧了企业内高收入人群与普通员工收入不平等的问题。

此外，丁浩员、曹姝劼(2019)还通过异质性研究发现，出口到非发达国家的产品出口数额占比更高的企业与出口到发达国家的产品出口数额占比更高的企业相比，前者建立的出口贸易联系的数量、出口目的地的数量以及出口产品种类的数量的提升对企业内收入差距的扩大作用更大。

1.5.3 全球化与环境污染

此处讨论全球化与环境污染的关系要引入"环境倾销"这一观点。发达国家停止在其国内从事污染密集型产品的生产并将其通过对外直接投资建厂的方式转移到环境保护法不太严格的发展中国家或者直接从这些发展中国家进口污染密集型产品，但发达国家又不愿意将可以减轻污染的先进技术告知发展中国家，导致发展中国家的环境恶化，这就是"环境倾销"。格罗斯曼和克鲁格分别在1993年和1995年提出了环境库兹涅茨曲线，认为一个国家的单位资本收入与环境质量呈现倒U形的关系，即在低收入阶段，环境会随着收入的增加而恶化；而在高收入阶段，环境会随着收入的增加而改善。全球化能带来经济的增长、收入的变化，那么全球化是否会加剧地区的环境污染呢？编者用全球187个国家和地区从1970年到2014年的数据进行了一次简单的回归。回归模型将这些国家和地区的年二氧化碳排放量作为环境污染的度量指标，使用KOF全球化指标对这些国家和地区的年度全球化发展程度进行度量，并采用时间和国家层面的固定效应且聚类到国家层面后，发现全球化程度与二氧化碳排放量之间的回归结果显著为正。这表明从世界范围来看，全球化加剧了各国的环境污染水平。

那么，中国是什么情况呢？众多学者对此进行了探究，大部分学者认为贸易自由化和经济全球化能降低中国的环境污染水平。沈利生(2008)的研究利用投入产出模型实证分析了对外贸易对中国二氧化硫排放的影响，从排放强度来看，各年出口的二氧化硫排放强度都小于进口的二氧化硫减排强度(如表1－8所示)，因此得出对外贸易有利于中国污染减排的结论。

表1－8　　2002～2005年中国出口二氧化硫排放和进口二氧化硫减排计算结果

年份	出口排放强度(吨/亿元)	进口减排强度(吨/亿元)	出口(亿元)	进口(亿元)	出口排放量(万吨)	进口减排量(万吨)	进口减排出口排放强度比
2002	161.34	193.99	30 942.5	26 944	499.22	522.67	1.20
2003	166.88	180.79	34 620.6	31 188.1	577.74	563.85	1.08

续表

年份	出口排放强度（吨/亿元）	进口减排强度（吨/亿元）	出口（亿元）	进口（亿元）	出口排放量（万吨）	进口减排量（万吨）	进口减排出口排放强度比
2004	161.15	173.07	44 455.4	38 365.2	716.40	663.99	1.07
2005	180.16	196.83	55 198.7	42 594.5	994.45	838.39	1.09

资料来源：沈利生，唐志. 对外贸易对我国污染排放的影响——以二氧化硫排放为例[J]. 管理世界，2008(6).

我们利用中国 2003 年到 2016 年省份层面的数据做了一次简单的回归（如表 1－9 所示）。回归模型利用各省工业废水的年排放量作为该省环境污染的度量指标，并使用在该省的经营单位的进出口总额与该省 GDP 的比值来衡量该省全球化发展的情况。采用年度和省份的固定效应，并进行稳健标准误差估计，从表 1－9 可见，废水排放量与进出口总额占 GDP 的比值之间呈现显著负相关。这表明，对于中国来说，全球化降低了中国的环境污染水平。

表 1－9　　全球化与中国各省环境污染基准回归

变　量	log（工业污水排放量）
log[（出口＋进口）/*GDP*]	－0.211 1*** [0.060 1]
年固定效应	是
省固定效应	是
观测值	419
R^2	0.975 9

注：“***”“**”“*”分别表示在 1%、5%、10%的统计水平下显著，括号中的数值均为聚类到国家水平下的稳健标准误；回归包含年度和省份的固定效应。

上文进行的两个有关环境污染和全球化的回归分析都不够完美，读者可以尝试改进回归模型，加入一些控制变量来分析得出更加准确的结果。

1.5.4　全球化的微观视角

全球化还会对微观层面的企业有哪些其他的影响呢？

随着技术进步带来的便利性、灵活性和高效率，企业可以通过全球化布局摆脱地区性的限制，在更加广阔的市场进行资源协调，选择更加适宜的发展区域。因此，目前很多企业选择进行全球化布局，其经营活动和联盟组织遍布全球。

中小型企业尤其受益于全球化。借助互联网，中小型企业可以像大企业一样在全世界范围内寻找优质客户和供应商，并且能通过传真、电子邮件、网络会议等现代通信技术降低与客户交流沟通、签订合同的成本。例如，一家在伦敦的两人小公司可以通过互联网在欧洲寻求原材料供应商，并送往越南的工厂进行加工，最终由一家法国的货运代理负责其境外货物的配送和运输工作，销售到在网络上进行订购的消费者手中。全球化在降低中小企业经营成本的同时，也能为其提供范围更加广阔的供应商和消费者。

尽管全球化给企业带来了诸多好处，但是全球化也会对企业造成一些不利的影响。全球化的进程使得企业面临的竞争更加激烈。由于他国企业可以进入本国市场，因此，不论是在本国市场还是在海外市场，本国企业都将面对他国企业的竞争；本国的竞争对手也可以通过外包和进口原材料来降低其产品成本，从而加剧与本企业的竞争。同时，全球化还将给企业带来更多风险，如经济风险、政治风险和法律法规风险。如今国际政治和经济趋势变化激烈，由于全球化，一国的经济萧条将会导致其他国家的经济衰退，如2008年的全球金融危机就是美国2007年的"次贷"危机引起的。并且，受全球化的影响，美联储加息也将引起其他地区的经济动荡，如在1982年的加息周期内，拉美国家发生了较为严重的债务危机；1988年的加息周期诱发了韩国、中国台湾等国家和地区的泡沫破灭，终结了"亚洲四小龙"的快速发展。因此，不仅是布局海外的全球化企业会受到国外经济波动的影响，国内企业也会受到由他国经济变化导致的本国经济动荡。同样，外国的政治动荡不仅会影响企业在该国的海外经营活动，而且可能蔓延到本国从而影响本国的经营业务。另外，不同国家的法律法规繁杂、差别迥异，不同国家的政府对经济与法律活动的干预程度也不同，因此，企业若要布局海外，就需要更加细致、全面地了解目的国的法律法规，规避风险。

此外，全球化还对企业管理提出了更高的要求。身处如今这个全球化的时代，企业管理者必须了解全球化的商业环境和影响，并且需要在不断变化的环境中应对各种突发情况。由于生产全球化、市场全球化、人力资本全球化等，企业管理者必须具备更高层次的全球化管理能力，懂得如何在他国开展业务，了解如何与不同文化背景的员工沟通。

由此可见，全球化不仅给企业提供了便利并且降低了企业的经营成本，而且给企业带来了更大的风险，对企业的全球化管理能力和风险规避能力提出了更高的要求。

1.6 全球化的相关观点

全球化能带来正面和负面的影响，上文中的许多数据已经显示近几十年来全球化程度呈现上升趋势。但全球化起源于何时，又将结束于何时？发展过程是直线式上升还是螺旋式前进？目前，对于这些问题，学者们有不同的看法。

有些学者认为全球化是自20世纪后期以来产生的一种新现象，是受到近年来技术革新和西方发达国家借助跨国企业来尝试主导他国的意识形态所推动的。这种观点的持有者许多是全球化的反对者，他们更关注全球化带来的负面影响，如上节所提及的收入不平等、环境压力等，提倡放慢全球化的速度。

与此相反，一些历史学家认为全球化是人类历史的一部分，并不是新出现的。从西汉丝绸之路到后来繁荣的海上贸易，国与国之间加强联系、互通有无是一直存在并不断发展的。

比较折中的观点认为全球化不是新近出现的现象，也不是直线式上升的，而是不断变化与发展的。这种观点与马克思的发展论有共通之处，相对而言也更贴近现实。

目前的全球化开始于第二次世界大战之后。当时的大部分西方国家有进行全球贸易和投资的意愿，而其他国家则不愿参与到全球化进程中。社会主义国家，如苏联和中国，寻求自给自足；很多非社会主义的发展中国家，如阿根廷、墨西哥、印度和巴西则致力于促进和保护本土产业。然而，最终这些拒绝参与全球贸易和投资的做法因为产业失去竞争力而结束。相反，亚洲的四个新型经济体——中国香港、新加坡、韩国和中国台湾，由于积极参与全球经济而飞速发展，一跃成为"亚洲四小龙"。

受到"亚洲四小龙"经济腾飞的鼓舞，越来越多的国家和地区逐渐意识到了参与世界经济的必要性。例如，中国内地在20世纪70年代后期、拉丁美洲在20世纪80年代中期、中东欧在 20 世纪 80 年代后期、印度在 20 世纪 90 年代都逐渐开始愿意参与到全球化进程中来，全球化得以迅速发展。

然而，全球化不会永远单边地向前发展。20 世纪 90 年代和 21 世纪初，全球化得到了快速发展的同时也受到了强烈的抵抗。反全球化浪潮始于 1995 年。1999 年，世界贸易组织在西雅图会议中大出风头，从此以后，与经济有关的问题到哪里，反全球化的抗议者就跟到哪里。2001 年的热那亚，针对八国峰会的反全球化行动规模空前，1 人死亡，300 人受伤。全球化受到抵制的原因主要有以下三点：一是部分人认为全球化是新产生的，因而排斥这种新兴事物，认为它将会对世界的稳定发展产生冲击，所以抵制全球化的发展；二是全球化的发展让很多发达国家感受到了失业的恐惧，他们认为全球化不仅会造成其国内低端职位的减少，而且会抢走其国内高端职业的工作机会；三是部分新兴市场国家认为其国内的部分社会群体和产业受到了跨国企业的冲击，这不仅损害了当地企业的利益，而且造成了本国文化的流逝、价值观的扭曲以及环境的污染。因此，21 世纪初期，跨国旅游大幅缩减，全球的国际贸易和对外投资也放慢了脚步。

此后，虽然反对全球化的行动仍在许多国家有报道，但受到巨额经济利益的影响，全球化的步伐并未停止，至 2005 年左右，全球的国际贸易总值恢复到了历史高位。

然而，由于受美国"次贷"危机及欧洲主权债务危机的影响，许多国家面临不得不出手救助本国陷入流动性危机的银行的情况，全球的产出、贸易、投资都在直线下降，失业率大幅上升。此次危机无疑是人类历史上罕见的，其影响范围之广、损失之大，是自 1929～1933 年大萧条以来最严重的一次。此次危机之所以能快速传播，并深度影响各国，与各国之间高度紧密的金融网络有分不开的关系，高度全球化被动地为危机传播提供了渠道，于是，许多人将这次全球危机归咎于全球化的发展。就经济发展态势来看，经济复苏过程中出现了更多保护主义措施，如各级政府在刺激经济和创造就业的过程中强调"购买国货"和"本地雇用"。

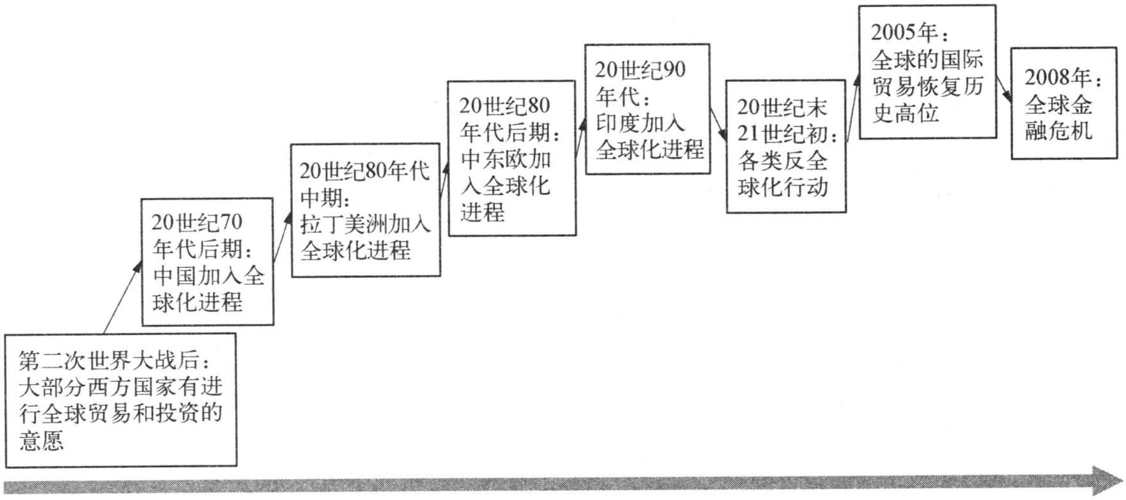

图 1－10　近几十年全球化变化发展简图

那么，在全球化的进程中，此次中美两国的贸易摩擦又扮演着怎样的角色呢？

2018 年 3 月 22 日，美国总统特朗普在白宫签署了总统备忘录。基于对中国发起的 301 贸易调查，对从中国进口的约 600 亿美元商品加征关税。这是中美两国贸易摩擦的开端。301

条款即1974年《贸易法》第301条。依据该条款，美国在贸易伙伴触及其“红线”时可启动贸易保护措施。2018年4月4日，美国贸易代表办公室公布了加征关税的中国产品清单。这份建议清单涵盖了约1 300项价值约500亿美元的商品，直接将矛头指向了“中国制造2025”的十大领域。2018年7月6日，中美340亿美元的产品开始加征关税。2018年9月17日，特朗普公布，将于2018年9月24日起对约2 000亿美元的中国产品加征关税，税率为10%，并将在2019年1月1日上调至25%。2019年5月8日，美国贸易代表办公室发布声明称，美方将于2019年5月10日将2 000亿美元的中国输美商品关税从10%上调至25%，中方对此表示，若美国将关税措施付诸实践，中方将不得不采取必要的反制措施。美国认为，美国对中国进口过多，中国对美国贸易顺差过大，导致美国国内企业利润下降甚至破产，企业雇员收入大幅下降甚至面临失业。即使美国的消费者获取了由进口带来的商品价格下降的福利，其游说能力也弱于有更强动机去游说美国政府的企业和员工，因此美国选择对中国“宣战”。

不论美国发起“贸易战”是对是错，不论美国对中国加征关税是反对自由贸易，还是中国利用政策促进出口、由政府干预贸易与自由贸易的要求不符，此番中美贸易摩擦确实对全球化的发展有负面影响。

本章总结

1. 全球化是世界经济趋于更加相互依赖、更加密不可分的整体的过程。全球化有不同的表现方式，如生产全球化、市场全球化、人力资本全球化以及信息技术全球化等。

2. 度量全球化可以采用加总指标(如贸易开放度、外商直接投资额占总GDP的百分比、发展中国家和新兴市场国家购买力平价下的GDP、对外直接投资额和外汇储备占对应指标在全世界总额的百分比、发达国家以及发展中国家和新兴市场国家的互联网使用人数占全球总人口的比例、国际移民的存量人数、难民人数占全球总人数的比例等)以及网络指标(如全球各国贸易网络的变化、全球航运网络)。联合国、世界货币基金组织、世界银行的官方网站、数据库以及各类报告都能提供计算上述指标的数据。

3. 金融全球化是指世界各国、各地区在金融业务、金融政策等方面相互交往和协调、相互渗透和扩张、相互竞争和制约已发展到相当水平，进而使全球金融形成一个联系密切、不可分割的整体。度量金融全球化可以采用加总指标(如每日货币交换流通量、跨境银行贷款、存款存量和海外资产分别占GDP的百分比)以及网络指标(如跨境银行建立起的网络变化)。从1994年汇率并轨开始，中国的金融全球化发展拉开了序幕，到2018年习近平在博鳌论坛上关于中国推进金融业开放的指示，中国的金融全球化正在稳步推进。

4. 全球的经济体可以划分为发达国家和新兴市场经济体。在部分机构组织和学术期刊的分类中，新兴市场经济体又被分为发展中国家和转型经济体。发达国家是成熟的经济体，是完成了工业化、具有先进生产力、市场体制完善的国家，其人均国内生产总值、国际贸易和投资量都较高。新兴市场国家是目前增长迅速的经济体。在新兴市场国家或地区，其政府的作用相对较为显著，经济发展增速较快，处于工业化进程中。大多数新兴市场国家或地区采用出口导向型战略且有半殖民地半封建社会或殖民地的历史。目前，全球范围内的区域性贸易集团主要有北美自由贸易区、欧盟和东盟三个贸易联盟，在这三个贸易联盟中，世界的主要贸易活动通过三种主要货币(美元、欧元和日元)完成。超国家范畴的全球机构包括联合国、世界贸易组织、世界银行和国际货币基金组织等。这些机构的出现导致各国的边界正在逐渐模糊。

5. 根据目前大部分学者的学术研究，全球化将带来经济增长并扩大收入差距；此外，全球化会加剧全球范围内的环境污染问题，但对中国的环境问题有改善作用。对于企业来说，全球化会降低企业尤其是中小企业的成本、提供范围更加广阔的供应商和消费者，但同时也会加剧竞争，给企业带来更大的风险，对企业的全球化管理能力和风险规避能力提出了更高的要求。

6. 目前，人们对于全球化的看法主要分为以下三种：第一种观点认为全球化是20世纪后期才产生的一种新现象。第二种观点认为全球化是人类历史的一部分，并不是新出现的，并且是永远向前发展的。第三种观点，即变化发展的观点认为，全球化不是新近出现的现象，也不会永远单边地向前发展，而是不断变化发展的。

重要概念

1. **全球化**(Globalization)是世界经济变成一个更加相互依赖、更加密不可分的整体的过程。

2. **生产全球化**(Globalization of Production)是指某一产品的价值链交由不同国家的不同企业共同生产完成的方式。

3. **市场全球化**(Globalization of Markets)是指原本分散和独立的各国市场现在都相互融合，逐渐形成一个巨大的国际市场。

4. **人力资本全球化**(Globalization of Human Capital)是指在不同国家雇用员工来负责企业的某项专门业务。

5. **金融全球化**(Globalization of Finance)是指世界各国、各地区在金融业务、金融政策等方面相互交往和协调、相互渗透和扩张、相互竞争和制约已发展到相当水平，进而使全球金融形成一个联系密切、不可分割的整体。

6. **发达国家**(Developed Country)是成熟的经济体，是完成了工业化、具有先进生产力、市场体制完善的国家，其人均国内生产总值、国际贸易和投资量都较高。

7. **新兴市场国家**(Emerging Market Economics)是目前增长迅速的经济体，印度、中国、巴西这些国家都被认为是典型的新兴市场国家。

8. **基尼系数**(Gini Coefficient)是1943年美国经济学家阿尔伯特·赫希曼根据洛伦兹曲线所定义的判断收入分配公平程度的指标。

9. **洛伦兹曲线**(Lorenz Curve)指的是一个国家或地区内，由以“最贫穷的人口计算起一直到最富有的人口”的人口百分比与对应各个人口百分比的收入百分比的点组成的曲线。

复习与思考

1. 什么是全球化？什么是生产全球化、市场全球化、人力资本全球化以及信息技术全球化？

2. 2019年7月27日，《新闻联播》刊播题目为《美国是全球合作发展的绊脚石》的国际锐评，指出：“……美方政客所奉行的单边主义与保护主义才真正是全球各国合作发展的‘绊脚石’。经济全球化是大势所趋，美国一些人虽然痴迷于单边主义和贸易保护主义的幻觉中，但根本成不了气候。人类开放合作的潮流是任何力量都挡不住的。”你认为，当前中美贸易摩擦升级、美方阻止他国采用中国企业的5G技术等种种行为将会对世界经济全球化发展产生怎样的影响？当今经济全球化将走向何方？

3. 在《世界是平的》(*The World Is Flat*, 2005)一书中,托马斯·弗里德曼说,由于世界逐渐被新技术,如互联网联系在一起,因此世界正在变平。你认为,世界变平会对世界各阶层和各国、各方阵营产生怎样的有利影响和不利影响?

4. 案例分析

新兴市场:金字塔底层的直销

新兴市场偏远地区的消费者很难有机会买到全球知名品牌,更难接触到跨国企业的产业链。一些直销企业如雅芳,正在金字塔底层开发潜在的买卖双方以扩大其市场和利润。介于穷人和中产阶级之间的大约10亿消费者,他们会花费大约收入的1/3购买个人护理用品、电子产品和休闲食品。这些消费者在喜好和行为上都与城市中心的消费者不同。通过直销工作,上百万女性获得了作为微型企业家的技能和经验,并因此改变着社会规范和全球美容的观念。

直销企业在巴西雇用了超过200万人。一个研究团队做了一项深入的研究,研究对象是偏远的亚马孙下游马拉若岛的蓬塔-迪佩德拉斯的女性。这个地方的经济主要围绕季节性农业生产的阿萨伊果,跨国企业的直销企业进入市场之前,几乎没有女性的工作机会。这些女性或划独木舟或走大路去销售美国雅芳的美容产品、巴西Natura公司的化妆品以及巴西一家直销企业Hermes的廉价日用品和衣服。在有12 000～13 000个女性居民的区域,雅芳有约175名直销代理,Hermes有约200名,Natura有15～20名。

从事直销的跨国企业利用代理对本地消费者品位的敏锐意识、对品牌偏好的了解和对当地复杂的商业规范和实践的把握来克服障碍。这些代理传播关于新产品的信息,并把这些产品信息转换成与消费者相关的用语。为了更加有效,她们还找出有意义的细分市场,其中,她们对国际品牌和本土品牌或扩大差异或消除差异,手法非常灵活。如果她们能够从中获取微薄的收益或者哪怕刚好盈亏平衡,她们就会觉得自己的工作"非常成功"。大多数直销代理至少每个月送一次货,平均每单只挣80瑞亚尔(约合35美元)。对于蓬塔-迪佩德拉斯的直销代理来说,这份收入虽然不足以养家,但也是她们单独控制的第二大收入来源。她们用这笔钱给孩子们买衣服,给自己添置新东西,这让她们产生一种自豪感,觉得在家庭和群落中的地位有所提升。在构建了初始网络后,许多直销代理开始代理其他企业的产品。由于当地经济围绕农业展开,因此还有一个季节可以用来提升销售,但这种季节性是她们面临的最大挑战。在蓬塔-迪佩德拉斯提升销量的唯一方法是提供非正式信贷,通常是预付价格的一半或1/3,其余款项之后补上。正如当地雅芳的协调专员所言:"如果不用赊销方式销售,将卖不出任何东西。"

产品目录和电视广告增加了化妆品及美容产品在巴西的吸引力,但一些代理和顾客很少有机会接触到电视、平面媒体和网络,或者城市的生活方式。对于价值和品牌的鉴别会受到媒体曝光、城乡流通程度和城乡沟通模式的影响。销售代理从本群落开始发展,并创建一个渠道来讨论当地产品、传统产品、现代产品与国际名牌之间的差异。当同时鉴别国际标准和当地标准时,可以很好地表达出当地的价值观念。比如在蓬塔-迪佩德拉斯,最畅销的化妆品是香水、古龙水、肥皂和润肤露,大多数居民会从雅芳或Natura的销售代理处购买这些产品。虽然化妆、化妆品与当地价值观念的联系并不紧密,但化妆是当地人跟随国际美容潮流的一种象征。

直销代理在关于美容和流行的本地观念与全球观念之间扮演了"桥梁"的角色。这些女性企业家通过人际沟通形成了一个成功的系统,在这个系统中,消费者可以同时识别关于美容和女性的全球理念,并用基于当地的差异、理念和价值观表述出来,相较于传统的基于商店零售的方式，这个系统更加动态化、交互式和定制化。总之，偏远地区的直销网络在美容和女性方面为消费者调和了当地和全球的理念，为跨国企业创造了更大的品牌效益，并且帮助许多参与其中的人提高了收入和生活质量。

资料来源：J. Chelekis & S. M. Mudambi. MNCs and Micro-enterpreneurship in Emerging Economies: The Case of Avon in the Amazon[J]. *Journal of International Case Management*, 2010, 16: 412—424.

R. Wilk. The Local and the Global in the Political Economy of Beauty: from Miss Belize to Miss World [J]. *Review of International Political Economy*, 1995, 2(1): 117—134.

World Federation of Direct Selling Associations (WFDSA). International Statistics[OL]. http://www.wfdsa.org/statistics, 2009.

问题：

(1) 对于偏远的亚马孙地区的消费者来说，从直销代理处购买美容产品相较于从最近城镇的零售点购买产品有何优势？

(2) 在偏远的亚马孙地区，影响雅芳销售代理的“游戏规则”是什么？

(3) Natura 和雅芳在这个市场上是直接竞争对手。试比较两者的资源和能力。

(4) 道德的抉择：雅芳知道它的许多销售商赚不了多大利润。试评论这种商业模式是否道德。

(5) 道德的抉择：一些批评者质疑向低收入消费者积极推广“非必需品”(如化妆品)是否道德，因为他们在这些项目上的最终支出可能占 1/3 的收入。你是怎么看待这个问题的？

第二章

国 际 贸 易

学习目标

- 对全球以及中国的贸易情况有一定的了解。
- 理解国际贸易的古典理论和现代理论。
- 理解企业生产率以及企业生产率如何影响国际贸易。
- 了解两种有关国际贸易的立场，尤其是贸易保护主义。
- 试图用所学的贸易理论来解释国际贸易的现实情况。

引入案例

伴随着服务业的迅速发展，服务业在中国产业结构中的地位稳步上升，大多数发达国家相继进入以服务业为主导的经济时代。大量生产性服务要素作为中间投入嵌入制造业中，制造业服务化(Servitization of Manufacturing)这一全球价值链下的新型生产模式被出口到其他国家。但由于国际收支平衡表和一些传统方法无法捕捉部分内嵌于制造业的服务价值，因此存在服务贸易被低估的情况。根据联合国贸易和发展会议的数据，2011 年全球服务贸易总额达 3.4 万亿美元，占世界总体贸易额的 18.6%，但是如果按服务贸易的直接和间接增加值来测算，所得结果将比按照最终出口的服务总值测算的份额高出约 50%。

基于贸易增加值前向分解法，并利用 2016 年 WIOD(World Input-output Database)最新公布的数据，对 2000～2014 年中国服务贸易的国际竞争力进行评估，可以发现中国服务出口占贸易总量从 2000 年的 34.34%提高到了 2014 年的 39.27%，可见，服务贸易在中国对外贸易活动中的作用越来越重要。此外，中国制造业服务化趋势越来越明显，中国服务贸易出口通过自身直接出口的比重从 2000 年的 32.16%下降到 2014 年的 26.07%，呈现不断下降的趋势，更多的服务价值是通过制成品出口而随之出口。如果横向比较，2014 年中国在全球服务贸易市场的占有率为 12.71%，位居全球第二，但通过多项竞争力指标，如出口复杂度、显示性比较优势(Revealed Comparative Advantage, RCA)等比较研究发现，无论是整体还是细分部门，中国服务贸易只是规模意义上的大国，而非服务贸易强国，国际竞争能力不强。中国服务贸易出口复杂度低于其他主要的服务贸易经济体，如美国、德国、英国、法国、日本和意大利。从显示性比较优势指数来看，美国、英国、法国的显示性比较优势指数始终高于 1，德国和日本的显示性比较优势指数在 1 左右徘徊，而中国的显示性比较优势指数 2000～2014 年仅为 0.655 4～0.791 6，远低于欧美国家。如果细分服务贸易类型就能发现，中国仅在批发业、传统运输服务业、住宿餐饮业、金融服务业等部分行业有竞争优势，多数服务部门的国际竞争能力不强。

资料来源：程大中，郑乐凯，魏如青. 全球价值链视角下的中国服务贸易竞争力再评估[J]. 世界经济研究，2017(5).

国际贸易是国际商务中一个最古老但依然最重要的组成部分，它与对外直接投资、外汇交易、全球和区域一体化共同组成全球商务的途径。但是由于国际贸易包含许多利害攸关的因素，因此其一直备受争议，如自由贸易与贸易保护主义之争。

2.1 国际贸易的现状

2.1.1 全球贸易概况

国际贸易(International Trade)指的是**出口**(Export，将商品销往海外)和**进口**(Import，从国外购买商品)。进出口的商品可以分为**货物**(Merchandise，有形商品)和**服务**(Services，无形商品)。服务贸易是指以服务作为商品进行交易，从而满足消费者需求的经济行为。世界贸易组织区分了 4 种不同模式的服务贸易，分别是**跨境提供**(Cross-border Provision)、**境外消费**(Overseas Consumption)、**商业存在**(Business Presence)和**自然人流动**(Natural Person Flow)。例如境外的远程教学、美国的律师在美国为英国的客户提供法律咨询服务，就属于跨境提供；而美国的某一家咨询公司在英国建立子公司，并且向英国的客户提供咨询服务，就属于商业存在；去国外留学、旅游，就是境外消费，因为通过出境可以享受到境外的服务；而如果有国外的学者去某高校授课，就属于自然人流动，因为通过他们的流动，将教育服务带给了听众。

本章首先介绍全球贸易的基本情况。表 2－1 到表 2－4 分别介绍了全球十大货物出口国家/地区、全球十大货物进口国家/地区、全球十大服务出口国家/地区、全球十大服务进口国家/地区。

表 2－1　　2018 年全球十大货物出口国家/地区

国家/地区	2018 年出口值（百万美元）	2017 年出口值（百万美元）	年变化率	占全球货物出口总值的比重
全球	19 287 000	17 543 000	9.94%	100%
1. 中国	2 487 045	2 263 346	9.88%	12.89%
2. 美国	1 664 085	1 546 274	7.62%	8.63%
3. 德国	1 560 816	1 448 191	7.78%	8.09%
4. 日本	738 403	698 130	5.77%	3.83%
5. 荷兰	722 669	652 065	10.83%	3.75%
6. 韩国	604 860	573 694	5.43%	3.14%
7. 法国	581 815	535 189	8.71%	3.02%
8. 中国香港	569 241	550 272	3.35%	2.95%
9. 意大利	546 642	507 418	7.73%	2.83%
10. 英国	485 711	441 107	10.11%	2.52%

资料来源：世界贸易组织 2018 年的出口数据。

表 2－1 是 2018 年全球货物出口值前十位的国家或者地区。从表的第一列可以看出，2018 年全球货物出口值前十位的国家或者地区分别为中国、美国、德国、日本、荷兰、韩国、法

国、中国香港、意大利和英国。表的第二列和第三列分别列出了全球以及这些国家在2018年和2017年的具体货物出口值。表的第四列是全球以及这些国家在2018年的货物出口增长率，从这一列可以看到，在2018年，全球货物出口的总增长率为9.94%，在货物出口排行前十位的国家中，只有荷兰和英国的货物出口增长率分别为10.83%和10.11%，高于这个值，这也间接地说明了一些不以货物出口为主国家的货物出口值正在快速增长，如不在排名前十的越南在2018年的货物出口增长率高达13.8%，根据越南统计局的统计数据，越南出口增长较快的商品分别为手机及其零部件，纺织品、服装，电子、电脑及其零部件等，这些商品的生产都需要较多的人力资本，用通俗的话来讲就是需要较多的劳动力，而越南恰好劳动力多且便宜，这使得越南可以以较低的价格出口这些商品。而荷兰这个人多地少的小国为什么能够成为排名第五的货物出口大国并且保持着较快的增长速度呢？一个很重要的因素就是荷兰是国际贸易的一个重要交通枢纽：鹿特丹是全世界最大的港口，阿姆斯特丹史基浦机场是国际航线的主要物流枢纽。阿姆斯特丹是全球主要的金融中心之一，自1602年荷兰东印度公司成立的那天起，它的重要地位就从来没被动摇过，这可以大大地帮助荷兰节省国际贸易运输成本。表的最后一列是2018年各国货物出口值占全球货物出口值的比例。可以看到，2018年货物出口前三位的国家分别是中国、美国和德国，分别占全球货物出口总值的12.98%、8.63%和8.09%。表中所列出的全球前十位的国家或者地区2018年的货物出口总值占全球货物出口总值的51.65%，这意味着全球剩余的两百多个国家或者地区的货物出口占全球货物出口总值的比例不足50%，货物出口在全球不同国家或者地区的分布是不均匀的。

表2-2　　2018年全球十大货物进口国家/地区

国家/地区	2018年进口值（百万美元）	2017年进口值（百万美元）	年变化率	占全球货物进口总值的比重
全球	19 754 000	17 932 000	10.16%	100%
1. 美国	2 614 327	2 408 476	8.55%	13.23%
2. 中国	2 135 905	1 843 792	15.84%	10.81%
3. 德国	1 285 644	1 162 907	10.55%	6.51%
4. 日本	748 735	671 921	11.43%	3.79%
5. 英国	673 549	643 516	4.67%	3.41%
6. 法国	672 594	618 650	8.72%	3.40%
7. 荷兰	646 029	574 646	12.42%	3.27%
8. 中国香港	627 517	589 908	6.38%	3.18%
9. 韩国	535 203	478 478	11.86%	2.71%
10. 印度	510 665	448 423	13.88%	2.59%

资料来源：世界贸易组织2018年的进口数据。

表2-2是2018年全球货物进口值前十位的国家。从理论上来讲，一个国家的进口必定是其他国家的出口，一个国家的出口也必定是其他国家的进口，因此全球的货物进口值应该等于出口值。但是，从表2-1和表2-2可以看出，2017年和2018年全球货物出口值要略小于全球货物进口值，这与出口和进口的统计口径有关。一般而言，出口值是按照离岸价格（Free on Board，FOB)计算的，它是指启运港船上交货价，只计算了成本，不包括保险费和运费。而进口值是按照到岸价格(Cost，Insurance and Freight，CIF)计算的，除了成本之外，它还包括了保险费和运费。因此，全球的货物总出口值略小于全球的货物总进口值。

从表 2-2 的数据来看，2018 年全球货物进口前三位的国家分别是美国、中国和德国，分别占全球货物进口总值的 13.23%、10.81%和 6.51%。从年变化率来看，这 10 个国家中增长较快的 3 个国家是中国、印度和荷兰，其变化率分别为 15.84%、13.88%和 12.42%。中国的进口增速之所以如此快，是因为近年来中国一直鼓励进口，采取了一系列主动扩大进口的政策措施，如 2018 年在上海举办的“进口博览会”，可以很好地帮助国内企业建立进口网络，增加企业进口的意愿。据海关总署的资料显示，2018 年中国有进口记录的企业有 21.1 万家，比 2017 年增加了 6 300 家，其中新开展进口业务的企业有 5.7 万家，占比达到 26.8%。此外，中国降低了部分产品的进口关税。例如，自 2018 年 7 月 1 日起，中国将养殖类、捕捞类水产品和矿泉水等加工食品进口关税平均税率从 15.2%降至 6.9%，将洗涤用品和护肤、美发等化妆品及部分医药健康类产品进口关税平均税率由 8.4%降至 2.9%，最终，2018 年中国进口化妆品 657 亿元，增长了 67.5%，进口水产品和海产品 794 亿元，增长了 39.9%。与中国不同，印度货物进口快速增长的一个重要来源是可回收产品贸易的增长，主要来自北美和欧洲的废纸和废旧金属使得印度北部和西部地区的进口分别增加了 36%和 13%，而这些产品正是所谓的“洋垃圾”。印度进口这些“洋垃圾”的原因在于：现在的货物贸易主要是依靠集装箱来装运，印度企业在把产品用集装箱出口到北美或者欧洲等地后，运空集装箱回国仅有成本而没有收益，为了提高利润，他们会使用空集装箱再装一些进口的货物回来，废纸和废旧金属就是一个很好的选择，一来这些产品的进口价格十分便宜，因为北美、欧洲等国家并不愿意自己处理这些产品；二来印度有丰富而廉价的劳动力，可以低成本地将这些可回收品再次加工成服装等成品进行销售。这里有一个重要的背景是中国的环保政策——2018 年 1 月 1 日中国“洋垃圾”禁令正式生效，中国禁止进口 24 类固体废物。事实上，从 20 世纪 80 年代起，中国就是全球主要的垃圾进口国。美国废料回收行业协会表示，美国 2017 年出口的废纸中，超过 2/3 运到了中国，而废塑料中则有超过 40%以中国为终点。英国环境部门的数据显示，英国每年产生的包装塑料垃圾有 220 万吨，其中大约 50 万吨会运往中国。中国的“洋垃圾”禁令全面实施后，“洋垃圾”制造国不得不寻找别的“洋垃圾”出口目的地。

表 2-3　　2018 年全球十大服务出口国家/地区

国家/地区	2018 年出口值（百万美元）	2017 年出口值（百万美元）	年变化率	占全球服务出口总值的比重
全球	5 852 458	5 441 051	7.56%	100%
1. 美国	828 424	797 690	3.85%	14.16%
2. 英国	378 326	359 250	5.31%	6.46%
3. 德国	342 732	318 944	7.46%	5.86%
4. 法国	292 423	276 198	5.87%	5.00%
5. 中国	266 841	228 094	16.99%	4.56%
6. 印度	201 367	166 691	20.80%	3.44%
7. 日本	193 782	186 878	3.69%	3.31%

续表

国家/地区	2018 年出口值（百万美元）	2017 年出口值（百万美元）	年变化率	占全球服务出口总值的比重
8. 比利时	123 817	120 214	2.30%	2.12%
9. 意大利	121 512	111 454	9.02%	2.08%
10. 卢森堡	113 975	103 565	10.05%	1.95%

资料来源：世界贸易组织 2018 年的服务出口数据。

表 2-3 是 2018 年全球服务出口值前十位的国家。从表中可以看到，全球服务出口值要远远低于货物出口值。2018 年全球前三位的服务出口国分别为美国、英国和德国，分别占全球服务出口的 14.16%、6.46%和 5.86%。这几个国家都是发达国家，它们可以提供更好的金融、教育、旅游等服务，如美国和英国是两大金融服务（包括银行、保险、抵押等）出口国，德国的信息与通讯技术服务则十分发达，是重要的信息与通讯技术服务出口国；美国的纽约、英国的伦敦等城市每年吸引许多游客慕名而来，他们的旅游服务也为他们带来了不少出口值。在服务出口前十位的国家中，增长较快的分别为印度、中国和卢森堡，增长率分别为 20.80%、16.99%和 10.05%。印度服务出口增长的一个重要来源是计算机和信息服务，如软件服务、信息咨询服务等；而中国的服务出口增长主要体现在知识密集型的服务产业，如金融服务、IT 服务，传统的旅游、运输和建筑服务行业的出口增速则有所下降。

表 2-4　2018 年全球十大服务进口国家/地区

国家/地区	2018 年进口值（百万美元）	2017 年进口值（百万美元）	年变化率	占全球服务进口总值的比重
全球	5 168 839	4 809 693	7.47%	100%
1. 美国	559 212	542 470	3.09%	10.82%
2. 中国	525 038	467 595	12.28%	10.16%
3. 德国	365 636	344 008	6.29%	7.07%
4. 法国	257 372	246 024	4.61%	4.98%
5. 英国	235 248	213 459	10.21%	4.55%
6. 日本	200 998	193 055	4.11%	3.89%
7. 比利时	129 408	115 751(9)	11.80%	2.50%
8. 韩国	128 796	126 436(7)	1.87%	2.49%
9. 意大利	125 929	116 252(8)	8.32%	2.44%
10. 印度	124 426	98 853	25.87%	2.41%

资料来源：世界贸易组织 2018 年的服务进口数据。

表 2-4 是 2018 年全球服务进口前十位的国家。其中，前三位的国家分别为美国、中国和德国，这与货物进口的排名相同，分别占全球服务进口总值的 10.82%、10.16%和 7.07%。美国和德国的服务进口主要集中在信息咨询服务、研发服务等知识密集度、技术密集度高的行

业。中国的服务进口则主要是旅游服务进口。在服务进口前十位的国家中，增长较快的是印度、中国和比利时，增长率分别为25.87%、12.28%和11.80%。中国的服务业进口增长主要来自新兴的服务行业，如电子计算机和信息服务、个人文化和娱乐服务。

从上面4张表可以初步看出：在货物贸易方面，美国、中国和德国是毫无疑问的贸易大国，但同时也应该注意到其他一些国家在货物贸易上有着较大的增速；而在服务贸易方面，美国是最大的进出口国，印度则是所列国家中进出口增长最为迅速的国家。

2.1.2 中国的贸易伙伴

中国主要的贸易伙伴，也就是中国主要将产品出口到哪些国家或者地区，中国主要从哪些国家或者地区进口。表2-5和表2-6分别是2018年中国前十大货物出口目的地和货物进口来源地。

表2-5　　2018年十大中国出口目的地

国家/地区	2018年出口值（百万美元）	2017年出口值（百万美元）	年变化率	占中国出口总值的比重
全球	2 501 334	2 280 094	9.70%	100%
1. 美国	480 689	433 745	10.82%	19.22%
2. 中国香港	303 725	281 918	7.74%	12.14%
3. 日本	147 565	137 529	7.30%	5.90%
4. 韩国	109 524	103 042	6.30%	4.38%
5. 越南	84 223	72 360	16.39%	3.37%
6. 德国	78 155	71 464	9.36%	3.12%
7. 印度	77 023	68 143	13.03%	3.08%
8. 荷兰	73 289	67 588	8.43%	2.93%
9. 英国	57 291	57 407	−0.02%	2.29%
10. 新加坡	50 090	46 233	8.34%	2.00%

资料来源：2018年国际货币基金组织的数据。

表2-5是2018年排名前十位的中国货物出口目的地。从表中可以看到，2018年前三位的中国出口目的地为美国、中国香港和日本，分别占中国出口总值比重的19.22%、12.14%和5.90%。从增长率来看，2018年，中国向越南和印度的出口增长非常迅速，出口的主要是劳动密集型的工业制成品和半成品，如机械设备，电脑、电子产品及其零件。这一方面是因为印度和越南都处于经济快速发展时期，需要进行大量的基础设施建设，但是他们本国的制造业还不足以支撑；另一方面是因为中国在这些方面的制造业历史悠久、规模大、产能大，能够以较低的价格出口较好质量的产品给他们。中国对美国的出口方面，虽然受到中美贸易摩擦的影响，但是2018年中国向美国出口的增长率依然十分可观，为10.82%，一部分原因可能是中美企业为了避免未来中美贸易摩擦进一步升级而提前进行贸易往来。

表 2-6　　　　2018 年十大中国进口来源地

国家/地区	2018 年进口值（百万美元）	2017 年进口值（百万美元）	年变化率	占中国进口总值的比重
全球	2 134 026	1 834 126	16.35%	100%
1. 韩国	202 995	177 562	14.32%	9.51%
2. 日本	180 479	165 773	8.87%	8.46%
3. 中国台湾	177 130	155 353	14.02%	8.30%
4. 美国	156 259	154 933	0.86%	7.32%
5. 德国	106 214	96 945	9.56%	4.98%
6. 澳大利亚	105 141	92 808	13.29%	4.93%
7. 巴西	76 867	58 304	31.84%	3.60%
8. 越南	64 154	50 557	26.89%	3.01%
9. 马来西亚	63 493	54 354	16.81%	2.98%
10. 俄罗斯	58 580	41 114	42.48%	2.75%

资料来源：国际货币基金组织的数据。

表 2-6 是 2018 年前十位的中国货物进口来源地。从表中可以看出，与出口不同，前三位的中国进口来源地分别为韩国、日本和中国台湾，分别占中国进口总值的 9.51%、8.46%和 8.30%。根据中国商务部 2017 年的《中国韩国经贸合作简况》，中国是韩国的第一大贸易伙伴国、进口来源国和出口对象国，韩国是中国第三大贸易伙伴国、第一大进口来源国和第三大出口对象国，中国从韩国进口的产品主要有平板显示器、半导体、石油制品、汽车零部件等。根据中商情报网的数据，中国也是日本和中国台湾的第一大进口来源地和出口目的地，中国主要从日本进口机电产品、化工产品和运输设备，主要从中国台湾进口机电产品、光学钟表医疗设备和化工产品。在上述国家或者地区中，中国进口增长率排名前三的是俄罗斯、巴西和越南。中国从俄罗斯的进口增长率达到了惊人的 42.48%，从巴西和越南的进口则分别增加了 31.84% 和 26.89%。这些剧烈的变化是建立在中美贸易摩擦的背景下的，在美国挑起贸易冲突后，中国也对美国的大豆等产品加征关税，为了满足国内需求，中国转而向农业大国俄罗斯和巴西等国进口。越南近年来的贸易发展非常迅速，越来越多的国家将制造工厂从中国转向越南，如手机及零件，电脑、电子产品及零件，纺织品等需要较多劳动力的产品，中国也越来越喜欢从越南进口这些价格便宜的产品而并非完全由自己生产；同时，越南也是中国食品进口的一个重要来源地，包括蔬菜、大米、水产品等，这些产品在 2018 年的进口增速十分显著。

2.1.3　中国贸易的商品

在正式介绍中国贸易的商品之前，先引入一个数据库——世界综合贸易解决方案（World Integrated Trade Solution，WITS）。该数据库由世界银行与联合国贸易和发展会议合作，并与国际贸易中心、联合国统计司和世界贸易组织等组织协商制定。该数据库有比较全面的双边贸易数据，可以细分到行业层面（表 2-7 和表 2-8 中出现的行业），同时还有两国征收的关税等信息。根据 WITS 数据统计，2017 年中国总进口值为 22 122 亿美元，占 GDP 总量的 18.05%，其中涉及215个来源地、4 433种不同的HS[①]六位产品；同期，中国总出口值为24 229亿美元，占GDP总量的19.76%，其中包含214个出口目的地和4 409种不同的HS六位产品。

表2-7是中国按加工阶段区分的产品在2017年的进出口情况。其中，**原材料**是指生产某种产品的基本原料，是用于生产过程起点的产品。原材料分为两大类：一类是在自然形态下的森林产品、矿产品与海洋产品，如铁矿石、原油等；另一类是农产品，如粮、棉、油、烟草等。**中间品**是指用于生产其他商品和服务的产品，是经过一些制造或加工过程，但还没有达到最终产品阶段的产品，如棉纱、钢铁等。**消费品**是指那些由最终消费者购买并用于个人消费的产品，如电脑、手机等。**资本品**一般是指一切协助生产其他商品或服务的物品，如企业用于生产的机器设备等。

表2-7　　2017年中国不同加工阶段的产品进出口

产品分组	出口值（百万美元）	出口占比	进口值（百万美元）	进口占比
原材料	41 292	1.82%	443 963	24.08%
中间品	369 082	16.31%	396 326	21.50%
消费品	824 788	36.44%	239 091	12.97%
资本品	1 022 921	45.19%	749 095	40.63%

数据来源：WITS数据库。

从表2-7可以看到，2017年中国出口最多的是资本品，占比高达45.19%；出口最少的则是原材料产品，占比只有1.82%。这说明，现在中国的出口结构中技术含量高的产品占据主导地位。图2-1展示的是从1992年到2017年中国4种加工阶段产品的出口情况，从中可以

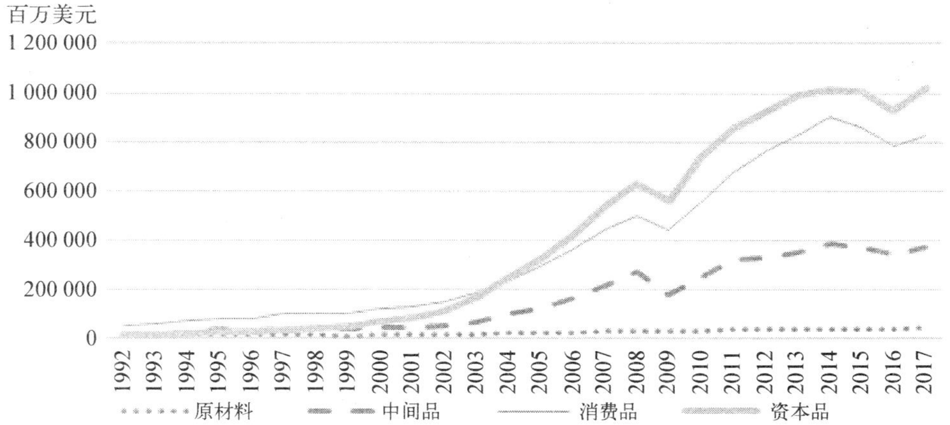

数据来源：WITS数据库。

图2-1　1992～2017年中国4种不同加工阶段产品的出口情况

① HS编码就是海关编码，是于1983年6月由海关合作理事会（现名世界海关组织）主持制定的一部供海关、统计、进出口管理及与国际贸易有关各方共同使用的商品分类编码体系。HS于1988年1月1日起正式实施，每4年修订一次，一般写作HS1988、HS1993、HS2012、HS2017等。世界上已有两百多个国家使用HS，全球贸易总量98%以上的货物都是以HS分类的。HS采用六位数编码，把全部国际贸易商品分为22类、98章，章以下再分目和子目。商品编码的第一、二位数码代表"章"，第三、四位数码代表"目"，第五、六位数码代表"子目"，前六位数是HS国际标准编码。HS有1 241个四位数的税目，5 113个六位数的子目。有的国家根据本国的实际，已分出第七、八、九、十位数码，如中国现在有六位代码，美国则有十位代码。

看出，自 1992 年之后，中国的资本品和消费品出口增长迅速，占总出口的比重逐年增加，原材料的出口增长幅度则很小，占总出口的比重逐年减少。

从进口的角度看，2017 年中国原材料进口约占总进口的 1/4，与出口反差明显，这是因为中国人均能源资源相对不足，反而对国外的铁矿石、原油等十分依赖。图 2－2 是 1992 年到 2017 年中国 4 种加工阶段产品的进口情况。从图中可以看到，增长最迅速的是资本品，消费品的增长则较为缓慢。

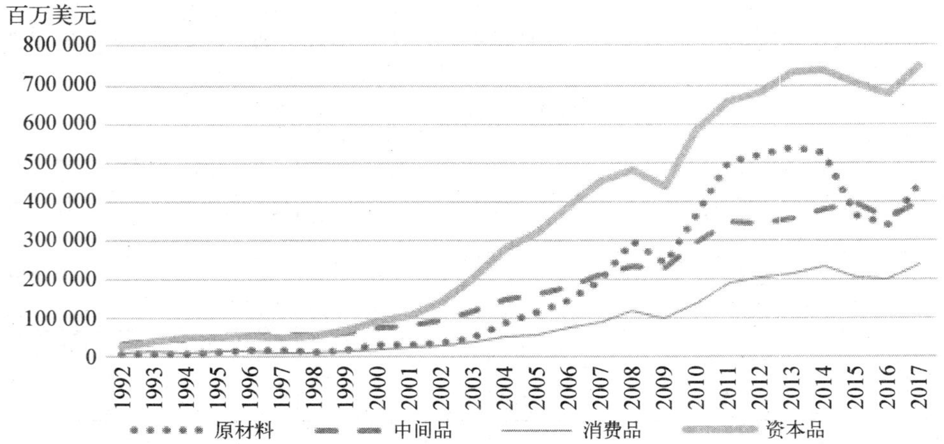

数据来源：WITS 数据库。

图 2－2　1992～2017 年中国 4 种不同加工阶段产品的进口情况

表 2－8 是中国按生产部门分类的产品在 2017 年的进出口情况。从出口来看，中国出口最多的是电子产品，占比高达 43.34%，其次是纺织及制衣业，占比为 11.37%，这是因为中国的这些制造业发展已久，已经有了完善的生产体系和较大的生产规模，在出口市场上，中国具有价格优势。从进口来看，中国进口最多的同样是电子产品，占比达到 33.68%，其次是燃料，比例为 13.54%，其大额进口的原因是中国在燃料，如原油等产品的生产上缺口较大，需要依赖进口。

表 2－8　　2017 年中国不同部门产品进出口

产品分组	出口值（百万美元）	出口占比	进口值（百万美元）	进口占比
动　物	16 874	0.75%	22 720	1.23%
化学品	114 300	5.05%	131 098	7.11%
食　物	30 866	1.36%	23 115	1.25%
鞋　类	61 106	2.7%	3 961	0.21%
燃　料	35 391	1.56%	249 625	13.54%
生　皮	33 139	1.46%	9 521	0.52%
电子产品	981 024	43.34%	621 002	33.68%
金　属	165 097	7.29%	95 564	5.18%
矿产品	3 995	0.18%	132 845	7.21%

续表

产品分组	出口值 (百万美元)	出口占比	进口值 (百万美元)	进口占比
杂项制造品	240 074	10.61%	129 210	7.01%
塑料或橡胶	91 051	4.02%	87 872	4.77%
石头和玻璃	63 822	2.82%	75 200	4.08%
纺织及制衣业	257 399	11.37%	31 105	1.69%
交通运输	104 809	4.63%	107 268	5.82%
蔬　菜	25 909	1.14%	70 869	3.84%
木材制品	38 516	1.7%	52 818	2.86%

资料来源：WITS 数据库。

上述国家层面的贸易数据都可以从一些国际性组织查到，如世界贸易组织、国际货币基金组织等。如果想更进一步地知道中国各家企业的进出口情况，就需要中国海关数据库里的信息了(如图 2－3 所示)。

	year	party_id	company	hs_id	exp_imp	country	shipment	value	quantity
1	2010	1101910002	中华书局有限公司北京对外图书贸易部	49019900	0	埃及	加工贸易	16042	540
2	2010	1101910002	中华书局有限公司北京对外图书贸易部	49019900	0	美国	一般贸易	4444	450
3	2010	1101910002	中华书局有限公司北京对外图书贸易部	49019900	0	日本	一般贸易	95113	6892
4	2010	1101910002	中华书局有限公司北京对外图书贸易部	49019900	0	台湾	一般贸易	151061	17182
5	2010	1101910010	北京市图书进出口有限公司	49019900	0	韩国	一般贸易	8788	440
6	2010	1101910024	北京金三环纺织进出口有限责任公	42010000	0	日本	一般贸易	95889	5729
7	2010	1101910024	北京金三环纺织进出口有限责任公	51053990	0	意大利	一般贸易	3455026	53250
8	2010	1101910024	北京金三环纺织进出口有限责任公	51053990	0	印度	一般贸易	52650	975
9	2010	1101910024	北京金三环纺织进出口有限责任公	51053990	0	英国	一般贸易	1001355	62550
10	2010	1101910024	北京金三环纺织进出口有限责任公	51054000	0	比利时	一般贸易	4072960	230400
11	2010	1101910024	北京金三环纺织进出口有限责任公	51054000	0	英国	一般贸易	2662825	165070
12	2010	1101910024	北京金三环纺织进出口有限责任公	51061000	0	加拿大	一般贸易	16811	709
13	2010	1101910024	北京金三环纺织进出口有限责任公	51081011	0	德国	一般贸易	191149	1838
14	2010	1101910024	北京金三环纺织进出口有限责任公	51081011	0	菲律宾	一般贸易	2839803	20314
15	2010	1101910024	北京金三环纺织进出口有限责任公	51081011	0	印度	一般贸易	19394	133
16	2010	1101910024	北京金三环纺织进出口有限责任公	51081090	0	日本	一般贸易	9262	91
17	2010	1101910024	北京金三环纺织进出口有限责任公	51082011	0	日本	一般贸易	6249	46
18	2010	1101910024	北京金三环纺织进出口有限责任公	56012900	0	日本	一般贸易	4410	51
19	2010	1101910024	北京金三环纺织进出口有限责任公	61021000	0	加拿大	一般贸易	312	11
20	2010	1101910024	北京金三环纺织进出口有限责任公	61021000	0	西班牙	一般贸易	11256	314
21	2010	1101910024	北京金三环纺织进出口有限责任公	61034300	0	加拿大	一般贸易	1055	64
22	2010	1101910024	北京金三环纺织进出口有限责任公	61044100	0	法国	一般贸易	25313	1489
23	2010	1101910024	北京金三环纺织进出口有限责任公	61044100	0	西班牙	一般贸易	21287	1393
24	2010	1101910024	北京金三环纺织进出口有限责任公	61044200	0	法国	一般贸易	50794	6118
25	2010	1101910024	北京金三环纺织进出口有限责任公	61044900	0	法国	一般贸易	119570	6898
26	2010	1101910024	北京金三环纺织进出口有限责任公	61045300	0	加拿大	一般贸易	273	30
27	2010	1101910024	北京金三环纺织进出口有限责任公	61101100	0	法国	一般贸易	1221972	88638
28	2010	1101910024	北京金三环纺织进出口有限责任公	61101100	0	西班牙	一般贸易	19287	1602

资料来源：中国海关数据库。

图 2－3　中国海关数据库示例

图 2－3 是从中国海关数据库上截取的一部分，中国海关数据库中详细介绍了中国在某一年从某个地区进出口的某 HS 八位产品的价值和数量，同时区分了这种产品是中间品还是最终品，以及贸易的方式(分为一般贸易和加工贸易。**一般贸易**是指单边输入关境或单边输出关境的进出口贸易方式，它交易的货物是企业单边售定的正常贸易的进出口货物。**加工贸易**是

指经营企业进口全部或者部分原材料、辅助材料、零部件、元器件、包装物料，经加工或装配后，将制成品复出口的经营活动，包括进料加工、来料加工）。从图 2-3 可以看到，中国海关数据库包含年份、企业 ID(party_id)、企业名称(company)、企业进出口产品的 HS 八位编码(hs_id)、企业是进口还是出口(exp_imp，为 0 是出口，为 1 是进口)、企业进行贸易合作的国家或者地区(country，如果是出口就是出口目的地，如果是进口就是进口来源地)、贸易的方式(shipment，一般贸易还是加工贸易)、贸易品的价值(value，指中国在某一年向某一地区进口或出口的某一 HS 八位产品的价值)、贸易品的数量(quantity，指中国在某一年向某一地区进口或出口的某一 HS 八位产品的数量)。

对于一个说法的解释

"国家间进行贸易"是一个不准确的陈述，更精确的描述应该是"来自不同国家的企业进行贸易"。除非是各个政府彼此之间直接购买和销售，如军火销售，否则大部分交易是由企业进行的。一个国家的进口实际上就是该国企业从别国企业进口之和，一个国家的出口也是该国企业向别国企业出口之和。举例来说，沃尔玛进口大量商品到美国，而出口则相对较少。沃尔玛这样的企业对美国的贸易逆差(即一个国家的进口大于出口)有直接的促成作用。在讨论中美贸易时，我们所说的"中国对美国存在贸易顺差"(即中国对美国的出口大于中国从美国的进口)，其实指的是中国企业向美国企业出口的产品总值大于美国企业向中国企业出口的产品总值。

2.1.4 一些深层次的规律

前面介绍的是一些最基本的国际贸易数据，一些学者在对这些数据进行总结时，发现了一些有意思的规律。

例如，在探讨国与国之间的贸易时，学者们发现两国之间的贸易量满足"引力模型"。"引力模型"，顾名思义就是两国的贸易量与它们的经济体量成正比，经济体量一般用 GDP 衡量；与它们之间的距离成反比。这个"引力模型"以牛顿经典的万有引力公式为基础，最早把它引入国际贸易领域的是丁伯根(1962)，为了说明在由多个国家组成的世界里贸易流量的不对称现象，即大国的贸易量占其 GDP 的比重小于小国，从而建立了贸易引力模型。这个模型现在仍在不断发展并被广泛使用，如人们发现距离不仅仅局限于地理距离，而且包含文化距离、制度距离等，它是空间经济学中的一个重要组成部分。

图 2-4 就是引力模型的一个很好的证据。左边的那张图是西班牙的进口量与来源国 GDP 之间的关系，其拟合曲线是斜向上的，表明 GDP 与进口量之间存在正向相关关系。右边的那张图是西班牙的进口量与地理距离之间的关系，其拟合曲线是斜向下的，说明地理距离与进口量之间存在负向相关关系。

对于出口企业而言，学者们也发现了一些普遍的规律。例如，一个国家只有很少的企业可以参与国际贸易。表 2-9 是 2002 年美国部分制造业行业中出口企业的占比情况。其中，第二列是行业之间的企业分布情况；第三列是指美国各行业的企业中，出口企业所占的比例。从表中可以看到，出口企业占比最高的行业为电脑及电子产品(代码为 334)、电气设备和电器(代码为 335)，占比均为 38%；出口企业占比最低的行业是杂项制造业(不包含在前面的制造业中，代码为 339)，它的出口企业占比仅为 2%。综观美国的制造业，出口企业只占 18%，不到 1/5。

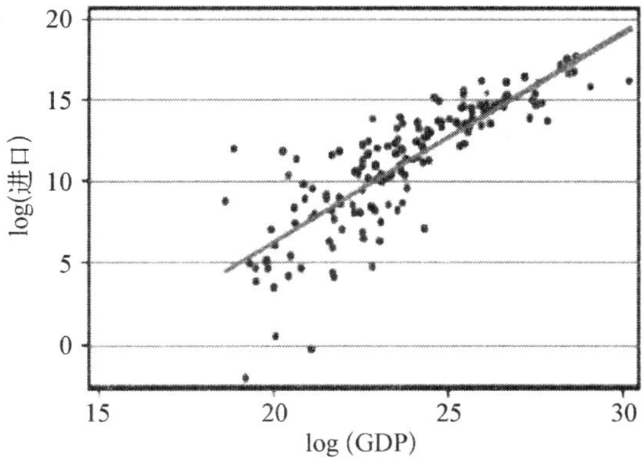

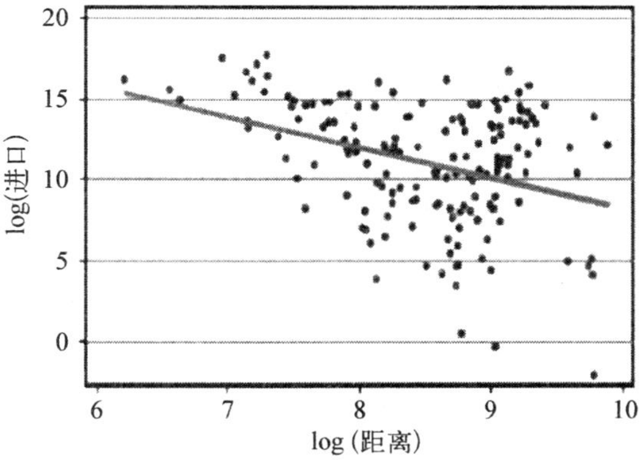

数据来源：联合国商品贸易统计数据库(2007)。

图 2-4　西班牙的进口量与来源国 GDP、地理距离之间的关系

表 2-9　2002 年美国部分制造业行业出口企业占比情况

北美工业分类系统行业	各行业企业占比(%)	行业中出口企业占比(%)
311 食品制造	6.8	12
312 饮料和烟草制品	0.7	23
313 纺织	1.0	25
314 纺织产品	1.9	12
315 服装制造	3.2	8
316 皮革及其制品	0.4	24
321 木材产品制造	5.5	8
322 制品加工	1.4	24
323 印刷及相关支援	11.9	5
324 石油及煤炭产品	0.4	18
325 化学制品	3.1	36
326 塑料和橡胶制品	4.4	28
327 非金属矿物产品	4.0	9
331 主要金属制造	1.5	30
332 金属制品	19.9	14
333 机械制造	9.0	33
334 电脑及电子产品	4.5	38
335 电气设备和电器	1.7	38
336 运输设备	3.4	28
337 家具及相关产品	6.4	7
339 杂项制造业	9.1	2
全制造业	100.0	18

资料来源：Bernard A. B., Jensen J. B., Redding S. J., et al.. Firms in International Trade[J]. *Journal of Economic Perspectives*, 2007, 21(3): 105—130.

表 2－10 统计了各国的制造业行业中出口企业的占比情况。从表中可以看到，即使在占比最高的高度发达工业化国家挪威，其出口企业也只占了其所有企业的 39.2%，不足 50%。

表 2－10　　各国制造业行业出口企业占比

国　家	年　份	制造业行业中出口企业的比例(%)
美　国	2002	18.0
挪　威	2003	39.2
法　国	1986	17.4
日　本	2000	20.0
智　利	1999	20.9
哥伦比亚	1990	18.2

资料来源：美国数据来自 Bernard 等(2007a)，挪威数据来自 Mayer 和 Ottaviano(2007)，法国数据来自 Eaton 等(2004)，日本数据来自 Kimura 和 Kiyota(2006)，智利数据来自 Alvarez(2004)，哥伦比亚数据来自 Brooks(2006)。

出口企业占比低的一个重要原因是企业出口需要更多成本：一是因为企业需要提前了解国外市场、建立营销网络等；二是因为出口运输更久，企业需要更多资金支持；三是因为出口风险往往比较大，企业需要购买保险。

在出口企业中，只有少数企业占据主导地位。表 2－11 是各国出口最多的前 1%、前 5%、前 10%的企业出口值占总出口值的比重。从表中可以看到，美国前 1%的企业的出口值占到了其总出口值的 80.9%，前 10%的企业则达到了 96.3%。在所列举的这些国家中，其前 5%的企业的出口值占其总出口值的比重都超过了一半，最低的是意大利，为 59%，最高的是美国，为 93%。各国前 10%的企业的出口值占总出口值的比重则都超过了 70%，美国、挪威、匈牙利和智利这 4 个国家甚至都超过了 90%。

表 2－11　　各国出口最多的前 1%、前 5%、前 10%的企业的出口值占该国总出口值的比重

国　家	年　份	出口最多的前 1%的企业	出口最多的前 5%的企业	出口最多的前 10%的企业
美　国	2002	80.9	93.0	96.3
比利时	2003	48.0	73.0	84.0
法　国	2003	44.0	73.0	84.0
德　国	2003	59.0	81.0	90.0
匈牙利	2003	77.0	91.0	96.0
意大利	2003	32.0	59.0	72.0
挪　威	2003	53.0	81.0	91.0
英　国	2003	42.0	69.0	80.0
智　利	1999	49.2	82.3	96.5

资料来源：美国数据来自 Bernard 等(2007a)，比利时、法国、德国、匈牙利、意大利、挪威、英国数据来自 Mayer 和 Ottaviano(2007)，智利数据来自 Alvarez(2006)。

在将出口企业和非出口企业进行对比时，学者们发现出口企业往往比非出口企业有更优异的表现。表 2－12 是中美两国出口企业和非出口企业(美国的数据是工厂层面的)的比较。

从表中可以看出，无论是在中国还是在美国，出口企业相较于非出口企业而言，都有着更优秀的管理能力（如一家企业的监控力度、晋升机制等）、更高的产出、更多的雇用工人和更高的全要素生产率（全要素生产率是企业的产出总量除以全部资源投入量）。

表 2－12　　中美出口企业和非出口企业对比

项　目	中　国		美　国	
	出口企业	非出口企业	出口企业	非出口企业
观测值	1 875	1 358	14 000	18 000
管理能力①	−0.27	−0.34	0.12	−0.26
总产出的对数	11.72	11.55	10.6	9.55
员工数的对数	6.46	6.15	4.76	3.96
基于收入的全要素生产率	4.86	4.77	4.3	4.07

资料来源：Bloom 等(2018)。

前面所展示的这些特征，一方面可以帮助大家对国际贸易有一些初步的了解，另一方面可能会给大家带来一些疑惑，如：为什么两国之间要进行国际贸易？为什么中国的主要出口产品是电子产品？为什么中国同时进口和出口电子产品？为什么只有较少的企业会参与出口？对于这些问题，许多学者也在探索，并且留下了许多至今仍影响深远的理论。

2.2　国际贸易理论

国际贸易理论是经济学中历史最悠久、内容最丰富和最具有影响力的组成部分之一。一般认为，经济学是伴随着 1776 年亚当·斯密的《国富论》的出版而创立的。而国际贸易理论的出现比《国富论》更早，事实上，亚当·斯密写作《国富论》正是为了挑战一个更早的国际贸易理论——重商主义理论。本节将简要介绍国际贸易的主要理论，包括重商主义、绝对优势、比较优势、要素禀赋理论、产品生命周期、新贸易理论和国家产业竞争优势。其中，前面 4 个通常被认为是古典贸易理论，后面 3 个则被看作现代贸易理论。

2.2.1　重商主义

历史上对国际贸易的研究和理论最初几乎都出自重商学派。重商主义是资产阶级最初的经济学说，产生和发展于封建制度瓦解和欧洲资本原始积累时期，反映那个时期商业资本的利益和要求，对资本主义生产方式进行了最初的理论考察。

15 世纪末，西欧进入封建社会的瓦解时期，资本主义生产关系开始萌芽；地理大发现扩大了世界市场，给商业、航海业、工业极大的刺激；商业资本发挥着突出的作用，促进各国国内市场的统一和世界市场的形成，推动对外贸易的发展；在商业资本受到重视的同时，西欧建立起封建专制的中央集权国家，运用国家力量支持商业资本的发展。随着商业资本的发展和国家支持商业资本的政策的实施，产生了从理论上阐述这些经济政策的要求，逐渐形成了重商主义理论。

① 管理能力数据来自问卷调查。

重商主义理论(Theory of Mercantilism)在 17 世纪到 18 世纪十分流行,以法国政治学家让-巴普蒂斯特·科尔贝尔为首的一批理论家认为,世界的财富以金银来衡量,是恒定不变的,因此国际贸易可以视为一个零和博弈[①]:当一个国家处于**贸易顺差**,即这个国家的出口多而进口少时,就会有金银的净流入,这个国家会变得越来越富裕;当一个国家处于**贸易逆差**,即这个国家的出口少而进口多时,就会有金银的净流出,这个国家会越来越贫穷。因此,在重商主义的框架下,金银净流入=出口-进口,为了使自己的金银净流入最大化,每个国家都倾向于不进口,而当每个国家都不进口时,实际上每个国家也都没有了出口,最终每个国家都自给自足。

重商主义存在以下几点不足:一是金银并不是财富的唯一代表,也并不是一国唯一的追求,消费者对于商品的追求不可忽略[②];二是重商主义理论看似是在探讨为何一国想要进行贸易,更准确地说是为何想要出口,但是最终它会引导得出一个各国均不愿意进口,彼此之间没有贸易的结论。因此,重商主义理论无法解释为什么国家之间会有贸易往来。

需要注意的是,重商主义在现代仍然十分活跃。许多国家会实施出口援助策略(如采取出口退税和出口补贴等政策来增加出口企业在国际市场上的竞争力)和设置进口限制性贸易壁垒(如采取关税反倾销、反补贴等政策来保护国内幼稚产业的发展)。例如,2018 年特朗普政府挑起中美贸易摩擦就是以中国对美国的贸易顺差为借口,对中国的多种商品加征关税,进行反倾销、反补贴调查等。

2.2.2 绝对优势理论

与重商主义相反,1776 年亚当·斯密提出了“自由主义”,提倡自由贸易,即交易应该由自由市场的力量决定,而非政府的干预决定。具体来讲,亚当·斯密提出了**绝对优势理论**(Theory of Absolute Advantage):在自由贸易条件下,每个国家通过从事具有绝对优势的经济活动受益。**绝对优势**是指一国所具有的绝对超越其他国家的经济优势,即一国在某种产品上有更高的**生产率**。生产率就是一单位投入能够带来的产出。以葡萄牙和英国为例,因为有更优越的土地、水和气候条件,相较于英国而言,葡萄牙在种植葡萄和生产葡萄酒方面具有绝对优势;英国则凭借其发达的牧羊业,可以以低廉的成本养育出更好的绵羊并生产更好的毛呢,因此相较于葡萄牙而言,英国在养殖绵羊和生产毛呢方面具有绝对优势。基于此,亚当·斯密提出:通过专业化生产具有绝对优势的产品,两国都能产出更多;通过贸易,两国都能受益更多。通过专业化分工,葡萄牙可以生产比以前更多的葡萄酒,英国则可以生产比以前更多的毛呢。通过贸易,英国可以得到比自己酿造好得多的葡萄酒,葡萄牙则可以得到比自己生产更为优良的毛呢,两个国家的居民均可以享受到更好的产品。依照亚当·斯密的观点,贸易更像是“双赢”博弈,而非零和博弈。

如表 2-13 和图 2-5 所示,假设世界上只有英国和葡萄牙两个国家,它们只生产两种产品——葡萄酒和毛呢,生产葡萄酒和毛呢都需要资源,如土地、劳动力等。英国和葡萄牙在最初都拥有 10 000 单位资源。在生产葡萄酒方面,葡萄牙生产 1 箱葡萄酒仅需要 1 单位资源,也就是说,葡萄牙在葡萄酒上的生产率为 1,而英国生产 1 箱葡萄酒需要 2 单位资源,即英国在

---

① **零和博弈**(Zero-sum Game)又称零和游戏,与非零和博弈相对,是博弈论的一个概念,属非合作博弈,是指参与博弈的各方在严格竞争下,一方的收益必然意味着另一方的损失,博弈各方的收益和损失相加,总和永远为零,双方不存在合作的可能。

② 这一观点来自英国思想家大卫·休谟,原话为:“无论在何地,只要君主拥有臣民,就是强大的;而臣民,只要拥有大量的商品,就是富裕幸福的;这些都与贵金属之多寡无关。”

葡萄酒上的生产率为0.5，可见，葡萄牙的葡萄酒生产率高于英国，即葡萄牙在葡萄酒生产上有绝对优势。在生产毛呢方面，英国生产1匹毛呢需要2单位资源，即英国在毛呢上的生产率为0.5，葡萄牙则需要5单位资源，即葡萄牙在毛呢上的生产率为0.2，英国在生产毛呢上的生产率较高，有绝对优势。在两国不进行贸易时，两国将资源均等地分配在两种产品的生产上，即两个国家都是5 000单位资源用于生产葡萄酒，5 000单位资源用于生产毛呢，则葡萄牙能生产5 000箱葡萄酒和1 000匹毛呢（如图2－5中的C点）；而英国能生产2 500箱葡萄酒和2 500匹毛呢（如图2－5中的B点）。当两国专业化生产时（两国生产自身具有绝对优势的产品，葡萄牙在生产葡萄酒上具有绝对优势，则将10 000单位资源全部用于生产葡萄酒；类似的，英国在毛呢生产上具有绝对优势，则将10 000单位资源全部用于生产毛呢），葡萄牙可以生产10 000箱葡萄酒（如图2－5中的D点），英国可以生产5 000匹毛呢（如图2－5中的A点）。当两国将产出的一半用于交换时，最终葡萄牙可以得到5 000箱葡萄酒和2 500匹毛呢（如图2－5中的E点），这要多于不进行贸易时的5 000箱葡萄酒和1 000匹毛呢；英国也可以得到5 000箱葡萄酒和2 500匹毛呢（如图2－5中的E点），这同样多于不进行贸易时的2 500箱葡萄酒和2 500匹毛呢。也就是说，通过专业化生产，两个国家无论是葡萄酒还是毛呢的产量之和都大于不专业化生产时的产量之和，而在专业化生产并且贸易之后，两个国家获得的无论是葡萄酒还是毛呢都多于不进行专业化生产和贸易时的情况，也就是说，两国的境况由于专业化生产和贸易而得到了改善。

表2－13　　绝对优势示例

每个国家的资源总量均为10 000单位	对　象	葡萄酒	毛　呢
生产1箱葡萄酒和1匹毛呢分别需要的资源	英　国	2单位	2单位
	葡萄牙	1单位	5单位
没有专业化生产和贸易时的生产量及消费量（每个国家在两种生产活动中各投入其一半的资源）	英　国	2 500箱	2 500匹
	葡萄牙	5 000箱	1 000匹
	生产总量	7 500箱	3 500匹
专业化生产时的生产量（英国只生产毛呢，葡萄牙只生产葡萄酒）	英　国	0箱	5 000匹
	葡萄牙	10 000箱	0匹
	生产总量	10 000箱	5 000匹
专业化生产且两国交换一半产出后的消费量	英　国	5 000箱	2 500匹
	葡萄牙	5 000箱	2 500匹
	消费总量	10 000箱	5 000匹
从贸易中得到的收益：专业化和贸易带来的消费量的增加（第四种情况与第二种情况对比）	英　国	+2 500箱	0匹
	葡萄牙	0箱	+1 500匹

绝对优势理论从劳动分工原理出发，在人类历史上第一次论证了贸易互利性原理，克服了重商主义者认为国际贸易只是对单个国家有利的片面看法。绝对优势理论认为交换引起分工，而交换又是人类本性所决定的。事实上，交换以分工为前提，在历史上分工早于交换；同时，交换也不是人类本性的产物，而是社会生产方式和分工发展的结果。

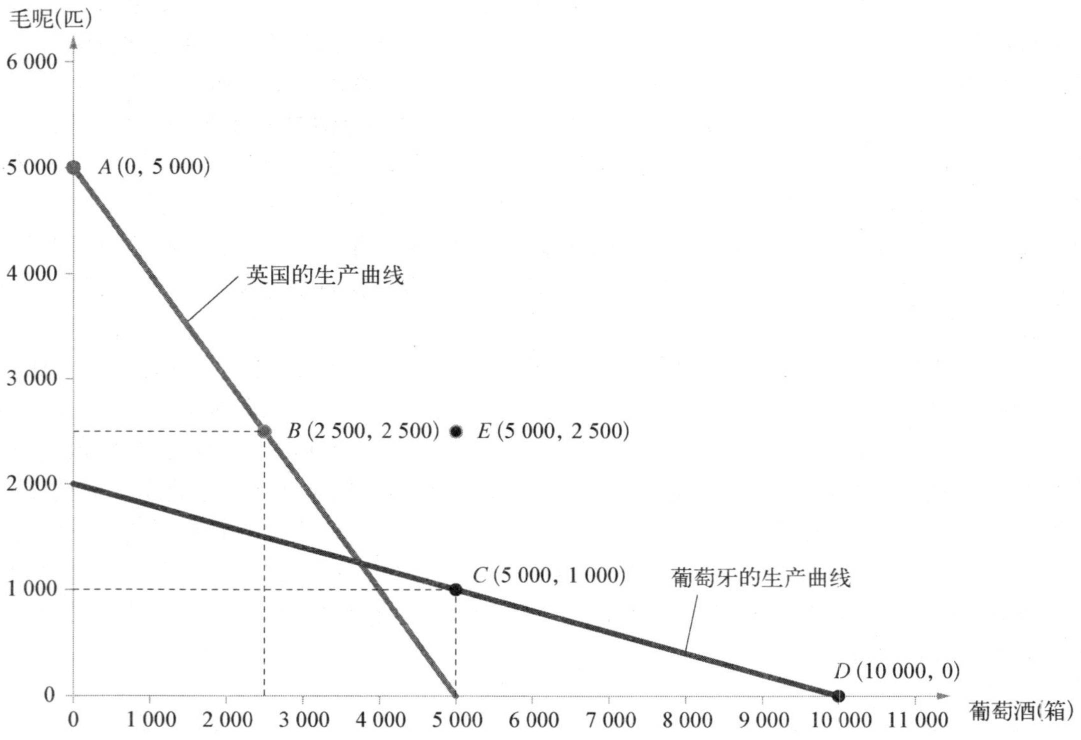

图 2－5　绝对优势示例

2.2.3　比较优势理论

当一个国家相较于另一个国家在两种产品上都不具有绝对优势时，这两个国家之间是否就没有贸易的可能性？大卫·李嘉图于 1817 年提出了**比较优势理论**(Theory of Comparative Advantage)，表示并非如此。比较优势理论认为：国际贸易产生的基础并不限于生产率的绝对差别，只要各国之间存在生产率的相对差别，就可以在不同的产品上具有比较优势，使国际分工和国际贸易成为可能。

沿用上述英国和葡萄牙的示例，假设英国在生产葡萄酒和毛呢上都具有绝对优势，按照大卫·李嘉图的理论，只要两国在这两种产品上的生产效率不相等，葡萄牙仍然可以专业化生产其具有比较优势的产品。**比较优势**就是指相比另外一个国家，某国在一类经济活动中具有的相对较低的**机会成本**①(Opportunity Cost)，或者说是其因在一类经济活动中消耗资源而放弃的另一类经济活动相对较少。比较优势理论在现实生活中很有用，在专业化分工上，它提供了很好的指导意见。世界上共有两百多个国家，如果要用绝对优势来确定专业化分工的话，实在太具有挑战性。而比较优势理论大大降低了绝对优势的门槛，因为绝对优势不再是必需的了。

假设这次葡萄牙生产葡萄酒需要 4 单位资源，也就是说，葡萄牙生产葡萄酒和毛呢的生产率分别为 0.25 和 0.2；英国生产葡萄酒和毛呢的生产率依旧分别为 0.5 和 0.5。在生产葡萄酒上，英国的生产效率是葡萄牙的 2 倍；在生产毛呢上，英国的生产效率则是葡萄牙的 2.5 倍，

---

① 机会成本是指当面临选择时，选择了其中一项而放弃另一项所付出的代价。

所以有：

$$\frac{生产率_{英,葡萄酒}}{生产率_{葡,葡萄酒}} < \frac{生产率_{英,毛呢}}{生产率_{葡,毛呢}}$$

英国的生产曲线比葡萄牙的生产曲线更为陡峭(如图 2-6 所示)，这意味着英国生产毛呢的机会成本要大于生产葡萄酒的机会成本，葡萄牙生产葡萄酒的机会成本要小于生产毛呢的机会成本。因此，在生产葡萄酒上，葡萄牙具有比较优势；在生产毛呢上，英国具有比较优势。

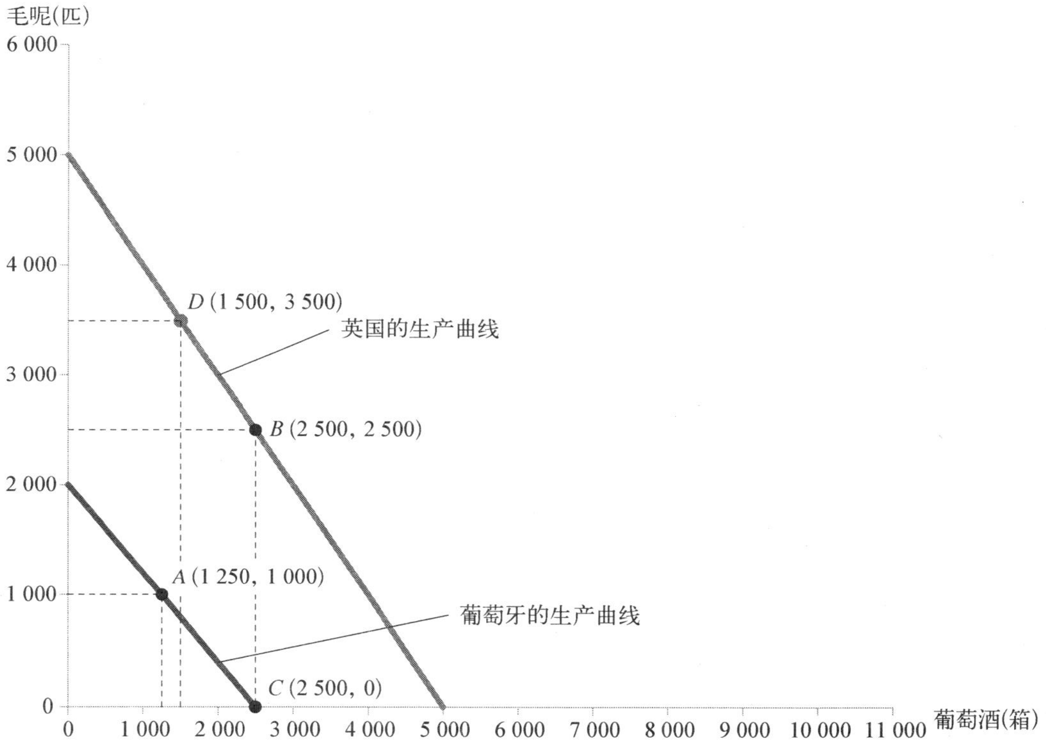

图 2-6　比较优势示例

当没有贸易时，假设两个国家在两种产品上分配的资源相等，即 5 000 单位资源用于生产葡萄酒，5 000 单位资源用于生产毛呢，则最终葡萄牙可以生产 1 250 箱葡萄酒和 1 000 匹毛呢(如图 2-6 中的 *A* 点)，英国可以生产 2 500 箱葡萄酒和 2 500 匹毛呢(如图 2-6 中的 *B* 点)。当葡萄牙将 10 000 单位资源都用于生产具有比较优势的葡萄酒时，可得 2 500 箱葡萄酒(如图 2-6 中的 *C* 点)，英国则将 10 000 单位资源分别生产 1 500 箱葡萄酒和 3 500 匹毛呢(如图 2-6 中的 *D* 点)。此时，生产总量大于没有专业化生产时的生产总量，那么，葡萄牙可以用 1 200 箱葡萄酒与英国交换 1 000 匹毛呢，这种交换对葡萄牙和英国而言都是喜闻乐见的。因为对于葡萄牙而言，生产 1 000 匹毛呢需要的资源等于生产 1 250 箱葡萄酒所消耗的资源，而它只用 1 200 箱葡萄酒就交换来了；对于英国而言，用于生产这 1 000 匹毛呢的资源原本只能生产 1 000 箱葡萄酒，通过交换，它多得到了 200 箱葡萄酒。因此，通过专业化生产，两国最终的消费总量都有所改善(如表 2-14 所示)。

表 2-14 比较优势示例

每个国家的资源总量均为 10 000 单位	对　象	葡萄酒	毛　呢
生产 1 箱葡萄酒和 1 匹毛呢分别需要的资源	葡萄牙	4 单位	5 单位
	英　国	2 单位	2 单位
没有专业化生产和贸易时的生产量及消费量(每个国家在两种生产活动中各投入其一半的资源)	葡萄牙	1 250 箱	1 000 匹
	英　国	2 500 箱	2 500 匹
	生产总量	3 750 箱	3 500 匹
专业化生产时的生产量(英国将所有资源用于生产葡萄酒和毛呢,葡萄牙将全部资源用于生产葡萄酒)	葡萄牙	2 500 箱	0 匹
	英　国	1 500 箱	3 500 匹
	生产总量	4 000 箱	3 500 匹
专业化生产后,葡萄牙用 1 200 箱葡萄酒与英国交换 1 000 匹毛呢	葡萄牙	1 300 箱	1 000 匹
	英　国	2 700 箱	2 500 匹
	消费总量	4 000 箱	3 500 匹
从贸易中得到的收益:专业化和贸易带来的消费量的增加(第四种情况和第二种情况对比)	葡萄牙	+50 箱	0 匹
	英　国	+200 箱	0 匹

比较优势理论是对绝对优势理论的继承和发展,但是当两个国家在两种产品上的生产率分别为($2a$, a)和($2b$, b)时,比较优势理论仍然会失去解释力。而且比较优势理论只提出国际分工的一个依据,并未能揭示国际分工形成和发展的主要原因及其价值规律的国际内容。

2.2.4　要素禀赋理论

在前面讨论绝对优势和比较优势时,都是从生产率的角度出发。例如,A 国在生产小麦和飞机上的生产率都高于 B 国,那么 A 国在这两种产品上都具有绝对优势;如 B 国在小麦上的生产率落后于 A 国较少,那么 B 国在生产小麦上就具有比较优势。

绝对优势和比较优势只来自生产率吗?换言之,国际化分工仅仅只依靠生产率吗?事实并非如此。

1919 年瑞典经济学家埃里·赫克歇尔发表了题为《国际贸易对收入分配的影响》的论文,对要素禀赋理论的核心思想——要素禀赋差异是国际贸易比较优势形成的基本原因做出了初步分析。1933 年,博蒂尔·俄林出版了著名的《区域贸易与国际贸易》一书,对埃里·赫克歇尔的思想进行阐释和发展,形成了**要素禀赋理论**(Factor Endowment Theory),又称**赫克歇尔-俄林理论**。该理论认为,两国的比较优势来源于它们在资源禀赋上的差异,一个国家总是出口在资源禀赋方面具有比较优势的产品,即在生产过程中密集使用该国生产要素充裕的产品,如巴西的土地和水资源丰富,气候适宜,适合发展农业,这使得其成为农产品出口大国。欧美国家由于人力资源短缺,开发了电话自动化技术,但是西方客户更乐意与人交谈而不是与机器沟通或者简单地按机器上的按键,印度因为有着丰富的人力资源,可以取代接听电话的某些自动化功能,所以在这类服务上有着大量的出口,还成立了服务于西方客户的电话客服中心。

但是，对于要素禀赋理论的实证检验并不顺利。1973 年诺贝尔奖得主里昂锡夫运用美国 1947 年的对外贸易数据对此进行了检验。美国是一个资本充裕但劳动力紧缺的国家，根据要素禀赋理论，美国应该出口资本密集型产品而进口劳动密集型产品，但是来自美国的数据正好相反：美国主要出口劳动密集型产品，进口资本密集型产品。这个发现被后来的学者称为**"里昂锡夫之谜"**。经济学家尝试从不同的方面解释"里昂锡夫之谜"，如要素禀赋理论只从供给层面考虑了贸易模式，忽视了需求层面，美国消费者可能更加偏好高质量产品，而高质量产品又往往是资本密集品，这可能会导致美国反而多进口资本密集品；还有学者认为劳动力应该被进一步细分，劳动力可以按劳动技能的熟练程度分为两类——熟练劳动力和非熟练劳动力，熟练劳动力在生产过程中相当于资本。美国的劳动力中熟练劳动力较多，这样美国出口产品中的资本量就会提高，劳动力数量则会降低，从而与要素禀赋理论并不矛盾。

关于比较优势的来源，除了生产率和资源禀赋外，现在又有了一些新的发展，如一国的制度质量所产生的制度禀赋差异等。努恩(2007)表明，制度质量越好的国家，依赖正规制度保障或者说契约保障的行业就有越好的出口表现。马诺瓦(2013)指出，在良好的金融制度质量下，企业能减少融资成本、提升获取资金的能力，对于外部融资依赖度较高的行业，金融制度好的国家更有出口的比较优势。

2.2.5 产品生命周期理论

前面介绍的重商主义理论、绝对优势理论、比较优势理论和要素禀赋理论都属于古典贸易理论，它们在一定程度上解释了为什么两国要进行国际贸易，为什么会有贸易保护主义的出现，以及国际化专业分工等问题。但是在一些方面，它们的解释能力有限。例如，它们从静态的角度分析了贸易模式，但事实上，贸易模式并非一成不变，如在两百多年前亚当·斯密生活的时代，英国是纺织品出口大国，这可能是因为气候适宜、土地肥沃，英国在纺织品上更具有比较优势，但是现在英国的纺织品工业没落了，我们很难说这是因为在这短短两百年间英国的地理环境发生了变化，英国在纺织品上的绝对优势不复存在了。再如个人电脑，20 世纪 80 年代美国从净出口国变成了净进口国，马来西亚则正好相反，这也难以用我们前面所学的古典理论来解释。

第一个解释贸易模式随时间变化的动态理论是**产品生命周期理论**(Product Life Cycle Theory)。该理论由美国经济学家雷蒙德·弗农于 1966 年在其《产品周期中的国际投资与国际贸易》一文中首次提出。雷蒙德·弗农将世界上的国家分为三类——创新领先国(如美国)、模仿国(其他发达国家)和发展中国家。每种产品的生命周期可以分为四个阶段——新产品投入期、产品成长期、产品成熟期和产品标准化期(如图 2-7 所示)。

在第一阶段，新产品还在投入和研发中，少量的生产仅在创新国消费。在第二阶段，新产品已经改进，因为能够获得溢价且国外还未模仿成功，其生产会集中在创新领先国，然后出口到其他发达国家。在成熟阶段，其他发达国家对该产品的生产需求和生产能力开始增长，此时这些国家生产这些产品就有利可图了。在第四阶段，曾经的新产品变得标准化(商品化)，从而大量的生产会转移到发展中国家，再出口到发达国家。

产品生命周期理论首次从动态的角度考虑国际贸易，同时把管理、科技、外部经济因素等引入贸易模型，比传统理论更进一步。但是由于经济生活中存在着各种不确定因素，各国面临的产业发展方向和环境不同，因此，产品生命周期的循环并不是国际贸易的普遍和必然现象。

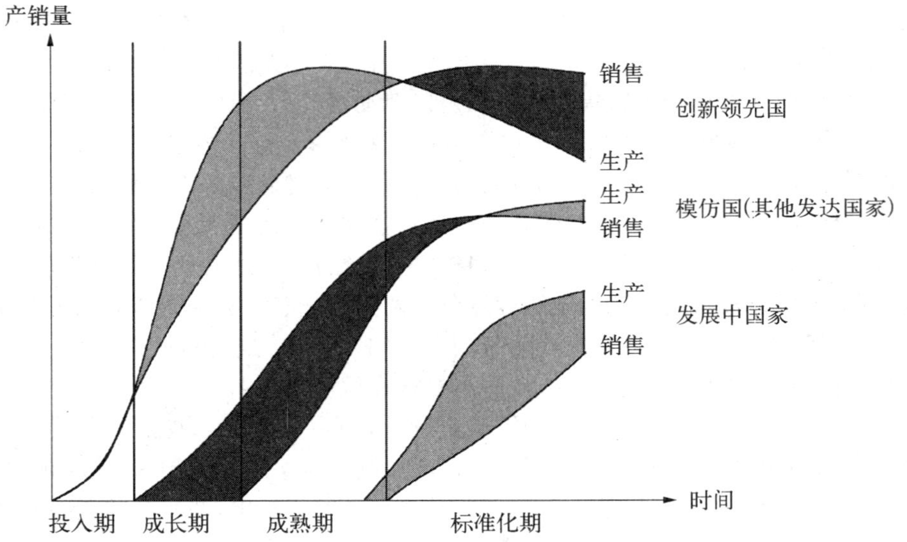

图 2－7　产品生命周期理论

2.2.6　新贸易理论

古典贸易理论的另一个局限性在于无法解释产业内贸易的存在。**产业内贸易**(Intra-industry Trade)是指一个国家出口一个行业的产品,同时进口这个行业的产品,如中国既大量出口电子产品,又大量进口电子产品。不仅是电子产品,也不仅是中国,其他国家在其他许多产品的生产过程中也存在产业内贸易,如美国的高尔夫球杆产业(如表 2－15 所示)。

表 2－15　　美国高尔夫球杆产业内贸易

2014 年美国进口高尔夫球杆的情况				2014 年美国出口高尔夫球杆的情况			
进口来源地	价值(百万美元)	单位(千)	均价(美元)	出口目的地	价值(百万美元)	单位(千)	均价(美元)
中　国	339.4	13 507	25	日　本	30.5	232	131
中国台湾	24.7	396	62	加拿大	24.4	380	64
越　南	24.3	1 187	20	韩　国	23.5	172	136
日　本	7.1	62	115	澳大利亚	12.1	135	90
墨西哥	0.93	24	38	中国香港	7.4	39	188
泰　国	0.75	8	88	英　国	5.9	48	123
中国香港	0.31	11	26	新加坡	3.1	23	135
英　国	0.21	14	15	新西兰	1.4	16	86
澳大利亚	0.18	3	51	墨西哥	1.0	13	82
加拿大	0.17	2	67	阿根廷	0.8	9	91
孟加拉国	0.13	57	2	泰　国	0.5	4	138
喀麦隆	0.02	0.6	41	荷　兰	0.5	3	144

数据来源：http://www.ita.doc.gov/td/industry/otea/trade-detais。

表 2-15 展示的是 2014 年美国高尔夫球杆的进出口总金额、数量及均价。表的左半部分介绍的是美国从不同国家进口球杆的情况，可以看到，美国会从中国、中国台湾、越南等地进口高尔夫球杆。表的右半部分介绍的是美国向不同国家出口高尔夫球杆的情况，可以看到，美国又会出口高尔夫球杆到别的国家，如日本、加拿大、韩国等。可见，美国的高尔夫球杆产业存在产业内贸易。

能够较好解释产业内贸易的是以克鲁格曼为代表的经济学家提出的**新贸易理论**（New Trade Theory），也称克鲁格曼模型。该理论的创立背景是第二次世界大战后，特别是 20 世纪 80 年代以来产业内贸易的迅速发展。传统的大卫·李嘉图模型和要素禀赋模型只能解释产业间的贸易，即一个国家出口一个行业的产品，进口另外一个行业的产品；同时，这些模型建立在规模收益不变（生产率不随生产规模而改变）和市场完全竞争的前提下。而克鲁格曼发现产业内贸易规模较大的行业大多具有规模经济和不完全竞争的特点。

在理解这个模型之前，首先要了解什么是**规模经济**（Economies of Scale），即规模收益递增。规模经济是指产品在生产过程中，产出的增长速度快于投入的增长速度，从而企业的平均成本会随着总产量的提升而下降（平均成本就是总成本/总产量，总成本取决于投入，当产出的增长速度快于投入的增长速度时，平均成本就会随总产量的上升而下降）。

克鲁格曼区分了外部规模经济和内部规模经济。**外部规模经济**是指企业的平均成本随整个行业总产出量的增加而降低。为什么会出现这种现象呢？因为在一个行业中存在许多小企业，而这些小企业可以共享这个行业的一些服务，从而降低企业的平均成本。例如美国的硅谷，其中有许多生产电子产品的小企业，这些小企业可以共享诸如电子技术工人培训之类的服务，从而可以分担培训费用，降低企业的平均成本。行业规模越大，同行业的企业共享的服务就会越多，为每个企业节约的成本也会越多，从而外部规模经济就越明显。中国比较著名的产业集群有深圳的华强北、北京的中关村等。**内部规模经济**是指企业的平均成本随企业自身产出的增加而下降，这是因为随着企业产出的增加，平均固定成本会下降，如厂房的租金、机器设备的折旧等。

内部规模经济与贸易均衡是克鲁格曼模型的核心。内部规模经济意味着不完全竞争，规模越大的企业越有成本优势，从而可以获得价格优势，在竞争中可以通过压低价格迫使其他小企业退出市场，最终使市场演变成不完全竞争状态。外部规模经济意味着完全竞争，意味着一个行业内有许多小企业，市场竞争程度很高。

假设在封闭经济条件下，中国有 7 个汽车品牌，美国有 9 个汽车品牌。如果两国开放贸易，中国的 7 家企业会与美国的 9 家企业相互竞争，最终中国有 2 家企业退出市场，美国有 1 家企业退出市场。虽然总的汽车企业由于更激烈的竞争而减少了，但是相较于封闭经济而言，两国的消费者可供选择的种类增加了，这是克鲁格曼模型中国际贸易带来的第一个好处。假设消费者的总需求不变，两国的企业总数减少了，企业的平均市场份额会变大，也即平均规模会变大，由于内部规模经济，企业的平均成本降低，消费者面临的价格也会降低，这是克鲁格曼模型中国际贸易带来的第二个好处。同时，在汽车行业中，中美两国的企业由于内部规模经济，在国际市场上都具有竞争力，因此两国会相互出口汽车，也即出现了产业内贸易，实现品牌共享，增加消费者可以消费的种类。

新贸易理论很好地解释了产业内贸易的存在，但是它也有一个重要的缺陷：该模型假设所有企业都是同质性的，因此竞争中哪些企业退出、哪些企业存活完全是随机的。以 Melitz 模型（又称异质性企业模型）为代表的新新贸易理论则考察了企业的生产率这一异质性在国际贸易中是如何发挥作用的。Melitz 模型是一个数理模型，它的核心思想是，国际贸易带来的竞争加剧会损害那些生产效率低下、表现不佳的企业，它们被迫退出市场；生产效率高、表现好的企业则会抓住国际贸易所带来的销售扩大的机遇，迅速扩张并出口。这样一来，国际贸易就造成了资源在不同企业之间的重新配置，从效率低的企业转向效率高的企业，从而使行业整体表现得到改善（整体生产效率得到提高）。贸易的这一功能相当于该行业发现了一项新技术，使其行业生产效率得到了提高。

2.2.7 国家产业竞争优势理论

最新的国际贸易理论是**国家产业竞争优势理论**（Theory of National Competitive Advantage of Industries），因为这个理论的模型的形状像一颗钻石（如图 2－8 所示），所以又称钻石理论。该理论由哈佛大学战略学教授迈克尔·波特在其代表作《国家竞争优势》中提出。钻石理论关注的是为什么一个国家在某些特定产业具有国际竞争力，如日本的电子和汽车产业、美国的电影产业、中国的制造业等。

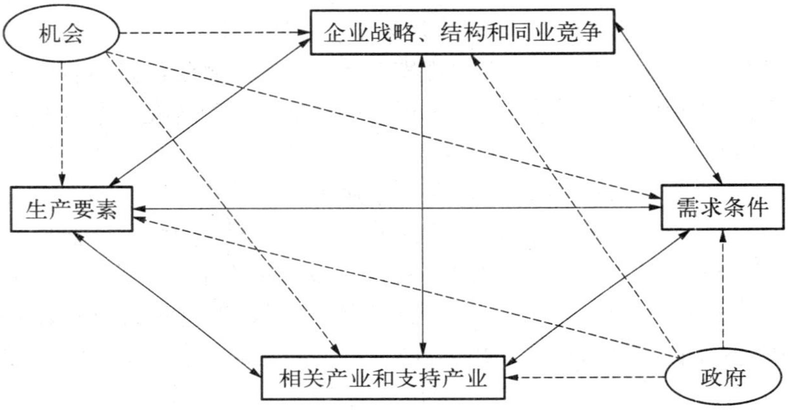

图 2－8　波特的钻石模型

迈克尔·波特认为，不同国家特定产业的竞争优势取决于形成“钻石”顶点的四个方面：第一个是要素禀赋，如前面所提到的，一个国家会出口在资源禀赋方面具有比较优势的产品。第二个是国内需求，也就是说，国内严格的需求会使企业不断进步。例如，美国的《权力的游戏》和《复仇者联盟》在全球范围内如此火爆，与美国观众对刺激感的追求分不开（这种主题经过艺术的包装会有很广泛的市场），因此，满足挑剔的国内民众的能力使得企业可以应对要求较低的海外顾客。第三个是国内的企业战略、结构和竞争。现在越南的制造业在全球范围内具有竞争力与越南国内这些行业的激烈竞争有很大的关系，为了赢得消费者，这些企业纷纷压低价格，能进入出口市场（一般认为进入出口市场需要更多成本）的更是其中的佼佼者，这些企业在国际市场上也会更加具有竞争力，因为国际市场上的竞争并不如国内那么激烈。第四个是相关产业和支持产业，也就是指为主导产业提供原料、中间配套产品以及物流、销售等的产业部门。一些关键产业，如航空业，如果没有强有力的相关产业和支持产业，如引擎、航空电子设备和材料产业，就没有能力参加世界范围内的竞争。

在四大要素之外还存在两大变数——政府与机会。机会是无法控制的、双向的，如石油危机、技术创新等。政府政策的影响是不可漠视的，政府可以通过政府购买等方式影响四大要素。

2.3 国际贸易政策

2.3.1 自由贸易对比重商主义

关于国际贸易一直都存在诸多争辩，重商主义者和自由贸易者之间的争论已经持续两百多年，现在仍然是世界上最热烈的贸易争论之一。

自由贸易者，如 2008 年诺贝尔经济学奖得主克鲁格曼曾说过："国际贸易无关竞争，而是相互受益的交易……进口才是贸易的目的，而不是出口。也就是说，一个国家从贸易中所得到的收益是它进口所需物品的能力。出口本身并不是目的：出口需求是一个国家所必须承受的负担，因为它的进口商强烈地要求回报。"

反对者也即重商主义者则对此强烈地反对。他们认为国际贸易与竞争有关——市场、工作岗位和收入的竞争。他们认为，无论从经济上还是政治上来看，反对自由贸易都有充分的理由。从经济上来看，反对自由贸易既是保护国内产业的需要，也是扶持幼稚产业的必要；从政治上来看，反对自由贸易的理由则包括国家安全、消费者保护、对外政策、环境和社会责任。

一国是持贸易开放的态度还是采取贸易保护的措施，往往取决于该国的决策者是更多地受自由贸易的影响还是更多地受重商主义的影响。当一国的决策者更多地受重商主义的影响时，该国往往会设置一些贸易壁垒来限制进口。

2.3.2 常见的贸易政策

国际贸易既包含进口又包含出口，因此，国际贸易政策就有正向和反向之分，理论上组合起来有限制性进口政策（一般也称贸易壁垒）、鼓励性进口政策、限制性出口政策和鼓励性出口政策。在国际贸易的实践中，限制性进口政策是使用最广泛的。限制进口的贸易壁垒一般可以分为关税壁垒和非关税壁垒。

关税壁垒是指对进口产品征收高额进口税和各种进口附加税，以限制和阻止外国商品进口。例如，在这次中美贸易摩擦中，美国就多次对中国产品加征关税。

非关税壁垒，顾名思义就是除关税以外其他形式的壁垒。为了避免国际上的指责，在贸易摩擦中，非关税壁垒更为常见，如 2003 年美国因贸易逆差的缘由对从中国进口的纺织类针织布、袍服等设置配额限制。比较有代表性的非关税壁垒有反倾销、反补贴、进口配额、自愿出口限制、当地含量要求、行政管理政策等。

进口配额是对进口数量进行限制。可以将进口配额理解为关税无限大的情况，它是对绝对优势或比较优势最为直接的否定。例如在 2003 年至 2009 年间，澳大利亚每年会出口 77 万头活牛到印度尼西亚，但是在 2009 年，印度尼西亚突然对澳大利亚施加进口配额限制，在 2011 年只被允许出口最多 50 万头活牛到印度尼西亚。进口配额由于其贸易保护主义思想过于显露而受到了许多批评，因此出现了**自愿出口限制**。从表面上看，这是出口国自愿限制本国企业的出口，但实质上是出口限额。一个典型的例子是 20 世纪 80 年代日本政府限制向美国出口汽车的自愿出口协议。事实上，这并不是日本自愿签订的，而是在面对美国的实质性威胁时签订的。

当地含量要求是要求在一国制造的商品的价值的一定比例必须在当地生产，即外资企业必须购买并使用东道国当地一定的产品作为投入。日本汽车的自愿出口限制是一个很好的例子。因为自愿出口限制，日本汽车制造商从20世纪80年代中期开始通过对外直接投资，将汽车生产转移到美国。但最初这些工厂只是“螺丝刀工厂”，因为大部分零件是从日本进口的，在美国只需要用所谓的螺丝刀把螺丝拧紧即可。为了解决这个问题，许多国家出台了当地含量要求，要求一件“国内制造”的产品的价值的一定比例必须在当地生产，否则仍将该产品视为进口品，要遵循关税和非关税壁垒的条例。

行政管理政策是指那些使得进口国外产品变得困难的其他政府规定，如自2008年以来，印度尼西亚和马来西亚将进口限制在特定港口而非所有港口，印度以安全为名禁止从中国进口玩具等。

反倾销(Anti-dumping)是指对外国商品在本国市场上的倾销所采取的抵制措施，一般是对倾销的外国商品除征收一般进口税外，再增收附加税，使其不能廉价出售，此种附加税称为“反倾销税”。

反补贴(Anti-subsidies)是指进口国主管当局根据其国内相关产业的申请，为了保护受损的国内产业，恢复公平竞争，调查补贴进口，并通过征收反补贴税或价格承诺的方式抵消进口产品享受的补贴。

这些贸易壁垒虽然可以在一定程度上保护国内的一些产业，但是对于消费者来说，无疑会增加购买价格，减少消费者可选择的种类，使消费者的利益受损。

2.4 一个有关国际贸易的简单数理模型

2.4.1 模型设定

这一节我们用一个简化的数理模型来介绍生产率是如何影响企业出口决策的。

既然是探讨国际贸易的问题，那么必然会涉及国家。这里假设只有两个国家——A国和B国，且我们着眼于关注A国的企业。然后我们假设存在两种类型的企业：一种是**国内企业**，这类企业只在国内(A国)生产并且只在国内(A国)市场销售；另一种是**出口企业**，这类企业在国内(A国)生产，同时在国内(A国)和国外(B国)市场销售。

我们考虑某一特定的行业，如制鞋行业。假设A国和B国在这个行业的总支出为 E_A 和 E_B。假设消费者是同质的，我们就很容易理解总支出，即所有消费者花费在某一特定行业上的支出之和，也即消费者分配在某一特定行业的收入之和。再假设该行业是垄断竞争的，也就是说：① 行业里的每家企业出售的产品都是有差别的，如制鞋行业中耐克和李宁都生产鞋子，但它们的鞋子并不完全一样；② 每家企业在市场上都有一定的垄断能力，也就是我们常说的市场势力，因此这些企业可以设定自己的价格；③ 每家企业的产品是不完全替代的，因此每家企业的市场势力是有限的，如有的企业主要生产运动鞋，有的企业则主要生产皮鞋；④ 市场规模固定，由于在行业中有众多类似的企业，因此企业的进入和退出对行业的规模没有影响。

假设产品的需求价格弹性是 ε(需求价格弹性是指市场产品需求量对于价格变动做出反应的敏感程度。在垄断竞争市场，一般假设产品的需求价格弹性大于1，即产品需求对价格的变动较为敏感，也就是说，某产品的价格每上升1%，该产品的销量下降会超过1%。这个假设在垄断竞争市场是合理的，因为在垄断竞争市场上有许多类似的产品，当某一产品价格上升时，消费者会迅速转向其他可替代的产品)，则在 i 国某特定行业中，消费者对价格为 p 的产品的需求为：

$$X(p)=E_i \times p^{-\varepsilon} \tag{2-1}$$

该需求函数可根据消费者的效用最大化问题推导得出，详细过程可参考迪克西特(1977)讲垄断竞争的文章。这个形式符合经济学的直觉：① 消费者的需求与价格成反比，即产品价格越高，消费者需求越小；② 消费者的需求与总支出 E_i 成正比，即在市场上的总支出越多，对其中某种商品的需求就越大。

假设只有劳动力这一种要素投入，用 l 表示劳动力工作的小时数，每小时支付的工资为 ω，企业的生产率(即每单位劳动力可以生产多少产出)用 φ 表示，则企业的生产函数可以写为：

$$X=\varphi l \tag{2-2}$$

式中，X 为企业的总产出，将 φ 移到等号左边，这其实就是企业生产率的定义。

在知道企业的生产函数之后，就可以知道企业生产一定量产出所需要的成本。企业的成本可分为可变成本和固定成本。在了解可变成本之前，还需要知道企业的边际成本。

企业的可变成本 = 企业的边际成本 × 产出

根据企业的生产函数，企业的边际成本也就是企业每多生产一单位产出需要支付的成本，这里就是指要多支付的工资，为 $\frac{\omega}{\varphi}$。在这里，$\frac{1}{\varphi}$ 是企业每多生产一单位产出所需要的劳动力。

因此，企业生产 X 单位产出的可变成本就是 $X\frac{\omega}{\varphi}$(我们把它简化为企业生产 X 单位产出所需支付的工资)。

企业生产过程中的固定成本，如机器设备的购买、厂房的租金、市场调查、制定分销网络等，用 f^d 表示。

因此，企业生产 X 单位产出的总成本为：

$$C=X\frac{\omega}{\varphi}+f^d \tag{2-3}$$

除了成本之外，企业还需要关注收益，也就是价格乘以总销量，用 R 表示，即：

$$R=pX(p) \tag{2-4}$$

企业追求的是利润最大化，即最大化“收益－成本”的值。

2.4.2 国内企业

为了研究生产率如何影响企业的出口决策，我们分国内企业和出口企业看一下企业的利润最大化问题。如上文所假设的，这里着眼于 A 国，即研究仅在 A 国生产和销售的国内企业。

先分析国内企业的利润最大化问题：生产率为 φ 的企业生产 X 单位产品可以得到收益 $pX(p)$；相应的，成本为 $X(p)\frac{\omega_A}{\varphi}+f^d$。两者相减，可以得到生产率为 φ 的企业生产 X 单位产品的利润为：

$$\pi_A(\varphi) = pX(p) - X(p)\frac{\omega_A}{\varphi} - f^d \tag{2-5}$$

合并 $X(p)$ 之后，有：

$$\pi_A(\varphi) = \left(p - \frac{\omega_A}{\varphi}\right)X(p) - f^d \tag{2-6}$$

把需求函数 $X(p) = E_A p^{-\varepsilon}$ 代入式(2-6)，有：

$$\pi_A(\varphi) = \left(p - \frac{\omega_A}{\varphi}\right)E_A p^{-\varepsilon} - f^d \tag{2-7}$$

从这个式子可以看出，企业唯一能决定的就是价格 p，因此，企业要选定价格来使利润最大化：

$$\pi_A(\varphi) = \max_p \left(p - \frac{\omega_A}{\varphi}\right)E_A p^{-\varepsilon} - f^d \tag{2-8}$$

什么时候企业的利润会实现最大化呢？是在企业的边际收益等于边际成本的时候。换句话说，当边际收益大于边际成本时，企业可以增加产量来增加利润，直至边际收益等于边际成本；当边际成本大于边际收益时，意味着企业生产会带来亏损，因此企业应该减少下一期的产量，直到边际收益等于边际成本。我们用前面提到的 R 表示企业在国内市场的总收益，则企业的边际收益 MR_A 为：

$$\begin{aligned} MR_A &= \frac{\mathrm{d}R}{\mathrm{d}X(p)} \\ &= \frac{\mathrm{d}R}{\mathrm{d}p} \times \frac{\mathrm{d}p}{\mathrm{d}X(p)} \\ &= (1-\varepsilon)E_A p^{-\varepsilon} \times \left(-\frac{p^{\varepsilon+1}}{E_A \varepsilon}\right) \\ &= p\,\frac{\varepsilon - 1}{\varepsilon} \end{aligned} \tag{2-9}$$

在这个式子中，第一步用到的是边际收益的定义，即边际收益为企业销量每提升一单位，企业的总收益提升的量；第二步用到的则是链式法则；第三步直接将公式代入即可。

需要注意的是，企业的边际收益小于价格 p 是因为在垄断竞争市场中，企业如果想要提升产品的销量，就必须降低产品的价格。

令边际收益等于边际成本，可以得到下面的等式：

$$p\,\frac{\varepsilon - 1}{\varepsilon} = \frac{\omega_A}{\varphi} \tag{2-10}$$

即：

$$p = \frac{\varepsilon}{\varepsilon - 1}\frac{\omega_A}{\varphi} \tag{2-11}$$

当然，也可以用求导的方法求解使企业利润最大化时的价格 p，结果是一样的。

从式(2 - 11)可以看到，生产率越高即 φ 越大的企业，在市场中能够设定的价格越低，能在竞争中取得更大的优势。

将这个价格 p 代入国内企业的利润函数，可以得到下面这个式子：

$$\pi_A(\varphi)=\left(\frac{\varepsilon}{\varepsilon-1}\frac{\omega_A}{\varphi}-\frac{\omega_A}{\varphi}\right)E_A\left(\frac{\varepsilon}{\varepsilon-1}\frac{\omega_A}{\varphi}\right)^{-\varepsilon}-f^d \tag{2-12}$$

化简后，有：

$$\pi_A(\varphi)=\frac{1}{\varepsilon}\left(\frac{\varepsilon}{\varepsilon-1}\frac{\omega_A}{\varphi}\right)^{1-\varepsilon}E_A-f^d \tag{2-13}$$

因为 $\varepsilon>1$，所以可以推算出这是一个关于 φ 的增函数，即生产率 φ 提高，企业的利润增加。

因此，对于国内企业，关于生产率还可以得到以下推论：

国内企业生产率的提高将会带来：① 价格的下降；② 销售量的增加；③ 劳动力的增加；④ 平均成本的下降。

(1) 推论①的证明

根据式(2 - 11)中求得的价格 p 对生产率 φ 求导，有：

$$\frac{\mathrm{d}p}{\mathrm{d}\varphi}=-\frac{\varepsilon}{\varepsilon-1}\frac{\omega_A}{\varphi^2}<0 \tag{2-14}$$

因此，国内企业生产率的提高会带来价格的下降。

(2) 推论②的证明

将式(2 - 11)代入需求函数(2 - 1)中，有：

$$\begin{aligned}X(p)&=E_A\times p^{-\varepsilon}\\&=E_A\times\left(\frac{\varepsilon}{\varepsilon-1}\frac{\omega_A}{\varphi}\right)^{-\varepsilon}\end{aligned} \tag{2-15}$$

将式(2 - 15)对生产率 φ 求导，有：

$$\frac{\mathrm{d}[X(p)]}{\mathrm{d}\varphi}=\varepsilon E_A\left(\frac{\varepsilon\omega_A}{\varepsilon-1}\right)\varphi^{\varepsilon-1}>0 \tag{2-16}$$

即国内企业生产率的提高会带来需求量的增加，而需求量的增加意味着企业销售量的增加。

(3) 推论③的证明

根据生产函数(2 - 2)可知劳动力满足如下等式：

$$l=\frac{X(p)}{\varphi} \tag{2-17}$$

结合式(2 - 15)，有：

$$l=E_A\left(\frac{\varepsilon\omega_A}{\varepsilon-1}\right)^{-\varepsilon}\varphi^{\varepsilon-1} \tag{2-18}$$

因为 $\varepsilon > 1$，则式(2－18)是关于生产率 φ 的增函数，所以生产率的提高会带来劳动力的增加。

(4) 推论④的证明

企业的平均成本为总成本除以产出，即：

$$AC = \frac{C}{X(p)} \tag{2－19}$$

代入式(2－3)和式(2－15)，有：

$$\begin{aligned} AC &= \frac{X(p)\dfrac{\omega_A}{\varphi} + f^d}{X(p)} \\ &= \frac{\omega_A}{\varphi} + \frac{1}{X(p)} \end{aligned} \tag{2－20}$$

$\dfrac{\omega_A}{\varphi}$ 是关于生产率 φ 的减函数，根据推论②可知 $\dfrac{1}{X(p)}$ 也是关于生产率 φ 的减函数，因此式(2－20)是关于生产率 φ 的减函数，即生产率的提高会带来企业平均成本的下降。

2.4.3 出口企业

出口相对于在国内销售会有额外成本，如对国外市场获利能力的调研、销售渠道的构建、运费、因出口高风险而需要购买的保险、关税等。我们用 f^e 表示出口所需的额外固定成本，用 τ 表示出口所需的额外可变成本(由于存在运输损耗，因此如果想让 1 单位产品到达目的地，出口商需要在集装箱里装上 $1+\tau$ 单位产品)。

我们还是用 p 表示企业对国内产品的定价，用 p_e 表示企业对出口产品的定价，那么，一家出口厂商的利润函数可以写成下面的形式：

$$\pi_A^e(\varphi) = \left(p - \frac{\omega_A}{\varphi}\right)E_A p^{-\varepsilon} - f^d + \left[p_e - \frac{\omega_A}{\varphi}(1+\tau)\right]E_B p_e^{-\varepsilon} - f^e \tag{2－21}$$

式(2－21)的前半部分 $\left[\left(p - \dfrac{\omega_A}{\varphi}\right)E_A p^{-\varepsilon} - f^d\right]$ 是企业在国内获得的利润，这与之前分析的国内企业的情形是一样的；后半部分 $\left\{\left[p_e - \dfrac{\omega_A}{\varphi}(1+\tau)\right]E_B p_e^{-\varepsilon} - f^e\right\}$ 是企业出口获得的利润。这里需要注意的是，企业在出口市场上的边际成本要大于在国内市场上的边际成本，它需要在国内市场的边际成本的基础上，再乘以$(1+\tau)$。

与国内企业类似，企业在出口市场上的定价同样会满足边际收益等于边际成本来实现利润最大化，因此可以得到：

$$p_e = \frac{\omega_A}{\varphi}\frac{\varepsilon}{\varepsilon - 1}(1+\tau) \tag{2－22}$$

这个价格要高于企业在国内市场上的定价。

把价格代入出口企业的利润函数中，可以得到：

$$\pi_A^e(\varphi)=\frac{1}{\varepsilon}\left(\frac{\omega_A}{\varphi}\frac{\varepsilon}{\varepsilon-1}\right)^{1-\varepsilon}E_A-f^d+\frac{1}{\varepsilon}\left[\frac{\omega_A}{\varphi}\frac{\varepsilon}{\varepsilon-1}(1+\tau)\right]^{1-\varepsilon}E_B-f^e \qquad (2-23)$$

从出口企业的利润函数可以看到，只要企业的生产率 φ 能使 $\left\{\frac{1}{\varepsilon}\left[\frac{\omega_A}{\varphi}\frac{\varepsilon}{\varepsilon-1}(1+\tau)\right]^{1-\varepsilon}E_B-f^e\right\}$ 中的利润大于 0，企业就可以进入国外市场以赚取更高利润。

图 2-9 是对本节模型的简单模拟。假设产品间替代弹性 $\varepsilon=3$，A 国的工资 $\omega_A=2$，两国在某一行业上的市场规模 $E_A=E_B=50$，国内的固定成本 $f^d=3.4$，国外的固定成本 $f^e=4$，国外的可变成本 $\tau=0.3$。根据这些信息可以模拟不同生产率企业的利润差异情况。

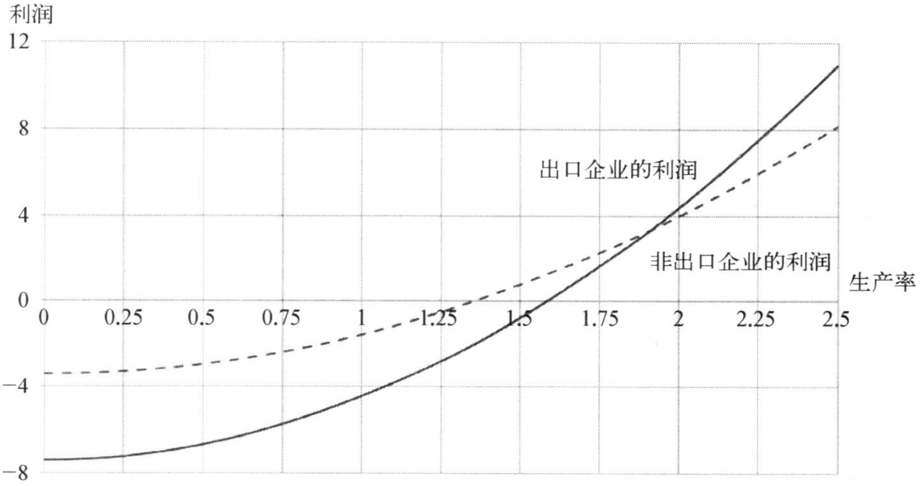

图 2-9　不同生产率企业在国内外的利润情况

在图 2-9 中，横轴表示企业的生产率，纵轴表示企业的利润。实线表示出口企业的利润，虚线表示只服务国内市场的企业的利润。从这张图可以看出：① 当企业的生产率 $\varphi<1.35$ 时，虚线和实线都在横轴的下方，意味着企业进入市场（无论是国内还是国外）会亏损，最终这一类企业会退出市场；② 当企业的生产率介于 1.35 和 1.92 之间时，虚线位于实线和横轴之上，意味着这类企业只服务于国内市场时能实现利润最大化；③ 当企业的生产率 $\varphi>1.92$ 时，实线位于虚线和横轴之上，意味着这类企业同时服务于国内市场和国外市场可以实现利润最大化。从图中也可以直观地看出，只有生产率高的企业才能进入国外市场，享受国外市场带来的利润，即生产率高的企业才能满足式（2-23）中 $\left\{\frac{1}{\varepsilon}\left[\frac{\omega_A}{\varphi}\frac{\varepsilon}{\varepsilon-1}(1+\tau)\right]^{1-\varepsilon}E_B-f^e\right\}$ 的值为正，这通过简单的求导也可以证得。

中美贸易摩擦

事件梳理

最近一次中美贸易摩擦已经历时一年有余，截至 2019 年 6 月 1 日，中美双方已经进行了 11 次贸易谈判。表 2-16 列出了几次主要贸易摩擦升级事件。

表 2－16　中美双方几次主要贸易摩擦升级事件

时　间	美方行动	中方行动
2018年3月23日	特朗普在白宫正式签署对华贸易备忘录，宣布将有可能对从中国进口的600亿美元商品加征关税，并限制中国企业对美国企业投资并购。特朗普同时宣称："这才只是开始。"	中国商务部发布了针对美国进口钢铁和铝产品"232措施"的中止减让产品清单并征求公众意见，拟对自美国进口的部分产品加征关税，以平衡因美国对进口钢铁和铝产品加征关税给中方利益造成的损失，其中，计划对价值30亿美元的美国产水果、猪肉、葡萄酒、无缝钢管和另外一百多种商品征收关税
2018年7月6日	美国对第一轮价值340亿美元的中国商品正式征收25%的关税	中国对同等规模的美国产品加征25%的进口关税
2018年9月18日	美国政府宣布将于2018年9月24日起对约2 000亿美元进口自中国的产品加征关税，税率为10%，并将自2019年1月1日起上升至25%；还称如果中国针对美国农民或其他行业采取报复措施，将对约2 670亿美元中国产品加征关税	国务院关税税则委员会发布通告，将对600亿美元美国商品加征10%或5%的关税
2019年5月13日	美国政府启动对剩下的3 250亿美元中国输美产品征税25%的程序，并宣布清单	国务院关税税则委员会办公室对外宣布调整加征关税措施，对美国进口商品加征关税

在中美贸易摩擦爆发后，美方动作频繁，中国则一直坚持"不愿打贸易战，但是也不惧打贸易战"的理念。例如，第一个贸易摩擦升级事件发生在2018年3月23日，特朗普在白宫正式签署对华贸易备忘录，宣布将有可能对从中国进口的600亿美元商品加征关税，并限制中国企业对美国企业的投资并购；同时，特朗普宣称："这才只是开始。"中国商务部在当天就采取了应对措施，发布了针对美国进口钢铁和铝产品"232措施"的中止减让产品清单并征求公众意见，拟对自美国进口的部分产品加征关税，以这种方式来平衡美国对进口钢铁和铝产品加征关税对中国造成的损失；中方也计划对价值30亿美元的美国水果、猪肉、葡萄酒、无缝钢管和另外一百多种商品征收关税。中美贸易摩擦升级的第二个事件发生在2018年7月6日，美国对第一轮价值340亿美元的中国商品正式征收25%的关税。中国随后宣布也对同等规模的美国产品加征25%的进口关税。2018年9月18日，美国政府宣布将于2018年9月24日起对约2 000亿美元进口自中国的产品加征关税，税率为10%，并将自2019年1月1日起上升至25%；还称如果中国针对美国农民或其他行业采取报复措施，将会对约2 670亿美元的中国产品加征关税。中国国务院关税税则委员会当天下午即发布通告，宣布将对600亿美元美国商品加征10%或5%的关税。最近一次比较严重的贸易争端事件发生的时间是2019年5月13日，美国启动对剩下的3 250亿美元中国输美产品征收25%关税的程序，并宣布了清单。中国国务院关税税则委员会办公室也对此做出了回应，对外宣布调整加征关税措施，对美国进口商品加征关税。

这一次贸易摩擦不是中美之间的第一次贸易摩擦，早在2003年，美国就因贸易逆差对从中国进口的纺织类针织布、袍服等设置配额限制，此举使中国对美国的纺织品出口大幅下降。在2005年美国对中国的纺织品进口配额取消后，中国纺织品才能较多地出口到美国。

在此次中美贸易摩擦中，中国和美国的博弈措施远远不止这些，双方已采取或者打算采取的政策措施也不止关税，还有反倾销和反补贴措施，一般称为“双反”措施，以及配额措施等。例如2018年2月16日，美国商务部公布了对美国进口钢铁和铝产品的国家安全调查（“232调查”）报告，认为进口钢铁和铝产品严重损害了美国的国内产业，威胁到美国的国家安全。美国商务部据此向特朗普提出建议，对进口钢铁和铝产品实施关税、配额等进口限制措施。再如2018年4月18日，美国商务部部长罗斯宣布，对产自中国的钢制轮毂产品发起“双反”调查，也就是同时展开反倾销和反补贴调查；美国商务部还初步认定从中国进口的通用铝合金板存在补贴行为。2018年4月，中国商务部决定对原产于美国的进口高粱实施临时反倾销措施。

两国主要采取的贸易政策

除关税之外，在此次中美贸易摩擦中，中美双方采取的最多的贸易政策为反倾销和反补贴政策。

反倾销是指对外国商品在本国市场上的倾销所采取的抵制措施，一般是对倾销的外国商品除征收一般进口税外，再增收附加税，使其不能廉价出售，此种附加税称为“反倾销税”，如前文提到的，2018年4月，中国商务部决定对原产于美国的进口高粱实施临时反倾销措施。世界贸易组织的《反倾销协议》规定，成员国要实施反倾销措施，必须遵守三个条件：第一，确定存在倾销的事实；第二，确定对国内产业造成了实质损害或威胁，或对相关产业造成实质阻碍；第三，确定倾销与损害之间存在因果关系。中国对美国的进口高粱的反倾销措施是这样描述的：“裁定原产于美国的进口高粱存在倾销，国内高粱产业受到了实质损害，且倾销与实质损害之间存在因果关系，并决定对原产于美国的进口高粱实施临时反倾销措施。”

那么，什么叫倾销呢？按照倾销的定义，若产品的出口价格低于正常价格，就会被认为存在倾销。出口价格低于正常价格的差额被称为倾销幅度。所以，确定倾销必须经过三个步骤：第一，确定出口价格；第二，确定正常价格；第三，对出口价格和正常价格进行比较。正常价格通常是指，在一般贸易条件下，出口国国内同类产品的可比销售价格。若该产品的国内价格受到控制，则往往以第三国同类产品的出口价格来确认正常价格。

反补贴是指进口国主管当局根据其国内相关产业的申请，为了保护受损的国内产业，恢复公平竞争，调查补贴进口，并通过征收反补贴税或价格承诺的方式抵消进口产品享受的补贴。例如，前文所提到的美国商务部2018年4月18日初步裁定从中国进口的普通合金铝板享受了补贴，并设定了最高113%的反补贴税来保护美国铝产业的竞争力。

总之，中美贸易摩擦是中国改革开放和现代化进程中遭遇的新挑战和新问题。美国的一些政客囿于霸权思维想要遏制中国的发展，如美国政府对华为等中国高新技术产业的发展进行了一系列干预。毫无疑问，应对类似不可避免的摩擦，是中国发展过程中的“必修课”。美国作为当今世界上最大的发达国家，具有先发优势，总体实力强于中国。但中国也具有很多独特的优势，几十年的改革开放为中国积累了丰富的资源，中国已经是世界第二大经济体，高新技术等产业的发展也在世界上处于领先水平，我们有理由相信，运用国人的智慧和战略，在这场贸易摩擦中，中国有能力也有信心笑到最后。

本章总结

1. 国际贸易的现实情况。

- 就全球而言：在货物贸易方面，美国、中国、德国是毫无疑问的贸易大国，但同时也应该注意到其他一些国家在货物贸易上有着较大的发展；在服务贸易方面，美国是最大的进出口国，印度则是所列国家中进出口增长最为迅速的国家。
- 中国的前三大出口目的地为美国、中国香港、日本；中国的前三大进口来源地为韩国、日本、中国台湾。中国出口最多的为资本品，进口最多的为原材料。

2. 理解国际贸易的古典理论和现代理论。

- 国际贸易的古典理论包括重商主义、绝对优势、比较优势、要素禀赋理论。
- 国际贸易的现代理论包括产品生命周期、新贸易理论、国家产业竞争优势。

3. 认识影响国际贸易的政治和经济现实的重要性。

- 各种关税和非关税壁垒的净效应是在某些特殊利益群体(如特定的产业、企业和地区)受惠的同时，使整个国家的情况变糟了。
- 反对自由贸易的经济理由主要有贸易保护主义和幼稚产业。
- 反对自由贸易的政治理由主要有国家安全、消费者保护、对外政策、环境和社会责任。

4. 理解生产率在国际贸易中的作用。

- 生产率高的企业更容易参与出口。
- 生产率高的企业更能享受出口带来的收益。

重要概念

1. **国际贸易**(International Trade)指的是**出口**(Export，将商品销往海外)和**进口**(Import，从国外购买商品)。

2. **绝对优势理论**(Theory of Absolute Advantage)是指在自由贸易下，每个国家通过从事具有绝对优势的经济活动而受益。

3. **比较优势理论**(Theory of Comparative Advantage)认为，国际贸易产生的基础并不限于生产率的绝对差别，只要各国之间存在生产率的相对差别，就可以在不同的产品上具有比较优势，使国际分工和国际贸易成为可能。

4. **要素禀赋理论**(Factor Endowment Theory)又称赫克歇尔-俄林理论。该理论认为，两国的比较优势来源于它们在资源禀赋上的差异，一个国家总是出口在资源禀赋方面具有比较优势的产品，即在生产过程中密集使用该国生产要素充裕的产品。

5. **产品生命周期理论**(Product Life Cycle Theory)认为，一种新产品从开始进入市场到被市场淘汰的整个过程中不同的时期，不同国家的贸易状态不同。

6. **产业内贸易**(Intra-industry Trade)是指一个国家出口一个行业的产品，同时进口这个行业的产品。

7. **国家产业竞争优势理论**(Theory of National Competitive Advantage of Industries)关注的是为什么一个国家在某些特定产业具有国际竞争力。

8. **反倾销**(Anti-dumping)是指对外国商品在本国市场上的倾销所采取的抵制措施。

9. **反补贴**(Anti-subsidies)是指进口国主管当局根据其国内相关产业的申请,为了保护受损的国内产业,恢复公平竞争,调查补贴进口,并通过征收反补贴税或价格承诺的方式抵消进口产品享受的补贴。

复习与思考

1. 2018 年,中美之间出现较大的贸易摩擦,美国对中国的多种产品加征关税,但是根据中国海关总署的数据,2018 年中国对美国的出口总值为 4 784 亿美元,同比增长 11.3%。为何中国向美国的出口不减反增呢?

2. 2018 年 11 月 5 日,中国首届国际进口博览会于上海开幕。这是世界上第一个以进口为主题的国家级博览会,主要包括了国家贸易投资综合展、企业商业展和虹桥国际贸易论坛三部分内容。首届国际进口博览会有约一百三十多个国家和地区的二千八百余家企业参展。国际进口博览会将会从哪些方面影响中国的经济?

第三章

国际直接投资

学习目标

- 认识国际直接投资在当今世界经济中的现状和发展趋势。
- 掌握国际直接投资及相关概念的基本含义。
- 了解国际直接投资的不同理论。
- 通过明确国际直接投资对母国和东道国的利弊来了解不同国家、政府对于国际直接投资的不同态度和不同政策。

引入案例

沃尔玛(Walmart)由美国零售业的传奇人物山姆·沃尔顿于1962年在阿肯色州成立。经过五十多年的发展,沃尔玛已经成为世界最大的私人雇主和连锁零售商,自2014年起连续5年荣登《财富》杂志世界500强榜首。每周,超过2.75亿名顾客和会员光顾沃尔玛在27个国家拥有的58个品牌下的一万多家分店以及电子商务网站。2019财政年度,沃尔玛的全球营收达到5 144亿美元,全球员工总数超过220万名。

创业之初,沃尔玛大胆地制定了“农村包围城市”的战略,不在大城市与已存的大型零售企业竞争,而是以州为单位,一个县一个县地填满,直到整个州市场饱和,再向另一个州扩展。截至1970年,沃尔玛有32家门店,销售额达到4 429万美元,远低于同期凯马特的五百多家门店、30亿美元的销售额。

20世纪70年代中期,美国经济危机带来了通货膨胀,大公司因成本等因素不得不放缓抢占市场的步伐。但沃尔玛凭借身处乡镇、竞争小、成本低的优势,销售收入和利润以每年40%的速度增长,截至1980财政年度,沃尔玛的门店数量已经达到276家,年营业收入为12.48亿美元,足迹遍布美国中西部的10个州,而且沃尔玛的经营业态也由以杂货店为主转向连锁折扣店。

20世纪80年代,沃尔玛的扩张更多是以并购同行业公司的方式进行。1981年8月,沃尔玛并购总部位于田纳西州的折扣百货连锁公司——大K百货折扣(Big K)集团,并通过这次关键的并购,首次进入了美国东南部地区。1987年6月,沃尔玛并购了超级仓储俱乐部(Super Saver Warehouse Club)。1990年12月,沃尔玛继续并购了麦克莱恩(Mclane)。截至1990年,沃尔玛在美国已有1 402家门店,分布在29个州,年销售收入为258亿美元,利润为10亿美元,总营业面积达近1 000万平方米。

20世纪90年代至今是沃尔玛全球扩张的时期。1992年,沃尔玛在墨西哥城开设首家山姆会员店,标志着沃尔玛正式进军海外市场。随后,沃尔玛通过兼并收购、合资、自建等方式占领美洲、欧洲、亚洲市场。

在美洲，沃尔玛首先选择同属于北美自由贸易区、在地理和文化上与其最为接近的墨西哥和加拿大作为突破口。1991 年，沃尔玛与墨西哥最大的零售商西弗拉(Cifra)组建合资企业，1997 年收购西弗拉的多数股权。截至 2018 年，沃尔玛在墨西哥已有 2 538 家门店。沃尔玛进入加拿大市场是 1994 年通过低价收购经营不善的零售商伍尔科(Woolco)的 122 家商店实现的，如今已发展到 410 家店铺。在北美市场成功扩张的基础上，沃尔玛开始南下，1992 年通过自建方式进入波多黎各，1995 年进入巴西和阿根廷，目前在巴西和阿根廷分别有 465 家和 106 家商店。

在欧洲，沃尔玛首先选择了德国，但德国过于成熟的市场、强大的竞争对手、偏高的工资水平、劳工法、势力强大的工会力量、巨大的消费文化差异以及严格的区域规划法使得沃尔玛在 2006 年退出了德国市场。其后，于 1999 年，沃尔玛选择了与其风格接近的英国零售连锁集团阿斯达(ASDA)，截至 2018 年，沃尔玛在英国共有 642 家分店。

关于亚洲市场，沃尔玛用 4 年时间对日本的零售市场做了研究，最终通过西友百货公司(Seiyu Ltd.)在日本的店铺，全面进入日本市场。2007 年增持西友百货公司的股份到 95.1%，同时大举兼并和收购处于经营危机或者破产的其他超市集团的店铺。2018 年年末，沃尔玛在日本共有 336 家分店。1998 年 7 月，沃尔玛通过并购韩国万客隆经营的 4 家商店正式进入韩国市场，由于经营出现大面积亏损，于 2006 年撤资韩国。

尽管国际化之路一波三折，但沃尔玛最终成了世界零售业的霸主。2018 年年初，沃尔玛已经拥有 6 360 家海外分店。

资料来源：沃尔玛(中国)官网；于正志，童志远. 沃尔玛的国际扩张模式研究[J]. 黑龙江对外经贸，2006(3)：75—81；李文和. 从乡村小店到零售大鳄——纵论沃尔玛的扩张之路[J]. 当代经济(下半月)，2007(8)：14—15.

3.1 现实中的国际投资

3.1.1 国际直接投资的现状

随着全球化进程的加快，各国的国际直接投资活动愈发频繁(如图 3-1 所示)。

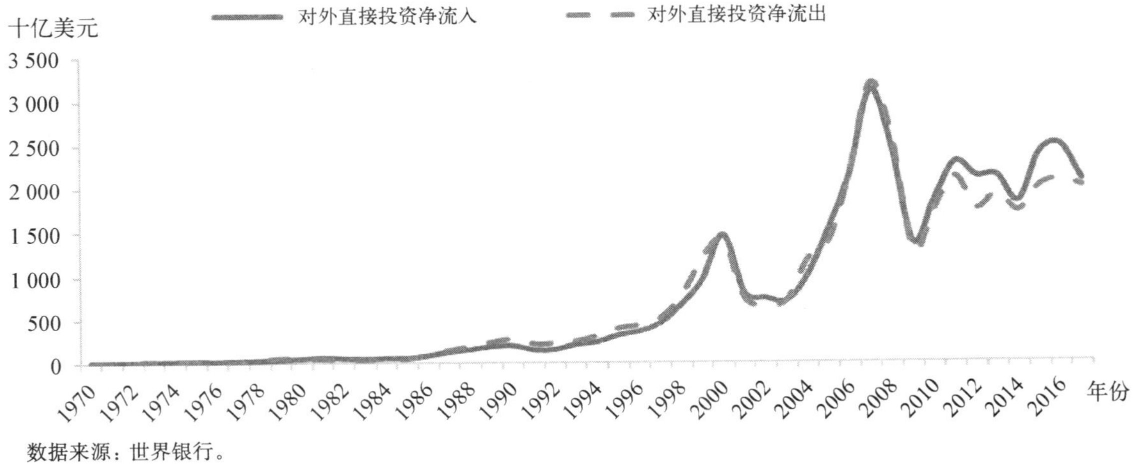

数据来源：世界银行。

图 3-1 1970～2017 年全球国际直接投资

自20世纪50年代以来，国际直接投资呈现加速增长的趋势：20世纪70年代前期，全球对外直接投资流入量平均增长率为18%；1975年全球国际直接投资流入量为231.53亿美元，流出量达到279.19亿美元。20世纪70年代中期至80年代初，受世界经济不景气的影响，全球国际直接投资增速略有下降，20世纪80年代中后期则以年均37%的速度增长。自20世纪90年代以来，尽管受到东南亚金融危机、发展中国家长期债务危机等不确定性因素的影响，但是随着世界经济全球化趋势的不断增强和国际分工的日益深化，国际直接投资仍以远超同期世界贸易增长率的速度持续增长。2000年，国际直接投资流入量和流出量分别达到创世纪的14 610亿美元和14 040亿美元。21世纪初，由于世界大部分地区经济增长放缓以及对复苏前景的悲观预期，全球国际直接投资急剧下降，2003年流入量下降到7 164.80亿美元。自2004年以来，随着美国经济持续增长，欧盟和日本经济增长状况大幅改善，中国经济维持高增长，投资者对世界经济增长预期乐观，加之国际金融市场利率水平不是很高，对外投资的资金成本较低，企业纷纷加速国际直接投资，2004年全球国际直接投资净流入为10 150亿美元，同比增长42%，净流出量为11 980亿美元，同比增长65%；此后一直到2007年，全球国际直接投资净流入量和净流出量分别维持在44%和46%的增速，2007年达到创纪录的31 110亿美元和31 970亿美元。从2008年开始，始于美国"次贷"危机的全球金融和信贷危机效应开始显现，全球范围内经济增速放缓，全球国际直接投资有所下降。2009年全球国际直接投资流入量和流出量分别下降到13 730亿美元和12 820亿美元，与2007年相比降幅分别达56%和60%。根据世界银行的数据，2010～2011年全球国际直接投资开始回升，但是2012年经历了欧元区危机导致的全球对外直接投资大幅度下滑，2014年又受全球经济疲软、政策不确定性和地缘政治风险等不利因素的影响，全球国际直接投资呈现下降趋势，虽然2015～2016年经历了短暂的回升，但自2017年以来，受到世界范围内逆全球化浪潮的影响，全球国际直接投资继续呈现下降趋势。美国方面，特朗普政府对一些国家提高关税，退出跨太平洋伙伴关系协定，重启北美自由贸易协定的谈判，提高美国商品的竞争力和促使制造业回流，中美贸易摩擦的不断升级和发展也导致了各国政策的不确定性；欧洲方面，一些重要的国家大选反映出欧洲"右翼"势力的扩张，如奥地利保守派候选人库尔茨当选，德国民粹主义政党进入德国联邦议院，法国"右翼"政党国民阵线候选人玛丽娜·勒庞成功突围总统选举第一轮等事件，加之各国对来自海外直接投资的监督与审批收紧，一系列事件的发生均为全球化的进一步发展增添了不确定性，对国际直接投资产生了很大的影响。截至2017年，国际直接投资的流入量和流出量下降到20 850亿美元和20 160亿美元，远低于危机前的水平。

世界银行通过汇总各国**国际收支平衡表**(Balance of Payment)中的国际直接投资数据呈现了全球国际直接投资的变化趋势(如图3-1所示)。为了对国际直接投资在资本国际化中的地位有一个更直观的了解，联合国《世界投资报告》对国际收支平衡表金融账户中所涉及的资本流动情况进行了说明(如图3-2所示)，图3-2中的数据分别表示2002～2017年四种资本占GDP的比重。

图3-2中涉及的四种资本类型是国际收支平衡表金融账户中所涉及的资本类型，分别是国际直接投资、股票、债务和其他形式的投资。**国际直接投资**(Foreign Direct Investment, FDI)指的是以股权形式国际直接投资的金额，并且拥有外国企业的股权超过10%；**股票**(Portfolio Equity)是指拥有外国企业的股权不足10%的投资金额；**债务**(Portfolio Debt)是指公司之间相互购买公司债券所涉及的投资金额；**其他形式的投资**(Other Investment, Mainly Bank Loans)主要是指发展中国家的跨国公司在金融市场较发达的经济体中举债时，这些公司

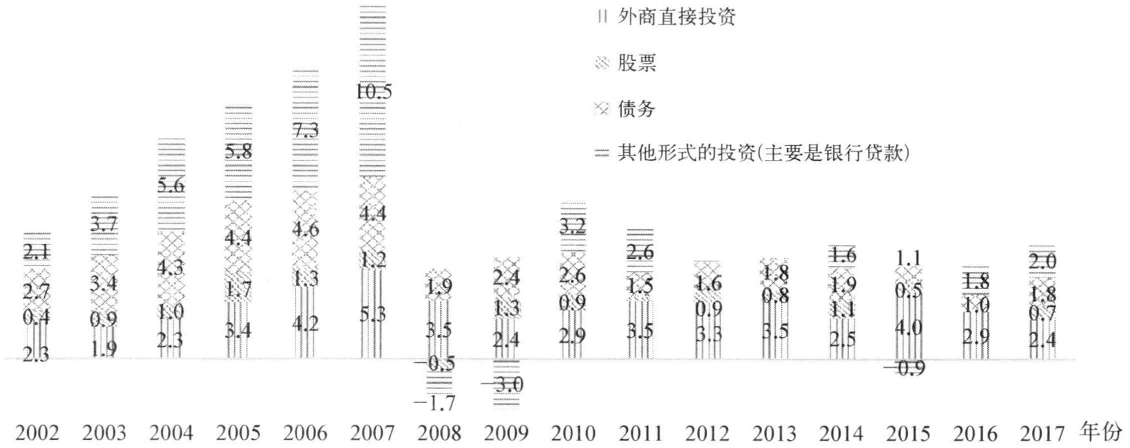

数据来源：联合国《世界投资报告 2018》。

图 3－2　2002～2017 年全球资本流动(占 GDP 的百分比)

通过银行服务转移回母公司的资金。

从图 3－2 可以看出，2002～2007 年，全球资本的流动呈增长态势，且主要由债务和其他类型的资金所推动。2007 年，全球资本的流动达到峰值，占全球 GDP 的 22%，但在 2008 年金融危机爆发后，下降到 3.2%，随后在 2009～2010 年经历了短暂的复苏，2015 年流动性(全球流动总资本与全球 GDP 的比值)下降至 4.7%，这是全球资本跨境流动的 10 年低点。2017 年，尽管可以看到流动性有所回升，但跨境资本流动仍远低于危机前的水平。在这 15 年中，四种资本的占比变化表明，国际直接投资一直是国际收支中最稳定的组成部分，也是在经济和金融危机中波动最小的部分。可见，国际直接投资具有稳定性，其在国际资本流动中占据重要的地位。

3.1.2　国际直接投资的发展趋势

在讨论国际直接投资时，很重要的一点就是区别国际直接投资的**流量**(Flow)和**存量**(Stock)。**国际直接投资流量**(Flow of FDI)指的是在一段时间里(通常是一年)发生的国际直接投资的数量。**国际直接投资存量**(Stock of FDI)是指在某个时点上持有的外国资产的累计总量。也就是说，流量是指在一定时间内的增量，存量是指在某一时刻的总量。流量强调的是一段时间，存量强调的是某个时刻；流量强调增量，存量强调总量。

另外，我们通常把国际直接投资的流出称作**对外直接投资**(Outflows of FDI)，把国际直接投资的流入称作**外来直接投资**(Inflows of FDI)。

如图 3－3 所示，在 2008 年以前，世界经济中国际直接投资的流量和存量都呈现迅速增长的趋势。近几年，国际直接投资的存量保持增长但流量呈现下降趋势。从存量情况来看，国际直接投资一直呈现上升趋势，但是 2015 年以后上升速度明显放缓。2015 年以后，受全球经济低迷的影响，各国经济政策呈现不确定性，企业也由于担忧贸易保护主义抬头和政治风险而呈现抑制海外投资的现象，国际直接投资流量呈现下降趋势，其存量增长也相应放缓。

图 3－4 呈现了我国在 2007～2017 年利用外资和对外投资的趋势。我国实际利用外资金额和对外直接投资均呈现上升趋势，并且在 2014 年，对外直接投资首次超过了外来直接投资。值得注意的是，2017 年，中国对外直接投资首次出现了较大幅度的下降，同比下降 19.3%。造成这一下降趋势的原因一方面是受国际经济发展低迷的影响，另一方面是中国商务部发现境

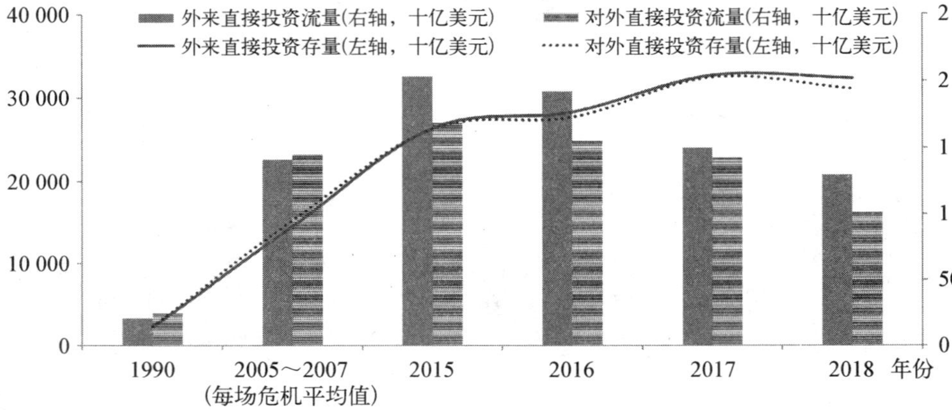

数据来源：联合国《世界投资报告 2019》。

图 3－3　1990～2017 年国际直接投资趋势

外投资存在一些问题，为了防范短期内对外投资增速过快带来的潜在系统风险，从 2016 年年底到 2017 年年初加强了对对外投资真实性、合规性的审查，所以中国对外直接投资在 2017 年呈现较大幅度下降。

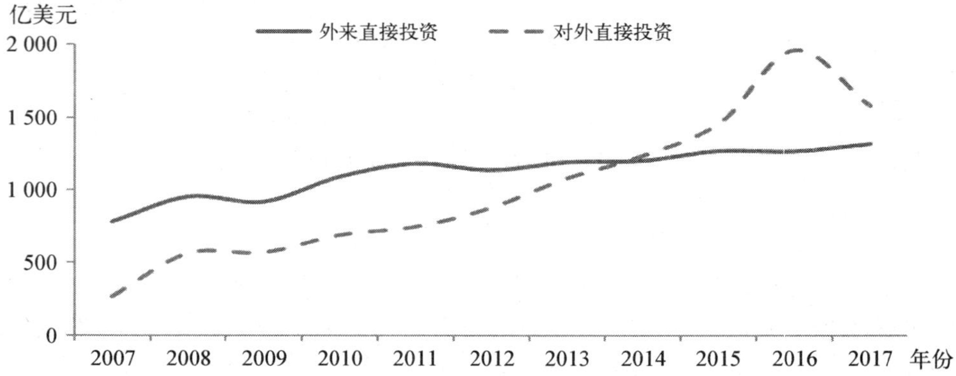

数据来源：国家统计局网站。外来直接投资值是中国实际利用外资额，对外直接投资值是中国对世界直接投资净额。

图 3－4　中国 2007～2017 年国际直接投资趋势

3.1.3　国际直接投资的国家

国际直接投资是资本国际化运动的重要组成部分，对世界经济的发展起到了重要作用。那么，是谁提供了国际直接投资的资金？国际直接投资的主体是谁？这涉及国际直接投资来源的问题。自第二次世界大战以来，美国长期是最大的国际直接投资来源国，在 2016 及 2017 年度，据联合国《世界投资报告 2018》，美国的对外直接投资分别为 2 810 亿美元和 3 240 亿美元，位居世界第一。2018 年，全球国际直接投资呈现下降趋势，美国在实施税收改革后，其跨国企业将累积的海外收益大量汇回美国，对外直接投资大幅减少，日本对外直接投资跃居首位。对外直接投资的其他重要来源国还包括法国、德国、荷兰和英国，在吸引外来直接投资方面，这些国家也居于前列(如表 3－1 所示)。

表 3-1　　**2017～2018 年国际直接投资全球前二十位的国家或地区**　　单位：十亿美元

国家或地区	对外直接投资			国家或地区	外来直接投资		
	2017 年	2018 年	2018 年排名		2017 年	2018 年	2018 年排名
日　本	160	143	1	美　国	277	252	1
中　国	158	130	2	中　国	134	139	2
法　国	41	102	3	中国香港	111	116	3
中国香港	87	85	4	新加坡	76	78	4
德　国	92	77	5	荷　兰	58	70	5
荷　兰	28	59	6	英　国	101	64	6
加拿大	80	50	7	巴　西	68	61	7
英　国	118	50	8	澳大利亚	42	60	8
韩　国	34	39	9	西班牙	21	44	9
新加坡	44	37	10	印　度	40	42	10
俄罗斯	34	36	11	加拿大	25	40	11
西班牙	40	32	12	法　国	30	37	12
瑞　士	—35	27	13	墨西哥	32	32	13
沙特阿拉伯	7	21	14	德　国	37	26	14
意大利	26	21	15	意大利	22	24	15
瑞　典	23	20	16	印度尼西亚	21	22	16
中国台湾	12	18	17	以色列	18	22	17
泰　国	17	18	18	越　南	14	16	18
阿联酋	14	15	19	韩　国	18	14	19
爱尔兰	—39	13	20	俄罗斯	26	13	20

数据来源：联合国《世界投资报告 2019》。

这些国家或地区之所以在国际直接投资中占有主导地位，是因为它们在第二次世界大战后的大部分时期是经济规模大而发达的国家或地区，其中许多国家或地区还是历史悠久的贸易国家，是许多规模大、资本化程度高的企业的母国，因而很自然地把国外市场看作推动本国经济的动力；另外，由于这些国家或地区具有高新技术、先进的管理经验等优势，许多企业往往会对这些国家或地区进行投资以获得最新的技术和知识。因此，这些国家或地区的企业居于国际直接投资的前沿并不令人惊讶。

值得关注的是，近年来，随着发展中国家（地区）和转型经济体经济的稳步增长，发展中国家（地区）和转型经济体在当前国际直接投资中的地位显著上升，2018 年已有 10 个发展中国家（地区）和转型经济体跻身于全球二十大投资体之列。

表 3-2　　2017～2018 年跨国并购净额和并购数量

行　业	金额(十亿美元)			数量(个)		
	2017 年	2018 年	增长率(%)	2017 年	2018 年	增长率(%)
总　计	694	816	18	6 967	6 821	−2
初级产业	24	39	60	550	406	−26
制造业	327	307	−6	1 690	1 600	−5
服务业	343	469	37	4 727	4 815	2
价值排名前十的行业						
化学制成品	65	149	129	198	211	7
商业服务	107	112	5	1 817	1 848	2
金融和保险业	59	108	84	617	599	−3
通信与信息业	39	90	131	611	612	0.2
食品、饮料和烟草	88	55	−37	227	205	−10
运输和储存	23	47	109	306	269	−12
电气和电子设备	26	42	65	307	257	−16
采矿、原油生产	23	38	70	466	329	−29
电、气、水	54	38	−30	171	191	12
贸易	12	35	188	486	501	3

数据来源：联合国《世界投资报告 2019》。

表 3-3　　2017～2018 年绿地投资净额和投资项目数量

行　业	金额(十亿美元)			数量(个)		
	2017 年	2018 年	增长率(%)	2017 年	2018 年	增长率(%)
总　计	698	981	41	16 350	17 567	7
初级产业	21	41	101	83	122	47
制造业	345	466	35	7 855	8 049	2
服务业	332	473	43	8 412	9 396	12
价值排名前十的行业						
建筑业	61	113	84	279	475	70
电、气、水	90	111	23	302	429	42
焦炭和精炼石油产品	15	86	480	75	87	16
商业服务	61	78	28	4 419	4 686	6
化学制成品	61	74	20	1 123	1 131	1
机动车辆及其他运输设备	54	66	21	588	569	−3
电气和电子设备	60	58	−3	996	1 046	5
餐饮业	17	49	189	163	422	159
运输、储存和通信	39	48	24	936	1 018	9
采矿、原油生产	20	41	102	79	118	49

数据来源：联合国《世界投资报告 2019》。

中美贸易摩擦与中国的外商直接投资

2018年,美国以巨大的货物贸易逆差为借口对中国部分产品加征关税,挑起中美双边贸易摩擦,并以此为由在贸易和投资等领域,尤其是在高技术产业领域出台一系列措施压制中国。2018年,中美贸易摩擦有三个比较关键的节点:4月3日美国第一次公布对华关税清单、7月6日中美第一阶段关税清单生效和9月17日双方公布更高额度的关税清单。

从国际直接投资的角度出发,把中国放在我们熟悉的亚洲新兴市场经济体里来看一组流入亚洲新兴市场国家的绿地投资数据(如表3-4所示)。**绿地投资**是国际直接投资的一种类型,也称新建投资,是指跨国企业等国际投资主体在东道国境内依照东道国法律设立新的企业或新工厂,形成新的经营单位或新的生产能力。表3-4选取了2018年1～12月全球流入亚洲新兴市场的绿地投资金额。月度数据以文中提到的中美贸易摩擦的几个关键事件为时间节点,对资金量的变动进行分析。表3-4中的数据显示,2018年4月3日美国第一次公布对华关税清单以及同年7月6日中美第一阶段关税清单生效的当月,进入中国的绿地投资金额仍处于上升趋势,但同年9月17日双方公布更高额度的关税清单时,中国的绿地投资金额大幅下降。考虑到绿地投资项目的规划时间较长,对贸易摩擦的反应存在时滞,此处以上述三个时点为界,将全年划分为四个季度进行统计。可以看出,四个季度流入中国的对外直接投资分别为20.03亿美元、24.52亿美元、38.23亿美元和24.05亿美元,其中第四季度存在明显的下降趋势,投资金额环比减少14.18亿美元,降幅达37.09%。第四季度流入所有亚洲新兴经济体的绿地投资总量比第三季度有小幅下降,但值得注意的是,在此期间,许多国家的资金流入量是增长的,FDI环比增长的经济体包括印度、印度尼西亚、马来西亚、巴基斯坦和菲律宾。为了解释资金流动的这一变化,可以猜测,这里存在着**溢出效应**(Spillover Effect),即在贸易摩擦的影响下,资本向中国市场的流入减少,减少的部分可能转移到了其他市场。

表3-5选取了一组行业层面的数据,汇报了2018年中国各个行业吸收的全球绿地投资金额,便于我们观察中美贸易摩擦对行业层面资金流向的影响情况。根据季度数据统计可得,在第一轮贸易战中,共计9个行业(饮品、生物科技、商业机器及设备、电子元件、食品和烟草、酒店和旅游、房地产、软件和IT服务)的绿地投资金额环比下降;在第二轮贸易战中下降行业涉及17个(航空航天、汽车零部件、汽车原始设备制造、商业服务、通信、消费品、金融服务、医疗保健、休闲和娱乐、医疗器械、金属、采矿、造纸业、制药、房地产、纺织业、运输)。两轮贸易战均受到显著影响而减少流入的行业包括通信业和房地产业。在三轮贸易战的关键事件爆发后,第四季度与第三季度相比,汽车原始设备制造业、饮品、陶瓷和玻璃、化学、通信、金融服务、食品和烟草、医疗器械、非汽车运输设备制造、塑料、房地产、半导体、软件和IT服务、运输行业流入的投资额都出现了不同程度的下降。

通过对比表3-6同时期全球流向其他亚洲新兴市场地区的绿地投资的情况,可以发现中美贸易摩擦对中国FDI流入的影响可能存在溢出效应,即当中美贸易摩擦爆发后,中国部分行业FDI减少,其他亚洲新兴市场同类行业的投资增加,具体而言,综合考虑三次事件发生后的季度环比变化情况,流入汽车零部件、汽车原始设备制造、饮品、生物科技、商业机器及设备、商业服务、陶瓷和玻璃、化学、通信、消费品、发动机和涡轮机、食品和烟草、酒店和旅游、医疗器械、金属、采矿、造纸业、制药等行业的金额增加。中美贸易摩擦爆发后,中国部分行业FDI减少的部分可能转移到了其他亚洲新兴市场的同类行业中,如汽车原始设备制造、饮品、陶瓷和玻璃、化学、通信、食品和烟草、医疗器械、半导体等行业。

表 3－4　**2018 年亚洲新兴市场绿地投资金额月度数据**　单位：百万美元

国家/地区	2018 年 1 月	2018 年 2 月	2018 年 3 月	2018 年 4 月	2018 年 5 月	2018 年 6 月	2018 年 7 月	2018 年 8 月	2018 年 9 月	2018 年 10 月	2018 年 11 月	2018 年 12 月
所有亚洲新兴经济体（除伊拉克和新加坡）	10 987.20	26 583.53	18 796.23	16 962.27	28 381.9	19 888.49	27 002.12	28 558.01	11 904.75	22 664.08	18 981.48	18 605.63
中国	3 520.80	11 691.38	4 820.58	7 146.01	11 672.08	5 703.08	18 173.61	17 795.34	2 262.01	14 516.20	4 986.15	4 550.23
中国占比	0.32	0.44	0.26	0.42	0.41	0.29	0.67	0.62	0.19	0.64	0.26	0.24
印度	2 525.21	6 435.93	3 163.87	2 363.79	3 449.36	4 432.04	1 676.59	4 739.45	2 591.35	3 965.54	5 218.21	1 619.68
柬埔寨	291.00	62.80	206.22	555.10	178.90	818.90	88.71	41.77	137.10	0.00	108.70	33.80
老挝	15.00	178.90	1.90	178.90	0.00	0.00	740.20	23.00	14.50	0.00	178.90	75.20
缅甸	251.50	173.90	320.02	203.40	556.49	29.10	8.20	56.70	5.00	0.00	133.70	88
印度尼西亚	234.80	260.90	1 985.30	752.00	2 560.56	142.83	1 092.30	636.40	327.58	95.44	2 345.00	4 143.23
韩国	322.01	2 042.60	230.10	573.94	325.30	198.05	388.34	637.07	1 819.66	149.60	473.20	249.30
马来西亚	168.29	704.62	736.31	1 203.67	749.31	307.56	271.90	437.16	996.55	1 541.60	1 374.00	305.20
巴基斯坦	183.20	67.70	273.75	126.30	43.00	212.24	1.50	9.90	103.20	0.00	270.20	869.70
菲律宾	146.30	743.37	1 783.10	627.42	3 387.10	3 752.15	1 020.50	255.40	238.70	235.80	2 425.52	4 438.60
中国台湾	82.43	58.73	267.45	78.02	409.30	38.60	118.70	296.50	653.90	172.90	48.30	419.10
中国香港	195.10	1 338.20	768.30	323.90	1 161.50	1 920.90	390.70	502.50	1 013.50	275.70	321.00	139.30
泰国	383.30	908.50	1 283.53	902.22	243.12	382.64	755.07	244.90	1 053.10	515.80	97.20	337.84

数据来源：fDiMarkcts. com。

表 3-5　　2018 年中国各行业绿地投资金额月度数据

单位：百万美元

行　业	2018 年 1 月	2018 年 2 月	2018 年 3 月	2018 年 4 月	2018 年 5 月	2018 年 6 月	2018 年 7 月	2018 年 8 月	2018 年 9 月	2018 年 10 月	2018 年 11 月	2018 年 12 月
航空航天	0.00	0.00	212.10	258.62	0.00	0.00	0.00	0.00	7.00	0.00	0.00	30.00
汽车零部件	258.23	89.90	244.88	303.98	493.03	0.00	2.30	37.50	121.88	195.72	170.62	98.85
汽车原始设备制造	190.00	2 663.40	604.70	646.12	5 176.38	1 925.20	1 408.30	3 684.30	139.60	3 197.70	1 633.00	145.00
饮品	14.00	91.00	47.80	0.00	0.00	14.00	0.00	0.00	14.00	0.00	0.00	0.00
生物科技	0.00	0.00	376.20	30.00	0.00	0.00	246.80	90.00	0.00	0.00	12.20	377.40
商业机器及设备	92.70	793.70	0.00	0.00	0.00	0.00	67.57	0.00	1.00	3.50	108.40	0.00
商业服务	116.20	61.60	13.40	40.20	70.15	108.80	26.80	80.40	13.40	74.40	57.20	26.80
陶瓷和玻璃	0.00	0.00	0.00	72.00	0.00	0.00	72.00	0.00	0.00	0.00	0.00	0.00
化学	312.40	120.30	252.10	423.15	484.97	411.30	10 149.20	933.00	236.60	7 133.80	486.30	269.90
通信	8.30	555.20	0.00	8.30	41.10	0.00	11.80	8.30	8.30	0.00	8.30	0.00
消费性电子产品	0.00	0.00	10.90	0.00	34.70	34.70	0.00	69.40	17.40	45.60	28.30	105.80
消费品	50.90	152.70	86.60	79.80	152.70	75.60	178.50	8.60	101.80	139.60	101.80	68.10
电子元件	198.10	1 210.10	551.20	392.06	16.31	246.90	2 440.40	950.20	34.53	2 198.88	178.86	1 132.20
发动机和涡轮机	0.00	0.00	0.00	0.00	0.00	0.00	0.00	0.00	0.00	0.00	5.80	0.00
金融服务	365.20	80.80	161.60	80.80	303.80	888.80	242.40	223.00	175.60	80.80	191.80	205.00
食品和烟草	159.30	176.50	277.10	190.29	278.10	0.00	266.70	220.60	217.70	0.00	53.90	169.30

续表

行　业	2018年1月	2018年2月	2018年3月	2018年4月	2018年5月	2018年6月	2018年7月	2018年8月	2018年9月	2018年10月	2018年11月	2018年12月
医疗保健	7.00	0.00	49.80	299.96	0.00	0.00	0.00	0.00	0.00	0.00	0.00	0.00
酒店和旅游	184.60	738.40	738.40	184.60	184.60	184.60	369.20	184.60	184.60	184.60	369.20	184.60
休闲和娱乐	0.00	447.70	0.00	224.80	11.80	312.40	0.00	0.00	22.90	0.00	13.00	245.80
医疗器械	47.00	0.00	0.00	53.60	47.00	4.50	7.60	47.00	0.00	0.00	6.60	0.00
金属	65.37	3.08	63.00	93.86	182.34	134.52	2.85	0.00	126.40	77.90	94.97	8.28
采矿	0.00	0.00	0.00	18.50	0.00	24.68	0.00	0.00	0.00	0.00	0.00	0.00
非汽车运输设备制造	0.00	0.00	0.00	0.00	48.10	0.00	160.50	0.00	0.00	0.00	48.10	5.60
造纸业	0.00	0.00	209.20	209.20	0.00	0.00	0.00	0.00	0.00	0.00	0.00	0.00
制药	0.00	153.50	0.00	175.29	146.20	29.38	77.26	11.10	80.40	0.00	109.00	77.50
塑料	158.10	53.20	53.20	229.86	251.50	0.00	28.54	1 010.24	112.50	0.00	133.20	106.40
房地产	685.00	3 969.00	342.50	1 578.62	2 081.30	348.20	2 189.88	1 046.50	0.00	1 098.70	685.00	1 228.10
橡胶	0.00	0.00	0.00	0.00	0.00	2.50	5.60	0.00	0.00	0.00	18.90	5.60
半导体	356.80	10.00	357.30	1 400.00	1 249.80	47.30	143.21	9 002.50	357.30	0.00	63.10	2.50
软件和IT服务	92.30	118.30	3.70	40.70	53.00	14.80	53.00	77.50	41.90	35.00	81.40	11.10
纺织业	97.60	48.20	0.00	50.00	200.30	336.50	23.20	23.20	144.00	50.00	166.00	46.40
运输	61.70	154.80	164.90	61.70	164.90	558.40	0.00	87.40	103.20	0.00	161.20	0.00

数据来源：fDiMarkets.com。

表 3 - 6　　2018 年其他亚洲新兴市场地区各行业绿地投资金额月度数据　　单位：百万美元

行　业	2018 年 1 月	2018 年 2 月	2018 年 3 月	2018 年 4 月	2018 年 5 月	2018 年 6 月	2018 年 7 月	2018 年 8 月	2018 年 9 月	2018 年 10 月	2018 年 11 月	2018 年 12 月
航空航天	48.62	244.10	124.70	180.00	0.00	582.40	114.61	70.80	168.90	32.40	43.92	219.40
汽车零部件	361.26	15.61	210.80	44.63	79.81	258.34	49.70	107.00	142.75	45.20	354.01	24.94
汽车原始设备制造	67.81	39.44	286.40	221.20	869.95	302.00	262.70	1 297.40	387.78	1 766.90	1 312.80	508.43
饮品	72.50	50.10	84.70	50.10	0.00	0.00	100.00	0.00	0.00	381.30	120.40	0.00
生物科技	0.00	83.23	224.18	18.60	70.00	10.00	20.00	15.40	39.42	0.00	29.80	50.10
商业机器及设备	12.30	126.30	21.20	7.00	1.00	4.50	53.70	1.00	4.50	74.24	3.50	161.80
商业服务	194.60	141.80	182.50	315.70	142.26	211.40	160.00	251.90	190.10	152.60	1 129.60	96.00
陶瓷和玻璃	69.10	59.90	9.10	0.00	120.20	15.30	36.40	0.00	0.00	104.23	1.30	0.00
化学	708.70	316.74	154.10	431.32	353.32	454.40	339.08	89.25	134.10	9.34	631.28	3 905.40
通信	331.60	937.63	734.10	724.50	196.20	488.94	822.42	337.84	288.70	1 045.30	581.96	1 464.20
消费性电子产品	71.80	65.60	29.23	142.80	0.00	140.10	119.27	793.07	4.70	152.20	214.40	107.90
消费品	356.00	394.56	605.93	586.60	714.63	451.85	392.35	372.80	311.40	588.31	538.60	248.80
电子元件	52.30	89.44	464.26	395.40	159.80	746.28	110.33	375.85	60.58	283.10	78.44	104.40
发动机和涡轮机	0.00	0.00	104.38	0.00	78.00	0.00	0.00	0.00	0.00	0.00	5.90	223.50
金融服务	947.20	358.61	1 060.90	887.10	568.50	735.90	718.70	560.10	1 245.00	290.10	430.80	381.90
食品和烟草	421.04	1 084.55	422.00	443.54	413.46	231.80	186.50	351.47	178.20	111.60	957.90	22.20
医疗保健	75.00	3.50	0.00	3.50	0.00	0.00	103.20	0.00	0.00	0.00	0.00	1.42

续表

行　业	2018年1月	2018年2月	2018年3月	2018年4月	2018年5月	2018年6月	2018年7月	2018年8月	2018年9月	2018年10月	2018年11月	2018年12月
酒店和旅游	60.00	893.20	4 361.50	234.80	3 941.10	436.50	1 077.90	374.30	601.60	178.90	2 132.28	456.00
休闲和娱乐	0.00	2 459.60	74.60	9.30	0.00	0.00	16.10	12.20	2 465.80	0.00	152.20	476.40
医疗器械	6.60	11.10	0.00	0.00	44.60	0.00	0.00	23.90	33.30	0.00	321.00	0.00
金属	1 165.90	58.80	187.80	312.80	701.20	3 947.10	854.50	908.00	14.90	323.30	2 620.80	4 881.80
采矿	22.60	1.40	0.00	0.00	0.00	0.00	1.40	0.00	0.00	0.00	32.80	0.00
非汽车运输设备制造	35.60	108.00	5.60	232.50	171.80	73.00	151.20	152.60	76.30	0.00	97.90	40.80
造纸业	0.00	3 500.00	80.20	2.70	535.80	112.30	638.11	0.00	0.00	1 303.50	15.50	35.00
制药	88.90	270.80	56.90	93.83	804.60	0.00	7.30	0.00	38.91	0.00	86.87	0.00
塑料	33.60	87.70	176.40	60.78	198.74	44.20	239.54	258.38	173.60	85.50	37.80	39.50
房地产	2 091.76	2 965.95	4 157.52	2 739.58	7 103.74	5 127.90	1 377.90	3 740.08	1 901.16	379.40	831.91	339.30
橡胶	232.60	219.78	36.80	634.40	331.60	0.00	450.00	72.90	40.58	300.00	72.00	331.80
半导体	34.80	87.90	0.00	2 022.42	58.10	79.80	0.00	4.20	94.88	146.30	1 245.27	84.80
软件和IT服务	316.13	560.00	454.65	393.71	615.10	372.40	365.80	628.23	1 537.88	875.10	945.05	108.40
航空及国防	6.40	0.00	0.00	0.00	2.60	2.60	0.00	0.00	154.60	0.00	2.60	101.68
纺织业	107.80	154.60	149.60	229.50	232.40	111.20	616.10	288.00	409.60	386.70	146.10	46.40
运输	277.90	345.90	450.40	402.40	515.60	1 772.20	280.90	210.40	370.09	239.20	457.70	109.83
木制品	0.00	0.00	79.20	0.00	0.00	73.80	0.00	0.00	342.20	0.00	0.00	0.00

数据来源：fDiMarkets.com。

3.2 国际直接投资的一些概念

3.2.1 国际直接投资

国际投资有两种基本方式——**对外直接投资**(Foreign Direct Investment, FDI)和**对外证券投资**(Foreign Portfolio Investment, FPI)。

所谓"对外直接投资",国际货币基金组织在其《国际收支手册》中定义为:"在投资人以外的国家(经济)所经营的企业中拥有持续利益的一种投资,其目的在于对该企业的经营管理具有有效的发言权。"①同时,国际货币基金组织对对外直接投资的资产拥有权比例作了解释,认为判断是否直接投资所选用的资产拥有权的比例一般较低,通常为10%~25%。当一家企业直接在国外投资于生产或者销售一种产品的设施时,往往就形成了对外直接投资。对外直接投资强调的是"直接",要求投资企业作为管理者,亲自管理海外经营活动。这是因为许多进行对外直接投资的企业的目的就是管理海外运作,为了实现这一目的,它们需要拥有很多股权。

对外证券投资是指企业投资于一组外国证券,如股票和债券,这种投资并不需要企业对海外资产进行实际的管理。从本质上讲,对外证券投资是一种"海外间接投资"。

在中国的对外直接投资统计中,对外直接投资是指中国企业、团体等在国外及港澳台地区以现金、实物、无形资产等方式投资,并以控制国外企业的经营管理权为核心的经济活动。中国对对外直接投资的统计与国际上广泛接受的10%及以上的股权是一致的,都强调对海外资产的"管理控制权"。总之,在区分对外直接投资和对外证券投资时,关键是看企业是否"直接"管理海外资产。

3.2.2 国际直接投资的形式

国际直接投资的形式有多种:一般按投资者是否新建企业分类,可以分为绿地投资与跨国并购;按投资主体与其投资企业之间国际分工的方式分类,可以分为水平型投资与垂直型投资。

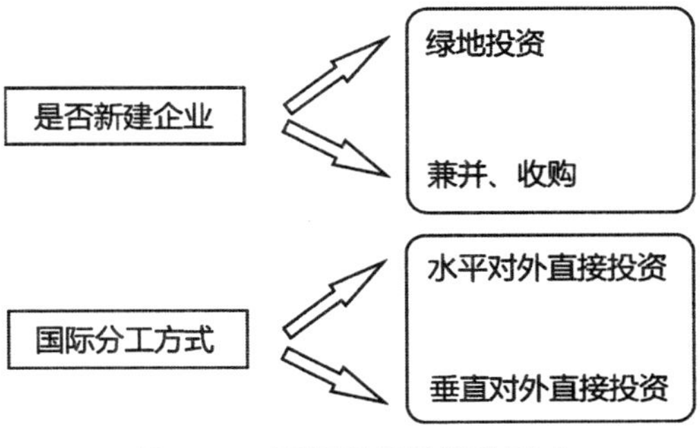

图 3-5 国际直接投资的形式

(1) 按照投资者是否建立新企业分类

① 绿地投资

绿地投资(Greenfield Investment)又称新建投资,是指跨国企业等国际投资主体在东道国境内按照东道国法律设立新的企业或新工厂,形成新的经营单位或新的生产能力。这是一种最传统的投资形式,一般来说,跨国企业在初级阶段的对外投资会采取这种方式,这种投资方式主要发生在发展中国家。

① IMF. Balance of Payment Manuel. Washington D. C., 1997: 408,转引自张海东. 国际商务管理[M]. 上海: 上海财经大学出版社,2015: 36.

宝马在华增加近240亿元投资,年产能将增至65万台

2018年10月11日,在华晨宝马成立15周年之际,宝马集团和华晨汽车集团联合宣布,股东双方将延长华晨宝马的合资协议至2040年,进一步深化双方的合作。

根据此次公布的消息,宝马集团将对华晨宝马增加30亿欧元投资,用于未来几年沈阳生产基地的改扩建项目,位于铁西的新厂区建成后将使铁西工厂现有产能翻倍;大东厂区的改扩建项目也在进行中,尽管产能将保持不变,但生产体系将更加柔性化,可以根据未来宝马车型和市场需求逐渐拓展。

未来三至五年,华晨宝马的年产能将逐渐增加到每年65万台,并将创造5 000个新的工作机会。宝马集团董事长科鲁格说,中国将成为宝马新能源汽车的全球生产基地。据了解,随着新工厂建设的推进,预计到2020年,宝马品牌核心产品系列的首款纯电动汽车将在沈阳生产,这款产品不仅在中国销售,而且将出口到全球市场。

资料来源:人民网,汽车之家。

② 跨国并购

跨国并购(Merger and Acquisition, M&A)是指企业按照东道国的法规,通过一定的程序和渠道购买另一个现有企业的股权,取得其部分或全部所有权,进而参加或控制该企业经营的行为。并购又包括**兼并**和**收购**两个部分。

经过两百余次并购,思科成为行业龙头

1984年思科成立之初,年销售收入不过几十万美元。自成立以来,思科便以并购著称。该企业于2017年10月达到了其第两百个收购里程碑。

从1993年起,思科开始并购拥有先进技术的小企业,主要以两种方式:第一种是进入新的技术领域,通过这种方式拓展企业的产品链,提供更好的解决方案,使企业的业务或者活动延伸到新兴市场;第二种是对那些技术比较发达、比较完善的领域,通过兼并来增强技术能力。

经过两百余次并购,思科已经成为年销售收入近500亿元的世界最大的网络设备和服务企业之一。值得人们借鉴的是,思科并购企业的原则有:让思科进入有吸引力的市场,获取新的、大规模的收入来源;拓展思科产品线,提供"端到端"的解决方案;延伸到新兴市场国家;加强思科现有的先进技术;获取技术和人才,加强现有业务单元的领导力;进入相邻市场,整合先进技术。思科所有的并购都是为了加强企业的核心业务和产品的竞争力。

资料来源:凤凰网财经,亿欧网。

兼并(Merger)又称吸收合并,是指两家或者更多独立企业合并组成一家企业,由一家占优势的企业吸收一家或者多家企业,在法律上的表现是:两个或两个以上法人合并成一个法人。**收购**(Acquisition)是指一家企业用现金或者有价证券购买另一家企业的股票或者资产,从而获得对该企业的全部资产或某项资产的所有权或者取得对该企业的控制权。收购在法律上并不改变法人数量,改变的是被收购企业的产权归属或经营管理权。

跨国并购下的市场份额扩大与民族产业安全

外资的进入是一把“双刃剑”，外资在带来技术、管理和竞争压力的同时，也有可能通过合资、收购等形式渗入民族企业，影响民族企业的持续发展。以中国为例，自改革开放以来，中国连续打造出一批民族品牌，但在中国的国有企业改革中，不少地方政府片面地以为国有企业改革就是国有经济退出竞争领域，不顾行业和企业的实际情况，不考虑国家产业安全的大局，而出于本地经济增长、招商引资指标等考虑，竞相吸引外资，尤其欢迎跨国企业并购地方骨干国有企业。一些跨国企业则凭借“500强”的优势，利用地方急于完成国有企业改制的心态，压价收购中国各行业骨干企业的优质资产，渗透并控制中国的相关行业。

从20世纪90年代至今，外资将其收购的目标瞄准中国民族品牌。从短期来看，并购创造了买卖双方和消费者均获得收益的“多赢”结果；但从长期来看，外资通过收购、合资等方式有意识地强化自己的品牌，民族品牌被抛弃或者市场影响弱化，外资逐渐占领并进而控制整个行业。经过长期艰苦培育起来的民族品牌连同国内市场都被外资企业收入囊中，其中不少民族品牌在被收购后或者被人们遗忘，或者市场份额萎缩，市场影响力逐渐下降。

表3－7　　部分被并购的民族品牌

时　间	民族品牌	外　企
1990年	美加净	庄臣公司(美国)
1994年	中华牙膏	联合利华(荷兰、英国)
1994年	孩儿面	汉高公司(德国)
1994年	北冰洋	百事可乐(美国)
1994年	舒尔美	金佰利(美国)
1994年	华丰方便面	金光集团(印度尼西亚)
1994年	熊　猫	宝洁公司(美国)
1995年	香雪海	三星公司(韩国)
1996年	活力28	邦特色公司(德国)
2000年	太太乐鸡精	雀巢公司(瑞士)
2003年	南孚电池	吉列公司(美国)
2003年	小护士	欧莱雅(法国)
2004年	哈尔滨啤酒	AB集团(美国)
2004年	羽　西	欧莱雅(法国)
2005年	三　笑	高露洁(美国)
2006年	统一润滑油	壳牌公司(荷兰)
2006年	华润漆	威士伯公司(美国)

续表

时　　间	民 族 品 牌	外　　企
2006 年	苏泊尔	SEB 集团(美国)
2006 年	雪津啤酒	英博啤酒集团(比利时)
2006 年	白加黑	拜耳集团(德国)
2006 年	双　汇	高盛集团(美国)
2007 年	丝宝集团	拜尔斯多尔夫(德国)
2007 年	西安杨森	强生公司(美国)
2007 年	四川双马	拉法基集团(法国)
2008 年	大　宝	强生公司(美国)
2011 年	四川水井坊	蒂亚吉欧(英国)
2011 年	丁家宜	科蒂集团(法国)
2011 年	小肥羊	百胜餐饮集团(美国)
2011 年	徐福记	雀巢公司(瑞士)
2011 年	银　鹭	雀巢公司(瑞士)
2012 年	嗳　呵	强生公司(美国)
2013 年	丸　美	路易威登(意大利)
2013 年	美　即	欧莱雅(法国)
2013 年	金丝猴	好时公司(美国)

资料来源：品牌网，外资收购的 34 个品牌，https://www.maigoo.com/best/16537.html；邓继光.经济全球化冲击下的民族产业安全——从民族品牌被并购的角度来看[J].毛泽东邓小平理论研究，2008(10)：56—58+84.

③ 两种形式的比较

一般来说，企业进入外国市场既可以采取新建的方式，也可以采取并购的方式。那么，究竟采取哪种方式进入东道国比较好呢？跨国企业通常如何选择进入方式？其实，两种进入方式各有优缺点，通常，企业在选择进入东道国的方式时会根据企业自身的情况综合考虑。

与新建投资相比，并购进入有很多优势：

第一，并购能节省投资者的时间，保证投资者迅速进入东道国市场。对于制造业企业来说，并购方式最重要的优点就是可以为企业省掉建设新厂的时间，利用被并购企业现成的生产组织和管理体系，迅速建立国外市场的产销根据地。例如，思科通过在各国并购科技企业的方式节省了建厂的时间，迅速地进入了东道国市场；而宝马通过新建的方式在东道国扩张，其产能的释放需要一定的时间。

第二，并购有利于获取更多市场份额，减轻企业的竞争压力。并购可直接获得被并购企业的市场份额，从而节省巨额的市场开发费用，尤其是并购一些品牌企业，可以减轻企业的竞争压力。例如，联想收购了 IBM 的个人电脑事业部，获得了对方的市场份额，从而一举成为世界个人电脑行业中的第三大企业。

此外，并购有利于扩大企业的业务范围。当被并购企业的经营范围、产品种类与本企业有较大的差异时，采用并购的方式可以迅速增加本企业产品的种类，实现企业的多样化经营，如美国电报电话公司就是通过收购的方式由传统的电报电话业务进入了电子计算机行业。

并购还能有效地利用被并购企业原有的管理制度和管理人员。采用并购方式，可以直接利用被并购企业中的管理组织和管理制度，这样可以缓解母公司管理人员相对缺乏的矛盾，也有利于保持被并购企业的经营特色。

第三，并购有时可以购买到廉价的企业资产。尤其当目标企业面对市场“瓶颈”或者处于财务困境时，如当该企业产品滞销、流动资金不足时，并购企业可以压低价格收购目标企业、节省投资成本。

虽然并购具备上述优势，但该方式也有不可忽视的缺点：

第一，并购很难正确评估被购买企业资产的价值，这是并购过程中遇到的最复杂的问题，因为资产评估直接影响企业的并购决策。但是企业的一些资产往往难以精确估价，尤其是像品牌、商誉等无形资产的定价缺乏定量依据，这加大了资产评估的难度。

第二，受到原有企业规模和地理位置的限制，并购方往往难以找到一个规模和地理位置上完全符合自身意愿的目标企业，并购方不可避免地会受到原有企业的限制。

第三，并购面临对被并购企业的管理问题。被并购企业中留用的管理人员和员工难免会对并购企业所采取的新的管理方式不习惯，甚至可能会产生抵制情绪，类似问题的出现无疑会增加企业的管理成本。

此外，受原有契约关系的限制，并购企业很难根据自身的发展战略对这些契约关系进行彻底的调整，结束原有的契约关系通常会面临重重阻力，企业并购成本较难预估。

表 3-8　　跨国并购和绿地投资的比较

优缺点	跨　国　并　购	绿　地　投　资
优势	① 能节省投资时间，迅速进入东道国市场 ② 利用原企业的分销渠道，有利于获得更多市场份额，减轻竞争压力 ③ 突破时间和空间的限制，取得规模优势，有利于扩大业务经营范围 ④ 利用原企业的资源，如人才、员工、设备、无形资产等，增强核心竞争力 ⑤ 有时能购买到廉价的企业资产	① 新企业的资本可以准确估价 ② 手续简单，省去整合步骤 ③ 享受东道国的优惠待遇 ④ 不受东道国法律和政策的限制
劣势	① 会计制度和财务制度的差异以及信息不对称，并购方难以准确评估购买企业的资产的价格 ② 受企业规模和地理位置的限制 ③ 文化排斥现象，对被并购企业管理的问题 ④ 受原有契约关系的限制，并购后整合成本难料	① 投产缓慢 ② 需自行开拓市场，建立分销渠道，成本高昂 ③ 不利于跨行业经营及实现产业与服务的多样化 ④ 经营风险大，组织难度大

可见，通过并购方式虽然能够快速进入东道国，但是究竟能不能很好地实现投资者的目标却很难说。因此，很多跨国企业会选择以新建的方式进入东道国市场，虽然这意味着要对新企业进行全程的组织规划，但是新建一开始就将国外子公司纳入了母公司的战略体系，母公司可以对其进行较好的控制，这有利于母公司全球战略规划的实施与实现。

(2) 按照投资主体与其投资企业之间国际分工的方式分类

① 水平型对外直接投资

水平型对外直接投资(Horizontal FDI)又称横向型对外直接投资,是指投资主体与投资企业处于同一行业,产品处于同一市场。企业通过对外直接投资的方式将其在本国的价值链活动复制到东道国,根据当地情况从事产品的设计、规划、生产和销售等经营活动。企业进行水平投资的目的往往是扩大世界市场份额或增加企业的国际竞争力或垄断实力。

中国电建的战略性全球扩张

中国电建2018年年报显示,其2018年的营业收入同比上涨10.69%,已近3 000亿元,归属于上市公司股东的净利润同比上涨3.79%,约76.95亿元;相较于2009年,中国电建的营业收入上涨约290%,归属于上市公司股东的净利润上涨约236%。中国电建在2018年度可谓是步伐稳健,收获颇丰。

2018年,中国电建不仅在传统优势业务上更进一步,而且不断适应新的形势,重点开拓水环境与资源市场,深入拓展垃圾发电业务,并积极开拓生物质能业务。此外,中国电建的全球化发展也逆势上扬,新签国际业务合同同比增长近30%,在业务发展的横向扩张上成绩耀眼。

截至2018年年底,中国电建在113个国家设立了271个驻外机构。2018年,中国电建属地化经营扎实推进,六大区域总部建设实现较大进展,区域总部统筹区域内子公司打造立体营销体系,提升了整体竞争能力。其中,东南非区域通过小比例投资带动的津巴布韦旺吉燃煤电站7号、8号机组项目顺利开工;亚太区域中标越南16个光伏项目,超过该国别年度光伏市场份额的60%。中国电建2018年全年实现新签国际业务合同1 536.32亿元,同比增长29.29%;完成境外主营业务收入664.12亿元,同比增长5.05%。

资料来源:每日经济新闻,中国经济网。

② 垂直型对外直接投资

垂直型对外直接投资(Vertical FDI)又称纵向型对外直接投资,是指投资者为了实现生产过程中不同阶段的专业化而将生产资本直接输出到东道国,在东道国建立企业。垂直型对外直接投资的投资主体与其投资企业经营不同的产品,且两者所经营的产品处于行业价值链的上游或下游。企业进行垂直型投资的目的通常是获得东道国低廉的原材料、组织专业化生产、扩大产品销路或者实现产销一体化。

海尔集团的国际化扩张

在海尔集团2019年创新年会上,海尔集团首席执行官张瑞敏提出,2019年,海尔的目标是"为人单合一成为世界级物联网模式而努力"。目前,海尔正积极进行资源整合和创新,在世界范围内建立物联网。2018年,海尔集团实现全球营业额2 661亿元,同比增长10%。值得注意的是,海尔基于现有资源,在价值链扩张上取得了重要的成绩。

海尔先后与北京航空航天大学和美国C-MOLD合资,联合开发CAD/CAM/CAE等用于家电产品设计、制造的软件;与日本松下在变频技术方面建立技术联盟;与日本化学公司DOW结成技术联盟,进行新材料的开发。

与此同时，海尔积极向上游供应方发展：一方面，海尔建立工业园区以吸引国际供应商投资建厂，获得稳定的供应体系；积极进行德国、美国、日本、韩国等的产品认证，与德国莱茵、美国保险商实验室和英国依梯埃-塞密柯技术公司成立国际认证合作室，建立与日本三洋电机的长期合作，保证关键部件压缩机的稳定供应；与艾默生、巴斯夫等合作，及时获得质优价廉的零部件。另一方面，海尔与供应商共同进行产品的前端设计和研发。与全球最大的制冷压缩机生产商之一EMBRACO结成技术联盟；与全球规模最大的电机企业艾默生签订合作协议并要求其参与产品设计过程；与压缩机供应商东芝长期开展产品联合设计；与日本新日铁、韩国浦项及德国克鲁勃合作，不仅获得质优价廉的钢板，而且基于设计方面的共同研究及时获得更新的材料。

在下游营销方面，海尔集团与西尔斯、沃尔玛、百思买等美国零售商建立渠道合作关系，与德国INTEC、意大利COPEA、法国CONFROMA等欧洲大型连锁店签订销售协议，进入日本BIC CAMERA、BEST、KEIZU等知名连锁店全面销售，并与日本第一超市AEON建立起战略合作关系。

资料来源：中国日报网，凤凰网。

③ 两种形式的比较

企业一般会根据自己的全球战略目标来选择进行水平型对外直接投资还是垂直型对外直接投资，两种投资的操作方式不同，经济效应也不同。

垂直型对外直接投资和水平型对外直接投资的操作方式不同。一条完整的价值链包括输入、研发、零部件、组装、营销和输出六个部分。这里考虑三种情况：第一，假设A企业是一家组装企业，如果其采取对外直接投资的方式在B国创建了研发中心C，那么，我们称A企业的这种投资行为为上游垂直型对外直接投资。第二，如果A企业在B国投资进行营销活动，那么，我们称A企业的这种行为为下游垂直型对外直接投资。第三，如果A企业投资建立与自己类似的生产经营活动，那么，我们称A企业的这种行为为水平型对外直接投资（如图3-6所示）。

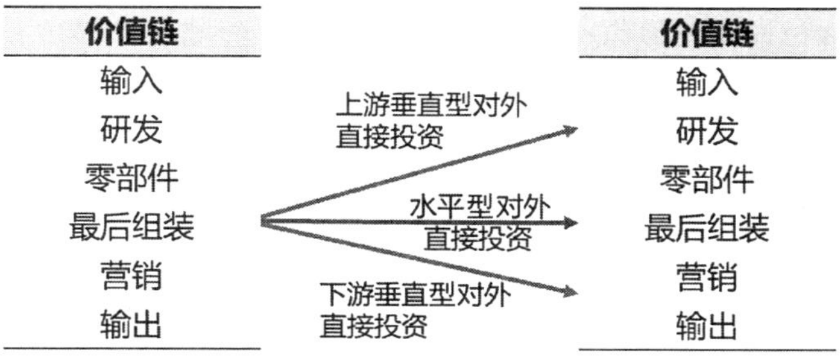

图3-6　水平型对外直接投资与垂直型对外直接投资

垂直型对外直接投资和水平型对外直接投资的经济效应不同，主要体现在两个方面：一方面，两种投资方式的贸易效应不同。水平型对外直接投资表现为出口替代效应，垂直型对外直接投资表现为出口互补效应。这主要是因为水平型对外直接投资与母公司从事相似的经济活动，其在东道国生产的产品代替了母国向东道国的出口，所以两个国家的贸易往来有减少的趋势；而垂直型对外直接投资形成的是专业化的分工生产体系，两国中间投入品的贸易往来呈现增长趋势。另一方面，两者的规模经济效应不同。水平型对外直接投资通过扩大产品市场占有率的方式促进规模经济的形成，而垂直型对外直接投资通过促进专业化分工的方式促进规模经济的形成。

表 3-9　　水平型对外直接投资与垂直型对外直接投资的比较

项　目	水平型对外直接投资	垂直型对外直接投资
特点	① 主要表现为出口替代效应，避开贸易壁垒，可以设计生产适合当地情况的产品 ② 市场扩大带来规模经济效应，母子公司之间的技术、管理经验、商标等转移有助于企业减少交易成本	① 主要表现为出口互补效应，形成专业化分工与协作，可以增加中间投入品和资本品的出口，更好地控制原材料和产品质量 ② 专业化分工带来规模经济效应，企业通过专业化分工进行大规模的标准化生产

3.3　国际直接投资理论

3.3.1　解释发达国家对外直接投资

(1) 垄断优势理论

垄断优势论(The Theory of Monopolistic Advantage)又称特定优势论，由美国学者斯蒂芬·海默在其1960年撰写的博士论文《本国公司的国际性经营：关于对外直接投资的研究》中首先提出，后由其导师查尔斯·金德尔伯格修正并发展。该理论是系统、独立地研究国际直接投资最早和最有影响力的理论。

垄断优势论的核心是"市场不完全"和"垄断竞争"。该理论认为，企业对外直接投资的必要条件是这些企业具备东道国企业所没有的垄断优势，而这些垄断优势又源于市场的不完全性。斯蒂芬·海默认为，市场的不完全性体现在四个方面：第一，要素市场的不完全，表现为企业获得资本的难易程度不同以及技术水平存在差异。例如，跨国企业由于具有更多资源，通常可以以较低的成本筹集到大量资金，而一般企业不具备这种优势。第二，规模经济导致的市场不完全。规模经济包括内部规模经济和外部规模经济，内部规模经济是指企业由于自身生产规模的扩大而获得的成本优势，如微软公司、美国的大型家庭农场；外部规模经济是指企业由于整个行业的扩大而获得的成本优势，如硅谷和浙江义乌小商品市场。第三，政府干预引起的市场不完全，如关税、税收等政府政策导致的价格差异。第四，商品市场的不完全，即由商品的特异化、商标以及价格联盟带来的市场不完全。

与之相对应的是企业在不完全市场中可以获得四种垄断优势，即生产要素垄断优势、规模经济优势、由政府限制带来的优势和产品市场的垄断优势(如图3-7所示)。这些垄断优势足以使企业抵消国外经营面对的种种不利而处于有利地位。

该理论研究基于20世纪60年代初对西欧大量投资的美国跨国企业的统计资料，较好地解释了20世纪60年代美国对欧洲地区的投资。不过这一理论缺乏普遍意义，无法解释20世纪60年代后发展中国家日益增加的对外直接投资行为，因为这些国家并不具备垄断优势。

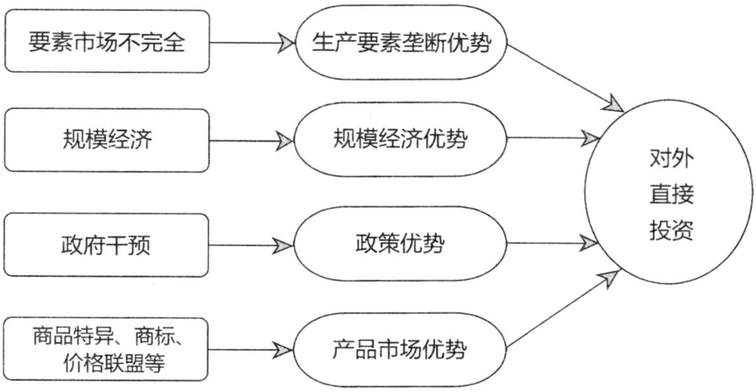

图 3-7 垄断优势理论

(2) 产品生命周期理论

美国学者弗农在 1966 年发表的《产品生命周期中的国际投资与国际贸易》一文中提出了**产品生命周期论**(The Theory of Product Life Cycle),试图用其来解释美国企业第二次世界大战后对外直接投资的规律。

生命周期是指产品在市场上的营销生命,包括新产品投入与成长、成熟产品和标准化产品这三个阶段。同一产品在不同技术水平的国家所处的阶段不一样,这给国际贸易和投资提供了机会。

新产品投入与成长阶段的生产和营销主要集中在国内,对于经济发展水平接近的次发达国家的少量需求,创新企业通过出口即可满足。因此,这个阶段企业不需要到海外进行直接投资。

成熟产品阶段,产品由技术密集型转为资本密集型,创新国开始对产品进行大批量生产。与此同时,一些进口国开始对新产品进行模仿生产,资本充足和拥有较多熟练工人的国家开始具备生产该产品的比较优势,这些国家利用自身优势进行生产并出口到其他国家。一些进口国为了保护新成长的幼稚产业,会实施进口壁垒,从而极大地限制了创新国家的对外出口能力。创新企业为了维持市场份额,开始到次发达国家投资建立海外子公司。

标准化产品阶段是指产品及其生产技术的定型化阶段。此阶段企业竞争表现为价格竞争,产品由资本密集型转变为劳动密集型,发达国家完全丧失比较优势。于是,发达国家企业通过对外直接投资,将标准化的生产工艺转移到具有低成本比较优势的欠发达国家,离岸生产并返销给母国和次发达国家。

表 3-10　　产品生产周期理论与对外直接投资

阶　段	创新企业	其他发达国家企业	发展中国家企业
第一阶段	自给自足		
第二阶段	出口	开始模仿生产	
第三阶段	建立海外子公司	国内生产	
第四阶段	离岸生产	国内生产和离岸生产	接受离岸生产出口

根据产品生命周期理论,各企业应该根据比较优势的动态转移决定生产区位和贸易方向。该理论将静态分析与动态分析有效地结合起来,把国际直接投资、国际贸易和产品生命周期纳入同一个分析框架,较好地解释了第二次世界大战后美国跨国企业在西欧的直接投资行为,但

是理论难以解释后起投资国如西欧各国、日本和发展中国家的对外直接投资行为与规律。

(3) 边际产业扩张理论

20世纪60年代,日本对外直接投资呈现如下特征:投资方向侧重发展中国家,并以对资源开发进口、纺织品、零部件等标准化劳动密集型产业的直接投资为中心,按这些行业的比较成本依次进行。这些行业在日本是已失去或即将失去比较优势的行业,且大多为中小企业,其结果是增加东道国的出口。这类对外直接投资有人称为"日本型"对外直接投资,与当时传统对外直接投资理论中的投资模式有很大不同。当时的对外直接投资理论大多是以美国为背景的,"美国型"对外直接投资的特点有:美国的海外企业大多分布在制造业部门,为国内有比较优势的行业部门,投资企业为国内拥有先进技术的大企业,对外直接投资的目的常常是贸易替代,在东道国生产的产品通常是在东道国销售,减少了东道国的进口。显然,这种差异是当时已有的理论无法解释的。

表3-11　　日美对外直接投资的差异

项　目	"美国型"对外直接投资	"日本型"对外直接投资
投资企业	拥有先进技术的大企业	中小企业
投资行业	国内具有比较优势的产业	有或即将有比较劣势的产业
对贸易的影响	减少母国对外出口	增加东道国对外出口

20世纪70年代末期,日本一桥大学教授小岛清在其著作《对外直接投资:跨国企业经营的日本模式》中将大卫·李嘉图的比较优势理论应用到国际直接投资领域,利用国际分工的比较优势原理,分析和解释了日本企业海外直接投资的实践,被后人称为比较优势投资理论,又称边际产业扩张理论。

小岛清认为,国际直接投资正是在发达国家的边际产业向落后国家转移的过程中形成的。该理论认为,国际直接投资应该从本国已经处于或即将处于比较劣势的产业,即边际产业开始,并依次进行。这些边际产业也是东道国具有比较优势或潜在比较优势的产业,从边际产业开始进行投资,可以使东道国之前因缺少资本、技术等导致的未能显现或未能充分显现的比较优势得以显现或增强,进而扩大两国之间的比较成本差距,为实现数量更多、获益更大的贸易创造条件。同时该理论认为,企业与东道国的技术差距越小越好,这样有助于企业在东道国找到立足点,有助于当地比较优势产业的建立。

比较优势投资理论指出,无论是投资国还是东道国,都不需要有垄断市场,企业比较优势的变化在对外直接投资方面起着决定性的作用,因此,并非拥有垄断优势的企业才能进行对外直接投资。该理论较有力地解释了日本在20世纪六七十年代特定历史条件下对外直接投资的实践。但是其缺乏普遍适用性,无法解释日本在20世纪80年代对北美等发达国家投资迅速增加的情况,也无法解释不具备比较优势的发展中国家的对外直接投资行为。

(4) 内部化理论

英国学者巴克莱和卡森在《跨国公司的未来》一书中,运用交易成本和垄断优势理论,正式提出了**内部化理论**(The Theory of Internalization)。拉格曼、亨纳特等人对其进行了补充和修正。

内部化理论从外部市场不完全与企业内部资源配置的关系角度来说明对外直接投资的动因。该理论的出发点是市场不完全,认为市场不完全不仅体现在最终产品市场上,而且在中间产品市场上同样存在。这里的中间产品除了指原材料和零部件外,更重要的是指技术、专利、市场信息等知识型中间产品。这些中间产品由于市场不完全而存在定价困难等问题，使得交易成本增加，一旦交易成本过高，企业就会倾向通过对外投资来开辟内部市场，用内部市场交易代替原来的外部市场，以降低交易成本（如图 3－8 所示）。

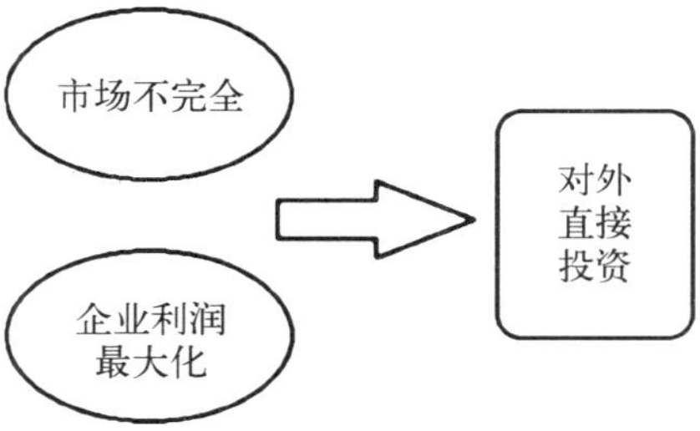

图 3－8　内部化理论

从内部化对象的角度，大致可以将内部化分成三类：第一类是对市场进行内部化，这也是内部化理论比较主流的观点，这种内部化主要是指将中间品交易市场内部化，以降低交易成本。第二类内部化理论认为，内部化也可以是将比较优势内部化，特别是技术、知识等。拉格曼认为，不直接投资而是进行许可转让的话，会导致知识的散播，从而消散优势，因而有必要对技术、专利类中间品内部化。第三类内部化对象是外部性内部化，是由于市场存在不完善，导致市场失灵，企业面临不确定性，而对外直接投资是一种将市场不完善导致的国际商务活动的不确定性内部化的一种方式。

内部化理论从内部市场形成的角度阐述了国际直接投资理论，对跨国企业的内在形成机理具有比较普遍的解释力，适用于不同发展水平的国家。但该理论主要是强调内部市场对经营决策的影响，难免忽略了各种外部因素，如地理位置等因素对企业经营决策的影响。

（5）国际生产折衷理论

邓宁在 1977 年撰写的《贸易、经济活动的区位与多国企业：一种折衷理论的探索》一文中提出了**国际生产折衷理论**（The Eclectic Theory of International Production）。邓宁认为，过去的各种国际直接投资理论都只是从某一个侧面进行研究，都有其片面性，未能全面地对国际直接投资的原因进行分析。于是，邓宁综合了以往的理论，认为企业从事国际直接投资由其所拥有的所有权优势、内部化优势和区位优势共同决定。

所有权优势（Ownership Specific Advantage）是指跨国企业拥有的某些有价值的、稀缺的、难以模仿的并嵌入组织中的海外资产，拥有所有权，能够增强企业的竞争优势，如高新设备、稀缺原材料等有形资产，管理经验、技术等无形资产。对外直接投资和对外证券投资都会产生所有权，而对外直接投资的特殊之处在于其产生的所有权优势是直接所有权优势，资产的所有权和控制权是一体的。相比之下，证券投资本质上仅代表很小的所有权，而且投资企业对该资产没有管理控制权。

产品进入海外市场的基本方式有出口、许可和对外直接投资。就这三种方式而言，大量出口可能会引起东道国的抗议，受到东道国相关政策的限制，部分企业可能因此主动或者被动地放弃出口。与许可相比，对外直接投资具有很多优点，能够更好地帮助企业实现所有权优势。具体来说，对外直接投资的优点可以概括为以下三个方面：

第一，对外直接投资能降低传播风险，即降低企业专有技术等被非正式传播的风险。如果一家海外企业向一家当地企业转让专利品的生产或营销权，那么这家企业会面临许多风险。当地企业或内部员工很可能对其关键内容进行传播或者当地企业不按照其预期目的使用该专利等。例如，必胜客在泰国的许可权就曾遭到泄露，当地一家名为“比萨”的公司应运而生，成了必胜客的直接竞争对手，并占据了泰国大部分市场。所以，对外直接投资在知识密集型、技术密集型等行业被广泛采用，如汽车、电子等行业。

第二，对外直接投资能严格控制海外企业的经营情况。相比对外直接投资，许可对海外企业的经营控制能力较弱，当地企业及员工可能不会按照提供许可的外国企业的意愿运营。没有对外直接投资所带来的控制权,海外企业很难控制和命令当地企业的运作,这不利于跨国企业全球战略目标的实现。例如,星巴克通过将其经营模式许可给 ESCO 公司而进入韩国市场,虽然 ESCO 很快就开设了 10 家分店,但是星巴克的管理者还是认为 ESCO 没有达到企业的增长目标,最后,星巴克将对韩国 ESCO 公司的许可转为对外直接投资,星巴克拥有了控制权后,在韩国的市场迅猛扩长。

第三,对外直接投资有利于企业通过"干中学"促进隐性知识的传播。即使当地企业及员工没有窃取企业秘密的企图,也愿意按照外国企业的意愿做事。但是,还要考虑到一种情况,有些知识如果不通过对外直接投资就难以转移给东道国。例如,沃尔玛的经营运作需要工人具备大量知识,这些知识一方面可以通过员工手册传达给员工,另一方面需要母公司的管理人员等进行传递,如企业文化等隐性知识需要员工边干边学。对于沃尔玛来说,这些隐性知识是沃尔玛重要的竞争优势,如果沃尔玛无法控制这些隐性知识的使用,那么沃尔玛也绝不会将这一知识许可另一家海外企业使用,所以,其只能通过对外直接投资的方式进入海外市场。

内部化优势(Internalization Advantage)是指一家企业通过把市场建立在企业内部,在两个或多个国家拥有取代外部市场关系的经济活动的优势。内部化优势可以降低企业经济活动的不确定性,避免外部市场不完全带来的高额交易成本;同时,内部化优势将企业的交易环节纳入企业统一管理,可以使企业更好地协调跨境活动。

区位优势(Location Specific Advantage)是指一家企业在特定地区开展业务所获得的优势。区位优势可以帮助跨国企业获得该市场准入的资格,获得便宜的生产要素,所以吸引着国际直接投资的进入。一般来说,一个国家企业区位优势的来源主要有两种:一种是"天然的地理优势",如上海拥有天然的洋山深水港、广阔的销售市场、政府的各种优惠投资政策、低廉的生产要素成本等;另一种是"积聚效应"带来的区位优势,即后天形成的区位优势。某些地区通过成为企业经济活动的聚集地而获得区位优势,如硅谷、中关村等,这些地区由于规模效应显著而具备很强的成本优势。

区位优势并不是每个地区都有,但企业往往需要在这种地区发展,那么企业应如何获取区位优势呢?企业获取区位优势或者抵消先行国的区位优势的方法主要是竞争和模仿。例如在汽车行业中,大众汽车是第一家进入中国的海外企业,随后,几乎所有国际汽车制造商模仿大众汽车的这一行为都进入了中国市场,各大汽车厂商在汽车性能以及营销手段上不断竞争,分享着"大众汽车"的"中国市场"。

国际生产折衷理论认为,企业拥有的所有权优势、内部化优势和区位优势共同导致了企业的对外直接投资行为。该理论全面解释了企业国际化经营的动因,具有较为普遍的适用性。但是国际生产折衷理论强调这三种优势对国际直接投资的共同决定作用,而忽略了这些因素之间的分立关系。例如,当东道国具有较强的区位优势时,没有什么特定优势的厂商可能也会在该东道国进行投资。

3.3.2 发展中国家的对外直接投资理论

自 20 世纪 70 年代以来,发展中国家的对外直接投资开始增加,但大多数发展中国家的跨国企业并不具备垄断优势论、产品生命周期论、边际产业扩张论、内部化理论和国际生产折衷理论中所提到的垄断或技术等优势。于是,一些学者开始从其他角度,依据发展中国家对外直接投资的现状,提出能够解释发展中国家对外直接投资行为的理论,主要有资本相对过度积累理论、竞争优势理论和投资发展阶段理论。

（1）资本相对过度积累理论

资本相对过度积累理论由苏联学者勃利兹提出。该理论将发展经济学中的“二元经济结构”理论运用于国际直接投资领域，认为发展中国家同时存在具有新技术的现代化工业部门和落后的传统农业部门，两者之间发展的不平衡性导致了个别行业资本短缺而其他行业资本过度积累的二元局面，因此，资本过度积累使得发展中国家的一些行业出现对外直接投资行为。

该理论解释了发展中国家由于部门或行业之间经济发展不平衡导致的对外直接投资，在一定程度上解释了发展中国家对外直接投资的原因。但是该理论没有分析发展中国家对外直接投资的动因与具体的投资方式。

（2）竞争优势理论

竞争优势理论由小规模技术理论、技术地方化理论和技术创新产业升级理论构成。这三个理论分别从不同的角度解释了发展中国家竞争优势的来源。

小规模技术理论认为，发展中国家跨国企业的比较优势主要来源于小规模生产技术。由于发展中国家国内市场容量有限，导致发达国家的生产技术无法从中获得规模收益，而发展中国家的企业恰恰可以通过开发满足小市场需求的技术而获得竞争优势。另外，发展中国家的竞争优势还源于原材料的当地采购，因为发展中国家外汇短缺，导致发展中国家的企业不得不积极寻求本国的廉价替代原材料，有了这种原材料后，发展中国家便可以获得该种产品的生产优势。此外，低价营销策略也是发展中国家竞争优势的重要来源，与发达国家的产品相比，发展中国家的产品更多采取低价策略进行营销，凭借物美价廉取胜。

技术地方化理论认为，发展中国家的企业完全可以通过对发达国家成熟技术的当地化改进，形成和发展自己特有的国际优势。当地化改进能促使发展中国家生产出更适合发展中国家市场需求的产品，甚至能开发出与名牌产品不同的差异化产品，进而获得对外直接投资的优势。

技术创新产业升级理论认为，发展中国家的企业主要是运用学习和组织能力，掌握和开发现有技术，并没有很强的研发能力。该理论的核心是发展中国家对外直接投资的产业和地理位置随时间不断变化，并且可以预测。在产业分布的发展上，发展中国家对外直接投资一般是从以自然资源开发为主的纵向一体化投资发展到以进口替代和出口导向为主的横向一体化投资；在地域分布上，发展中国家的投资遵循由周边国家向发展中国家再向发达国家发展的轨迹。当然，随着发展中国家工业化的深入，它们的产业结构逐步升级，对外直接投资也逐步进入复杂的技术领域。

（3）投资发展阶段理论

投资发展阶段理论是建立在国际生产折衷理论的基础上的。该理论的核心是发展中国家所处的经济发展阶段与该国所拥有的所有权优势、内部化优势和区位优势共同决定了该国的对外直接投资。

第一阶段是指发展中国家的人均 GDP 在 400 美元以下，此阶段受国内各种条件的限制，流入和流出发展中国家的投资均比较少。

第二阶段是人均 GDP 在 400～2 500 美元时，发展中国家的区位优势开始出现，此时这些国家对外直接投资的流入量开始增加，但这些资金主要是利用东道国低廉的原材料和劳动力，进行的是低技术水平的生产性投资，当地企业在该阶段还没有产生较强的所有权优势，不能克服进入国际市场的障碍，所以对外直接投资比较少。

第三阶段是人均 GDP 达到 2 500～4 000 美元时，该国的经济实力有了较大幅度的提高，企业的所有权优势和内部化优势大大增强，企业纷纷开始进行对外直接投资，但对外直接投资仍小于外来直接投资。

第四阶段是人均 GDP 达到 4 000 美元以上时，发展中国家的企业开始具备较强的所有权优势和内部化优势，并具备发现和利用外国区位优势的能力，这一时期是国际直接投资净流出的时期。

该理论补充和发展了国际生产折衷理论，将一国的经济发展水平与国际直接投资的发展趋势联系起来，对各个国家不同阶段的国际直接投资行为做出了较为全面的解释。

表 3 - 12　投资发展阶段论的四个阶段

阶　段	人均 GDP(美元)	FDI 特点
第一阶段	$x < 400$	流入和流出均较少
第二阶段	$400 \leqslant x \leqslant 2\,500$	区位优势开始出现，FDI 流入开始增加，而流出较少
第三阶段	$2\,500 \leqslant x \leqslant 4\,000$	所有权优势和区位优势增强，FDI 流入和流出均增加
第四阶段	$x > 4\,000$	所有权优势进一步增强，FDI 流出比流入多，呈现 FDI 净流出

3.4　对外直接投资的收益和成本

3.4.1　不同的政治观点

（1）激进的观点

激进派人士认为，跨国企业是帝国主义剥削东道国的工具，只为资本主义和帝国主义的母国带来利益。他们认为，跨国企业从东道国榨取利润并返还母国，并没有给予东道国任何有价值的东西作为交换，并使发展中国家对先进资本主义国家的投资、就业机会和技术产生了依赖。因此，按照这种观点，任何国家都不应该允许外国企业在本国从事国际直接投资活动，因为他们绝不会促进本国经济的发展。如果一国已经存在跨国企业，那么该国应该立即将其国有化。

这一观点曾在世界经济中具有非常大的影响力，尤其是在 20 世纪 40～80 年代，东欧、古巴、柬埔寨等都曾反对过国际直接投资，尤其是在非洲，许多国家独立之后的第一件事情就是将外国企业国有化。但是到了 20 世纪 80 年代末，这种观点几乎消退，原因在于当时持有这种激进观点的国家的经济普遍极度糟糕，相反，一些奉行资本主义而不是激进主义的发展中国家和地区如新加坡、中国台湾、中国香港等的经济取得了很大的发展，这使得越来越多的国家开始相信外来直接投资是技术和就业的重要源泉，能够刺激经济增长。

（2）自由市场观点

自由市场观点认为，国际化生产应该根据比较优势原理在各个国家之间进行分工。跨国企业的国际直接投资行为根据比较优势，将产品和服务分配到全球范围内最有效率的地点，提高了世界经济的整体效率。例如，戴尔将很多个人计算机的生产线从美国转移到墨西哥，以便利用墨西哥劳动力成本较低的比较优势。一方面，由于墨西哥劳动力成本比较低，在组装计算机方面具有比较优势，戴尔可利用墨西哥廉价的劳动力进行生产从而降低成本；另一方面，计算机生产成本的下降增加了消费者的利益。自由市场强调这种国际直接投资对于东道国和母国均有好处。

(3) 实用民族主义

实际上，许多国家对国际直接投资既没有采用激进的政策，也没有采取自由市场的政策，而是实施一种可以称之为实用民族主义的政策。实用民族主义认为，国际直接投资有利有弊，其可以为东道国带来资金、技能、技术和就业机会，但是这些利益的获取需要东道国付出一些代价。由于实用民族主义者意识到这一情况，因此他们主张，只有当企业的效益大于成本时，才能进行国际直接投资。例如，英国采用减税补助等方式吸引日本汽车工业的投资，虽然这给英国的环境带来了压力，但是建立在英国的汽车制造厂一方面可以增加英国当地的就业，另一方面可以通过汽车的出口来改善英国的国际收支。

在国际直接投资方面，许多国家的政府可以被视为实用民族主义者，他们制定的国际直接投资政策在很大程度上受国际直接投资的收益和成本的影响。

3.4.2 东道国的收益

对于东道国而言，首先，对外直接投资带来了大量资本，可以改善东道国的国际收支。其次，对外直接投资可以带来先进的技术，有利于东道国的技术进步。例如，格兰仕的发展之路就是一条“学习——吸收——再创造”之路。格兰仕曾是“世界工厂”，为跨国企业进行贴牌生产，但在这一过程中，格兰仕不断学习、消化、吸收国际先进技术和经验，目前，格兰仕已经不再是“世界工厂”，而是全面掌握微波炉、空调等核心技术的企业。再次，对外直接投资可以为东道国带来先进的管理经验，无论是新建还是并购，受过最新管理技能培训的外国工作人员往往有助于提高东道国企业的经营效率。此外，对外直接投资还可以为东道国带来原来没有的就业机会。统计数据表明，在爱尔兰从事制造业的当地人中，超过 50%就职于跨国企业。

3.4.3 东道国的成本

首先，在对外直接投资的过程中，东道国面临丧失主权的威胁，由于东道国政府对跨国企业没有实际的控制力，外国母公司可能为了自身利益而做出不利于东道国经济发展的决策。其次，跨国企业对东道国的投资可能会引发东道国行业内部的负面竞争。一般来说，新设投资会促进东道国当地的竞争，但并购往往会降低市场的竞争水平，减少消费者的选择。例如，可口可乐和百事可乐在全球化扩张的过程中，并购了世界上大多数的本土饮料企业，使得很多民族品牌在市场上消失。所以，跨国企业的这种竞争行为难免会引发东道国的担忧。再次，当跨国企业将在东道国赚取的利润汇回母公司或者从母国大量进口原材料时，东道国的国际收支会表现为资金的净流出，这种资金流动不利于东道国维持国际收支的平衡。

3.4.4 母国的收益

首先，当国外子公司汇回利润时，母国的国际收支会得到改善，如果子公司对母国的产品有需求，也可以促进和改善母国的国际收支。其次，对外直接投资可以为母国创造就业机会，增加母国对高级管理人员的需求，当国外的子公司对母国的产品产生大量需求时，就能够促进母国相关行业的就业。再次，跨国企业身处国外市场，海外工作人员在学到有价值的技能之后，可以将这种技能转移回母国，促进母国经营管理等方面效率的提高，这种现象被称为逆向的资源转移效应。

3.4.5 母国的成本

首先，母国对外直接投资造成资本外流，不利于母国国际收支的改善。其次，如果对外直接投资是为母国寻找低成本的生产地点，降低母国的出口贸易，这对母国的国际收支会产生不利影响。再次，虽然许多跨国企业通过在海外建立生产基地的方式可以获取国外资源，但是也削减了国内的生产，从而导致了国内相关工作岗位的流失，给母国带来了很大的成本。例如，美国工会反对美国与墨西哥、加拿大签订自由贸易协议的主要理由就是利用墨西哥、加拿大廉价的劳动力生产产品会造成大量美国本土就业岗位的流失。

表 3-13　东道国与母国的收益和成本

国　家	收　益	成　本
东道国	① 资本 ② 技术 ③ 管理 ④ 就业	① 丧失主权 ② 引发竞争 ③ 资本外流
母　国	① 盈利 ② 就业 ③ 向海外学习	① 资本外流 ② 工作岗位流失

3.5 国际直接投资相关的政策工具

出于国家利益的考虑，东道国和母国对对外直接投资的态度表现为鼓励和限制两种，各国政府通常会采取财政、金融等政策措施来鼓励或者限制本国的国际直接投资行为。

3.5.1 东道国的政策工具

(1) 鼓励外来直接投资

为更好地吸引外资和促进对外贸易，目前世界上大多数国家和地区已经设立了**经济特区**(Economic Zone)。经济特区是指一个国家或地区在其管辖的地域内划出一定非关境的地理范围，实施特殊的经济政策，是一国实行对外开放政策和鼓励扩大出口的一项重要政策。经济特区往往具有开放的投资环境、一定的基础设施、良好的社会经济和自然条件。实践证明，经济特区对一国吸引外资、扩大贸易、开放经济和提高技术水平起到了巨大的促进作用。例如，中国改革“试验田”深圳——2018 年深圳出口 1.63 万亿元，连续 26 年居内地大中城市首位，截至 2017 年年底，在深圳投资的世界 500 强企业累计已达 280 家。

东道国政府鼓励外来直接投资常见的方法有减免企业税收、为企业提供低息贷款、资助或补贴。具体来说，税收减免是指东道国通过降低甚至取消经营收入税费的方式吸引外国直接投资。例如，著名的避税天堂“英属马恩岛”为吸引更多金融服务类企业落户，自 2006 年 4 月起实行企业税零税率政策，对大部分行业免征企业税，只对银行业和在马恩岛经营的房地产征收 10%的企业税，这一举措吸引了大批跨国企业。有的东道国政府也会为投资企业提供低息贷款、资助或者补贴，来鼓励外来直接投资。例如，新加坡政府规定，对有利于促进产业发展的投资项目，如计算机、飞机零部件、彩色显像管等可获得长期低利率的补贴性贷款；加纳政府对出口加工区的建筑和设备投资给予资本津贴，并且保证不对出口加工区的企业实行征收或国有化；墨西哥政府对出口加工区的企业提供了有关外汇波动的政府保证；等等。

（2）限制外来直接投资

当限制外来直接投资时，东道国最常采用的方式是所有权限制和运作限制。所有权限制是指一些国家不允许外国企业在某些特定领域进行生产，如瑞典禁止外国企业进入烟草和采矿业，巴西、芬兰限制外国企业参与某些自然资源的开发等。运作限制是指东道国对跨国企业的行为进行控制。运作限制有多种形式，其中最常见的涉及产品的国产化程度、出口量、技术转移以及当地居民参与高层管理等方面的内容。例如，中国的“国产化政策”要求外商投资企业购买一定数量的当地产品作为生产投入；合资企业生产的产品中，属于中国应急进口的，应以中国市场为主进行销售。

3.5.2 母国的政策工具

（1）鼓励对外直接投资

母国鼓励对外直接投资的政策包括政府支持的保险计划。该计划用于涵盖各种主要的对外直接投资风险。企业可投保的风险类型包括子公司被东道国征用、战争、无法将利润转移等。这一计划鼓励了企业向政治不稳定国家进行投资的行为。一些发达国家还设有专项基金混合银行，向有意在发展中国家投资的企业提供政府贷款。日本为了促进与海外的经济合作，在1961年成立了海外经济协力基金，主要负责日本政府的海外援助计划，并为日本出口提供低息贷款，主要的业务对象是东南亚国家和其他的发展中国家。许多国家为进一步鼓励国内企业从事国际直接投资，已经取消了对企业国外收入的双重征税。有些投资国还利用其政治影响力说服东道国对外来直接投资放松管制，为国内企业争取较好的投资环境。

（2）限制对外直接投资

母国为了维护自身利益，也会出台一些限制投资的措施。为了维护本国的国际收支，母国通常会限制跨国企业的资本流出。例如20世纪60年代，英国为了改善国际收支开始实施外汇管制，限制企业转出资本的数量。同时，母国也会对本国企业采取税收优惠政策，以鼓励企业在本国投资，创造国内就业机会。英国曾经利用企业税法对本国企业的国外收益征收更高的税率，以反向刺激英国企业在本国的投资。

总之，东道国和母国的政府在经济活动中采取各种措施鼓励或者限制外来直接投资，根本目的都是改善本国的福利，提高本国企业在贸易中的“谈判能力”，促进本国企业的发展。

3.6 一个研究案例

董事会海归背景与对外直接投资的案例研究

3.6.1 研究背景

海普曼、梅利茨和耶普尔在2014年的一篇文章中探究了企业如何在国内生产、出口和对外直接投资中进行选择。研究结果表明，只有生产率最高的企业才能进行FDI，因为这些企业在跨国经营中需要面临国家异质性(Country-specific)的固定成本(Fixed Costs)。关于如何降低这些固定成本，现有研究主要从企业异质性角度出发，探究企业的特性对 FDI 决策的影响，如企业规模、所有权结构、融资约束等。

然而，企业国际化战略决策由人决定，尤其是企业中的高管，因为他们负责营销和商业化活动，如与海外市场建立联系。所以，高管的特征对于企业而言十分重要。如果他们有杰出的能力，企业则能够克服国家异质性固定成本，从而进行海外投资。

在类似于中国的新兴市场国家中，企业高管的管理能力较弱，尤其缺少处理海外事务的经验，因此，有国际化背景的人将发挥更大的作用。该文就试图以中国数据为例，探究有国际化背景的高管对企业的国际直接投资行为的影响。

3.6.2 研究内容

在海普曼等(2014)理论模型的基础上引入高管海外背景，因为降低了投资的固定成本，所以通过模型推导初步得出有境外经验能够提高企业 OFDI 的概率。

基于国泰安经济金融数据库(CSMAR)中上市公司高管的背景资料，手动收集高管的海外背景，包括海外留学和海外工作的国家及地区，并将这类高管定义为有境外经验的人才。匹配中国商务部的企业对外直接投资数据，实证分析高管有境外经验对企业对外直接投资决策的影响。

图 3-9 和图 3-10 表明，随着时间的推移，拥有海外高管背景的企业和参与对外直接投资的企业的数据均呈现增加的趋势。通过变量的描述性统计可以看出，随着时间的推移，企业的数目呈现上升趋势。有海外高管背景的企业数目逐年增加，这些企业对外直接投资的比例在不断上升；不具有海外高管背景的企业数目也在逐年增加，但是这些企业对外直接投资比例的上升速度要慢于有海外高管背景的企业。

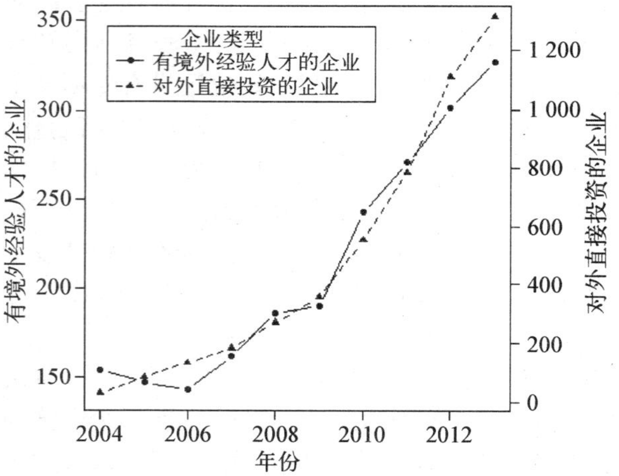

图 3-9 对外直接投资企业数量的变化趋势

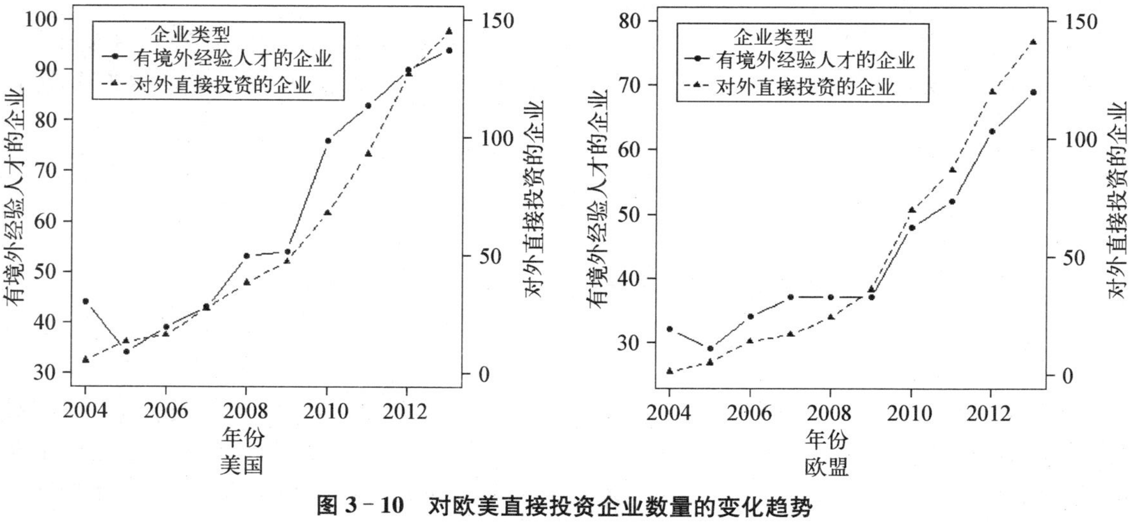

图 3-10 对欧美直接投资企业数量的变化趋势

通过双变量检验(如表 3 - 14 和表 3 - 15 所示),发现企业是否有海外高管背景对企业的投资行为产生了影响。

表 3 - 14　　双变量检验- 1

年　份	有海外高管背景的企业		不具有海外高管背景的企业	
	企业数量	对外直接投资企业占比(%)	企业数量	对外直接投资企业占比(%)
2004	154	1.30	147 943	0.02
2005	147	0.68	150 279	0.05
2006	143	2.10	138 501	0.09
2007	162	3.70	157 251	0.11
2008	186	6.99	175 722	0.15
2009	190	7.89	164 073	0.21
2010	243	7.82	194 297	0.28
2011	271	13.65	217 011	0.34
2012	302	16.89	233 557	0.45
2013	327	18.65	239 423	0.52
总　计	2 125	9.79	1 818 057	0.25

表 3 - 15　　双变量检验- 2

年　份	对外直接投资企业占比(均值检验)		
	有海外高管背景的企业	不具有海外高管背景的企业	差　别
2004	0.013 0	0.000 2	0.012 8***
2005	0.006 8	0.000 5	0.006 3***
2006	0.021 0	0.000 9	0.020 1***
2007	0.037 0	0.001 1	0.035 9***
2008	0.069 9	0.001 5	0.068 4***
2009	0.078 9	0.002 1	0.076 9***
2010	0.078 2	0.002 8	0.075 4***
2011	0.136 5	0.003 4	0.133 0***
2012	0.168 9	0.004 5	0.164 3***
2013	0.186 5	0.005 2	0.181 3***
总　计	0.097 9	0.002 5	0.095 3***

通过回归结果(如表 3-16 所示)可以看出,拥有海外高管背景的企业更倾向于对外直接投资,且更倾向于投资与海外高管背景一致的国家。

表 3-16 **基础回归结果**

项　目	是否进行对外直接投资		对外直接投资数量	
	①	②	③	④
境外经验	**0.061 0***** (0.012)	**0.061 0***** (0.012)	**0.044 4***** (0.009)	**0.044 4***** (0.009)
企业规模		0.001 4*** (0.000)		0.001 1*** (0.000)
资产负债率		0.000 4** (0.000)		0.000 3** (0.000)
企业成立时长		0.006 5*** (0.001)		0.004 8*** (0.001)
全要素生产率		0.000 2 (0.000)		0.000 1 (0.000)
是否为民营企业		−0.000 6* (0.000)		−0.000 5* (0.000)
股权集中度		−0.004 4*** (0.001)		−0.003 7*** (0.001)
董事会规模		−0.000 7 (0.001)		−0.000 5 (0.000)
同时任职多家上市公司的董事比例		0.002 0** (0.001)		0.001 7** (0.001)
独立董事占比		0.002 3 (0.002)		0.001 8 (0.001)
CEO 是否同时担任董事		−0.000 2 (0.000)		−0.000 2 (0.000)
企业固定效应	是	是	是	是
国家-年份固定效应	是	是	是	是
观测值	1 820 182	1 820 182	1 820 182	1 820 182
R^2	0.070	0.070	0.068	0.068

3.6.3 结论

高管境外经验能够提高企业对外直接投资的可能性。高管境外经验越丰富,其所在企业投资的东道国和其海外工作学习所在地重合的概率越高。

研究检验进一步发现,这类高管通过给企业提供有效信息来降低投资的固定成本,从而提高投资概率,表现为当投资东道国和高管海外背景来源国相同时,其作用更显著,然而当国家不同时,则表现出**转移效应**(Diversion Effects)。此外,境外经验的作用在国内民营企业以及生产率较低的企业作用更显著。

本章总结

本章讨论了国际直接投资的现状和发展趋势，使读者了解到跨国企业的对外直接投资对国际直接投资的发展起到了重要的推动作用。国际直接投资的方式可以分为对外直接投资和对外证券投资两种，随后介绍了几种主要的国际直接投资理论，从不同的角度解释了一国进行国际直接投资的原因，并考察了不同国家（地区）对国际直接投资的看法以及政府制定的相关政策。

本章要点如下：

1. 国际直接投资流量指的是在一段时间里（通常是一年）发生的国际直接投资的数量。国际直接投资存量是指在某个时点上持有的外国资产的累计总量。流量强调的是一段时间，存量强调的是某个时刻；流量强调增量，存量强调总量。

2. 国际货币基金组织在其《国际收支手册》中将对外直接投资定义为："在投资人以外的国家（经济）所经营的企业中拥有持续利益的一种投资，其目的在于对该企业的经营管理具有有效的发言权。"同时，国际货币基金组织认为，当境内企业对境外企业资产拥有权的比例为10％～25％时，才视该境内企业对此境外企业的经营管理具有有效的发言权。

3. 对外直接投资强调的是直接、亲自管理海外资产。对外证券投资是一种"海外间接投资"，投资于一组海外证券。

4. 国际直接投资按照不同的划分标准可以分为多种类型，其中最常见的类型有绿地投资与跨国并购、水平型投资与垂直型投资。每种投资方式各有利弊，企业在选取投资方式时应综合考虑内外部环境。

5. 邓宁认为，企业的所有权优势、内部化优势和一国的区位优势共同决定了跨国企业对外直接投资的充分条件。一家企业所拥有的所有权优势越大，将其资产进行内部化使用的可能性就越大，从而在国外利用资产要比出口对企业的发展更有利，就越可能发展对外直接投资。

6. 决定一国是否进行对外直接投资的因素有很多，除了垄断优势论、产品生命周期论、内部化理论、比较优势论、国际生产折衷论、资本相对过度积累、竞争优势和投资发展阶段论等因素，企业高管具备海外背景也能显著促进企业的对外直接投资行为；另外，一国的意识形态也是决定政府是否进行对外直接投资的重要因素。

7. 国际直接投资对母国和东道国均有利有弊。对母国的益处包括国外收益的回流带来的国际收支的改善，企业扩大带来的就业效应以及资源的逆向转移带来的好处，但同样也给母国带来了资本外流和工作岗位流失的成本。对东道国的益处包括资本、技术、管理经验的流入以及就业岗位的增多，但同样也会引发东道国市场上的负面竞争，东道国还可能面临主权丧失、资本外流的风险。对此，母国和东道国均可采取政策以鼓励或者限制对外直接投资。

重要概念

1. **国际直接投资**也称"对外直接投资"（Foreign Direct Investment，FDI），是指一国投资者为实现持久利益而对本国之外的企业进行投资，并对该国外企业的经营管理实施有效影响和控制的经济活动。

2. **绿地投资**(Greenfield Investment)又称新建投资,是指跨国企业等国际投资主体在东道国境内按照东道国法律设立新的企业或工厂,形成新的经营单位或生产能力。

3. **跨国并购**(Merger and Acquisition, M&A),是指企业按照东道国的法规,通过一定的程序和渠道,购买另一家现有企业的股权,取得其部分或全部所有权,进而参加或控制该企业经营的行为。

4. **溢出效应**(Spillover Effect),是指一个组织在进行某项活动时,不仅会产生活动所预期的效果,而且会对组织之外的人或社会产生的影响。

5. **兼并**(Merger)又称吸收合并,是指两家或者更多独立企业合并组成一家企业,通常由一家占优势的企业吸收另一家或者多家企业。

6. **收购**(Acquisition),是指一家企业用现金或者有价证券购买另一家企业的股票或者资产,从而获得对该企业的全部资产或某项资产的所有权或者取得该企业的控制权。

7. **垄断优势论**(The Theory of Monopolistic Advantage),是指企业在不完全市场中可以获得四种垄断优势,即生产要素垄断优势、规模经济优势、由政府限制带来的优势和产品市场的垄断优势,这些垄断优势使企业抵消国外经营的种种不利而处于有利地位。

8. **国际生产折衷理论**(The Eclectic Theory of International Production)认为,企业从事国际直接投资由其所拥有的所有权优势(Ownership Specific Advantage)、内部化优势(Internalization Advantage)和区位优势(Location Specific Advantage)共同决定。

复习与思考

1. 外资的进入是一把"双刃剑",在带来技术、管理和竞争的同时,也有可能通过合资、收购等形式渗透民族企业,影响民族企业的持续发展。以中国为例,中国的一批民族品牌已被外资企业收入囊中,如大宝在2008年被美国强生并购,徐福记在2011年被瑞士雀巢并购。请站在不同的角度谈一谈这种现象究竟是国际直接投资的成功还是失败;探究母国、东道国与跨国企业之间还存在哪些方面的利益冲突,应如何平衡。

2. 联合国贸易和发展会议发布的《2019年世界投资报告》显示,全球外商直接投资连续3年下降,其中,欧洲2018年FDI的流入量降幅最大。另外,全球前二十大外资流入目的地中,半数为发展中经济体及转型经济体,发展中经济体吸收全球FDI的比重升至54%,创历史新高。试探究近几年导致国际直接投资下降的因素,以及发展中经济体吸引外资的优势有哪些。

3. 2018年,我国对外直接投资与外来直接投资均为世界第二,是名副其实的国际直接投资大国,资金大多流向制造业、信息传输/软件和信息技术等服务业;与此同时,房地产、体育和娱乐业对外投资没有新增项目,对外投资结构持续优化。试查阅相关资料,总结促进我国对外直接投资结构优化的因素。同样,在吸引外来直接投资方面,思考我国可以采取哪些措施来提高资金质量。

第四章

外 汇 市 场

学习目标

- 了解全球主要的外汇市场、外汇市场的特征、外汇市场的参与者。
- 理解外汇市场存在的意义。
- 认识汇率的基本定义。
- 对外汇市场的交易方式有初步的了解。
- 认识外汇市场的变化对企业的经营和财务所产生的影响。

引入案例

2004 年 1 月，大众公司宣布其 2003 年第四季度的利润从 10.5 亿欧元下降到 5 000 万欧元，降幅达 95%。利润急剧下降的原因中，有一点值得关注，那就是欧元对美元的汇率在 2003 年大幅上升，而大众公司只对 30%的外汇风险敞口进行了套期保值。据有关方面估计，由于美元汇率的上升导致的汇兑损失使大众公司的营业利润总共下降了大约 12 亿欧元。自 1999 年 1 月 1 日欧元启动以来，欧元对美元的汇率一直波动很大，1999 年年初欧元对美元的汇率为 1 欧元＝1.17 美元，而到 2000 年 10 月，该汇率就跌到了 1 欧元＝0.83 美元。虽然 2002 年年末欧元汇率有所恢复，达到了 1 欧元＝1.00 美元，但市场普遍预期欧元汇率会下跌。结果 2003 年年末，汇率上升到了 1 欧元＝1.25 美元。大众公司在德国生产汽车并向美国出口，2003 年美元对欧元汇率的下降给其带来了灾难。大众公司本来应该在 2002 年年末通过外汇市场按大约 1 美元＝1 欧元的汇率购买远期合约，这样才能规避汇率变动带来的不利影响。

4.1 外汇市场的定义

外汇(Foreign Exchange，FOREX)是指外国的货币，具体包括外币银行余额、纸币、支票和汇票。**外汇市场**(Foreign Exchange Market)是一个专门从事外汇交易的市场。**外汇交易**(Foreign Exchange Transaction)是买方和卖方之间的协议，是一种将一定量的某国货币以特定的比率转换为其他国家货币的交易。简单来说，外汇市场就是将一个国家的货币兑换成另一个国家货币的市场。

外汇市场可以按不同的分类标准来划分：

① 按交易主体的不同，外汇市场可分为外汇批发市场和外汇零售市场。外汇批发市场是指银行同业间的外汇交易行为及其场所，每笔交易的最低金额为 100 万美元。外汇零售市场

是指银行与一般客户的外汇交易行为及其场所。

② 按市场组织形式的不同,外汇市场可分为有形外汇市场和无形外汇市场。有形外汇市场是指有固定营业场所的外汇市场,有既定的交易时间和交易规则,比较典型的有巴黎、法兰克福、布鲁塞尔、阿姆斯特丹外汇市场等。目前,有形外汇市场正在逐步被无形外汇市场所取代。无形外汇市场是指无具体交易场所的外汇市场,最初流行于英国和美国,现在已成为外汇市场的主要形式。

③ 按政府对外汇市场是否干预,外汇市场可分为官方外汇市场和自由外汇市场。官方外汇市场是指按照所在国政府外汇管理机构规定的官方汇率进行交易的市场。自由外汇市场是指不受政府控制,按照市场供求变化形成的汇率进行交易的市场。按外汇交易的不同特征,外汇市场可分为即期外汇市场、远期外汇市场、外汇期货市场和外汇期权市场。其中,交易量最大的是远期外汇市场。

4.2 全球主要的外汇市场

全球主要的外汇市场包括伦敦、纽约、东京、悉尼、巴黎外汇市场等。影响力最大的是**伦敦外汇市场**。这是一个非常典型的无形市场,即没有固定的交易场所,只是通过电话、电传、电报完成外汇交易。伦敦外汇市场一直是全球最大的外汇市场,交易货币几乎包括所有的可兑换货币,其中规模最大的是英镑对美元的交易,其次是英镑对欧元和日元的交易。伦敦外汇市场的交易时间为北京时间 15:30～23:30(夏令时)、16:30～00:30(冬令时)。

随着英国在金融领域地位的逐渐下降,作为主要货币的英镑开始变得疲软,那为什么世界上最主要的外汇市场仍然是伦敦,而且其外汇交易量占据世界的 30%以上,远远超越其他国家呢？首先,伦敦地处世界时区的中心,在其营业时间内,可以与世界其他重要的外汇市场沟通。在早上,伦敦外汇市场的交易员可以与东京通话 1 个小时;此时的中东正好是上午 11 点 30 分,纽约/芝加哥是下午 1 点 30 分,洛杉矶/旧金山是下午 4 点 30 分。其次,伦敦成为全球主要金融中心的历史悠久,那里有众多进行外汇交易的外资银行,且拥有国际性外汇交易的基础配套,包括会计师事务所、律师事务所及专业印刷机构等。伦敦在外汇市场中的传统地位来源于它不推崇贸易保护主义,使得整个欧洲的外汇交易业务和外资银行职员向伦敦汇聚。最后,英语是外汇交易中使用的主要语言,这使得伦敦比巴黎和法兰克福更有优势,因为这两座城市都坚持在外汇交易中使用自己国家的语言。

全球第二大外汇市场是**纽约外汇市场**,这里的外汇交易完全是通过现代化的通信和电子计算机进行的。虽然美国没有外汇管制,几乎所有美国银行和金融机构都可以经营外汇业务,但纽约的外汇市场参加者仍然以商业银行为主。纽约的交易非常活跃,且投机交易占很大比例,实际上更像是一个金融外汇市场。全球 50%以上的美元交易是通过纽约市场的系统进行银行清算的。其交易时间为北京时间 20:30～03:00(夏令时)、21:20～04:00(冬令时)。

东京外汇市场也是一个无形的交易市场,包括银行同业的交易,以及通过经纪人进行的交易。但是其交易品种较单一,东京外汇市场 90%以上是日元对美元的买卖,日元对其他货币的交易较少。日本作为出口大国,进口贸易收付较为集中,所以比较容易受干扰。其交易时间为北京时间 08:00～14:30。

悉尼外汇市场作为每天全球最早开市的外汇交易市场之一,其交易时间为北京时间 07:00～15:00(夏令时)、06:00～14:00(冬令时),通常市场上汇率波动较小,交易品种以澳元、新西兰元和美元为主。

巴黎外汇市场比较有特点，是有形市场和无形市场的结合。有形市场就是在巴黎交易所进行的外汇交易，类似中国的证券市场，有一小部分外汇交易在巴黎交易所进行，但现在大部分外汇交易是在交易所外进行的；或者是交易双方通过电话网络直接进行买卖，或者是通过经纪人进行。巴黎外汇市场交易的主要品种是美元对英镑和欧元。

4.3 外汇市场的特征

(1) 外汇市场是有市无场的

存在这样的交易市场，在大部分情况下并没有固定的场地，更像是银行、经纪商和外汇交易商之间通过现代化通信设备连接起来的全球网络。正因为外汇市场“有市无场”，所以具备信息公开、传递迅速的特点。

(2) 外汇市场横跨时空，永不休眠

前面介绍了全球主要的外汇市场，可以看到它们的地理位置各不相同，因为时差的关系，外汇市场昼夜不停，可以保持全天 24 小时连续运作。惠灵顿、悉尼、东京、中国香港、法兰克福、伦敦、纽约等各大外汇市场紧密联系，为投资者提供了没有时间和空间障碍的理想投资场所。全球外汇市场就这样互相链接，在时间和空间上形成了一个统一的整体。

表 4-1 展示了全球主要外汇市场的交易时间，其中，10 月 1 日至 4 月 1 日采用的是冬令时，4 月 1 日至 10 月 1 日则采用夏令时。可以看到，全球主要外汇市场横跨各大洲，在交易时间上无缝对接，保持外汇市场 24 小时运作不停止。

表 4-1　　全球主要外汇市场交易时间一览表

地　区	市　场	当地时间（开盘～收盘）	10 月 1 日～4 月 1 日（冬令时）	4 月 1 日～10 月 1 日（夏令时）
			北京时间（开盘～收盘）	
大洋洲	惠灵顿	09:00～17:00	04:00～12:00	05:00～13:00
	悉　尼	09:00～17:00	06:00～14:00	07:00～15:00
亚　洲	东　京	09:00～15:30	08:00～14:30	
	中国香港	09:00～16:00	09:00～16:00	
	新加坡	09:30～16:30	09:30～16:30	
欧　洲	法兰克福	09:00～16:00	16:00～23:00	15:00～22:00
	苏黎世	09:00～16:00	16:00～23:00	15:00～22:00
	巴　黎	09:00～16:00	16:00～23:00	15:00～22:00
	伦　敦	09:30～16:30	17:30～00:30	16:30～23:30
北美洲	纽　约	08:30～15:00	21:00～04:00	20:00～03:00
	芝加哥	08:30～15:00	22:00～05:00	21:00～04:00

数据来源：国际清算银行。

国际清算银行每 3 年一度的外汇与衍生工具市场成交额调查结果显示，截至 2016 年 4 月，外汇市场活动愈发集中在主要交易中心，英国（主要为伦敦）、美国（主要为纽约）、东京、中国香港和新加坡这五大交易中心所占份额从 3 年前的 75%升至 77%。其中，伦敦遥遥领先，仍为全球外汇交易中心之首，但其市场份额从 3 年前的 41%降至 37%；而亚洲三大交易中心——东京、中国香港和新加坡的合计市场份额从 15%跳增至 21%；美国的份额为 19%，相对持稳。

图 4－1 展示了外汇市场每小时平均交易量在一天中的波动情况，采用的是格林尼治标准时间，比北京时间慢 8 个小时。全球外汇市场在北京时间下午 3 点，也就是图 4－1 中的上午 7 点开始，交易量明显变大，这是因为北京时间上午开市的东京、悉尼外汇市场交易量稍小一点，而下午开市的伦敦外汇市场交易量大，同时北京时间晚上 9 点，也就是图 4－1 中的下午 1 点纽约市场开盘后，两大外汇市场叠加，又迎来了一次外汇小时交易量的峰值。

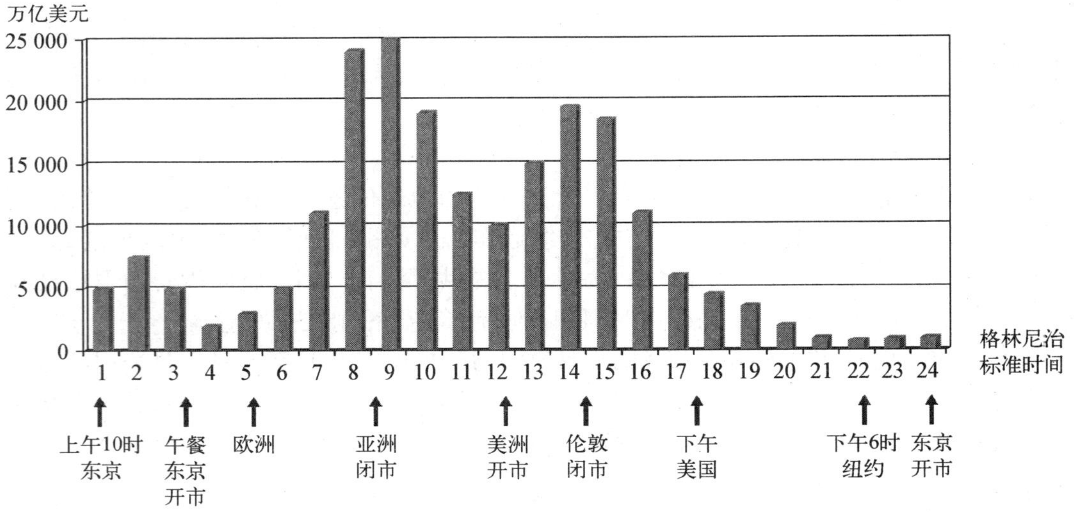

数据来源：纽约联储. 美国的外汇市场[R/OL]. www. ny. frb. org,2001.

图 4－1　外汇市场每小时平均交易量

（3）外汇市场规模巨大

外汇市场是世界上规模最大的金融交易市场。据国际清算银行的调查数据，截至 2016 年 4 月，全球外汇市场日均交易量达到 5.1 万亿美元，交易量是全球 GDP 的 4 倍，较期货市场大 12 倍，较股票市场大 27 倍，较纽约证券交易所大 53 倍。可以看到，外汇市场的规模已远远超过股票、期货等其他金融商品市场，财富转移的规模越来越大，速度也越来越快。

（4）交易成本低

大部分外汇交易平台不收取佣金或手续费，而只设定点差作为交易成本，相对而言，成本较为低廉。以欧元兑美元为例，假设买入价是 1.439 0，卖出价是 1.439 3，买卖价之间有 3 点的点差。如果这时你要买入欧元，将在 1.439 3 成交，盈亏将显示 3 点，即－30 美元（3×10＝30 美元，欧元兑美元的点值为 10 美元）的亏损值。这 30 美元的亏损可以看成建仓的成本。点差实际上就是交易成本，在外汇市场交易中，这几乎是唯一的交易成本，相当于股票交易中券商所收取的交易手续费。目前，国外正规保证金交易商的报价点差在 5 点左右，中国香港为 6～8 点，国内银行实盘交易在 5～40 点，交易量大的会有点差优惠。

前面介绍了全球外汇市场交易最密集的时间段为纽约和伦敦市场同时进行的时间。如果一个交易员每天只想投入 1 个小时的时间做外汇交易，那最好的交易时间是什么时候呢？实际上可以在晚上 9 点 30 分到 12 点 30 分之间选择 1 个小时，这段时间效率高，机会也比较多；同时，这个时间段也是美国很多经济指标发布的时候；而且晚上汇率波动会比较大，容量发现交易机会。

4.4 外汇市场的参与者

表 4-2 显示的是来自国际清算银行官网的 2007 年至 2016 年世界外汇交易参与方的占比情况。可以看到，2016 年在全球外汇市场中，申报交易商(Reporting Dealers)之间的交易占到市场份额的 26%，其他金融机构的交易占到市场份额的 66%，而非金融机构的客户只有 8%，这意味着进出口商的外汇使用量其实要小于 8%。

表 4-2　　2007～2016 年世界外汇交易参与方占比　　数量单位：十亿美元

机构/交易对方	2007 年		2010 年		2013 年		2016 年	
	数量	%	数量	%	数量	%	数量	%
总　计	1 686	100	2 054	100	2 311	100	2 677	100
与申报交易商	800	47	896	44	786	34	693	26
与其他金融机构	747	44	937	46	1 352	59	1 772	66
与非金融机构客户	136	8	221	11	169	7	210	8
本地	564	33	756	37	1 059	46	890	33
跨境	1 120	66	1 298	63	1 248	54	1 785	67

注：理论上，总计＝与申报交易商＋与其他金融机构＋与非金融机构＝本地＋跨境，由于统计误差等原因，有部分交易可能统计时没有被分类，导致总计数略大于分类汇总总和(与申报交易商＋与其他金融机构＋与非金融机构/本地＋跨境)。

数据来源：国际清算银行。

外汇市场的参与者包括外汇银行、外汇经纪商、外汇银行的客户、外汇投机者、中央银行以及其他外汇管理机构。

4.4.1 外汇银行

外汇银行，是指根据外汇法由中央银行指定可以经营外汇业务的商业银行或其他金融机构。外汇银行大致可以分为三类：专营或兼营外汇业务的本国商业银行，如招商银行股份有限公司；在本国的外国商业银行分行，如美国银行有限公司上海分行；本国与外国的合资银行，如厦门国际银行以及经营外汇业务的其他金融机构。

我国银行间外汇市场采取做市商制度和即期询价交易方式。所谓“做市商”，就是指经外汇局核准，在我国银行间外汇市场进行人民币与外币交易时，承担向市场会员持续提供买卖价格义务的银行间外汇市场会员。那么，持有做市商资格有什么作用呢？以中国银行为例，这是国家指定的外汇专业银行，拥有即期做市商和远期做市商资格。中国银行可以适度扩大结售汇综合头寸区间，实行较灵活的头寸管理；可以向中国人民银行申请外汇一级交易商的资格；具有参与外汇市场新业务试点的优先权。

银行间外汇市场做市商分为即期做市商、远期掉期做市商和综合做市商。即期做市商是指在银行间即期竞价和询价外汇市场上做市的银行。远期掉期做市商是指在银行间远期、外汇掉期和货币掉期市场做市的银行。综合做市商是指在即期、远期、外汇掉期和货币掉期等各外汇市场做市的银行。截至 2019 年 5 月，我国银行间外汇市场共拥有 30 家即期做市商、26 家远期掉期做市商，包括四大国有商业银行和交通银行等全国性的股份制商业银行，以及具有外汇经营资格的外资银行在华分支机构和各地方商业银行等。表 4-3 显示的是中国外汇交易中心披露的最新人民币外汇即期做市商名单，其中，2019 年 5 月 10 日公告美国银行上海分行、东方汇理银行和法国兴业银行这三家正式做市商被降为即期尝试做市机构，新增了三井住友银行；同时新增了 3 家远期掉期做市商机构，分别为南京银行、浙商银行和中国光大银行。与旧名单相比，美国银行上海分行、渣打银行和蒙特利尔银行 3 家机构被降为远期掉期尝试做市机构。表 4－4 是调整后的远期掉期做市商名单。

表 4－3　　人民币外汇即期做市商

序号	机构	英文简称	序号	机构	英文简称
1	中国工商银行股份有限公司	ICBC	17	南京银行股份有限公司	NJCB
2	中国农业银行股份有限公司	ABCI	18	宁波银行股份有限公司	NBCB
3	中国银行股份有限公司	BCHO	19	法国巴黎银行（中国）有限公司	BNPC
4	中国建设银行股份有限公司	CCBH	20	上海浦东发展银行	SPDB
5	交通银行股份有限公司	BCOH	21	星展银行（中国）有限公司	DBSC
6	中信银行股份有限公司	CTIB	22	汇丰银行（中国）有限公司	HKSH
7	招商银行股份有限公司	CMHO	23	蒙特利尔银行（中国）有限公司	BMCN
8	中国光大银行股份有限公司	EBBC	24	花旗银行（中国）有限公司	CTSH
9	华夏银行股份有限公司	HXBJ	25	渣打银行（中国）有限公司	SCCN
10	广发银行股份有限公司	DEVE	26	摩根大通银行（中国）有限公司	JPSH
11	平安银行股份有限公司	DESZ	27	三井住友银行（中国）有限公司	SMSH
12	兴业银行股份有限公司	IBCN	28	德意志银行（中国）有限公司	DBSH
13	中国民生银行股份有限公司	CMSB	29	瑞穗银行（中国）有限公司	MHSH
14	国家开发银行	CDBB	30	三菱日联银行（中国）有限公司	TMSH
15	中国邮政储蓄银行股份有限公司	PSBC			
16	上海银行股份有限公司	BKSH			

数据来源：中国外汇交易中心。

表 4－4　　人民币外汇远期掉期做市商名单

序号	机构	英文简称	序号	机构	英文简称
1	中国工商银行股份有限公司	ICBC	9	华夏银行股份有限公司	HXBJ
2	中国农业银行股份有限公司	ABCI	10	广发银行股份有限公司	DEVE
3	中国银行股份有限公司	BCHO	11	平安银行股份有限公司	DESZ
4	中国建设银行股份有限公司	CCBH	12	兴业银行股份有限公司	IBCN
5	交通银行股份有限公司	BCOH	13	中国民生银行股份有限公司	CMSB
6	中信银行股份有限公司	CTIB	14	浙商银行股份有限公司	CZSB
7	招商银行股份有限公司	CMHO	15	中国进出口银行	EIBC
8	中国光大银行股份有限公司	EBBC	16	国家开发银行	CDBB

续表

序号	机　　构	英文简称	序号	机　　构	英文简称
17	中国邮政储蓄银行股份有限公司	PSBC	22	星展银行(中国)有限公司	DBSC
			23	汇丰银行(中国)有限公司	HKSH
18	南京银行股份有限公司	NJCB	24	花旗银行(中国)有限公司	CTSH
19	宁波银行股份有限公司	NBCB	25	摩根大通银行(中国)有限公司	JPSH
20	法国巴黎银行(中国)有限公司	BNPC	26	瑞穗银行(中国)有限公司	MHSH
21	上海浦东发展银行	SPDB	27	三菱日联银行(中国)有限公司	TMSH

数据来源：中国外汇交易中心。

外汇银行的业务收入一般来自批发业务和零售业务。**零售业务**(Retail)是指银行与客户之间的交易，具体包括银行应客户的要求进行外汇买卖，并收兑不同国家的货币现钞等业务。在生活中，如果需要兑换外币，肯定会优先考虑去中国银行，因为其供兑换的外汇币种较多、额度较大、费用较低，而且一般不需要提前预约。这种兑换外币的行为就属于零售业务。**批发业务**(Wholesale)是指银行同业间交易，主要表现为银行在同业市场上进行的轧差买卖。因为在银行为客户提供外汇买卖的过程中存在外汇头寸的多头或空头，为了规避外汇风险，就需要轧平头寸。其交易额占总交易额的95%以上。

据2014年美国货币监理署数据显示，来自外汇交易的利润占到大型商业银行利润的一半左右。**买入价**(Bid Price)是指银行买入外汇的价格，**卖出价**(Ask Price)是指银行卖出外汇的价格，其差价就是银行的收入。当然，这里的买入价和卖出价是从银行的角度来看的。我们向银行卖外汇时，对于银行来说是买入，叫买入价；我们向银行买外汇时，对于银行来说是卖出，叫卖出价；而计算外汇牌价时，是取两者的平均数，叫中间价。**钞买价**(Cash Buying Rate)是指卖给银行外币现金的价格。因为银行买入外币现金的成本周转大于外汇，外币现钞不能在交易当地流通使用，银行需要把现钞运往国外，所以银行获得现钞后不仅不能立即获得存款和利息，而且得支付现钞保管费，钞买价自然远低于汇买价。但是钞卖价和汇卖价是相同的，因为银行卖出价不分钞汇，是统一的。由此可以看出，钞、汇卖价相同，买价不同，所以现钞的点差较大。

表4-5显示的是2019年5月7日工商银行的美元兑人民币现汇买入价和卖出价，分别为672.14和674.97，交易单位为100，这就表明，工商银行从客户处买入美元、卖出人民币使用的牌价为672.14，卖给客户美元、买入人民币就要使用674.97的牌价。简单来说，银行从我们手中买外汇的价格是比较低的，而银行卖给我们外汇时肯定更贵。

表4-5　　中国工商银行2019年5月7日外汇报价

名　　称	现汇买入价	现钞买入价	现汇卖出价	现钞卖出价
美元(USD)	672.140 0	666.760 0	674.970 0	674.970 0
英镑(GBP)	883.680 0	858.400 0	890.240 0	890.240 0
港币(HKD)	85.680 0	84.980 0	86.030 0	86.030 0
澳门元(MOP)	83.170 0	82.510 0	83.520 0	83.520 0

数据来源：中国外汇交易中心。

投机的外汇银行

某些银行会以"风险爱好者"的姿态出现，在市场积极制造头寸，以谋取风险溢价。1992 年 9 月 1 日意大利里拉跌破其在欧洲汇率机制下的最低价后，交易商开始购入里拉，因为他们知道中央银行一定会采取行动维持里拉的价值。当里拉的价值重新回到 765.4 里拉兑换 1 欧元时，交易商再将其抛售，获得一个有保障的利润。因为这时银行一直选择抛售里拉，所以其价值会再次下跌，中央银行又必须再次出手。在这段汇率波动期，银行通过出售里拉赚取了 10 亿美元。

4.4.2 外汇经纪商

外汇市场的第三大参与者是**外汇经纪商**，像股票市场的经纪商一样，他们在外汇市场上扮演着中间人的角色，以赚取佣金为目的，为客户代洽外汇买卖的汇兑方式等交易细节，拉拢撮合买方与买方的交易。外汇经纪商本身不承担外汇交易的盈亏风险，他们从事中介工作的利润来自佣金收入。外汇经纪人因熟悉市场外汇供需情形、市场信息、汇率涨跌和买卖程序，且可以在多家交易对象的报价中找到最好的成交价格，提高外汇交易的效率，所以投资人会倾向于使用这种方式来撮合交易。

图 4－2 显示的是 2018 年全球交易量最大的 10 家外汇经纪商。其中，排名第一的是日本外汇行业巨头 GMO Financial，它在全球的外汇交易客户已经超过 60 万户，证券交易客户达到 31 万户，每月外汇交易额保持在 9 000 亿美元以上。从图中可以看到，前十的外汇经纪商中没有我国的身影。这是为什么呢？实际上，我国目前是没有外汇经纪商制度的。因为我国外汇市场起步晚，发展时间短，而且长期以来实行外汇管制，所以外汇经纪商存在和发展的空间十分有限。不过，现在我国外汇交易中心正在积极引进外汇经济商制度，以培育和发展外汇交易主体，促进我国外汇市场的快速发展。

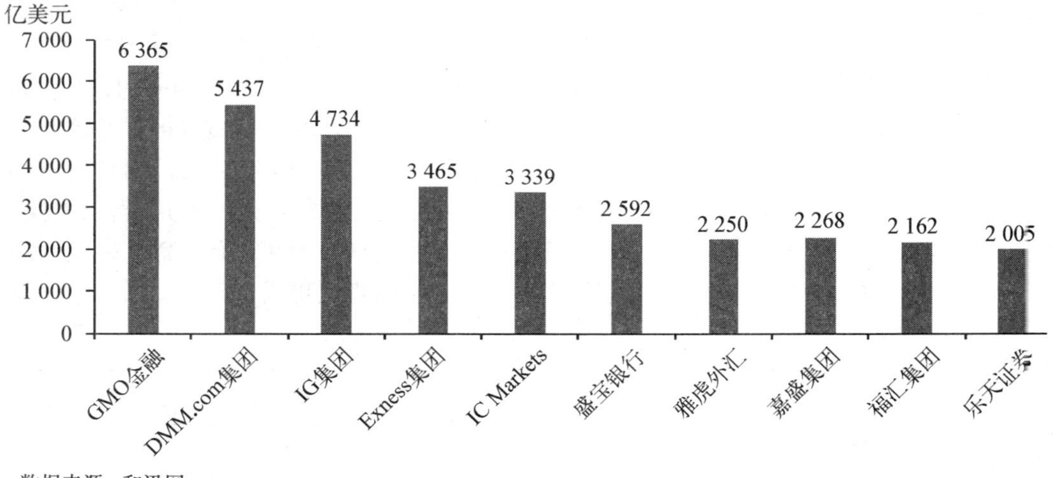

数据来源：和讯网。

图 4－2 2018 年全球交易量最大的十家外汇经纪商

可以看到，2018 年一些深耕中国市场多年的老牌外汇平台在纷纷撤离中国市场。例如，2018 年 2 月，在中国市场有广泛知名度的外汇经纪商博美就发布官方公告，说明因为中国监管政策的原因，在中国的办公室停止运营。它给出的官方理由虽然是中国的监管趋严，但实际上这个平台的外汇交易牌照早在2017年就过期了。国内知名互联网金融企业福亿(Formax)在2018年7月8日宣布暂停中国区服务，并要求所有外汇、股票账户交易者在2018年7月10日零点前平仓，否则将被强制平仓。他们的官方理由是受到第三方支付等市场政策的影响。实际情况则更为复杂——福亿从最初的外汇经纪商自跟单平台做成了类似P2P的平台，最终“爆雷”。所以，选择外汇经纪商需要谨慎。

4.4.3 外汇银行的客户

外汇银行的客户主要包括个人、公司、其他非银行金融机构三个部分。

个人包括为进行国际贸易、国际投资等经济交易而买卖外汇者，以及留学生和国际旅游者等。随着中国国门的开放和人们收入的普遍提高，个人在外汇交易中的地位开始变得越来越重要。

公司包括从事国际贸易的进出口商、跨国企业等。我国外汇银行的顾客主要是有外汇需要的各类企业，由于生产经营和国际贸易的需要而产生了外汇的需求和供给。由于跨国企业的全球经营战略涉及多种货币的收支，因此其是外汇银行最重要的客户。

非银行金融机构包括养老基金、社保基金、对冲基金等。外汇的流动性、杠杆放大和相对低廉的成本等优势因素给予基金经理独特的投资环境，因此，各种基金也是外汇市场的一大参与者。

4.4.4 外汇投机者

外汇市场的第四大参与者是**外汇投机者**。由于外汇市场上存在汇率的波动，既有使外汇交易者遭受损失的可能，也有使其获益的可能，这就产生了把外汇风险当成赚钱的机会而加以利用的情况，这就是外汇的投机交易。外汇投机者是专门利用不同货币在不同时间、不同地点的外汇市场上汇率的变动进行买空卖空、套利套汇的投机活动，以获取利润的公司和个人。什么叫卖空？简单来说就是先卖后买。当投机者预期某种货币将贬值时，就在外汇市场上趁该外币价格相对较高时，先行卖出该货币，到该货币真正下跌时，再买进该货币，赚取差价。例如，某一投机者认为6月份美元将贬值，就将手中的1万美元卖出，按即期汇率获得110万日元，若到4月份真如他所料美元贬值，此时1美元兑100日元，投机者将手中的日元卖出，可以按此时的即期汇率获得11 000美元，则他就赚了1 000美元(11 000−10 000)。

国际套利(International Arbitrage)是指利用不同的外汇市场、不同的货币种类、不同的交割时间以及一些货币汇率和利率上的差异，从低价一方买进、高价一方卖出，从中赚取利润的外汇买卖活动。

我们来谈谈地点套利和三角套利。据史料记载，1843年伦敦的罗斯柴尔德和德国汉堡的贝伦斯最早使用电报讨论套利机会，他们在股票价格、货币和汇票上进行套利。**地点套利**(Location Arbitrage)是指投资者利用在两个不同的外汇市场上某种货币汇率之间存在的差异，通过同时在两地市场上贱买贵卖，赚取差额利润的国际套利行为。**三角套利**(Cross Arbitrage)是指三种或三种以上货币的套算汇率与实际公布汇率存在差异时，投资者在同一时间内进行贱买贵卖，从中赚取差额利润的国际套利行为。

例1 在伦敦市场上，汇率为1英镑＝1.948美元，同时在纽约市场上，汇率为1英镑＝1.950美元，投资者需要怎样进行地点套利以获得利润呢？

通过对伦敦市场和纽约市场的汇率比较，英镑在纽约市场上的汇率高于在伦敦市场上的汇率，那么，套汇者就可以在伦敦市场上用 194.8 万美元买入 100 万英镑，同时在纽约市场上卖出 100 万英镑，收入 195 万美元，从而获利 2 000 美元。

例 2　表 4－6 中的中间三行分别为 A、B、C 三家银行的报价。计算出 A、B 两家银行的交叉汇率，在第五行。可以看出，A、B 两家银行的交叉汇率买价高于银行 C 的买价，也就是说，存在低买高卖的套利机会。假如我们拥有 100 万英镑，就可以在银行 A 以 1.971 2 美元/英镑的买价买入美元，此时我们获得 1 971 200 美元；再在银行 B 将手头的美元兑换成欧元，此时我们将以 1.474 2 美元/欧元的卖价卖给银行美元，我们将获得 1 337 132 欧元。可以看到，银行 C 相对 A、B 两家银行的交叉汇率是高估了欧元的，此时，我们在银行 C 卖出欧元，银行 C 将以 1.331 7 欧元/英镑的卖价卖给我们英镑，我们将获得 1 004 079 英镑。整个套汇过程赚了 4 079 英镑。

表 4－6　　**套利示例**

银行报价	买　价	卖　价
银行 A(英镑：美元)	1.971 2	1.971 7
银行 B(欧元：美元)	1.473 8	1.474 2
银行 C(英镑：欧元)	1.331 0	1.331 7
非套利汇率(英镑：欧元)	1.337 1	1.337 8

4.4.5　中央银行和财政部

中央银行和**财政部**也是外汇市场中的重要参与者。各国的中央银行和一些国家的财政部持有相当数量的外汇余额作为国际储备的重要组成部分，而且还承担着维持本国货币金融稳定的职责，因此，中央银行经常通过购入或者抛出某种国际性货币的方式来对外汇市场进行干预。

4.5　外汇市场的交易方式

4.5.1　即期交易

外汇市场上常用的交易方式有即期、远期和掉期。其中，最常用的一种交易方式是**即期交易**(Spot Transaction)。根据外汇市场的国际惯例，人们把外汇买卖成交后在两个营业日内完成资金对应收付、办理交割的外汇交易称为外汇即期交易。外汇即期交易占外汇交易总额的大部分，主要是因为即期外汇买卖不但可以满足买方临时性的付款需要，而且可以帮助买卖双方调整外汇头寸的货币比例，以避免外汇汇率风险。

从具体外汇交易的步骤来看，在**报价**环节，即期交易采用即期汇率，通常为经办外汇业务银行的当日挂牌牌价，或参考当地外汇市场主要货币之间的比价加一定的手续费。

即期交易的报价一般采取“双档”报价法，即外汇银行在交易中同时报出买价和卖价，具体如下：

1 美元＝7.751 6～7.752 6 港币

↑　　　↑

买入价　卖出价

前者(7.751 6)为银行的买入价，后者(7.752 6)为银行的卖出价。银行的买卖价格之差就是外汇银行买卖外汇的收益，一般为万分之一到万分之五。买价和卖价之间的固定差价又称**点差**，是投资者的交易成本，在建仓的一刻，系统便收取了点差费用。

点差并不是一成不变的，通常情况下，越活跃并且规模越大的市场，其信息流转越快、参与者越多，则越接近完全竞争市场，提供的点差越低，如欧元/美元和英镑/美元的点差就比其他非主要货币的点差低。此外，市场越小且货币的流通量越小，信息不对称现象越普遍，参与者越少，市场越趋向垄断，则点差越大。交易商提供的商品的点差的大小是影响客户选择交易商的重要因素。

在实际操作中，外汇交易员不申报全价，只报出汇率小数点后的最后两位数。同上例，如果当时汇率为 1 美元＝7.751 6～7.752 6 港币，则香港银行接到询问时就仅报出：16～26 或 16/26。这是因为外汇汇率变化一天之内一般不会超过最后两位数，用不着报全价，这也是银行报价的习惯；如果汇率在一天内暴涨暴跌，打破惯例，又当别论。图 4－3 是中国外汇交易中心的人民币外汇即期报价，可以看到，从第一个不为 0 的位数开始数都是五位数。

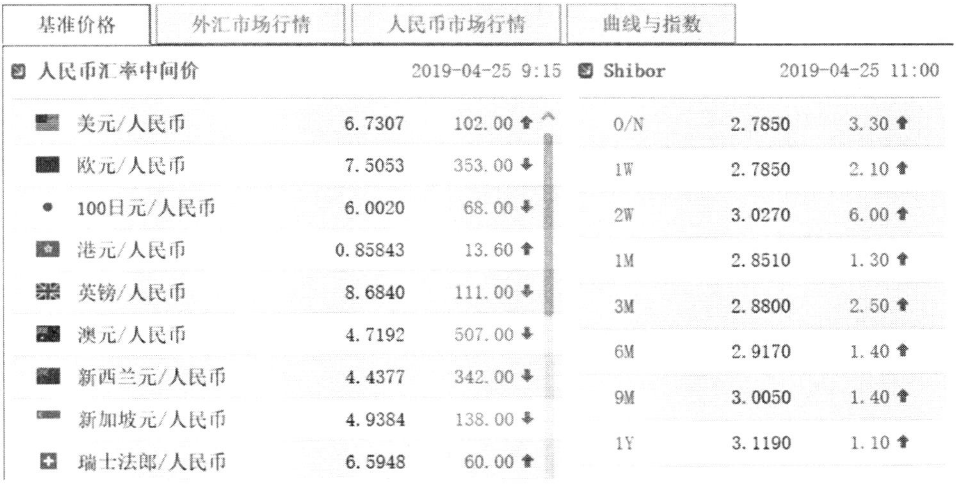

基准价格 | 外汇市场行情 | 人民币市场行情 | 曲线与指数

人民币汇率中间价　2019-04-25 9:15

美元/人民币	6.7307	102.00 ↑
欧元/人民币	7.5053	353.00 ↓
100日元/人民币	6.0020	68.00 ↓
港元/人民币	0.85843	13.60 ↑
英镑/人民币	8.6840	111.00 ↓
澳元/人民币	4.7192	507.00 ↓
新西兰元/人民币	4.4377	342.00 ↓
新加坡元/人民币	4.9384	138.00 ↓
瑞士法郎/人民币	6.5948	60.00 ↑

Shibor　2019-04-25 11:00

O/N	2.7850	3.30 ↑
1W	2.7850	2.10 ↑
2W	3.0270	6.00 ↑
1M	2.8510	1.30 ↑
3M	2.8800	2.50 ↑
6M	2.9170	1.40 ↑
9M	3.0050	1.40 ↑
1Y	3.1190	1.10 ↑

数据来源：中国外汇交易中心。

图 4－3　人民币外汇即期报价

即期交易的交割环节，一般是买卖成交后“钱货两清”的环节。如果交割日为成交当天，就称当日交割；如果交割日为成交后的第一个营业日，就称翌日或明日交割；如果交割日为成交后的第二个营业日，就称即期交割或即交割。如果交割的那一天正逢银行节假日，就顺延。

4.5.2 远期交易

与即期交易相对的是远期交易。**远期交易**(Forward Transaction)是指买卖双方签订远期合同,规定在未来某一时期进行交易的一种交易方式。其与即期外汇交易的根本区别在于交割日不同。凡是交割日在成交两个营业日以后的外汇交易均属于远期外汇交易。外汇市场上的远期外汇交易最长可达 1 年,1 至 3 个月的远期外汇交易是最为常见的。期限越长,交易的不确定性越强。

在远期交易的报价环节中,除了直接报出远期汇率的实际价格的较为直观的方法外,通常采用差额报价法,即远期外汇交易的汇率是以在即期汇率上加减升水和贴水的方法表示。当某货币在外汇市场上的远期汇价高于即期汇率时,称为升水(Premium)。当某货币在外汇市场上的远期汇价低于即期汇率时,称为贴水(Discount)。

直接标价法下,远期汇率 = 即期汇率 + 升水(或减贴水)
间接标价法下,远期汇率 = 即期汇率 − 升水(或加贴水)

这里有一个口诀,叫"前小后大往上加,前大后小往下减"。假如市场即期汇率为 1 美元=7.794 4~7.795 1 港币,1 个月远期汇水为 49/44,那么远期汇率是多少呢?此时,我们发现远期汇水前大后小,表示单位货币的汇率贴水,那么按照"前大后小往下减"的口诀,计算远期汇率时应该用即期汇率减去远期汇水。7.794 4−0.004 9 港币~7.795 1−0.004 4 港币,远期汇率为 1 美元=7.789 5~7.790 7 港币。

图 4-4 是 2019 年 4 月 25 日中国外汇交易中心的外汇远期掉期报价,报的是升水/贴水。而当日即期美元/人民币汇率报价为 6.747 5/6.749 5。从这张图中可以看到,1 月美元/人民币报价为 1.85/2.00,表示升水,按照"前小后大往上加"的口诀,一个月远期汇率为 6.747 5+0.000 185/6.749 5+0.000 2,即远期汇率为 6.747 685/6.749 7。

人民币外汇即期报价 | 人民币兑美元日内走势图 | 人民币外汇远掉报价 | 外币对即期报价 | 境内美元拆借加权成交利率

人民币外汇远掉报价 04-25 20:30 单位:BP 人民币外汇远期月报 人民币外汇掉期月报

货币对	1周	1月	3月	6月	9月	1年
USD/CNY	0.10/0.20	1.85/2.00	14.00/14.00	52.00/52.00	108.00/110.00	175.00/175.00
EUR/CNY	45.39/46.69	193.45/193.66	596.91/597.00	1211.21/1211.56	1872.10/1891.54	2485.20/2486.76
100JPY/CNY	33.64/33.80	164.06/165.48	455.22/455.44	927.45/932.09	1450.47/1466.42	1930.32/1930.42
HKD/CNY	0.37/0.38	3.58/3.64	14.33/14.65	34.03/34.26	54.47/54.84	74.66/75.01
GBP/CNY	37.00/37.03	137.91/137.95	421.96/422.10	837.42/838.01	1278.92/1280.04	1676.10/1676.77
AUD/CNY	7.48/7.69	35.41/35.66	113.39/113.62	254.39/254.81	407.97/409.24	522.69/536.59
NZD/CNY	4.18/5.19	25.19/27.09	88.48/90.81	200.44/206.91	315.60/344.90	432.74/449.77
SGD/CNY	5.22/5.87	25.66/28.61	86.61/97.14	199.01/215.18	331.99/346.85	450.73/469.36
CHF/CNY	44.13/44.37	189.50/189.87	585.11/586.28	1190.29/1190.56	1843.46/1849.35	2445.97/2448.17
CAD/CNY	8.32/8.33	37.02/37.04	119.52/119.54	248.64/248.68	394.98/398.15	531.10/533.04

数据来源:中国外汇交易中心。

图 4-4 2019 年 4 月 25 日人民币外汇远期掉期报价

2019 年 5 月 6 日,特朗普宣布对 2 000 亿美元中国货物加征 25%关税,这时人民币远期报价有何变化呢?图 4-5 展示的是 2019 年 5 月 7 日人民币外汇远期掉期报价,可以看到,1 周、

1月、3月的美元/人民币均为贴水，同样拿1周数据来看，1周的远期汇率为6.764 0－0.000 68/6.764 5－0.000 68，即1周的远期汇率为6.763 32/6.763 82。

人民币外汇即期报价 | 人民币兑美元日内走势图 | 人民币外汇远掉报价 | 外币对即期报价 | 境内美元拆借加权成交利率

人民币外汇远掉报价 05-07 14:37 单位：BP 人民币外汇远期月报 人民币外汇掉期月报

货币对	1周	1月	3月	6月	9月	1年
USD/CNY	-6.80/-6.80	-7.90/-7.30	-7.50/-6.00	10.00/10.00	43.00/43.00	95.00/95.00
EUR/CNY	36.09/36.91	194.30/195.18	583.62/583.89	1200.51/1201.20	1825.04/1825.68	2432.71/2435.17
100JPY/CNY	27.19/27.21	146.19/146.54	441.30/441.79	912.64/913.24	1410.35/1413.39	1888.35/1888.59
HKD/CNY	1.11/1.44	6.41/6.52	15.43/15.80	32.14/33.29	49.33/49.59	66.09/67.52
GBP/CNY	20.70/21.84	135.33/136.07	408.30/408.82	825.50/826.00	1231.28/1233.75	1616.68/1616.72
AUD/CNY	2.79/3.14	28.85/29.64	91.49/91.90	213.76/215.36	341.44/345.55	476.19/479.21
NZD/CNY	1.46/2.14	21.40/22.24	72.50/72.50	165.15/169.73	261.40/266.98	361.99/365.09
SGD/CNY	-2.74/-1.98	16.24/18.10	71.89/73.00	164.45/173.34	269.36/270.00	383.29/385.00
CHF/CNY	36.68/36.70	198.25/198.66	575.55/576.36	1184.80/1185.29	1800.79/1802.01	2399.89/2401.38
CAD/CNY	3.60/3.61	33.30/33.47	105.40/105.94	215.14/215.70	335.19/336.82	450.11/452.72

数据来源：中国外汇交易中心。

图4－5 2019年5月7日人民币外汇远期掉期报价

那么，进行远期外汇交易的动机是什么呢？实际上，进出口商预先买进或卖出期汇，是为了避免汇率变动的风险。因为汇率变动是经常性的，在商品贸易往来中，时间越长，由汇率变动所带来的风险也就越大，而进出口商从签订买卖合同到交货、付款往往需要相当长的时间（通常达30～90天，有的更长），所以，有可能因汇率变动而遭受损失。

例3 美国出口商向英国出口300万英镑货物，预计3个月后收汇。假如3个月后英镑兑美元的汇率下跌为英镑/美元＝1.512 0/30。假设当天外汇市场行情为英镑/美元＝1.552 5/35，3个月远期差价为30/20，如果美国出口商不进行保值，3个月英镑将会损失多少？如果采取套期保值，该进口商应该怎么操作？

首先计算3个月远期汇率，按“前大后小往下减”的原则，英镑/美元＝1.549 5/1.551 5。如果出口商不进行保值，3个月后收汇300万英镑，只能按照当时即期汇率1.512 0换回453.6万美元（300×1.512 0），这里采取的是银行的买入价1.512 0，也就是银行从客户手中买英镑的价格。如果采取了套期保值的策略，3个月后收汇300万英镑，可按银行的买入汇率1.549 5换回464.85万美元。由此可见，不进行保值会使出口商损失11.25万美元。

4.5.3 外汇掉期交易

近年来，借助国际外汇市场和货币市场，作为一种衍生金融工具的掉期交易得到了国际金融界、跨国企业的青睐和广泛应用，使得掉期交易与期货、期权交易一样，成为国际金融机构规避汇率风险和利率风险的重要工具。

掉期交易（Swap Transaction）是指买卖双方约定在未来某一时期等额交换某种资产的交易形式。例如，某跨国企业因业务需要从纽约某银行买进了200万英镑即期外汇，同时又向该银行卖出了 3 个月后交割的 200 万英镑远期外汇。

从互换的对象来说，掉期交易一般分为货币掉期交易和利率掉期交易。货币掉期、利率掉期常与即期对远期、远期对远期结合起来应用。

货币掉期交易(Currency Swap)是指两种货币之间的交换交易，一般情况下，是指两种货币资金的本金交换。在货币互换中，本金通常在互换的开始及结束时进行互换。货币掉期交易的目的在于降低筹资成本，满足双方意愿及防止汇率变动风险造成的损失。

第一笔货币掉期交易是由所罗门兄弟公司在 IBM 公司与世界银行之间运作、在固定利率条件下进行的货币互换。1981 年，由于美元对瑞士法郎、德国马克急剧升值，货币之间出现了一定的汇兑差额，持有瑞士法郎和德国马克资金的 IBM 公司希望将这两种货币形式的资金换成美元，以回避汇率风险，但又因为数额较大，不能集中于任何一个资本市场。此时的世界银行具有 AAA 级的信誉，在欧洲美元市场上能够以较为有利的条件筹集到美元，但其实际需要的却是瑞士法郎和德国马克。在所罗门兄弟公司的安排下，世界银行将其 2.9 亿美元金额的固定利率债务与 IBM 公司已有的瑞士法郎和德国马克的债务互换。通过这种掉期交易，世界银行以比自己筹集资金更为有利的条件筹集到了所需的瑞士法郎和德国马克资金，IBM 公司则规避了汇率风险，低成本筹集到了美元资金。

这里用一个简单的例子来解释两个公司或组织(如 IBM 公司与世界银行)是如何通过互换中介(如所罗门兄弟公司)的掉期交易互换货币债务来降低成本的。假设 A 公司是一家美国公司，因想要去欧洲经营业务而需要 4 000 万欧元，预计 3 年后偿还，已知其在美元境内借美元的利率为 7%、借欧元的利率为 6%。B 公司是一家法国公司，想去美国经营业务，需要 6 000 万美元，为期也是 3 年，其在法国境内借美元的利率为 8%、借欧元的利率为 5%。目前，美元兑欧元的汇率是 1.50 美元=1.00 欧元。

可见，A 公司在借美元上具有优势，B 公司在借欧元上具有优势。两家公司可以通过替对方借贷来降低成本，即 A 公司替 B 公司以 7%的利率借入美元，而 B 公司替 A 公司以 5%的利率借入欧元。但匹配成本是高的，A、B 公司通常没有足够的信息以直接找到对方，他们需要个中间人，如当初的所罗门兄弟公司。这里假设互换银行定价如下：欧元的存款利率为 5%、贷款利率为 5.2%，美元的存款利率为 7%、贷款利率为 7.2%。

A 公司可以在美国境内向 X 银行以 7%的利率借 6 000 万美元，向互换银行换 4 000 万欧元债务，具体来说，就是以 7%的存款利率将从 X 银行所得的债务存入互换银行，并从互换银行以 5.2%的贷款利率借得欧元债务。互换银行的这笔欧元债务的资金来源其实是 B 公司以 5%的存款利率存入的。而 B 公司的资金来源则是 B 公司在法国境内向 Y 银行以 5%的贷款利率借得的，目的是向互换银行以 7.2%的利率换得美元债务。

现在来看结果，A 公司本来需要以 6%的利率支付欧元利息，现在通过互换，其美元债务被抵消，只需要以 5.2%的利率向互换银行支付欧元利息，挣了 0.8%，也就是 80 个基点。同理，B 公司的欧元债务可抵消，仅需向互换银行支付 7.2%的美元利息，比在法国境内的美元贷款利息 8%低了 0.8%，挣了 80 个基点。而且他们都对冲了汇率风险，因为都是用开展业务所挣的货币去支付利息。而互换银行作为中间人，分别能从 A 公司和 B 公司获得 0.2%的欧元与美元利差。通过互换银行的介入，三方都获利了。那么，获利的来源是什么呢？如图 4-6 所示，A、B 两家公司借美元和欧元的利率差额，这里算出来是 2%，就是他们三方获利的来源，刚好被 A 公司、B 公司和互换银行共同分享。

利率掉期交易(Interest-rate Swaps)是同种货币资金的不同种类利率之间的交换交易,一般不伴随本金的交换,是借利息支付方式的改变来改变债权或债务的结构,双方签订契约后,按照契约规定互相交换付息方式,如以浮动利率交换固定利率,或是将某种浮动利率交换为另一种浮动利率。正式的利率掉期交易最早起源于德意志银行运作的一项固定利率与浮动利率的互换交易。1982 年,德意志银行预期利率将会上升,认为以固定利率形式筹集资金和以浮动利率向企业贷款对其更为有利。于是,德意志银行以发行长期固定利率债券的方式筹集了长期资金,并通过利率掉期交易把固定利率变换成浮动利率,然后向某企业提供了一项长期浮动利率的贷款。

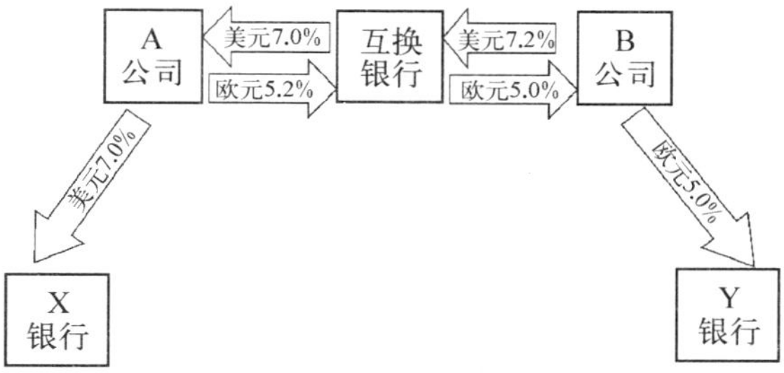

图 4-6　掉期交易举例

从互换的时间上来说,掉期交易一般有即期对远期的掉期交易、即期对即期的掉期交易和远期对远期的掉期交易。

即期对远期的掉期交易(Spot-forward Swaps),是指买进或卖出某种即期外汇的同时,卖出或买进同种货币的远期外汇。它是掉期交易里最常见的一种形式。例如,美国一家银行某日向客户按 1 美元=0.89 欧元的汇率卖出 100 万欧元,收入 112 万美元。为防止将来欧元升值或美元贬值,该银行可利用掉期交易,在卖出即期欧元的同时,又买进 3 个月的远期欧元,其汇率为 1 美元=0.93 欧元。这样,虽然卖出了即期欧元,但又补进了远期欧元,使该家银行的欧元、美元头寸结构不变。虽然在这笔远期买卖中,该银行要损失若干欧元的贴水,但这笔损失可以从较高的美元利率和这笔现汇交易的买卖差价中得到补偿。

即期对即期的掉期交易或称明日对次日(Tomorrow-next or Rollover),指的是一笔交易在成交后的第二个营业日(明日)交割,另一笔反向交易在成交后的第三个营业日(次日)交割,主要应用于银行同业之间的隔夜资金拆借。

远期对远期的掉期交易(Forward-forward Swaps)是指买进并卖出两笔同种货币不同交割期的远期外汇。该交易有两种方式:一是买进较短交割期的远期外汇(如 30 天),卖出较长交割期的远期外汇(如 90 天);二是买进期限较长的远期外汇,卖出期限较短的远期外汇。假如一个交易者在卖出 100 万美元 30 天远期的同时,又买进 100 万美元 90 天远期,这个交易方式即远期对远期的掉期交易。由于这一形式可以使银行及时利用较为有利的汇率时机,并在汇率的变动中获利,因此越来越受到重视。

例 4　美国某银行在 3 个月后应向外支付 100 万英镑,同时在 1 个月后将收到另一笔 100 万英镑的收入。如果市场上汇率有利,它就可以进行一笔远期对远期的掉期交易。

设某天外汇市场汇率如下:

即期汇率:1 英镑=1.596 0/1.597 0 美元

1 个月远期汇率:1 英镑=1.586 8/1.588 0 美元

3 个月远期汇率:1 英镑=1.572 9/1.574 2 美元

这时,该银行可进行如下两种掉期交易:

① 进行两次即期对远期的掉期交易。将3个月后应支付的英镑，先在远期市场上买入(期限为3个月，汇率为1.574 2美元)，再在即期市场上卖出(汇率为1.596 0美元)。这样，每英镑可得益0.021 8美元。同时，将1个月后将要收到的英镑先在远期市场上卖出(期限为1个月，汇率为1.586 8美元)，并在即期市场上买入(汇率为1.597 0美元)。这样，每英镑须贴出0.010 2美元。两笔交易合计，每英镑可获得收益0.011 6美元。

② 直接进行远期对远期的掉期交易。买入3个月的远期英镑(汇率为1.574 2美元)，再卖出1个月的远期英镑(汇率为1.586 8美元)，每英镑可获净收益为0.012 6美元。可见，这种交易比上一种交易有利。

即期交易与远期交易是单一的，要么做即期交易，要么做远期交易，并不同时进行，因此，通常也把它称为单一的外汇买卖，主要用于银行与客户之间的外汇交易。掉期交易的操作涉及即期交易与远期交易或买卖的同时进行，故称之为复合的外汇买卖，主要用于银行同业之间的外汇交易。一些大企业经常利用掉期交易进行套利活动。

掉期交易是运用不同的交割期限进行的，可以避免因时间不一所造成的汇率变动风险，对国际贸易与国际投资发挥了积极的作用。对于跨国企业来说，一方面掉期交易可以轧平外汇头寸，避免汇率变动引发的风险，有利于进行套期保值。例如，一家美国子公司欲在3个月后向其英国母公司汇入一笔3 000万美元的收入。在3个月后，如果美元汇率下跌，该公司要承担外汇风险。为了使这笔汇款保值，该公司可在当时马上卖出等量的3个月远期美元，以保证3个月后该公司用本币计值的子公司收入不因汇率变动而遭受损失。另一方面，掉期交易可以利用不同交割期限汇率的差异，通过低买高卖来获取利润。

4.5.4 外汇期货交易

外汇期货交易是指买卖双方成交后，在合同约定的期限内按约定的汇率进行交割的外汇交割方式，买卖双方在期货交易所通过公开喊价的方式成交后，承诺在未来某一特定日期，以当前所约定的价格交付某种特定数量的外币，即买卖双方以约定的数量、价格和交割日签订的一种合约。

外汇期货交易与外汇远期交易看似相似，但其参与者、流动性、交易方式、合约标准化程度、履约保证、结算方式以及交割方式都有所不同(如表4－7所示)。

表4－7　外汇期货交易与外汇远期交易的区别

项　目	期货交易	远期交易
参与者	交纳保证金的多数投资者	多为专业化的证券交易商或大厂商
流动性	流动性好	流动性差
交易方式	场内交易	场外交易
合约的标准化程度	标准化	非标准化
履约保证	需要保证金	不需要保证金
结算方式	定期盈亏结算	到期履行合约

续表

项　　目	期 货 交 易	远 期 交 易
交割方式	对冲，1%～2%实际交割	90%以上实际交割
交易目的	套期保值、套利	避险

4.5.5 外汇期权交易

外汇期权交易是指合约购买方在向出售方支付期权费后，所获得的在未来约定日期或一定时间内，按照规定汇率买进或者卖出一定数量外汇资产的选择权。在外汇期权交易中，期权的买方拥有选择的权力，卖方承担被选择的义务。不论买方是履行外汇交易的合约还是放弃履行外汇交易，期权买方支付的期权交易费都不能收回。

外汇期权交易按交易目的可分为买入期权和卖出期权。买入期权又称看涨期权，卖出期权也称看跌期权。按产生期权合约的原生金融产品分，外汇期权交易可分为现汇期权和外汇期货期权。现汇期权以外汇现货为期权合约的基础资产，外汇期货期权以货币期货合约为期权合约的基础资产。按期权持有者可行使交割权利的时间，外汇期权交易可分为欧式期权和美式期权。欧式期权只能在期权到期日决定执行或不执行期权合约，美式期权可以在到期日之前的任何一个工作日选择执行或不执行期权合约。

外汇期权业务的优点在于可锁定未来汇率，提供外汇保值，购买期权可以增强交易的灵活性，即有权选择有利于自己的汇率进行外汇买卖，消除汇率变动带来的损失、谋取汇率变动带来的收益。外汇期权交易的收益和风险不对称，外汇期权交易对期权买方而言，付出固定成本——期权费，其收益可以无限；对卖方而言，其最大的收益是期权费，损失则是无限的。

4.6 外汇风险及应对策略

在牙买加体系下，国际货币制度由固定汇率制转为浮动汇率制以后，西方主要货币的汇率在频繁且剧烈地波动，外汇风险对国民经济的影响也已引起了世界各国的高度重视。中国加入世界贸易组织后，大量外国企业进入中国市场，中国企业也正在逐步融入世界市场。随着人民币自由兑换进程的加快，以及中美贸易摩擦的持续，中国企业面临的外汇风险日益增大，加强外汇风险管理已经成为企业在国际竞争中生存与发展的重要保证。

4.6.1 外汇风险

外汇风险实际上就是汇率风险，指的是经济主体在涉外业务中因汇率波动而蒙受损失或获得收益的可能性。从宏观上看，国际资本流动中的外汇风险可能会因改变贸易商品的国际价格而造成一国贸易条件的恶化。由于汇率的变化，外汇风险会造成一国旅游业的大幅波动，影响一国资本流动的状况，改变一国经常项目的状况，影响一国货币当局外汇储备的结构和数量，从而影响一国的国际收支，最终对一国国民收入、国内就业及经济发展造成不良影响。从微观上看，国际资本流动中的外汇风险通过汇率的不正常波动加大了企业成本与收益核算的难度，从而影响了企业的涉外业务；通过改变企业债权、债务的外汇价值，加大了企业的偿债负担，从而造成企业不能按时偿还到期债务的风险。通过上述两个方面的影响，外汇风险可能最终会影响企业的经营战略。

人民币汇率波动会影响进出口企业的汇兑损益。汇兑损益产生的会计基础是权责发生制和实际成本原理。权责发生制简单来说就是会计记账时以收入和费用应不应该计入本期为标准来确定收入和费用的配合关系，而不考虑收入是否收到或者费用是否支付。汇兑损益产生的直接原因是交易记账日和结算交割日的汇率不一致，也就是交易风险，以及报表的上一记账日和本期记账日所使用的折算汇率不一致，即会计风险。

汇率波动对进出口企业市场经营的影响属于长期风险，特别是在本币升值的情况下，出口企业的销售利润会受到相当大的影响，涉及企业销售额、价格、成本等诸多方面的改变。根据前面学习过的国际收支理论，一个国家本币升值在长期内会使本国出口产品以外币表示的价格上涨，使本国产品在国际市场上失去价格优势，导致本国产品出口的下降；同样，本币贬值会使本国产品更具有价格优势，从而扩大出口。

关于汇率的影响，有很多学者对此进行了实证研究。清华大学的李宏彬和马宏在做关于出口和汇率的课题中发现，人民币汇率变化对中国出口产品的人民币价格影响很小，主要是因为汇率变化传导到目的地货币价格的效率很高，因而对出口的影响有限。

复旦大学林曙和香港中文大学施康做的汇率波动对企业出口影响的课题发现，汇率的波动对企业的影响非常明显，尤其是对存在金融信贷约束的企业，主要原因是有了信贷约束，企业出口对汇率的反应不对称，具体体现为汇率升值，企业投资减少，出口降低；当汇率贬值时，企业想扩张但因信贷约束无法获得足够的外部融资，企业无法享受到汇率贬值带来的好处。因此，在存在信贷约束的经济体中，汇率波动太大，不利于企业出口。他们的研究还发现，对外部融资依赖性越强的行业，受汇率波动的负面影响就越大。不论是从宏观数据，还是从微观数据，现有的研究都支持如下结论：名义汇率或者实际汇率对经常项目和企业进出口的影响均不大，反而汇率的波动对出口影响明显。从这个意义上讲，我们要保持适度的汇率稳定性。当然，这里不是建议回到固定汇率的老路上。

4.6.2 外汇市场的作用

外汇市场可以实现购买力的转移，为国际经济交易提供资金融通以及外汇保值和投机的场所。

第一，外汇市场可以实现购买力的国际转移。在国际经济交易中，进出口商需要进行国际支付，必然会产生债权债务关系，这种购买力的转移就可以由外汇市场来实现。例如，华为每年支付 200 亿美元左右的费用来采购芯片，那么，在进口芯片时就需要进行国际支付，如果在合同中约定以美元进行支付，就需要利用外汇市场将人民币兑换成美元来实现购买力的转移。更普遍的是，企业或者个人需要通过在外汇市场兑换外币，才能去国外市场购买商品和需要的原材料。

第二，外汇市场可以为国际经济交易提供资金融通。外汇的存贷款业务集中了各国的社会闲置资金，从而能够调剂余缺、加快资本周转。外汇市场便利的资金融通功能也促进了国际借贷和国际投资活动的顺利进行。外汇市场为国际贸易提供了保证。例如，当进口商没有足够的现款提货时，出口商可以向进口商开出汇票，允许其延期付款，同时以贴现票据的方式将汇票出售，拿回货款。再如，人们可以通过在一个国家借款筹集资金，在外汇市场兑换成外币，向另一个国家提供贷款或者投资，使得各种形式的套利活动得以进行，各国的利率也因此趋同。

第三,外汇市场还提供外汇保值和投机。在以外币计价成交的国际经济交易中,双方都面临着汇率风险。然而大家对风险的态度并不同,有些交易商宁可花费一定的成本来锁定风险,就可以采取套期保值的方式;有些风险偏好的交易商则更倾向于让外汇交易中产生的外汇头寸继续敞开,不采取任何抛补措施;还有进行投机交易的交易商,他们可以使市场更加活跃。

4.6.3 企业运用外汇市场规避风险

企业承担的外汇风险主要分为交易风险、折算风险和经济风险。

(1) 外汇交易风险

外汇交易风险指的是企业以外币计价进行贸易与非贸易,如外汇借贷等交易时因将来结算所使用的货币汇率不确定而产生的汇率风险。例如,美国一家企业从日本进口一批货物,双方于某年 3 月 1 日签约,约定以日元支付货款 1 000 万日元,支付日期为同年 6 月 1 日。假定 3 月 1 日美元与日元的汇率为 1 美元=100 日元,此时,需要用 10 万美元买入 1 000 万日元;如果到 6 月 1 日实际付款时,日元升值,美元贬值,汇率变为 1 美元=85 日元,则美国企业需要用 11.765 万美元买入 1 000 万日元来支付货款,汇率的波动使这家美国企业的成本增加了 1.765 万美元,这就是交易风险的具体体现。

应对交易风险的策略可有如下两种:

一方面,可以选择恰当的计价货币和组合:第一,尽量坚持"收软付硬"的原则来选择计价货币,也就是说,对构成债权、形成收入的国际经济交易尽量采取硬货币计价。硬货币是指币值比较坚挺,不易波动,或存在升值空间的货币。对构成债务、对外支付的交易尽量采取软货币来计价。第二,可以选择用本币作为对外经济交往中的交易货币,没有货币兑换就不存在外汇风险。第三,根据对汇率波动趋势的预测,恰当地选择提前收付或拖延收付,当预测某种货币汇率将上升时,债权人可考虑延期收汇,债务人可考虑提前付汇。第四,采取多种货币组合来规避外汇交易风险。多种货币组合中既有软货币,也有硬货币,风险与收益可以相互抵消。

另一方面,可以利用金融市场进行套期保值:第一,可以采用货币市场套期保值,也就是说,在货币市场上借款,像之前的案例,美国企业可提前将手中的 10 万美元按当时的远期汇率兑换成日元以应对到期支付的需要。第二,可以采取远期外汇市场套期保值的方式,签订具有抵消性质的远期外汇合约将成本和收益固定下来。第三,可以利用外汇期货市场,在现货交易的基础上,在外汇期货市场做一笔买卖方向相反、金额和期限相同的交易。第四,可以利用外汇期权市场,通过购买看涨期权或看跌期权来规避风险,外汇债权人预测交易货币将贬值的,可买入看跌期权,如果到期该货币确实贬值了,可以行使期权,减少损失,若升值了,可以放弃行使期权,则只会损失期权费。

(2) 外汇折算风险

外汇折算风险又称会计风险,是指由于汇率变动而导致资产负债表中某些以外汇计价的项目的价值发生变化的风险,防范的策略包括如下三种:

第一,**资产负债保值法**,也就是通过调整企业的资产负债表以实现对承受风险部分的调控从而达到减少或避免外汇风险的方法。其基本原则是增加强势货币资产,减少弱势货币资产,增加弱势货币负债,减少强势货币负债。

第二,**风险冲抵法**,适用于拥有两种或两种以上外币头寸或同一种货币相反头寸的企业。双边冲销指的是具有相互往来结算关系的两家子公司以固定的汇率把彼此到期的往来结算账务相互抵消的结算方式。多边冲销一般需要母公司扮演清算中心的角色以协调各子公司当地货币头寸的冲销。

第三，**远期交易法**，是指创造一笔与原持有的风险资产或风险负债具有抵消效果的资产或负债来化解预计的折算风险。

(3) 外汇经济风险

外汇经济风险又称经营风险，是指由于意料之外的汇率波动引起企业未来的税后利润或现金流量发生变化的外汇风险。例如，中国某企业是一家利用国外原料进行加工生产的企业，其产品既满足国内需求，又销往外国市场。假如人民币贬值，使得该企业进口原材料成本上升，同时，销售价格在国内不变，由于汇率变动，以美元计价的国外售价下降，促进了国外对其产品的需求，使其产量增加。假如最终销售成本上升的幅度高于收入上升的幅度，则该企业还是蒙受了损失，总成本中的净进口比例或产成品中的净出口比例越大，经济风险就越大。

防范外汇经济风险可以采用如下策略：

第一，**营销策略。**企业可以根据不同国家或地区的市场情况，采用多样化的定价策略；尽量分散产品的销售区域，减少目标市场和结算币种过于集中带来的风险；当生产国货币贬值时，向第三国出口的子公司应增加促销支出，因为此时可以用低价策略占领市场。

第二，**生产策略。**企业应根据汇率变化对成本的影响以及本企业的全球战略安排，在不同国家安排生产，当本币升值时，可选择在贬值国的子公司增加生产，减少在升值国的生产来防范风险。企业应尽可能使其原材料来源地多元化，这意味着将以不同的货币购买原材料，可以减轻汇率对企业生产成本的影响。

第三，**财务策略。**企业可以通过不同渠道、不同币种的投融资，达到分散风险的目的。

本章总结

本章首先介绍了外汇市场的定义、全球主要的外汇市场、外汇市场的特征；其次，详细列举了外汇市场的参与者，包括外汇银行、外汇经纪商、外汇银行的客户、外汇投机者、中央银行和其他政府货币相关部门等是如何参与外汇市场交易的；同时，描述了外汇市场交易的几种常用方式，包括外汇即期交易、外汇远期交易、外汇掉期交易、外汇期货交易、外汇期权交易。对汇率波动的风险、如何通过外汇市场保证收益、汇率的概念以及外汇市场的作用也做了讨论。

重要概念

1. **外汇**(Foreign Exchange, FOREX)是指外国的货币，包括外币银行余额、纸币、支票和汇票。

2. **外汇市场**(Foreign Exchange Market)是一个专门从事外汇交易的市场。**外汇交易**(Foreign Exchange Transaction)是买方和卖方之间的协议，是一种将一定量的某国货币以特定的比率转换为其他国家货币的交易。

3. **外汇市场的参与者**，包括外汇银行、外汇银行的客户、外汇经纪商、外汇投机者、中央银行以及其他外汇管理机构。

4. 外汇市场上常用的交易方式有即期、远期和掉期交易方式。其中，最常用的一种交易方式是**即期交易**(Spot Transaction)。根据外汇市场的国际惯例，人们把外汇买卖成交后在两个营业日内完成资金对应收付、办理交割的外汇交易称为外汇即期交易。

5. **远期交易**(Forward Transaction)是指买卖双方签订远期合同，规定在未来某一时期进行交易的一种交易方式。其与即期外汇交易的根本区别在于交割日不同。凡是交割日在成交两个营业日以后的外汇交易,均属于远期外汇交易。

6. **掉期交易**(Swap Transaction)是指买卖双方约定在未来某一时期相互等额交换某种资产的交易形式。

7. **货币掉期交易**(Currency Swaps)是指两种货币之间的交换交易,一般情况下是指两种货币资金的本金交换。

8. **利率掉期交易**(Interest-rate Swaps)是指同种货币资金的不同种类利率之间的交换交易,一般不伴随本金的交换。

9. **交易风险**指的是企业以外币计价进行贸易与非贸易,如外汇借贷等交易时,因将来结算所使用的货币汇率不确定而产生的汇率风险。

10. **外汇折算风险**又称会计风险,是指由于汇率变动而导致资产负债表中某些以外汇计价的项目的价值发生变化的风险。

11. **外汇经济风险**又称经营风险,是指由于意料之外的汇率波动引起企业未来的税后利润或现金流量发生变化的外汇风险。

复习与思考

1. 全球主要外汇市场有哪些?思考这些外汇市场之所以一直为全球主要的外汇交易场所的原因。

2. 试讨论我国银行间外汇市场的主要特征,并对比英国和美国等发达国家成熟外汇市场的特征,针对存在的主要问题提出建议。

3. 外汇保证金作为一种独特的外汇衍生品,对于中小企业和个人投资者来说,是一种比较理想的风险管理工具和投资工具,在我国也有一定的市场基础。日本最早于20世纪90年代末推出外汇保证金业务,并成功地将一部分场外交易引入场内,创设了交易所外汇保证金市场。试讨论我国应如何借鉴东京金融交易所的经验来开展场内外汇保证金交易。

第五章

汇率决定理论

学习目标

- 掌握购买力平价、利率平价论。
- 理解其他相关汇率决定理论。
- 能够解读国际收支平衡表。
- 了解国际货币体系与常见的汇率制度。
- 熟悉我国汇率制度的变迁。

引入案例

2018 年 11 月 7 日，贝莱德、太平洋投资管理公司等大型机构投资者在美国状告 16 家大银行，称后者 2003～2013 年于外汇市场操纵汇率价格。诉讼结果是，这些大型机构投资者与其中 15 家银行达成和解，和解金约 23.1 亿美元。

据路透社报道，这 16 家银行分别是美国银行、巴克莱银行、法国巴黎银行、花旗银行、瑞士信贷、德意志银行、高盛集团、汇丰银行、摩根大通、摩根士丹利、三菱日联银行、加拿大皇家银行、苏格兰皇家银行、法兴银行、渣打银行和瑞银。

全球外汇市场每日交易量约 5.1 万亿美元，是全球体量最大的金融市场，市场操纵案并不罕见，“幕后黑手”不乏大型银行。据 ZeroHedge 金融博客，放眼全球市场，多家金融机构因为操纵市场而被罚款 118 亿美元，还有 23 亿美元用以补偿客户和投资者。

以闹得沸沸扬扬的外汇市场操纵大案“Cartel”为例，经过多年调查后，2017 年 1 月，前摩根大通交易员理查德·厄夏尔、前花旗交易员罗汉·拉姆昌达尼、前巴克莱现货外汇交易全球主管克里斯托弗·阿什顿被美国检方控告，三位主要工作于伦敦的涉案交易员被引渡至美国接受案件审理。美国检方表示，2007～2013 年，三位交易员在一个名为“Cartel”的在线聊天室中操纵汇市，影响欧元对美元的汇率，令自己在交易中获利。同样涉案的前瑞银、巴克莱交易员马特·加德纳则在此前为了避免被起诉而与政府方面合作并提供证词。

5.1 汇　　率

汇率是影响内外部经济均衡的关键变量，因此，汇率的决定一直是国际金融领域探讨的一个重要命题。特别是在 20 世纪 70 年代浮动汇率制合法化后，人们更是试图通过对汇率决定机制的探知来有效预测汇率。其间，汇率决定理论不断得到丰富和发展。汇率决定理论是国际金融理论的核心内容之一，主要分析汇率受什么因素决定和影响。汇率决定理论随经济形势和西方经济学理论的发展而发展，为一国货币当局制定汇率政策提供理论依据，还可以认识和分析汇率的形成与变化过程，有利于结合现实有效地预测汇率。

外汇汇率(Foreign Exchange Rate)是指一种货币相对于另一种货币的价格，通常有两种不同的标价方法，即**直接标价法**(Direct Quotation)和**间接标价法**(Indirect Quotation)。直接标价法是以本币表示的单位外币的价格，间接标价法则是以外币表示的单位本币的价格。目前，除美国美元、英国英镑及欧元区欧元使用间接标价法外，世界上其他经济体都使用直接标价法，如 2019 年 6 月 6 日中国外汇市场上人民币标价为 1 美元=6.914 6 元人民币。

在国际市场上，各种货币的汇率普遍以美元计价，非美元货币之间的买卖必须通过美元汇率进行套算，通过套算得出的汇率称为**交叉汇率**(Cross Exchange Rate)。假如目前外汇市场上的汇率是 1 美元=7.794 4～7.795 1 港币、1 美元=127.10～127.20 日元，那么，港币兑日元的汇价是多少呢？若两种货币均以美元作为单位货币，就可以采取交叉相除的方法。把交叉项相除，小的数字在前面，作为买价；大的数字在后面，作为卖价。也就是说，1 港币=127.10/7.795 1～127.20/7.794 4 日元。

在外汇市场上，汇率的价格由五位数字表示，汇率价格的最后一位数的变动可以用基本点表示，如美元兑日元由 117.51 上升到 117.52 中的 0.01、欧元兑美元由 1.323 5 下降到 1.323 4 中的 0.000 1，都称作一个点，这是汇率变动的最小基本单位。当汇率变化时，点数波动的差值就是“点差”。例如，美元/日元由 120.00 变为 121.00 时，两者的差值为 1.00 日元，点差就为 100 点。

在金本位制度和布雷顿森林体系下，各国通行的是固定汇率，汇率是人为决定的，而这章所讨论的汇率决定因素，主要是指在目前浮动汇率制下汇率是如何决定的。

5.2 一价定律

5.2.1 基本内容

一价定律(The Law of One Price)是指在完全竞争市场中，没有运输成本和贸易壁垒的前提下，相同的产品在不同的国家必须以相同价值的货币出售，也就是说，当产品以相同国家的货币表示时，必须以相同的价格出售，其公式如下：

$$e=\frac{P}{P^*}$$

其中，P 表示该产品的国内价格，e 表示直接标价法下的汇率，P^* 表示该产品的国外市场价格。按照这个理论，任何一种商品在各国间的价值是一致的，因为它们通过汇率折算之后的标价是一致的。如果各国间商品存在价格差异，就会发生商品国际贸易，直到价差被消除，贸易停止，这时达到商品市场的均衡状态。

例 1 假设美元对人民币的汇率为 6.73 人民币/美元，一件在美国标价为 100 美元的外套在中国市场应该标价 673 元，若实际上中国市场标价为 1 000 元，则贸易商可以从美国买入该外套并在中国市场卖出来获利。这样，美国市场需求的上升会使其价格上升，中国市场外套供给的增加会使其价格下降，这种现象会一直持续到两个市场的价格相等为止。也就是说，在前面提到的假设条件下，套利者会使一价定律始终成立。

例 2　假设一个 ipad mini，在美国标价 300 美元，在英国标价 120 英镑，美元兑英镑的汇率为 2.5 美元/英镑。这里假定一价定律成立，那么若它在英国涨价了，卖到 200 英镑了，此时美国的价格要比英国便宜，根据一价定律，就会发生套购，会有人从美国买入价值 300 美元的 ipad mini，在英国卖出从而赚取 80 英镑(200—120)的价差，直至汇率变动，恢复到新的均衡，也就是汇率为 300/200＝1.5 美元/英镑时，套购停止。在这个例子里，若另一个国家的价格不变，那么汇率就随一国价格的变化而变化。

例 3　一价定律应用中广为人知的一个案例就是**巨无霸指数**(Big Mac Index)。巨无霸指数是一个非正式的经济指数，由《经济学人》杂志于 1986 年 9 月创立，用以测量两种货币的汇率理论上是否合理。该指数的算法是用一个国家当地的巨无霸汉堡的价格除以另一个国家当地的巨无霸汉堡的价格，再与实际的汇率作比较。若指数比汇率低，则第一国货币的价值被低估；若指数比汇率高，则第一国货币的价值被高估。除了巨无霸汉堡，还有学者选择苹果公司的 ipod、星巴克的咖啡等来预测汇率。这些商品的共同特点是它们在多个国家均有供应，而且在各地的制作材料和成本基本相同，属于去差异化的畅销商品。

在表 5-1 中，第二列表示一个巨无霸汉堡在本国的价格，第三列表示当时本国货币兑美元的汇率，第四列表示按照现实汇率测算出的巨无霸汉堡在美国的价格，第五列表示按一价定律计算出的汇率，第六列表示用这种方法计算出来的汇率相对于现实的汇率升值(贬值)的比例。以人民币为例，2015 年测量期一个巨无霸汉堡在中国的售价为 17.2 元，当时的人民币兑美元汇率为 1 美元＝6.21 元人民币，按照此汇率，美国的巨无霸汉堡价格应该为 2.77 美元，而实际美国巨无霸汉堡的价格为 4.79 美元，将两国巨无霸汉堡的价格相除，即 17.2 元人民币/4.79 美元＝3.59 元人民币/美元，此种方法计算出来的汇率比现实汇率要低 42.19%，说明相对于美元，人民币被低估了 42.19%。

表 5-1　　2015 年各国巨无霸指数

国家/地区	本国的价格	兑美元的汇率	美元价格	按一价定律计算的汇率	升值(贬值)比率(%)
阿根廷	28	8.61	3.25	5.85	—32.11
澳大利亚	5.3	1.23	4.32	1.11	—9.84
巴　西	13.5	2.59	5.21	2.82	8.7
英　国	2.89	0.66	4.37	0.6	—8.81
加拿大	5.7	1.23	4.64	1.19	—3.14
智　利	2 100	627.49	3.35	438.41	—30.13
中　国	17.2	6.21	2.77	3.59	—42.19
哥伦比亚	7 900	2 364.98	3.34	1 649.27	—30.26

续表

国家/地区	本国的价格	兑美元的汇率	美元价格	按一价定律计算的汇率	升值(贬值)比率(%)
哥斯达黎加	2 150	536.09	4.01	448.85	—16.27
捷克共和国	70.45	24.13	2.92	14.71	—39.06
丹　麦	34.5	6.42	5.38	7.2	12.23
埃　及	16.93	7.35	2.3	3.53	—51.91
欧元区	3.68	0.86	4.26	0.77	—10.98
中国香港	18.8	7.75	2.43	3.92	—49.37
匈牙利	860	271.39	3.17	179.54	—33.84
印　度	116.25	61.62	1.89	24.27	—60.61
印度尼西亚	27 939	12 480	2.24	5 832.78	—53.26
以色列	17.5	3.93	4.45	3.65	—7.14
日　本	370	117.77	3.14	77.24	—34.41
马来西亚	7.63	3.62	2.11	1.59	—55.94
墨西哥	49	14.63	3.35	10.23	—30.07
新西兰	5.9	1.31	4.49	1.23	—6.21
挪　威	48	7.62	6.3	10.02	31.46
巴基斯坦	300	100.74	2.98	62.63	—37.83
秘　鲁	10	3.01	3.32	2.09	—30.6
菲律宾	163	44.41	3.67	34.03	—23.37
波　兰	9.2	3.71	2.48	1.92	—48.18
俄罗斯	89	65.23	1.36	18.58	—71.51
沙特阿拉伯	11	3.76	2.93	2.3	—38.87
新加坡	4.7	1.33	3.53	0.98	—26.4
南　非	25.5	11.48	2.22	5.32	—53.62
韩　国	4 100	1 083.3	3.78	855.95	—20.99
斯里兰卡	350	131.88	2.65	73.07	—44.59
瑞　典	40.7	8.19	4.97	8.5	3.73
瑞　士	6.5	0.86	7.54	1.36	57.49
中国台湾	79	31.49	2.51	16.49	—47.63
泰　国	99	32.61	3.04	20.67	—36.61
土耳其	9.25	2.33	3.96	1.93	—17.24

续表

国家/地区	本国的价格	兑美元的汇率	美元价格	按一价定律计算的汇率	升值(贬值)比率(%)
阿联酋	13	3.67	3.54	2.71	−26.11
乌克兰	19	15.82	1.2	3.97	−74.93
美　国	4.79	1	4.79	1	0
乌拉圭	113	24.43	4.63	23.59	−3.42
委内瑞拉	132	52.1	2.53	27.56	−47.11
越　南	60 000	21 380	2.81	12 526.1	−41.41

数据来源：http://bigmacindex.org/。

5.2.2　一价定律的局限

一价定律理论虽然很合理，但在现实世界中却存在许多违反一价定律的现象，表 5-2 显示了 2017 年 9 月 iphone8 的全球市场定价，按当时汇率换算成人民币后 iphone8 在全球市场的价格是不一致的。可以看到，64G 版本在法国的价格最高，256G 版本在德国的价格最高，两个版本的 iphone8 售价均是在美国最低。

表 5-2　　iphone8 全球市场价格(换算成人民币后)

国家/地区	64GB 版	256GB 版
中国内地	5 888 元	7 188 元
中国香港	5 007 元	6 095 元
日　本	4 670 元	5 678 元
美　国	**4 566 元**	**5 546 元**
新加坡	5 569 元	6 733 元
新西兰	5 943 元	7 371 元
英　国	6 066 元	7 367 元
德　国	6 243 元	7 571 元
加拿大	6 069 元	7 441 元
法　国	6 321 元	6 733 元
澳大利亚	5 650 元	6 859 元

数据来源：苹果官网。

表 5-3 显示 2018 年 6 月 22 日 iphoneX 的全球市场价格换算成美元后也是不一致的。可以看到，iphoneX 在欧盟国家、英国和中国的售价属于全球较高的。可见，一价定律在现实运用中还是存在局限的。

表 5 - 3 iphoneX 全球市场价格

国家/地区	价格(本地货币)	价格(美元)
欧　盟	约 1 159 欧元	**1 350**
英　国	999 英镑	**1 325**
中　国	8 316 元人民币	**1 278**
俄罗斯	79 990 卢布	**1 271**
澳大利亚	1 579 澳元	**1 174**
墨西哥	23 499 比索	**1 172**
阿联酋	4 304 迪拉姆	**1 172**
中国香港	8 588 港币	**1 095**
美　国	1 064 美元	**1 064**
日　本	112 800 日元	**1 026**
加拿大	1 319 加拿大元	**991**

数据来源：苹果官网。

为什么会出现理论与现实的偏离呢？因为一价定律的提出是有很多假设的。这些假设虽然简化了理论分析过程，但与现实情况相违背。

首先，现实中存在**套购成本**，如贸易壁垒、运输成本等。以苹果手机为例，如果想从美国代购苹果手机，需要付来回的机票钱，在机场海关还有可能被征税；此外，美国使用 110 V 单相电压，而中国使用的是 220 V 交流电，因此，美版的苹果手机充电器需要连接转接头。

其次，现实中会存在**信息不对称**现象，也许消费者并不知道美国的苹果手机比中国的便宜。如果交易发生信息不对称，买家无法获知最低价格，一价定律便不适用。

再次，**心理因素**同样会对一价定律产生影响。在世界各地，即使商品的品质完全等同，其价值评价也不一定相同。因为内在价值体现在买卖双方对商品的主观认知上，并通过供给价格和需求价格表现出来。主观认知主要为文化背景所左右，如世界各地对苹果手机的接受程度不尽相同，这些心理因素会影响购买者的需求，促使供应者使用不同的定价方法，导致现实情况未必与理论吻合。

最后，**巴拉萨-萨缪尔森效应**(Balassa-Samuelson Hypothesis，1964)认为，一价定律并不一定通用于世界上所有的物品，因为某些物品是不能对外交易的，属于不可贸易品。巴拉萨-萨缪尔森效应是研究经济增长与实际汇率关系中最有影响力的理论假说。该假说从实体经济角度出发，解释了为什么实体经济的增长会引起该国实际汇率的升值，为什么经济增长快的国家比经济增长缓慢的国家更易经历实际汇率的升值等。

巴拉萨-萨缪尔森效应假说是当代国际经济学中一个重要的基础性命题，是研究一国经济处于高速增长时期，实际汇率长期变动趋势的重要理论。该理论认为，某些国家的消费相对于其他国家便宜，是因为欠发达国家的非交易物品相对便宜，特别是土地和劳动。这会导致欠发达国家拥有这典型的一篮子廉价消费品，尽管其中部分物品的价格被国际贸易活动的影响所拉平。现实世界中，因为劳动力不可自由流通等原因，发展中国家的劳动力价格更低，所以，在发展中国家，人力资本密集型行业，如理发的价格更低。

5.3 购买力平价理论

从短期来看，汇率的波动很大；而从长期来看，汇率主要由经济基本面决定。从长期来看，产品价格水平与汇率之间存在一种可预测的关系，前面介绍的一价定律主要是从一种商品或一篮子商品的角度来研究商品价格与汇率之间的关系；购买力平价理论则是分别从静态角度考察产品价格与汇率的关系，从动态角度研究产品价格和汇率随时间变化的特征。

购买力平价理论是汇率决定理论中最具影响力的理论之一，卡塞尔是该理论的集大成者。它的基本思想是人们需要货币是因为它具有购买力。货币转移的实质是购买力的转移。一个国家的货币价值是由其在该国内所购得商品或劳务的量，也就是购买力决定的。因此，人们对本国和外国货币比价的衡量主要取决于两种货币的购买力。购买力平价理论分为绝对购买力平价和相对购买力平价。

5.3.1 绝对购买力平价

绝对购买力平价(Absolute Purchasing Power Parity)，是指一组或一篮子可贸易产品在不同国家以同种货币表示的价格是相同的。如果用 e 代表直接标价法下的汇率，用 PI 和 PI^* 代表国内和国外一篮子特定商品的价格，分别用本国货币和外币表示。依据绝对购买力平价理论，如果这个市场是有效率的，两国的汇率应该为：

$$e=\frac{PI}{PI^*}$$

公式表示两国的一般物价水平之比决定了两国之间的汇率水平。

例 4 设 PI^* 为某种一篮子特定商品的美元价，PI 为这些商品的人民币价。购买力平价理论认为，人民币兑美元的汇率 e 等于 P 比上 P^*。假设一篮子商品在美国花费 200 美元，而在中国花费 1 200 元，按购买力平价理论，人民币兑美元的汇率应该为 1 200 元人民币等于 200 美元，也就是说，直接标价法下的人民币兑美元汇率为 6 元人民币/美元。

这样看起来，绝对购买力平价似乎与一价定律相似，尤其是公式，几乎是一样的，但是一价定律中的价格变量指的是某种商品的价格，而在绝对购买力平价中，其指的是一篮子特定商品的平均价格。若一价定律对所有商品均成立，那绝对购买力平价也成立。即使一价定律不完全成立，由于一篮子商品中不同商品的价格差异可能相互抵消而趋于平均数，绝对购买力平价也可以作为计算汇率的重要依据。佩恩世界表(Penn World Tables, PWT)是联合国国际比较计划委托宾州大学的国际比较中心建立的数据库，他们将 PI/PI^* 定义为以本国货币为计量单位的名义 GDP 和以外币为计量单位的真实 GDP 之比。

5.3.2 相对购买力平价

无论是一价定律还是绝对购买力平价，都是对应某个时点成立的，而相对购买力平价理论具体研究了汇率在一段时间内的变化趋势。**相对购买力平价理论**(Relative Purchasing Power Parity)是指一段时间内，两国间产品价格水平的差异会被同期汇率的变化抵消。它所衡量的是一种相对变化，认为汇率变动主要是物价造成的，当两国的物价发生变化时，两国之间的汇率必须做出相应调整，具体公式如下：

$$e_1=\frac{P_1/P_0}{P_1^*/P_0^*}\cdot e_0$$

其中，e_1 表示变化期均衡汇率，e_0 表示基期汇率，P 与 P^* 表示本国与外国的物价水平，下标“0”与“1”分别表示基期与变化期。那么，公式就可以表示成新的均衡汇率 e_1 等于基期汇率 e_0 乘上本国和外国变化期物价与基期物价之比。

例 5 假设原始汇率为 1 美元＝100 日元，在某个时期，日本的居民消费价格指数(CPI)从 100 升到了 150，与此同时，美国居民消费价格指数从 1 升到了 1.25，根据相对购买力平价理论，新的汇率应该为多少？

利用公式，代入相关数值进行求解，最终得到直接标价法下日元兑美元的汇率为 120 日元/美元。如果对绝对购买力平价公式 $e=P/P^*$ 进行全微分展开，可以得到另一种形式的相对购买力平价：e 的变化率等于本国与外国通货膨胀率之差 $\left(\frac{de}{e}=\frac{dP}{P}-\frac{dP^*}{P^*}=\pi-\pi^*\right)$，这表明，当本国通货膨胀率大于外国通货膨胀率时，直接标价法下的汇率变化率为正，则本币应该贬值。

5.3.3 实证检验

购买力平价理论认为，汇率取决于相对价格，相对价格的变化会导致汇率的变化。实际上，关于一个国家通货膨胀与汇率状况的关联在玻利维亚可以很好地吻合。然而，对购买力平价理论更广泛的实证检验已经产生了不同的结果。虽然从长期而言，购买力平价理论可能看起来能产生较为精确的结果，然而在 5 年或者不到 5 年的时间跨度内，它并不能得到较为精确的汇率波动预测结果。另外，该理论最适合预测那些高通货膨胀以及资本市场不发达的国家。就通货膨胀差异相对较小的先进工业国家货币之间汇率的短期波动而言，该理论的预测结果不太有效。

5.3.4 对购买力平价理论的评价

购买力平价理论揭示了汇率变动的长期原因：一国物价上涨，纸币对内贬值，在短期内可能不会引起纸币对外贬值，但在长期内必定会引起纸币对外贬值。1970 年年初，国际上又重新广泛实行浮动汇率制度，购买力平价理论再次盛行，如今已成为分析一国货币汇率是被低估还是高估的标准工具。在西方各国都实行浮动汇率制度的今天，这一汇率理论在一定程度上符合现实，尤其是在通货膨胀很严重的时期。

但该理论也存在一些不足：首先，购买力平价理论把汇率的变动完全归结于购买力的变化，不但忽视了其他因素，如国民收入、国际资本流动、生产成本、市场结构、技术水平、政治经济局势等对汇率变动的影响，而且忽视了汇率变动对购买力的反作用。其次，绝对购买力平价的成立是建立在诸多假设之上的，其中最重要的一个就是一价定律。故而所有一价定律不能成立的缺陷都会导致购买力平价不成立，如一价定律的理论基础是所有商品都是贸易品，这样国际市场的套购才会使得商品价格趋于一致，但是现实中非贸易品的比例非常大；另外，关税壁垒、进口配额、许可证和外汇管制等人为因素，再加上贸易本身存在的运输成本和交通费用，也使得贸易品价格不能完全趋同。最后，这个理论在计算具体汇率时，存在许多困难，主要表现有三点：一是在物价指数的选择上，是采用消费品物价指数，还是批发价格指数。二是商品的分类，运用购买力平价计算汇率，要求不同国家在商品的分类上达到一致性和可操作性，也就是之前提及的权重要一致，不然就不具有可比性。三是基期年的选择，相对购买力平价隐含了基期年汇率是均衡汇率的假设，准确选择基期年是保证一系列计算正确的大前提，而这样的基期年往往并不容易找到。

5.3.5 实际汇率

实际汇率(Real Exchange Rate)也称真实汇率，是指剔除两国名义货币因素的汇率水平，也就是名义汇率经过两国相对物价水平调整后的汇率水平。与名义汇率是外汇市场交易中真实存在的价格不同，实际汇率并不出现在任何外汇交易市场，而是纯粹虚拟的抽象经济学概念。

为什么经济学家会提出“实际汇率”的概念呢？这得从“名义汇率”的概念出发。名义汇率衡量的是本国货币与外国货币之间的交换比价。货币是为了方便商品交换而衍生出的交易媒介。国际商品交换的根本目的是以本国的商品去交换国外的商品。由于货币的出现，国际商品交换的过程实际上涉及三个市场的运行：一是以本国货币交换本国商品的市场，二是以本国货币交换外国货币的市场，三是以外国货币交换外国商品的市场。名义汇率仅仅是其中第二个市场的交易价格。要准确度量本国商品与外国商品的交换价格，必须计算这三个市场交易产生的间接价格，而这恰恰就是实际汇率的三个组成部分——本国价格水平、名义汇率和外国价格水平。所以，实际汇率的本质是国际商品交换的相对价格。

具体而言，实际汇率可以写成名义汇率与两国相对价格水平的乘积：

$$e = E \times \frac{PI_f}{PI_d}$$

其中，e 为实际汇率，E 为名义汇率，PI_f 与 PI_d 分别表示外国价格指数和本国价格指数。

实际汇率测度的关键在于物价水平的选取，不同的选取往往有不同的含义。经济学研究中，最常用的价格指数包括四类：消费者物价指数(CPI)、批发价格指数(WPI)、国内生产总值平减指数(GDP Deflator)和生产者物价指数(PPI)。其中，又以 CPI 最常用，因为一方面 CPI 与人们的消费生活息息相关，由此计算的实际汇率体现了人们日常生活中消费产品的实际价值与竞争力；另一方面各国普遍公布 CPI 月度数据，数据可得性比较强。值得注意的是，当学者选择实际汇率作为研究对象的时候，暗含的假设就是购买力平价不成立。回顾前文所说的购买力平价的定义式，也就是本国物价水平等于外国物价水平乘以名义汇率，在这种情形下，实际汇率必然等于 1，其对数水平应该恒等于 0，实际汇率不会发生变动。所以，如果实际汇率波动，就一定意味着购买力平价不成立。从这个角度来讲，研究实际汇率的波动等价于研究为什么名义汇率水平会偏离相对购买力水平。

这里还将介绍一个与实际汇率相关的概念——实际有效汇率。实际有效汇率是指将世界其他所有国家或者主要国家作为一个整体来度量某个国家加权平均的实际汇率水平。计算实际有效汇率的关键在于如何加总世界其他国家，常见的加总方式是以双边贸易额为权重，加权的方式包括算术加权和几何加权。我们列举了一种比较简单的计算公式，采用的是算术加权，具体表现为实际有效汇率等于各国汇率与贸易额占比的乘积的加总，如下所示：

$$E_{effective} = E_1 \frac{Trade1}{Trade} + \cdots + E_N \frac{TradeN}{Trade}$$

图 5－1 是 2001 年 1 月到 2019 年 2 月人民币实际有效汇率指数月度的变化情况，这张图的数据来自国际清算银行。从图中人民币实际有效汇率的月度走势来看，2001～2005 年，我国实际有效汇率连续下降，在 2005 年后才开始进入一个稳定的升值通道，并且在 2015 年 8 月后略有下降。

数据来源：国际清算银行。

图 5－1　2001～2019 年人民币实际有效汇率指数(月度)

5.4　利率平价理论

上一章介绍了开放经济条件下一国与外国商品市场之间存在的联系所带来的汇率与商品价格水平之间的关系。现实生活中，开放经济下一国与外国金融市场之间的联系更为紧密，国际资金流动的发展使汇率与金融市场上的价格-利率之间也存在密切的关系，这也就是这节所要介绍的利率平价理论所分析的内容。与购买力平价理论相比，利率平价理论是一种短期内的分析。

利率平价理论(Interest Rate Parity)认为，风险相同、期限相同的证券的名义利率差异应该等于负的去除交易成本的外汇远期升贴水，其理论基础与购买力平价理论一样，也是一价定律。利率平价理论的基本思想可以追溯到 19 世纪 90 年代，德国经济学家洛茨首先提出了利差与远期汇率之间的关系。1923 年英国著名经济学家凯恩斯在《货币改革论》一书中，在洛茨的研究基础上，总结出了古典利率平价理论。英国经济学家保罗・艾因齐格于 1931 年发表的《远期外汇理论》真正完成了古典利率平价理论体系，开辟了现代利率平价理论。利率平价理论可分为抵补利率平价和非抵补利率平价，两者的区别在于是否存在风险敞口。

5.4.1　抵补利率平价

抵补利率平价(Covered Interest Rate Parity)理论的经济意义为汇率的远期升水或贴水率等于两国货币利率之差。如果本国利率高于外国，那么本币在远期将贬值；反之，则在远期将升值。

假设我们有 1 000 万元人民币为期一年的投资计划，我们可以有两个方案：一个是直接在中国境内存款；另一个是兑换成美元，通过美元市场获利，并通过卖出美元的远期来避免外汇风险。如果抵补利率平价成立，那么两种投资方式的收益应该是一致的。如图 5－2 所示，

1 000 万元人民币在中国境内一年期的存款利率为 1.5%，一年后的总收益为 1 015 万元人民币。如果选择美元资产投资，那么初始 1 000 万元人民币按即期人民币兑美元汇率 1.00 美元=6.40 元人民币可兑换 156.28 万美元，假设美元存款利率为 0.25%，则一年后可得 156.28×(1+0.25%)=156.67(万美元)。如果抵补利率平价成立，此时的远期人民币兑美元汇率为 1 015÷156.67=6.48，即 1 美元兑 6.48 元人民币。

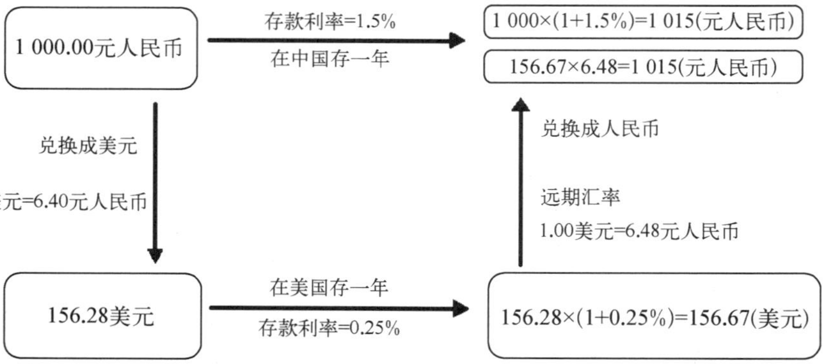

图 5-2　抵补利率平价

由这个例子可以类推出抵补利率平价的两种等价表达式。第一种：投资于一种外币的总抵补收入等于投资于本币的收入。假设 r^* 表示外国市场利率，r 表示本国市场利率，F 表示远期汇率，e 表示即期汇率，公式可以表示为：

$$\frac{(1+r^*)\times F}{e}=1+r$$

即一单位本币在本国市场投资的远期收益应等于将一单位本币换成外汇在外国市场收取的远期收益，再利用远期合约以远期汇率换算成本币的收益数额。

对第一种表达式稍加推导，我们可以得到第二种表达式：

$$\frac{F-e}{e}=\frac{r-r^*}{1+r^*}\cong r-r^*$$

即当外国市场利率 r^* 很小，小到可以忽略不计时，本国与外国市场的利率之差就等于远期汇率相较即期汇率的变化率。现实世界中，大多数国家的市场利率不高，使得这一表达式通常符合现实，其经济含义是一国货币的远期升水(或贴水)等于该国利率低于(或高于)另一国利率的数额。换个角度说，若即期汇率上升而两国利率差没有发生变化，则远期汇率必须上升以维持远期升水不变，此时，任何使即期汇率上升(或下降)的因素也会使远期汇率上升(或下降)。实际上，在过去的几十年里，世界主要货币的短期利率差异没有发生多大变化，因此，任何两种货币之间的即期汇率和远期汇率趋于同时上升或下降。

5.4.2　非抵补利率平价

非抵补利率平价(Uncovered Interest Rate Parity)，顾名思义，就是在没有对冲汇率风险的情况下的利率平价。

假设我们有一个 1 000 万元人民币为期一年的投资计划(如图 5-3 所示)。

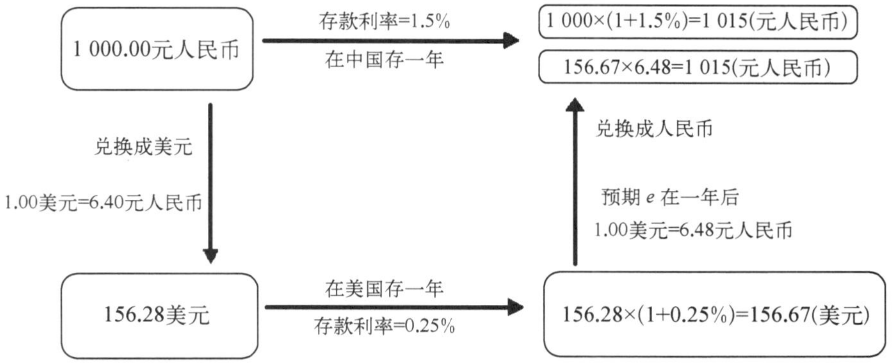

图 5－3　非抵补利率平价

由这个例子可以类推出非抵补利率平价的公式：

$$E^e = e \times \frac{1+r}{1+r^*}$$

其中，E^e 代表预期未来某个时点的即期汇率。公式表示一单位本币在本国市场投资的远期收益应等于将一单位本币换成外汇在外国市场上获取的远期收益，并以预期的投资期结束后的即时汇率换算成本币的收益数额。

与抵补利率平价的表达式相似，我们可以对非抵补利率平价公式进行变形，得：

$$r - r^* = \frac{E^e - e}{e}$$

即当外国市场利率很小时，预期汇率远期变动应等于两种货币利率之差。转而言之，当非抵补利率平价理论成立时，如果本币利率高于外币利率，则外汇市场将预期本币汇率在远期会贬值。

既然非抵补投资会面临汇率风险，为什么还有人愿意进行此种投资呢？这是因为在这种投资方式下，预期总收益可能大于在国内投资的收益，当投资者预计所承受的风险得到足够补偿时，就会进行非抵补投资。然而在实际中，人们很少对非抵补利率平价进行实证检验，因为对汇率的预期变动率是一个很难统计的心理变量，而且实际意义不大。

总结来说，利率平价理论的推理是严密的，在阐述远期汇率变动以及利率对汇率产生的影响方面具有实践价值。它突破了传统的国际收支和物价水平的范畴，从资本流动的角度研究了汇率的变化，奠定了现代汇率理论的基础。但该理论也存在一些缺陷：一是没有考虑交易成本，在实际交易中，如果交易成本过高，就会影响套利收益，从而影响汇率与利率之间的关系；二是假设资金在各国间自由流动，但实际上，资金在国际市场上流动会受到外汇管制和外汇市场不发达等因素的阻碍；三是假设套利资金是无限的，因此套利者可以不断进行抵补套利，直到利率平价成立，而在现实世界中，显然套利资金的规模是有限的。

5.5　国际收支与汇率

利率平价理论利用资金市场上汇率与利率之间的关系探讨了汇率的决定，但在分析时忽略了国际贸易在汇率决定中的作用。国际收支说则考虑了国际收支对汇率的影响，认为国际收支决定外汇供求，进而决定汇率。

5.5.1 国际收支平衡表

要了解一国的国际收支，离不开一国的国际收支平衡表。国际收支平衡表是反映一个经济实体在一定时期内以货币单位表示的全部对外经济往来的统计表。它是按复式记账原理编制的，每一笔交易都须同时记录相应的借方和贷方。国际收支平衡表包括经常项目、资本和金融项目以及净误差与遗漏项目。

我们可以通过国家外汇管理局的官网去获得最新的中国国际收支平衡表的数据。表5-4是从国家外汇管理局官网上下载的2014年度到2018年度简化的中国国际收支平衡表，可以看到，其中包括四个基本账户——经常账户、资本账户、金融账户，以及净误差与遗漏。虽然各国国际收支平衡表的详细程度和格式有所不同，但一般都包含这四大账户。

表5-4 **中国国际收支平衡表(年度表)** 单位：亿元人民币

项目	2014年	2015年	2016年	2017年	2018年
1. 经常账户	**14 516**	**18 950**	**13 352**	**13 120**	**3 527**
贷方	168 534	163 213	163 214	185 159	193 053
借方	−154 018	−144 262	−149 862	−172 039	−189 526
1.A 商品与服务	**13 611**	**22 346**	**16 976**	**14 578**	**7 054**
贷方	151 302	147 099	146 177	163 847	175 694
借方	−137 691	−124 753	−129 201	−149 268	−168 640
1.B 初次收入	**817**	**−2 602**	**−2 987**	**−655**	**−3 394**
贷方	14 706	13 877	14 987	19 410	15 526
借方	−13 889	−16 479	−17 974	−20 065	−18 920
1.C 二次收入	**88**	**−794**	**−637**	**−804**	**−133**
贷方	2 525	2 236	2 050	1 902	1 833
借方	−2 437	−3 030	−2 687	−2 706	−1 966
2. 资本与金融账户	**−10 394**	**−5 653**	**1 951**	**1 212**	**7 231**
2.1 资本账户	**−2**	**19**	**−23**	**−6**	**−38**
贷方	119	32	21	15	20
借方	−121	−12	−44	−22	−58
2.2 金融账户	**−10 392**	**−5 672**	**1 974**	**1 218**	**7 269**
资产	−35 657	773	−15 426	−28 604	−24 436
负债	25 265	−6 445	17 400	29 822	31 705
2.2.1 非储备性质的金融账户	−3 182	−27 209	−27 647	7 354	8 306
资产	−28 448	−20 764	−45 047	−22 468	−23 399

续表

项　　目	2014 年	2015 年	2016 年	2017 年	2018 年
负债	25 265	−6 445	17 400	29 822	31 705
2.2.2　储备资产	−7 209	21 537	29 621	−6 136	−1 037
2.2.2.1　货币黄金	0	0	0	0	0
2.2.2.2　特别提款权	4	−17	22	−49	2
2.2.2.3　在国际货币基金组织的储备头寸	60	56	−348	146	−47
2.2.2.4　外汇储备	−7 273	21 498	29 947	−6 233	−992
2.2.2.5　其他储备资产	0	0	0	0	0
3. 净误差与遗漏	**−4 122**	**−13 298**	**−15 303**	**−14 332**	**−10 758**

经常项目账户(Current Account)反映了一国与他国之间的实际资产流动,包括商品与服务、初次收入和二次收入三个科目。而国际货币基金组织编制的国际收支和国际投资头寸手册第五版(BPM5)将其划分为商品、服务、收入和经常转移四个科目。它是国际收支平衡表中最基础也是最重要的项目账户。经常项目顺差表示该国为净贷款人,经常项目逆差表示该国为净借款人。

资本项目账户(Capital Account)是用来反映一国对外金融资产和负债的所有权变化以及其他对外债权债务增减情况的账户。在国际货币基金组织编制的 BPM5 以前的国际收支手册中,其被笼统地称为资本账户,BPM5 虽将其细分为资本账户与金融账户两个部分,但仍划为同一个大项,也就是资本与金融账户,BPM6 则将资本账户和金融账户单独划分。

金融账户(Financial Account)是指一国经济体对外资产和负债所有权变更的交易。BPM5 将金融账户划分为直接投资、证券投资、其他投资和储备资产四大类。而 BPM6 将证券投资中的子科目——金融衍生品分离出来与雇员股票期权作为一个新的大类。

净错误与遗漏账户(Error and Omission Account)。根据复式簿记原则,有借必有贷,借贷必相等。但由于数据来源不一,有时候会出现数据是估计的这种情况或者是其他人为误差,如虚报出口、数据保密等,因此,国际收支平衡表实际上达不到平衡,此时就需要人为设置一个账户,以抵消上述统计误差,这个人为设置的账户就是净误差与遗漏账户。

5.5.2　国际收支理论

国际收支理论的理论渊源可以追溯到 14 世纪。1861 年,英国经济学家戈逊正式提出国际借贷论,他认为外汇汇率是由外汇的供给和需求的相互作用决定的,外汇的供求由国际借贷引起,当外汇供大于求时,外汇将贬值。第二次世界大战后,随着凯恩斯主义的宏观经济分析被广泛使用,很多学者应用凯恩斯模型来说明影响国际收支的因素,进而分析这些因素如何通过国际收支作用到汇率,从而形成了国际收支说的现代形式。

国际收支理论(The Theory of Balance of Payment)认为,一国的外汇供给取决于该国国际收支的贷方项目,如商品和劳务的出口、资金的流入等;外汇需求取决于该国国际收支的借方项目,如商品和劳务的进口、资金流出等。外汇供应减少或外汇需求增加,则外汇升值;外汇供应增加或外汇需求减少，则外汇贬值；当外汇供需相等时，此时的汇率即为均衡汇率。

设 Y_a、Y_f 分别代表本国和外国的国民收入，P_a、P_f 分别代表本国和外国的物价水平，i_a、i_f 分别代表本国和外国的利率水平，E 代表本国直接标价法下的均衡汇率，E_e 代表未来的预期汇率，那么，可以建立如下函数式：

$$E=f(Y_a, Y_f, P_a, P_f, i_a, i_f, E_e)$$

公式中的各因素均会影响汇率：

第一，国民收入的变动。在其他条件不变时，本国国民收入增加将通过边际进口倾向带来本国进口增加，导致本国对外汇需求的增加，外币升值，本币贬值；外国国民收入的增加将带来本国出口增加，本币升值，外币贬值。

第二，价格水平的变动。本国物价水平的上升将带来实际汇率的上升，本国产品竞争力下降，经常账户恶化，从而本币贬值；外国物价水平的上升将带来实际汇率的下降，本国经常账户改善，本币升值。

第三，利率的变动。本国利率的提高将吸引更多资本流入，本币升值；外国利率的提高将造成本币贬值。

第四，对未来汇率预期的变动。如果预期本币在未来贬值，资本将会流出以避免汇率损失，带来本币即期贬值；如果预期本币在未来升值，则本币即期将升值。

国际收支理论运用供求分析的方法，把影响国际收支的各种因素纳入汇率的均衡分析框架中，动态地解释了汇率变动的影响因素，但也存在一些缺陷：一方面，该理论只适用于市场较发达、外汇市场稳定的国家。因为国际收支理论是以外汇市场稳定为假定前提的，若一国外汇市场不发达，或政府对外汇市场进行干预，外汇的真实供求关系就会被掩盖。另一方面，该理论只注重短期分析。国际收支理论的分析基础是凯恩斯主义的宏观经济理论，可从动态的角度来分析短期外汇市场的供求状况，但对于长期均衡汇率的形成的解释力不够。

5.5.3 我国国际收支情况

从国际经验可知，一国的国际收支结构与经济增长模式有着密切的联系，我国独特的国际收支变化则反映了我国独特的经济增长模式。图 5－4 展示了 2007 年至 2018 年我国经常项

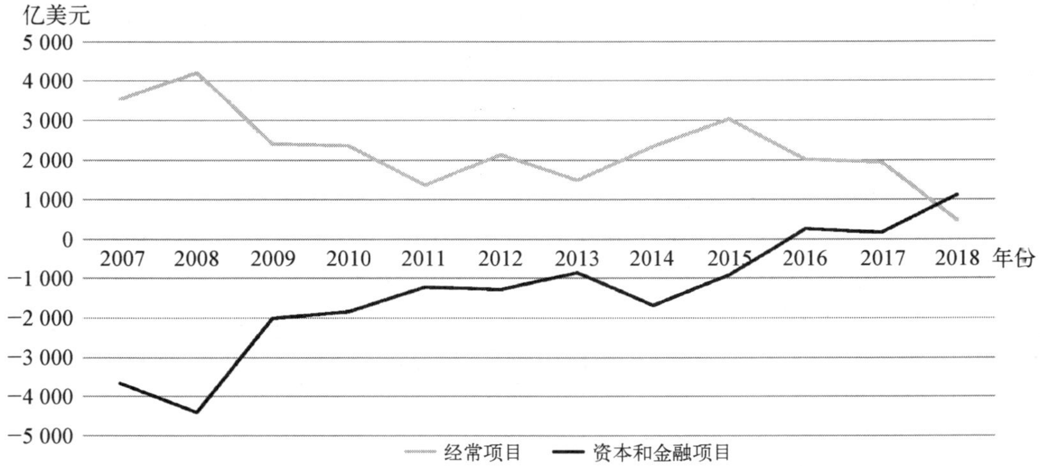

数据来源：国家外汇管理局。

图 5－4　2007～2018 年我国经常项目以及资本和金融项目净值

目以及资本和金融项目净值的变化情况。可以看到，这十几年来，我国经常项目的顺差呈现逐步缩小的趋势，资本和金融项目的逆差也在不断缩小，并在2016年变为顺差。

我们可以将人民币汇率纳入考虑，从而得到表5-5。

表5-5　　我国国际收支分阶段情况

项　　目	第一阶段	第二阶段	第三阶段
时间段	2007～2013年	2014～2016年	自2017年起
经常账户	顺差高位回落	顺差小幅波动	合理均衡顺差
非储备金融账户	大规模净流入	大规模净流出	小规模净流出
储备资产	显著大幅增加	持续大幅减少	“自然”增加
人民币汇率	持续上升	明显下跌	双向波动

资料来源：招商证券。

表5-5将我国国际收支情况分为三个阶段：2007年至2013年为第一阶段，此时，我国国际收支处于双顺差时期。该阶段我国经常账户连续7年实现顺差，但顺差与GDP之比开始从高位回落；非储备金融账户基本为顺差；储备资产余额持续快速上升；人民币汇率单边上行。2014年至2016年为第二阶段，可以大致概括为我国非储备金融账户大幅逆差时期。这一时期的特征为经常账户顺差规模小幅波动；国际资本大规模净流出，非储备金融账户出现大幅逆差；储备资产余额快速下降；人民币汇率明显下降。第三阶段为2017年至今，此时，我国的国际收支进入基本平衡的新阶段，主要特征为经常账户顺差处于合理水平，国际资本改变了之前大举净流出的局面，储备资产余额出现“自然”回升，人民币汇率实现双向波动。

一国的国际收支结构是国家经济运行状况、竞争能力等的综合体现，也与一国的经济发展阶段密切相关。从国际经验看，在大国经济崛起的过程中，特定的国际收支结构映射着经济增长阶段与潜力。一些发达国家坚持并实现了出口战略和竞争力的提升，保持了大国地位。一些发展中国家加大力度吸引外资，国际收支成为促进国家经济增长的重要引擎。我国的国际收支结构较为特别，反映了我国独特的经济增长模式。这与我国的国情和发展历史密不可分。当前，我国内外部形势出现新变化，外部环境日益复杂，中美贸易摩擦持续，将对国际收支形势产生重要影响。我们需要反思国际收支格局变化与经济增长的关系，全面、客观地为未来政策选择提供参考。

5.6　投资者心理与羊群效应

实证检验证明，传统的汇率决定理论并不能有效解释汇率的短期波动，于是，现代汇率决定理论突破了传统基本因素分析的框架，引入了预期、信息、心理等非基本因素的概念。一些学者开始意识到，也许投资者的心理会影响短期汇率的变化。实证检验也说明了，各种心理因素在决定市场交易商对未来汇率的预期时起着重要的作用。这也就是说，投资者的预期反过来具有一种自我实现的倾向。举例来说，1992年美国金融大鳄索罗斯以其投资基金资产作为担保，借入数十亿英镑，立即卖出换取德国马克。当他进行该操作时，市场上的外汇交易商闻风而动，也抛出英镑买入马克，从而触发了经典的跟风效应，交易商像羊群一样在同样的时间向同样的方向前进。这种跟风效应使得市场上英镑兑马克的汇率出现下跌，索罗斯可在更低的汇率水平把卖出的英镑买回来，然后用低价买进的英镑偿还贷款，赚取大量利润。这里，英镑汇率短期的下跌对经济基本面影响不大，更多的是索罗斯的豪赌引发的投资者跟风效应导致的。

这里就可以引进“羊群效应”的概念。在金融市场中，当投资者处于信息环境不确定的情况下，他们的行为开始受其他因素的影响而模仿他人的决策，或者出现过度依赖舆论的行为，这种金融市场中的跟风效应就可以被称为**羊群效应**(The Effect of Sheep Flock)。由于羊群效应涉及多个投资主体的相关性行为，对于市场的稳定和效率有很大影响，因此也与金融危机有着密切的关系。2008 年 10 月，冰岛克朗相对于美元、欧元、英镑等主要货币的汇率在一个月内贬值了一半多，大量冰岛的个人与公司为了降低他们在金融危机中的损失而将手中持有的冰岛克朗兑换成外国货币，对本国货币需求的减少降低了其价值。越来越多的个人和公司选择跟风抛售本币只会进一步降低汇率并引发了一场严重的金融危机。

5.7 国际货币体系与汇率制度

5.7.1 国际货币体系的演化

国际货币体系是指用以管理汇率的制度安排，包括国际清偿力的确定以及在此基础上的资金转移。国际货币体系的发展演化基本经历了三个阶段，分别是金本位制、布雷顿森林体系和后布雷顿森林体系。

(1) 金本位制(1870～1914 年)

金本位制实际上就是一种货币盯住黄金，保证货币与黄金的兑换性的制度。到 1880 年，世界上大部分的主要贸易国，包括英国、德国、日本和美国采用了金本位制。在国际金本位制度下，黄金充当世界货币。各国货币均规定含金量，各国货币含金量之比形成铸币平价，这决定了各国货币之间的汇率。汇率波动以铸币平价为基础，按供求状况上下波动，但受黄金输入、输出点的限制。这保证了各国货币之间比价的相对稳定，形成了各国货币之间的固定汇率。在国际金本位制度下，各国国际收支的自动调节主要通过“价格-现金流动机制”来实现。1914 年第一次世界大战爆发，参战国实行黄金禁运，且规定货币停止兑换黄金，金本位制遭到了严重的破坏。

1914 年至 1944 年，两次世界大战期间，国际收支和汇率剧烈波动，不存在统一的货币体系。

(2) 布雷顿森林体系(1944～1973 年)

1944 年，44 个国家建立了布雷顿森林体系。布雷顿森林体系实际上是一种国际金汇兑本位制度，或者称为美元-黄金本位制度。这一货币体系的两大支柱是美元与黄金挂钩，其他国家的货币与美元挂钩，实行固定汇率制度。这一体系在国际货币体系发展史上占有重要地位，它为第二次世界大战后国际经济关系的重建、推动国际经济的发展提供了稳定的货币环境。但是，由于存在“特里芬难题(Triffin Dilemma)”、各国利益不均衡、国际收支的调节机制失灵等缺陷，布雷顿森林体系最终在 1973 年彻底崩溃。

那么，什么是“特里芬难题”呢？在布雷顿森林体系中，美元与黄金挂钩，而其他国家的货币与美元挂钩，美元虽然因此取得了国际核心货币的地位，但是各国为了发展国际贸易，必须用美元作为结算与储备货币，这样就会导致流出美国的货币在海外不断沉淀，对美国来说就会发生长期贸易逆差；而美元作为国际货币核心的前提是必须保持美元币值稳定，这又要求美国必须是一个长期贸易顺差国。这两个要求互相矛盾，形成悖论。这一内在矛盾在国际经济学界被称为“特里芬难题”，正是这个“难题”决定了布雷顿森林体系的不稳定性和垮台的必然性。

(3) 后布雷顿森林体系(自1973年至今)

1973年布雷顿森林体系崩溃后，世界主要国家的货币普遍实行浮动汇率，国际货币制度呈现松散无固定约束的局面。《牙买加协定》的签订为国际货币体系的继续运转奠定了基础。其主要内容是各国可自由地选择汇率制度，废除黄金官价以及增加会员国的基金份额。布雷顿森林体系崩溃后，由于美元地位下降，各国开始采用多种货币作为储备货币。于是，多种货币储备体系就成了后布雷顿森林体系(牙买加体系)的主要特征。牙买加体系的运作机制具备储备货币多元化、汇率制度多元化的特征。其优势在于汇率政策的灵活性和多样性，劣势在于汇率的波动性和不确定性。

5.7.2 汇率制度

汇率制度是指一国货币当局对汇率变动的基本方式所做的一系列安排或规定，包括货币比价变动的界限、调整手段以及维持货币比价所采取的措施等。现有的汇率制度包括固定汇率制度、浮动汇率制度以及介于两者之间的盯住汇率制度、爬行盯住汇率制度和管理浮动汇率制度等。

当今汇率制度出现了很多新发展，总结来说，分为三种思潮：

第一种是“原罪论”(Doctrine of The Original Sin)。这种理论认为，出现货币危机的国家往往有币种错配的问题，当该国出现货币危机、汇率一落千丈时，本国企业难以用以本币计价的收入去偿还以外币计价的债务，由此导致的违约又会引发连锁反应。在理性预期的前提下，即使是微小的汇率波动或政府干预能力的减弱，如货币储备下降，也会因企业规避风险导致的换汇行为而被放大，使得汇率制度极其不稳定。

第二种是从货币当局调控规律的角度出发，被称为“害怕浮动假说”(The Fear of Floating Hypothesis)。该理论认为，在一些宣称采取浮动或有弹性汇率制度的国家，其汇率波动的幅度，尤其是考虑贸易条件变化后的浮动，要比美国、日本等发达国家的汇率波动幅度小得多。这是因为当汇率出现小幅波动后，这些国家往往通过多种方式直接或间接干预汇率，实际上其汇率安排更接近于某种不透明的盯住汇率制度。

第三种是从各国汇率机制变化的角度出发，被称为“中间制度消失论”(The Hypothesis of The Vanishing Intermediate Regime)。这一理论认为，由于高频度、高强度的资本流动使得政府对汇率的承诺变得越来越脆弱，未来各国的汇率安排将变得两极化，或者是完全的浮动汇率，或者是完全的固定汇率，各种“软”盯住汇率的安排将被逐渐淘汰。

表5-6显示的是2008年至2014年国际货币基金组织的成员国汇率制度安排的分布。可以看到，2008年至2014年，全球采用“硬”盯住制度和“软”盯住制度国家的占比均有所上升，而采用浮动汇率制度国家的占比有所下降，这和“中间制度消失论”有出入。据国际货币基金组织的分析，近几年汇率制度安排的小幅变动，一方面是由于国际贸易和金融的发展，另一方面是全球性金融风险的出现和消化所致。

表 5-6　　2008～2014 年国际货币基金组织成员国汇率制度安排分布　　单位：%

汇率制度	2008 年	2009 年	2010 年	2011 年	2012 年	2013 年	2014 年
“硬”盯住汇率制度	12.2	12.2	13.2	13.2	13.2	13.1	13.1
无独立法定货币制度	5.3	5.3	6.3	6.8	6.8	6.8	6.8
货币局制度(联系汇率制度)	6.9	6.9	6.9	6.3	6.3	6.3	6.3
“软”盯住汇率制度	39.9	34.6	39.7	43.2	39.5	42.9	43.5
传统的盯住制度	22.3	22.3	23.3	22.6	22.6	23.6	23.0
稳定化安排	12.8	6.9	12.7	12.1	8.4	9.9	11.0
爬行盯住制度	2.7	2.7	1.6	1.6	1.6	1.0	1.0
类似爬行的汇率安排	1.1	0.5	1.1	6.3	6.3	7.9	7.9
水平带内的盯住制度	1.1	2.1	1.1	0.5	0.5	0.5	0.5
浮动汇率制度	39.9	42.0	36.0	34.7	34.7	34.0	34.0
浮动制度	20.2	24.5	20.1	18.9	18.4	18.3	18.8
自由浮动制度	19.7	17.6	15.9	15.8	16.3	15.7	15.2
其他汇率安排	8.0	11.2	11.1	8.9	12.6	9.9	9.4

接下来我们将具体介绍几种基本的汇率制度：

(1) 固定汇率制度

这是以某些相对稳定的标准或尺度，如货币的含金量作为依据，以确定汇率水平的一种制度。从历史上看，国际性的固定汇率制度主要有两大类：一类是金本位制度下的固定汇率制度。不同货币之间的含金量之比形成铸币平价，汇率以铸币平价为中心，在输金点范围内波动，波动范围很小。另一类是第二次世界大战后建立的纸币流通制度下的固定汇率制度，也就是以美元为中心的固定汇率制度，史称布雷顿森林体系。它规定了美元与黄金挂钩，各国货币与美元挂钩，汇率只在上下 1%的幅度内波动。

固定汇率制度中比较特别的是货币局制度，这是以法律形式明确承诺本币和某一特定外币之间以固定汇率进行兑换的一种汇率制度；同时，本币的发行要以等额外汇储备作为支撑，本币与锚货币兑换完全不受限制。当市场汇率大于法定汇率时，货币发行机构卖出外汇从而回笼本币；当市场汇率小于法定汇率时，货币发行机构买入外汇从而释放本币。由于这种制度使本币的发行与外汇建立了固定联系，保证了本币与外币之间在需要时可按照事先确定的汇率进行无限制的兑换，因此形成了具有突出的固定汇率特征的制度安排。比较典型的代表是中国香港、阿根廷、波黑、文莱、保加利亚、爱沙尼亚、立陶宛和吉布提。

(2) 浮动汇率制度

在浮动汇率制度下，汇率的变动主要由外汇市场上的外汇供求决定，因而不受任何指标、标准和准则限制。在完全浮动汇率制度下，政府不再规定本国货币和外国货币的黄金平价，不规定汇率波动的上下幅度，中央银行也不承担通过外汇干预维持汇率稳定的义务，汇率完全根据外汇市场供求情况自由波动。

浮动汇率主要有自由浮动、管理浮动、单独浮动、盯住浮动(也就是盯住某一货币或一篮子货币)和联合浮动(即建立货币区)几种方式。采用浮动汇率制度的国家虽然数量上少于采用盯住汇率制度的国家,但在经济体量上却远大于后者。国际货币基金组织更进一步将浮动汇率安排分为普通浮动制度和自由浮动制度,区别在于后者的货币当局仅在极端情况下介入汇率市场,且介入的频率和时长都极低,绝大部分发达国家落在自由浮动制度这一分类中。普通浮动制度包括一些高收入国家,如新西兰、韩国、南非等,也包括不少发展中国家,如印度、巴西、印度尼西亚、菲律宾等。

(3) 盯住汇率制度

采用"软"盯住汇率制度的国家数量最多,国际货币基金组织对其分类也最为细致。

传统的盯住制度,即官方宣布盯住一种货币(这种货币主要是美元或欧元)或一个货币篮子,并在必要的时候通过直接和间接的方法干预汇率。不少中东国家,如约旦、也门、沙特、阿联酋的汇率政策属于这一类型。

水平带内的盯住制度与传统的盯住制度类似,主要的不同之处在于这一分类下官方会承诺一个汇率波动区间,并竭力维持汇率在这个区间内波动,而传统的盯住制度只有历史数据上的盯住表现而非承诺。历史上,欧洲各国曾采用这一机制,但目前只有大洋洲的汤加王国在这一分类中。

稳定化安排指的是虽然官方没有明确的汇率盯住承诺,但经常以各种方法介入汇率市场,作为结果,其货币对另一种货币或货币篮子保持了明显的稳定走势。国际货币基金组织将伊拉克、新加坡、越南等国归入这一分类。

爬行盯住制度指的是官方明确承诺以爬行的方式盯住单一或一篮子货币,并通过介入汇率市场,确保汇率走势合意。目前只有尼加拉瓜和波斯瓦纳落在这一分类中。

在类似爬行的汇率安排中,汇率走势和爬行盯住相仿,只是官方并未明确承诺爬行盯住。中国、阿根廷、瑞士均属于这种汇率安排。

5.7.3 中国汇率制度发展历史

1953 年到 1978 年,中国实行的是高度集中的固定汇率制度。从 1953 年开始,中国进入高度集中的计划经济时期,这一时期的人民币汇率成为一种计划核算的会计工具,因此要求稳定,人民币汇率安排按照换汇成本定价。1973 年 3 月以后,世界各国纷纷采取浮动汇率制度,此时,美元汇率波动十分剧烈,为了保持人民币汇率的基本稳定,中国采取了盯住一篮子货币的汇率制度。

1979 年到 1993 年是中国经济的转型时期。从 1981 年到 1984 年,中国实行的是双重汇率制度:一方面由于汇率高估不利于出口,国家在 1981 年确定了一个对外贸易外汇结算的内部汇价,即 1 美元兑 2.8 元人民币;另一方面,人民币对外公布的汇率为 1 美元兑 1.5 元人民币,仍然按照原来的一篮子货币计算方式来确定。双重汇率制度的推行在鼓励出口和增加非贸易往来利益上起到了一定的积极作用。但是其带来的问题却十分突出。双重汇率制度在使用上容易出现混乱,使得外汇核算复杂化,不利于国家的外汇管理;另外,双重汇率制度不利于企业之间的公平竞争和企业经营机制的转换。因此,到 1984 年年底,中国逐步下调了人民币官方汇率,最终使公布的官方汇率与内部结算价保持一致,即 1 美元兑 2.8 元人民币。从 1994 年 1 月 1 日起,人民币汇率并轨开始实行——中国开始实行单一汇率,人民币兑美元的官方汇率定为 1 美元兑 8.70 元人民币,人民币汇率制度自此开始实行以市场供求为基础、单一的、有管理的浮动汇率制度。

中国政府于 2005 年 7 月 21 日正式公布了全新的人民币汇率制度改革措施,主要包括两个方面的内容：一是人民币汇率制度开始采用以市场供求为基础的、参考一篮子货币进行调节的、有管理的浮动汇率制度。在具体的运行方式上，银行间外汇市场当日的美元兑人民币汇率在中间价上下0.3%的范围内浮动，中间价则由前一日银行间外汇市场的收盘价来确定。二是人民币汇率一次性升值2.1%，由原来1美元兑8.27元人民币升值为1美元兑8.11元人民币。在此后的不到3年的时间里，人民币汇率开始呈现加速升值的趋势，升值幅度近18%，从2008年第三季度至今，人民币汇率逐渐企稳，应该说，人民币汇率由实际上的盯住汇率制度向真正意义上的有管理的浮动汇率制度转变，对于缓解人民币升值压力，促进中国国际收支平衡以及维护中国货币政策的独立性具有重要的意义。

自2005年汇率改革以来，中国实行"小步快跑"渐进式升值，目的是为经济结构调整留出空间和时间，但是从实际效果看，名义汇率升值预期由此强化，反而制约了宏观经济的发展。2007～2008年虽然人民币升值速度加快，但中国的贸易顺差居高不下，投机资本大量流入，外汇储备急剧增长，资产价格膨胀，出现明显的流动性过剩，而中央银行货币政策受制于升值压力，运作空间有限。

从2009年开始，中国经常项目顺差与国内生产总值之比显著下降，国际收支向均衡状态趋近，人民币汇率不存在大幅波动和变化的基础。在这一背景下，中国宣布重启汇率改革，旨在促进中国的国际收支基本平衡，保持人民币汇率在合理均衡水平上的基本稳定，维护宏观经济和金融市场稳定。自重启汇率改革以来，人民币汇率走势总体上呈现小幅升值的态势，但双向波动特征更为明显，从"有升有降、大体稳定"的市场表现看，人民币汇率已接近均衡汇率水平。

2015年8月11日，中国中央银行宣布调整人民币对美元汇率中间价报价机制，做市商参考上日银行间外汇市场收盘汇率，向中国外汇交易中心提供中间价报价。这一调整使得人民币兑美元汇率的中间价机制进一步市场化，更加真实地反映了当期外汇市场的供求关系。

人民币加入特别提款权(SDR)——人民币国际化的里程碑式事件

特别提款权是国际货币基金组织创设的一种储备资产和记账单位，也可以称为"纸黄金(Paper Gold)"。它是国际货币基金组织分配给会员国的一种使用资金的权利。会员国在发生国际收支逆差时，可以用它向国际货币基金组织指定的其他会员国换取外汇，以偿付国际收支逆差或偿还国际货币基金组织的贷款，还可与黄金、自由兑换货币一样充当国际储备。但它只是一种记账单位，不是真正的货币。

2016年10月1日，人民币被正式纳入特别提款权货币篮子。根据国际货币基金组织发布的声明，人民币与美元、欧元、日元、英镑一起构成特别提款权货币篮子，人民币将在其中占10.92%的权重，超过日元和英镑排在第三位。

加入特别提款权的象征意义重大，把人民币列为特别提款权货币篮子中的第三大货币较好地反映了中国经济和金融在世界的位置，也是人民币国际化的重要阶段性成果，而且有利于推动国际货币体系多元化和增强国际经济金融体系的稳定性。尽管从技术上而言，特别提款权并非货币，但持有它的国际货币基金组织成员国有权提取货币篮子中的货币来满足收支平衡的需要。从消费者的角度看，人民币计价功能有望进一步扩大。对于企业而言，企业在国际贸易中或将更多地使用人民币进行结算和计价，有助于企业规避外汇市场汇率波动的风险。此外，加入特别提款权还将吸引更多境外投资者将人民币资产纳入资产配置组合中，并推动人民币资本项目可兑换改革和中国国内金融市场的开放。

5.7.4 三元悖论

三元悖论中的“三元”分别指一国货币政策的独立性、汇率的稳定性和资本的自由流动性，也就是图 5-5 中三角形的三个顶点 A、B、C。三元悖论认为，在开放经济条件下，这三者最多只能同时满足其中的两个，三者不能同时满足。从图形来看，就是选择三角形的任意一边都意味着放弃与此相对的那个顶点。这样，三元悖论就为政策制定者提供了三种不同的政策组合：一是“货币政策独立＋汇率浮动＋资本自由流动”（由边 AC 表示），二是“货币政策独立＋资本管制＋汇率稳定”（由边 BC 表示），三是“货币政策非独立＋资本自由流动＋汇率稳定”（由边 AB 表示）。这是由美国经济学家保罗·克鲁格曼就开放经济下的政策选择问题所提出的一个著名论断，也称蒙代尔三角。其提醒各国政府以宏观调控方式干预经济时，应根据国情进行取舍，选择适当的目标政策。

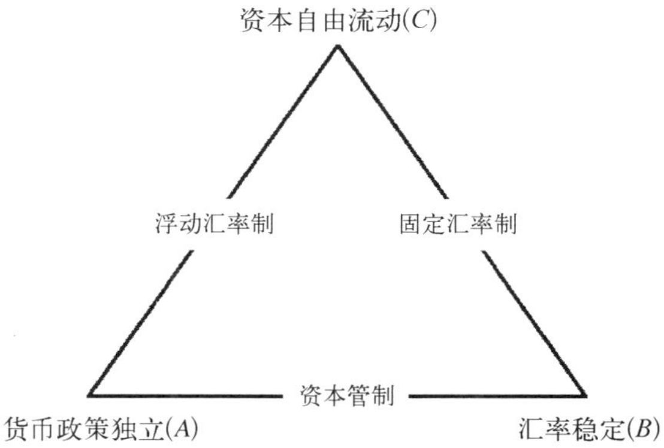

图 5-5　三元悖论

(1) 三元悖论对历史的解释力比较强

金本位时期各国坚持固定汇率制度和黄金的自由输入、输出，但放弃了货币政策的有效性，选择了边 AB。在布雷顿森林体系下，西方各国选择了汇率的稳定性和货币政策的有效性，但必须加强对资本流动的管制，边 BC 成为那一时期的选择。在 20 世纪 70 年代初期，布雷顿森林体系在“特里芬难题”的冲击下瓦解，国际货币体系进入牙买加体系。这一时期，边 AC 成为西方国家的政策选择——实现资本自由流动的同时又要独立的货币政策，其代价就是牺牲汇率的稳定性，实行浮动汇率制度。

(2) 三元悖论对现实有较强的解释力

例如，欧盟各国之间资本自由流动，单一的欧元更是将汇率稳定的目标推向了极致，但各国也丧失了独立实施货币政策的能力，欧元区各国均实行统一的货币政策。大多数国家则实行货币政策自主性和资本自由流动，放弃固定汇率制，如英国和美国等大多数发达国家。中国香港由于实行盯住美元的货币制度，资本自由流动，放弃了独立的货币政策。而新兴国家为了保证货币政策独立性和资本自由流动，往往会用巨额外汇储备来缓解汇率波动，如印度和东南亚等国。

(3) 三元悖论对于中国汇率制度改革有一定的启示意义

中国的国情决定了中国不可能放弃货币政策的独立性，也就是说，中国的客观情况已经决定了货币政策独立性这一支点不动或基本不动。为了改善中国货币政策独立性受到约束的情况，使汇率制度与提高资本的有限流动程度相协调，选择合适的时机增加人民币汇率制度的弹性将是一个较好的选择。中国政府在制定政策时把汇率稳定放在首位。至今，中国并没有采取三元悖论所示的任何一种政策组合，而追求的是“部分汇率稳定＋部分资本管制＋部分货币政策独立性”的政策安排。而且，在可预期的未来一段时间内，该组合仍然是中国的现实选择。

为何中国把汇率稳定作为政策的首要考虑？首先，中国资本市场的分割和管制反映了这样一个问题：利率调整不是国家货币政策的核心。在中国，企业贷款大部分直接来自“国家银行”，国有企业往往享受优惠待遇，而私有企业的贷款供给却截然不同。银行国有化加上资本市场的分割使利率调整无法满足宏观调控的需求。其次，严格的资本管制和大量囤积国际储备使中国与其他新兴市场所面临的形势完全不同。中国的外汇储备占 GDP 的比重不断攀升，这让汇率成为影响中国经济发展的最重要因素。最后，人民币汇率的稳定在中华人民共和国成立初期的经济发展、改革开放时期的经济建设以及抵御金融危机等方面都起到了积极作用。

可以通过近十年美元兑人民币汇率走势图来看中国在汇率稳定这一方面的政策成效。从图 5－6 可以看到，近十年人民币兑美元汇率大致稳定在 6～7，即使在中美爆发贸易摩擦后，人民币汇率一路走低，也没有持续破 7，属于在波动中保持相对稳定的状态。

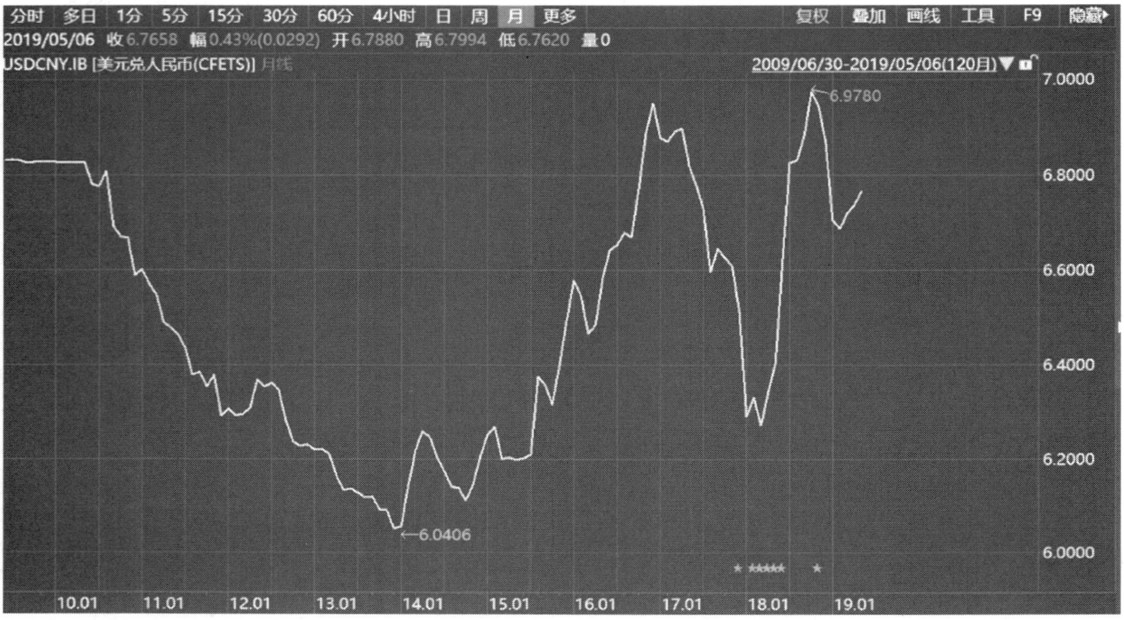

数据来源：Wind。

图 5－6 2010 年 1 月～2019 年 1 月美元兑人民币汇率走势图

学者刘金全(2018)运用价格水平法测算出了中国 1996 年第一季度到 2017 年第二季度的实际资本账户开放度，从图 5－7 可以明显看到，2008 年金融危机后，中国实际资本账户开放度开始下滑。2012 年中国人民银行调查统计司课题组出台报告，指出中国处于资本账户开放的战略机遇期，但其观点遭到林毅夫等经济学家的质疑。2014 年上海自贸区跨境投资的改革试点和“沪港通”的开通大大推进了中国资本账户的开放，但随之而来的是第二季度起中国持续的资本净流出，2015 年结售汇逆差累计达到 4 659 亿美元。中国人民银行紧急将现有的差别准备金动态调整和合意贷款管理机制升级为“宏观审慎评估体系”，然而，资本再度以对外直接投资形式流出，导致 2016 年第一季度中国的对外投资规模接近 2015 年全年。于是，政府开始加强对对外直接投资的管理，资本管制逐步加强，终于在 2017 年第一季度使资本转为净流入。2018 年 4 月 11 日，中央银行行长易纲在博鳌亚洲论坛上宣布了 2018 年超十项金融开放重磅措施，其中包括取消银行和金融资产管理公司的外资持股比例限制等六项措施、大幅度扩大外资银行的业务范围等五项措施，这标志着中国金融业的进一步开放。

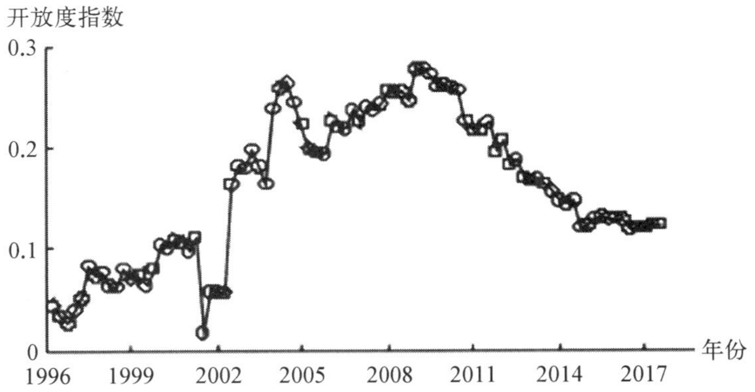

数据来源：中国人民银行。

图 5－7　1996 年第一季度～2017 年第二季度中国实际资本账户开放度

实证检验证明，在一个类似钟摆效应的区间内，一国当局可以在保持货币政策独立性的情况下，在一定幅度内灵活地根据实际经济情况来选择和调整其汇率政策，并实现对资本流动情况的控制。因此，在资本有限流动与汇率政策增加弹性这样一个“钟摆”区间里，人民币汇率制度在稳定中增加弹性将是一种兼顾汇率稳定与资本项目对外开放的良好选择。在稳定中增加弹性的意义在于：稳定本身可以增加政策的公信力，而适度弹性可以调节外汇市场供求，减少不合理的资金流动，使国际投机资本的冲击得以缓解；适度弹性还可以增加汇率双向变化的灵活性，从而增加国际投机资本的套利成本，有效隔离资本流动对一国经济发展的冲击。

当前，中国正面临深化人民币汇率制度改革的良机，亟须做的是在加强异常资本流动监管、完善外汇市场的基础上，进一步提高人民币汇率双向浮动的幅度和变化的频率，适度增加人民币汇率弹性。

本章总结

通过本章的学习，我们了解了几种主要的汇率决定理论，包括一价定律基础上的购买力平价、抛补与非抛补的利率平价。通过这些理论，我们可以大致评价汇率是否高估或者低估。另外，本章还介绍了其他影响汇率的重要因素，包括国际收支、社会心理等。本章的最后还介绍了国际货币体系的演变、中国的汇率制度及其改革进程。

重要概念

1. **外汇汇率**(Foreign Exchange Rate)是指一种货币相对于另一种货币的价格，通常有两种不同的标价方法，即**直接标价法**(Direct Quotation)和**间接标价法**(Indirect Quotation)。直接标价法是以本币表示的单位外币的价格，间接标价法则是以外币表示的单位本币的价格。

2. **一价定律**(The Law of One Price)是指在完全竞争市场中，没有运输成本和贸易壁垒的前提下，相同的产品在不同的国家必须以相同价值的货币出售，也就是说，当产品以相同国家的货币表示时，必须以相同的价格出售，其公式为 $e=P/P^*$。

3. **绝对购买力平价**(Absolute Purchasing Power Parity)，是指一组或一篮子可贸易产品在不同国家以同种货币表示的价格是相同的。

4. **相对购买力平价理论**(Relative Purchasing Power Parity)是指一段时间内，两国间产品价格水平的差异会被同期汇率的变化抵消。它所衡量的是一种相对变化，认为汇率变动主要是物价造成的，当两国的物价发生变化时，两国之间的汇率必须做出相应的调整。

5. **实际汇率**(Real Exchange Rate)也称真实汇率，是指剔除两国名义货币因素的汇率水平，也就是名义汇率经过两国相对物价水平调整后的汇率水平。与名义汇率是外汇市场交易中真实存在的价格不同，实际汇率并不出现在任何外汇交易市场，是纯粹虚拟的抽象经济学概念。

6. **利率平价理论**(Interest Rate Parity)认为，风险相同、期限相同的证券的名义利率差异应该等于负的去除交易成本的外汇远期升贴水，其理论基础与购买力平价理论一样，也是一价定律。

7. **国际收支理论**(The Theory of Balance of Payment)认为，一国的外汇供给取决于该国国际收支的贷方项目，如商品和劳务的出口、资金的流入等；外汇需求取决于该国国际收支的借方项目，如商品和劳务的进口、资金的流出等。外汇供应减少或外汇需求增加，则外汇升值；外汇供应增加或外汇需求减少，则外汇贬值；当外汇供需相等时，此时的汇率即为均衡汇率。

8. **国际货币体系**是指用以管理汇率的制度安排，包括国际清偿力的确定以及在此基础上的资金转移。国际货币体系的发展演化基本经历了三个阶段——金本位制、布雷顿森林体系和后布雷顿森林体系。

复习与思考

1. 2019 年 8 月 9 日，人民币兑美元汇率中间价为 7.013 6，这也是人民币汇率中间价过去 10 年以来首次连续 2 个交易日跌破"7"整数关口。2019 年 8 月 6 日，美国财政部将中国列为"汇率操纵国"。2019 年 8 月 12 日，中央银行发布 2019 年第二季度货币政策执行报告。试讨论目前我国外汇管理体制改革和人民币汇率市场化改革的举措，谈谈对我国被列入"汇率操纵国"的看法。

2. 汉堡包指数以汉堡包的价格为基础来比较不同国家的购买力平价，根据该指数的最新数据，大家可以发现哪些国家的货币被高估、哪些国家的货币被低估，那么，造成一国货币被高估或者低估的原因是什么呢？除此之外，还有分析师使用其他商品来衡量购买力平价，那么，还有哪些商品？具体是如何衡量的？这些商品的共性是什么呢？

第六章

区域经济一体化

学习目标

- 了解全球区域经济一体化的进程。
- 了解全球区域经济一体化的动因。
- 描述区域经济一体化的优缺点。
- 理解欧洲、美洲、亚洲和非洲在区域经济一体化方面所做出的努力。

引入案例

根据商务部的报道，2019 年 4 月 12 日，中日韩自贸区第十五轮谈判首席谈判代表会议在日本东京举行。商务部部长助理李成钢与日本外务省国际贸易和经济特命全权大使香川刚广、韩国产业通商资源部部长助理吕翰九分率各方代表团出席。本轮谈判，三方就货物贸易、服务贸易、投资、规则等重要议题深入交换意见，取得了积极进展。

2019 年 4 月 14 日，国务委员兼外交部部长王毅在北京与日本外相河野太郎共同主持第五次中日经济高层对话。对话会上，中日两国外交和经济部门围绕宏观经济政策、双边经济合作与交流、对话项下重要合作、区域经济一体化和全球经济治理等议题全面深入交换意见，达成了一系列共识。

2019 年 3 月，全国“两会”顺利召开，李克强总理在会议上表示，要推动中日韩自贸区谈判，加快东亚区域经济一体化进程。本次中日韩自贸区谈判标志着中日韩地区的一体化进程取得了历史性的进步。

6.1 区域经济一体化的概念及类型

区域经济一体化(Regional Economic Integration)是指一个地理区域内各国一致同意减少并致力于消除关税和非关税壁垒，以便商品、服务和生产要素在区域内自由流动。随着世界经济朝着一体化方向发展，一些地理上比较相近或者在经济上有密切合作的国家，为了共同的利益缔结条约，消除彼此之间的贸易壁垒，成立区域性的经济组织，实现区域内的自由贸易。

区域经济一体化在理论上可以分为以下几个类型(如图 6－1 所示)：特惠关税区、自由贸易区、关税同盟、共同市场、经济联盟和政治联盟。这些类型的一体化程度由低到高，不断递进。

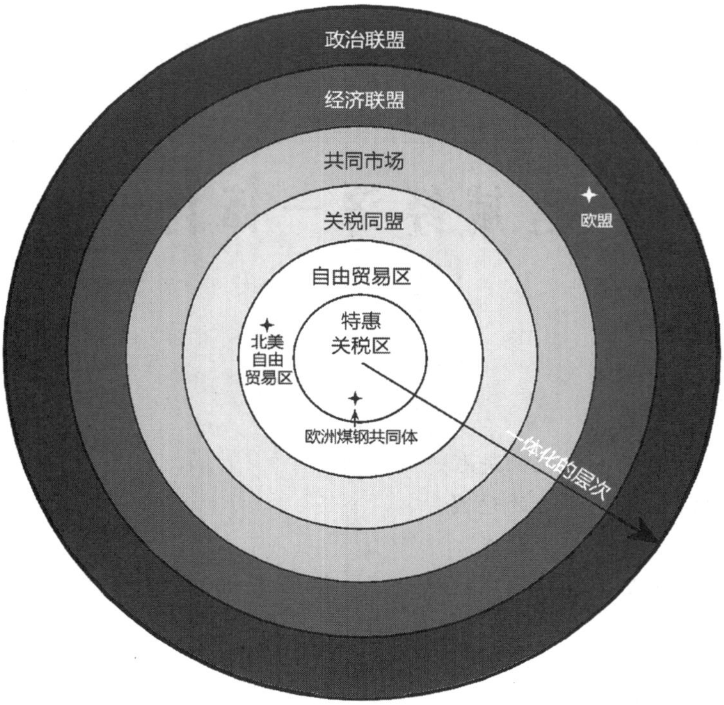

图 6-1　区域经济一体化的类型与层次

特惠关税区(Preferential Trade Agreement, PTA)又称优惠贸易安排,是指在成员国之间相互给予关税减让的优惠待遇。特惠关税区的税率比最惠国税率低,但成员国之间仍有一定程度的关税存在,是发展程度低、最松散也最易行的区域一体化组织形式,如东部和南部非洲国家特惠贸易区①、欧洲煤钢共同体②等。

自由贸易区(Free Trade Area, FTA)是指各成员国之间的商品和服务贸易的所有壁垒取消,各成员国可以保持对非成员国的独立贸易政策,如北美自由贸易协定③、欧洲自由贸易联盟④。

关税同盟(Customs Union)消除了成员国之间的贸易壁垒,并采用统一的对外贸易政策,如欧盟最初就是一个关税同盟。世界上其他的关税同盟包括安第斯共同体,其成员国之间实行自由贸易,对其他国家进口的商品征收统一关税。

共同市场(Common Market)是指成员国之间没有任何贸易壁垒,实行统一的对外贸易政策,并允许生产要素在成员国之间自由流动,包括劳动力和资本的自由流动,如南方共同市场⑤。

---

① 1978 年 3 月,东部和南部非洲有关国家的贸易、财政和计划部长在卢萨卡召开特别会议,发表了关于建立该贸易区的意向和义务的卢萨卡宣言。1981 年 10 月在亚的斯亚贝巴通过了建立该贸易区条约的草案。同年 12 月 21 日,贸易区正式宣告成立。

② 1951 年 4 月 18 日通过《巴黎条约》宣布成立欧洲煤钢共同体,1952 年 7 月 23 日条约正式生效。根据条约规定,成员国无须交纳关税而直接取得煤和钢的生产资料。欧洲煤钢共同体的缔约国有法国、西德、意大利、比利时、荷兰及卢森堡,有效期限为 50 年,因此,2002 年 7 月 23 日之后,欧洲煤钢共同体不复存在。

③ 北美自由贸易协定是美国、加拿大及墨西哥在 1992 年 8 月 12 日签署的关于三国间全面贸易的协议,经过几年协商,在 1994 年 1 月 1 日正式生效。

④ 欧洲自由贸易联盟又称"小自由贸易区"。英国、丹麦、挪威、葡萄牙、瑞士、瑞典、奥地利 7 国根据 1960 年 1 月签订的《建立欧洲自由贸易联盟公约》(《斯德哥尔摩公约》)组成工业品自由贸易集团,1960 年 5 月正式成立,总部设在日内瓦。

⑤ 南方共同市场是南美地区最大的经济一体化组织,也是世界上第一个完全由发展中国家组成的共同市场。1991 年 3 月 26 日,阿根廷、巴西、乌拉圭和巴拉圭 4 国总统在巴拉圭首都亚松森签署《亚松森条约》(条约于同年 11 月 29 日生效),宣布建立南方共同市场。

经济联盟(Economic Union)涉及成员之间产品和生产要素的自由流动,以及采用的财政政策和货币政策。欧盟勉强算是经济联盟,不过在货币的统一、财政税率、市场管制等问题上一体化还不完善。

政治联盟(Political Union)是在经济联盟的基础上,由一个中央政治机构来协调成员国的经济、社会和对外政策。目前,政治联盟还比较理论化。欧盟的发展目标也许是政治联盟,但目前从欧盟对接受难民、欧元债券等分歧事件可见,成为政治联盟困难重重。世界上最接近政治联盟的例子是美国,在美国,独立的各州实际上如同一个个国家,美国政府便是这个政治联盟的中央政治机构。

6.2 区域经济一体化的发展历程

近代区域经济一体化的发展进程从第二次世界大战之后开始。第二次世界大战使世界贸易重新回归各国贸易保护的孤立状态,世界资源的利用率大大下降,使得各国的利益都受到了损害。第二次世界大战后,各国面临着恢复经济、维护民族利益的艰巨使命,区域经济一体化开始快速发展。1944 年 9 月,比利时、荷兰、卢森堡三国签订了《伦敦关税协定》,并于 1948 年 1 月正式成立"比荷卢关税同盟"(Benelux Union)。这是第一个现代意义上的区域经济集团。与此同时,德国和日本作为第二次世界大战的战败国而负债累累,英国原先的霸权地位也受到了战争的拖累。两次世界大战唯一的赢家是美国。第二次世界大战后,美国作为新的世界霸主,承担起了重建国际政治和经济秩序的任务。在美国的主导下,关税与贸易总协定(General Agreement on Tariffs and Trade, GATT)成立了,于 1948 年开始临时使用,目的在于消除贸易壁垒、促进国际贸易自由发展。这是世界经济一体化发展的重要开端。但是,说服各国削减关税不可能一蹴而就,关税与贸易总协定在随后的四十多年间都只是一个临时机构。经过八大回合的多边贸易谈判,成员国的数量越来越多,关税税率也有了大幅度下降。20 世纪 50 年代中期,西欧各国经济势力开始恢复,为了追求与美国抗衡的力量,成立了"欧洲经济共同体"(简称"欧共体")。同时期还成立了经互会、欧洲自由贸易联盟、中美洲共同市场、安第斯公约、拉丁美洲自由贸易协会等,可以说是区域经济一体化的第一个高潮(如表 6-1 所示)。

表 6-1 区域经济一体化发展时间分段

时　　间	事　　件	评　　论
20 世纪 40~60 年代	关贸总协定签订	第二次世界大战结束后,在美国领导下建立 通过削减关税等贸易壁垒,促进国际贸易自由化 临时机构,世界贸易组织的前身
	欧共体等一体化组织	以发展经济、维护自身利益为目的成立 标志着区域经济一体化的第一个高潮
20 世纪 80 年代后期	欧共体白皮书	极大地推动了世界其他地区经济一体化的进程 促成了新的区域经济一体化组织
1995 年至今	世界贸易组织成立	经济联合国:164 个成员,98%的全球贸易额 中国加入世界贸易组织:既是机遇,也是挑战
	世界贸易组织改革	国家主权与国际规则的矛盾 发达国家与发展中国家的矛盾
	区域经济一体化发展	全球贸易谈判存在种种矛盾 全球化正在向区域化、板块化发展

区域经济一体化的第二次高潮发生在20世纪80年代后半期。当时,许多区域经济一体化组织取得了一定的成果,其中,1985年通过的建立欧洲共同体统一大市场“白皮书”对全球区域一体化的进程有着如同兴奋剂一样的作用。西欧、北美、东南亚地区都受其刺激而加快了集团化发展,一些新的区域经济一体化组织应运而生,如1985年12月成立的“南亚区域合作联盟”、1989年2月成立的“阿拉伯合作委员会”和“阿拉伯马格里布联盟”、1990年7月成立的“澳新自由贸易区”、1991年2月成立的“维谢格拉德集团”、1992年6月成立的“黑海经济合作区”、1992年12月成立的“北美自由贸易区”、1993年2月成立的“中美洲一体化协会”、1993年9月成立的“独联体经济联盟”等。

1995年1月1日,区域经济一体化又发生一里程碑事件——关税与贸易总协定正式发展为世界贸易组织。截至2016年,世界贸易组织的贸易总额已经达到了全世界98%,它掌管着全世界164个成员的经济秩序,故被称为“经济联合国”。

中国也是关税与贸易总协定的缔约国之一,但是由于种种因素,长期以来被排除在协定之外,一直到2001年才成功恢复了缔约国的地位,成为世界贸易组织的一员。

世界贸易组织对各国经济发展而言,既是机遇,又是挑战。每个国家的产业结构不同。例如,中国的服装物美价廉,而美国的苹果手机全球流行,若没有世界贸易组织规则约束,中国出口至美国的服装会被征收大额的反倾销税,只有如此,美国才能保护本土的服装企业免受中国产品的冲击;同样的,中国可能也会对苹果手机制定较高的关税来保护国产手机品牌。如果没有世界贸易组织的规则,消费者需要花费更多的钱才能买到苹果手机,中国的服装出口也会受到限制。此外,其他国家优势产业的融入会对本土品牌产生冲击,如苹果手机进入中国就会影响小米、华为等国产手机品牌在国内的发展。所以,中国加入世界贸易组织既有好处,也有坏处,我们要综合看待,不能一概而论。

在世界贸易组织的发展过程中也遇到了许多问题。例如,2018年的8月,特朗普声称美国要退出世界贸易组织,世界为之震惊。实际上,美国与世界贸易组织之间很早就已存在矛盾,其本质是国家主权和国际机制之间的冲突。国际规则中的各种条款最终仍然需要落实到各个国家的国内法上才能真正实行,在一些经济贸易争端上,世界贸易组织的判决仅仅属于建议,成员国可以选择修改国内政策来符合国际规则,也可以选择接受世界贸易组织的惩罚而不改变自己的做法。自特朗普任职以来,美国一直推崇单边主义,它不希望自己单边主义的贸易政策受到国际规则的制约,但同时,美国又离不开全球经济一体化,一方面它努力推动世界贸易组织的改革,另一方面又试图用破坏性的方式重新建立更符合其自身利益的全球经济新秩序。在这样的情况下,世界贸易组织的改革势在必行,但是具体改革过程中仍然面临着许多不确定因素。许多学者提出,目前国际经济环境出现了新的趋势,即在世界贸易组织的多边合作框架难以进一步明显推动的情况下,各国开始更加重视追求区域化发展。

6.3 全球主要的一体化区域

6.3.1 欧洲区域经济一体化

欧盟的雏形是1951年比利时、法国、联邦德国、意大利、卢森堡和荷兰签署的《欧洲煤钢共同体条约》。煤和钢是战争武器的主要材料,1951年建立煤钢共同体的首要目的是通过经济联系消除国家之间的敌意,防止世界大战的悲剧重演。1957年,欧洲煤钢共同体(European

Coal and Steel Community, ECSC)成员国——法国、西德、意大利、比利时、荷兰及卢森堡签订了《罗马条约》,成立了欧洲共同体(European Community),原先的欧洲煤钢共同体从自由贸易区发展成了关税同盟,最终成为共同市场。

1991 年 12 月,欧洲共同体通过《欧洲联盟条约》,通称《马斯特里赫特条约》。1993 年 11 月 1 日,《马斯特里赫特条约》正式生效,欧盟正式诞生,随后,其成员国数量不断增加。1999 年,欧盟正式启动欧元,并于 2002 年正式开始流通。目前,欧盟有 28 个成员国,包括英国、奥地利、比利时、保加利亚、塞浦路斯、克罗地亚、捷克共和国、丹麦、爱沙尼亚、芬兰、法国、德国、希腊、匈牙利、爱尔兰、意大利、拉脱维亚、立陶宛、卢森堡、马耳他、荷兰、波兰、葡萄牙、罗马尼亚、斯洛伐克、斯洛文尼亚、西班牙、瑞典。其中,法国、德国、意大利、荷兰、比利时、卢森堡为创始成员国。欧盟不仅是世界上最大的经济体之一,也是最大的商品和服务进出口方。

欧盟经济政策的制定和实施,主要是由欧盟委员会、欧盟理事会、欧洲议会和欧洲法院主导。

欧盟委员会(European Commission)是欧盟的常设执行机构,也是欧盟唯一有权起草法令的机构。欧盟委员会源于《1951 年巴黎条约》成立的欧洲煤钢共同体的 4 个重要机构之一的高级公署。随着 1958 年罗马条约的签订,出现了另外两个机构——欧共体委员会和欧洲原子能共同体委员会,这两个机构是仿效欧洲煤钢共同体的,但超国家特质却大为减少,此时欧洲煤钢共同体的高级公署被执委会所取代。1967 年,这三个机构通过(设立欧共体单一理事会暨单一执委会条约——《合并条约》)合并组成了欧共体,并将其三个机构的最终执行机构合并成单一的执委会。欧共体执委会是欧盟执委会的直接前身。第一任执委会的主席是比利时的吉恩·瑞伊,执委会共有 14 名执委,任期是 1967 年 7 月~1970 年 7 月。1970 年 7 月之后,执委会的执委人数减少至 9 位。直到 1995 年,根据《马斯特里赫特条约》,欧盟委员会任期为 5 年,设主席 1 人、副主席 2 人,委员会由 20 人组成,法国、德国、英国、意大利、西班牙各 2 人,其他欧盟成员国各 1 人。自 2003 年 2 月《尼斯条约》开始生效后,欧盟各成员国都选派一名委员。

欧盟理事会(European Council)代表了各成员国的利益,是一个由来自欧盟成员国各国政府部长所组成的理事会,是欧盟的主要决策机构之一。每一个国家在理事会中都有一名代表("理事"),在 2004 年《罗马条约》签署之后,通常也称之为"部长理事",目的是把它和欧洲理事会的理事即国家元首或政府首脑区分开来。欧盟理事会俗称欧盟部长理事会,在欧盟官方内部简称"理事会"。欧盟理事会在没有特殊情况下,通常在比利时首都布鲁塞尔召开。1993 年之前,所有理事会决议必须由各个成员国一致的意见决定,这使得欧盟委员会的提案经常不能取得任何进展或者达成任何一致的意见,直至《单一欧洲法案》正式采取了多数投票原则。然而,其他议题多数依旧需要所有理事会成员一致通过。在理事会中,成员国的规模决定了其投票权的大小。

欧洲议会(European Parliament)的前身是 1952 年成立的欧洲煤钢共同体议会,1962 年改称"欧洲议会",为欧盟的立法、监督和咨询机构,总部设在法国城市斯特拉斯堡。它负责讨论欧盟委员会递交并由欧盟理事会转交的立法提案,能够对这种提案提出修正意见。欧盟委员会以及享有最终决策权的欧盟理事会并不一定要接受这种修正意见。欧洲议会现在还拥有任命欧盟委员会委员的表决权,以及对一些法律的否决权。

欧洲法院(Court of Justice)由来自每个国家的一名法官组成,是关于欧盟法律的最高上诉法院。欧盟委员会或者成员国可以将违背条约的其他成员国告到欧洲法院，各成员国、企业或者各种机构也可以将欧盟委员会或者理事会上告欧洲法院。

英国“脱欧”

目前，欧盟面临着极大的挑战，其中最主要的是内部分裂的问题，尤其是英国“脱欧”，对欧盟的存亡乃至全世界的经济一体化带来了沉重的打击。2013 年卡梅伦正式提出“脱欧”，2016 年英国第一次“脱欧”公投结束，开启漫长的“脱欧”历程。按照原计划，英国应于 2019 年 3 月 29 日正式“脱欧”，但在 2019 年 4 月 10 日，欧盟各国又达成一致，同意将“脱欧”日期延迟到 2019 年 10 月 31 日。

英国“脱欧”是长期的历史原因造成的：第一，在欧盟成立以前，英国一直是当时的世界霸主之一，作为曾经的大英帝国，英国一直想要主导欧洲事务，但欧盟成立之后，各个成员国在法律上地位取得了平等，英国的霸主地位受到了挑战。第二，欧盟作为一个高度一体化的国际组织，其财政由各成员国分摊，成员国每年要上缴本国 GDP 的 1%左右。英国在欧盟的财政贡献位于所有成员国财政贡献的第三位，2018 年英国缴纳了两百多万英镑的会员费。第三，2000 年欧盟东扩之后，一大批来自新成员国的移民进入英国，英国人民对大量移民产生了恐慌，他们认为移民涌入将影响本土人民的就业和生活质量。第四，欧盟在产品标准、工人工资、消费者保护等方面都设置了各种法律和规章制度，英国企业认为此种规则极大地束缚了企业的手脚，损害了英国的独立性和主权。另外，近几年来欧洲债务危机、难民主义等问题也使得英国“脱欧”的情绪更加高涨。

但是，英国至今仍未“脱欧”，因为“脱欧”将对各方利益带来极大的影响。一方面，对于英国来说，从 2013 年提出“脱欧”以来，英国的 GDP 增速逐年下降（如图 6－2 所示）；2016 年 6 月，英镑大幅贬值，汇率一路下跌（如图 6－3 所示）。自 2018 年以来，随着“脱欧”进程的放缓，英镑再度贬值。另一方面，“脱欧”之后，英国的出口贸易无法享受欧盟内部统一市场自由贸易的好处，根据一些欧洲智库的估计，这将带来 180 亿到 500 亿英镑的损失，相当于英国 GDP 的 1%到 3%。在政治方面，英国的国际地位也会受到影响，很有可能在国际上陷入孤立。对于欧盟来说，这种情绪会形成多米诺效应，导致欧盟成员国“脱欧”情绪蔓延，对于欧洲经济一体化进程会造成巨大的打击。

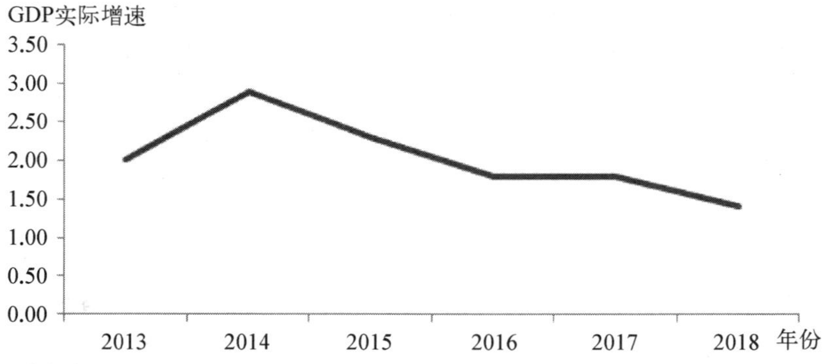

资料来源：世界银行。

图 6－2　英国 GDP 实际增速

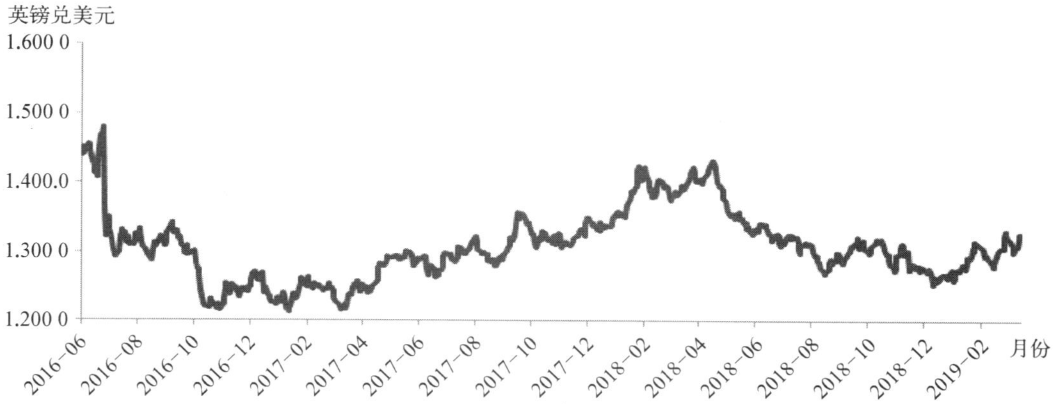

图 6-3 英镑兑美元汇率

英国"脱欧"涉及的利益极其复杂，不仅仅是英国与欧盟的较量，而且是经济一体化与反全球化思潮之间的较量。简单来说，经济一体化让富者更富，穷者更穷，中产阶级的财富缩水，发达国家底层工人的就业机会流失到发展中国家，一部分人认为外来移民和跨国企业是失业率上升的主要原因，认为自己是全球化的受害者。

6.3.2 美洲区域经济一体化

北美地区的经济一体化在特朗普推动的反全球化浪潮之前一直呈上升趋势。1988 年美国和加拿大的政府同意签署一份自由贸易协定，并于 1989 年 1 月 1 日生效。1991 年墨西哥也加入展开对话。1994 年，加拿大、墨西哥和美国三国签订《北美自由贸易协定》(North American Free Trade Agreement, NAFTA)，由于它是第一个在发展中国家和发达国家之间达成的自由贸易协定，因此一度被认为是"历史上最彻底的自由贸易试验之一"。这一协议旨在取消三国之间的所有关税及贸易壁垒。

但在 2018 年年底，特朗普宣布终止《北美自由贸易协定》，并签署了新的美墨加协定(USMCA)，主要理由是：在原先的《北美自由贸易协定》之下，墨西哥 80%的出口是销往美国，而这造成了美国很大一部分的失业。目前，《北美自由贸易协定》已经成为历史，新制定的协定不仅在名字上做出了改变，而且加入了不少对美国有利的条款。例如，原先墨西哥依靠出口到美国的汽车零部件制造获利颇丰，但新的协定规定，一辆汽车必须有超过 3/4 的零部件在北美境内制造，才可以享受相应的关税减免，而目前墨西哥生产的汽车有一半不符合该标准，这就使得汽车生产商只能增加成本或者调整生产链。特朗普声称，新的协议可以促进更加自由的市场和更加公平的交易。但其实，在协议的谈判过程中，多边谈判寥寥可数，相反，美国分别与加拿大、墨西哥之间的双边谈判却数不胜数。这一做法其实是打着"多边"的旗号，用"双边"谈判甚至单方面的施压来达成协议，与世界贸易组织一直倡导的多边主义相矛盾。

在这一背景下，南美洲的发展中国家更加注重加深彼此之间的相互依存。早年南美洲主要的区域经济一体化表现为安第斯共同市场(Andean Community)和南方共同市场(Mercosur)。但这两个区域组织都未能有效实现其最初的目标。近几年，墨西哥的贸易已经出现了向南美洲、加勒比海沿岸以及亚太地区转移的趋势，许多南美洲国家也加快了发展进程，南美洲的区域经济一体化稳步推进。

2019年3月，巴西、智利、哥伦比亚等7个南美洲国家宣布建立一个新的南美洲一体化机制，称作“南美进步论坛”。南美洲曾经的一体化组织称为“南美洲国家联盟”①，但近年来它基本上陷入停滞状态，“南美洲进步论坛”的成立在一定程度上有利于恢复南美洲地区一体化进程的活力。

中国对于南美洲国家的市场重视程度极高。近几年，中国与巴西、阿根廷、委内瑞拉等主要的南美洲国家之间建立了双边合作机制。2009年，中国加入泛美开发银行(IDB)，中国与拉美地区经贸的合作与发展进一步增强。泛美开发银行是世界上最大的区域性多边开发银行，总部设立在华盛顿，其主要目标是对拉美国家的经济、社会发展提供资金。中国加入泛美开发银行之后，捐赠了3.5亿美元资金，对南美洲地区的基础设施建设和经济发展起到了巨大的作用。2013年，中国又在泛美开发银行设立了20亿美元的中国对拉美和加勒比地区联合融资基金。2019年是中国加入泛美开发银行的10周年，泛美开发银行年会于2019年3月在成都举行，一方面体现着中国在泛美开发银行乃至全球经济发展中所做的贡献，另一方面为中国进一步加强与拉美地区的合作提供了良好的契机。

6.3.3 亚太地区的区域经济一体化及中国的贡献

亚太地区主要是指亚洲及太平洋地区，包括大洋洲、东亚、北美洲和南美洲太平洋沿岸的一些国家。这一地区范围较大，一体化组织也较多，主要包括澳-新紧密经济关系协定、东南亚国家联盟、亚太经合组织(APEC)、跨太平洋伙伴关系协议(TPP)、区域全面经济伙伴关系(RCEP)、亚太自贸区等。

中国在亚太地区一体化进程中有着卓越的贡献。从范围上来看，中国在亚洲区域经济一体化的进程中主要在三个层面发挥作用：

第一个层面是中日韩自贸区。中日韩自贸区的概念在2002年已经被提出，但是在实施过程中一直受到各方面的阻挠，如美国为了维护自己在亚太地区的势力，不希望中国和日本、韩国实现一体化。在各种利益的冲击下，一直到2012年三国才决定启动自贸协议谈判，直到现在，中日韩自贸区仍处于谈判阶段。2019年4月，在中日韩自贸区第十五次谈判中，三国都表现出了较强的合作愿望，在不久的将来，中日韩自贸协议有望达成。

第二个层面是区域全面经济伙伴关系协定。这一概念是在东盟的主导下提出的，除了东盟的10个东南亚国家(如新加坡、泰国、越南等)外，区域全面经济伙伴关系协定还涵盖了中国、日本、韩国、澳大利亚、印度、新西兰等国。该协定一旦成立，将成为世界上最大的自贸区。2018年年底于新加坡召开的第二次领导人会议中，各个国家表现出了比较一致的意愿和期望，区域全面经济伙伴关系协定有望在2019年结束谈判，正式建立。

第三个层面囊括的范围进一步扩大，即亚太经合组织主导下建立的亚太自贸区(Free Trade Area of the Asia-Pacific, FTAAP)。亚太自贸区在区域全面经济伙伴关系协定的基础上，加上了俄罗斯以及美国、加拿大、墨西哥、秘鲁、智利等国，其范围大大拓展。亚太自贸区也是亚太地区经济一体化的最终发展方向。但是，由于把美国纳入进来，亚太自贸区的谈判中面临更多的不确定因素，从短期来看，想要实现亚太自贸区仍有较大的难度。

---

① 南美洲国家联盟(Union of South American Nations, USAN)于2008年成立，目标是建立一个使用共同货币、国会以及护照的共同体。

“一带一路”与亚太区域经济一体化

中国的“一带一路”建设对于亚太地区的经济一体化进程起到了巨大的作用。四十多年来,中国的改革开放事业取得了巨大的成就,为了进一步扩大和深化对外开放,同时也为了加强中国与世界各国的联系,顺应世界多极化和经济全球化的需要,习近平于2013年提出了共建丝绸之路经济带和21世纪海上丝绸之路的倡议,简称“一带一路”。2019年是“一带一路”倡议提出的第六年,第二届“一带一路”高峰论坛于2019年4月在北京成功举办,标志着“一带一路”建设又一次取得了阶段性的胜利。

纵观世界区域经济一体化概况,不难发现,美洲、欧洲、澳洲都有比较统一并且能够覆盖主要国家的区域贸易协定。亚洲地区虽然开放程度比较高,拥有目前全世界最多的自由贸易协定,但是亚洲至今仍然没有一个统一的、覆盖全部主要经济体的自由贸易区协定。另外,区域一体化的进程往往是在大国主导下进行的,众多发展中国家在其中能起到的作用很小,不发达国家相对而言缺少参与经济一体化的能力和机会,即便参与了也很难从中获得发展的机遇。

“一带一路”的提出创造性地改变了当前亚洲区域经济一体化的现状。一方面,“一带一路”沿线总共涉及65个国家,包括东南亚10国(如新加坡、老挝等)、西亚18国(如伊朗、伊拉克等)、南亚8国(如印度、巴基斯坦等)、中亚5国(如哈萨克斯坦等)以及中东欧的匈牙利、罗马尼亚等,中国为此提出“共商、共建、共享”的理念,有利于促进沿线发展中国家的经济建设,使它们能够更多地参与国际经济合作,同时也有利于消化中国在钢铁等方面过剩的产能,真正实现“互利共赢”。另一方面,“一带一路”提倡多元化合作机制,这与区域经济一体化有着本质的区别。区域经济一体化的主要机制是建设自由贸易区、关税同盟、共同市场等,在“一带一路”的框架下,中国并不排斥这些基本的制度化安排,同时又根据国家间的需要开拓其他的合作形式,如经济走廊、产业园区等,大大拓展了合作的可能性。

“一带一路”实行至今,已经获得了许多丰硕的成果。到2018年年底,中国累计和122个国家、29个国际组织签署了170份政府间合作文件,“一带一路”的“朋友圈”已经遍布亚洲、非洲、欧洲、大洋洲和拉丁美洲。中国和许多国家的相关战略实行了对接,比如“一带一路”和欧盟的“容克计划”、俄罗斯的“欧亚经济联盟”等。另外,中国与沿线国家在基础设施方面的成果非常瞩目,如中俄黑龙江大桥、中越国际铁路、中欧班列等。“一带一路”极大地促进了国际贸易,到2018年年底,中国和“一带一路”沿线国家的进出口总额已达到6万多亿美元,对外直接投资超过800亿元,建设了境外经贸合作区82个。在金融方面,到2019年4月为止,亚投行成员国数量已达到97个,中国出资400亿美元成立丝路基金,在24个国家设立中资银行各类机构102家,人民币跨境支付系统覆盖40个国家的165家银行。亚投行不仅在亚洲的基础设施建设中提供了最为关键的资金支持,而且促进了各个国家之间的金融合作,提高了亚洲地区应对未来金融危机和其他外部冲击的能力。

“一带一路”建设的过程中也面临着许多风险。国内进行对外合作的企业、机构数量迅速增加,与沿线国家的金融合作也越来越多,但是“一带一路”沿线国家的金融、经济、政治发展情况参差不齐,所以企业在跨国投资的过程中面临很多风险,如2014年越南的骚乱造成了许多中资企业的损失和人员伤亡。笔者在一项学术研究中从经济、贸易、金融、债务、政治、文化、地理7个方面对"一带一路"沿线各个国家的投资风险进行了评估,从而为跨国投资的企业和政府提供一定的参考(丁浩员,2019)。研究发现,新加坡、阿联酋、捷克等国家是最值得投资者投入大量资金的,而叙利亚、也门、阿富汗等国家的投资风险比较大,从地区的角度来看,中东欧十六国综合得分最高,其经济基础相对比较好,基础设施比较完善,对外贸易也比较发达,但是中国和这些国家在文化和法律上存在许多差距,投资者在投资的时候,要更加注意习惯、礼仪等问题。而南亚国家,如巴基斯坦、阿富汗等国,由于政治稳定性弱,投资风险相对更高。目前,世界局势飞速变化,笔者采用的仅仅是历史数据,只可在某些阶段和某些方面提供一定参考。总体来说,我们应该继续重视亚投行的作用,加强与"一带一路"沿线国家的合作,并且根据实际情况及时调整投资策略,对东道国的风险和潜力进行评价,才能真正做到互利"共赢"。

6.3.4 非洲区域经济一体化

近年来,非洲的区域经济一体化也在逐渐加深,各区域组织之间相互融合加快。2017年之前,在非洲地区由非盟认可的区域一体化组织有8个,分别是萨赫勒-撒哈拉国家共同体(SEN-SAD,30国)、东南非共同市场(COMESA,19国)、东非共同体(EAC,6国)、中部非洲国家经济共同体(ECCAS,11国)、西部非洲国家经济共同体(ECOWAS,15国)、政府间发展管理局(IGAD,8国)、南部非洲发展共同体(SADC,15国)和阿拉伯马格里布联盟(AMU,5国)。2018年在卢旺达举办的非洲联盟首脑特别会议上,44个非洲国家共同签署了成立非洲大陆自由贸易区协议,成为自世界贸易组织成立以来成员数量最多的自由贸易区。尽管非洲区域经济一体化在不断加深,但受区域内各国经济发展水平、基础设施条件所限,再加上各国财政金融体系、技术标准体系、监管制度和语言文化等方面的不一致,非洲推动内部一体化进程需要应对诸多挑战。

多数非洲国家经济结构单一,发展基础差,易受国际市场冲击。受全球经济影响,非洲自身经济面临挑战,所接受的外部援助也有所减少,导致用于一体化建设的资金极为短缺。非洲各地区组织成员国的经济实力差异也使得组织成员国之间的合作容易产生分歧。基础设施的落后使得大宗物资难以实现跨地区运输,而通信设施的落后又导致了付款与保险困难,地区间的贸易发展受到了很大的阻力。另外,非洲国家的政权不稳定,引起许多法律、政策、合作协议被调整甚至废止,这也客观造成了非洲营商环境恶劣,不利于区域一体化发展。再加上殖民历史所引起的各国技术标准不统一、法律体系不同,以及各国历史上战争冲突多,都增加了非洲区域一体化的难度。

非洲是发展中国家最集中的大陆,而中国是最大的发展中国家,中国一直非常重视与非洲的合作。自"一带一路"倡议提出以来,中国和非洲的关系越来越紧密。2015年12月,习近平在中非合作论坛约翰内斯堡峰会上宣布,与非洲在工业化、农业现代化、基础设施、金融、绿色发展、贸易和投资便利化等领域共同实施"十大合作计划";2018年9月,中非合作论坛在北京顺利召开,中非合作进入了一个新阶段,这对中非双方都将带来更多好处。

6.4　区域经济一体化的动因

一些学者把区域经济一体化所带来的利益分为政治利益、传统经济利益、非传统经济利益三大块。

6.4.1　政治利益

区域经济一体化首先带来的是政治利益，主要表现为维护地区安全和深化政治联系等方面。一些国家饱受战争的摧残，决定通过国家之间的合作、联合，以维护世界和平，防止世界大战的悲剧重演。例如，早期东盟和欧洲经济共同体的成立就有这方面的考虑：东盟是东南亚国家以一个整体的形象出现，采取共同的立场，与西方大国讨价还价，以维护地区和平与自身安全；欧洲经济共同体的成立有摆脱当时美苏在欧洲对峙抗争局面的用意。另外，2003 年伊拉克战争后，美国主动提出与中东地区国家在 2013 年之前建立自由贸易区的倡议，有评论认为，其目的在于通过自由贸易区方式在该地区推行美国式民主制度，从制度上消除恐怖主义产生的根源。

6.4.2　经济利益

区域经济一体化可以带来经济利益。传统经济理论，如普林斯顿大学维纳教授的关税同盟理论，认为区域一体化成员国之间的贸易创造效应大于贸易转移效应，各成员国均能从相互之间的贸易自由流动中获益，如推动居民收入水平的增长和生活水平的改善、消除成员国之间的贸易歧视、推动经济增长等。

这种传统经济利益可以通过简化的微观经济学模型来简单说明。图 6－4 表示关税同盟带来的贸易创造效应。曲线 S_x 表示 A 国的供给曲线，曲线 D_x 是它的需求曲线。假设某一产品在其他国家拥有更低的成本与价格，则 A 国会从其他国家进口该产品。直线 L_1 对应着区域经济一体化之前产品价格水平的情况，D_2 和 S_2 分别表示 A 国在区域经济一体化之前对该产品的需求量和供给量，由于需求量大于供给量，这一需求缺口是通过国外进口来满足的，D_2-S_2 表示其进口量。加入关税同盟后，关税税率下降，导致产品的价格水平下降至直线 L_2，A 国的消费需求从 D_2 增加到了 D_1，而它的生产量则从 S_2 减少到了 S_1。

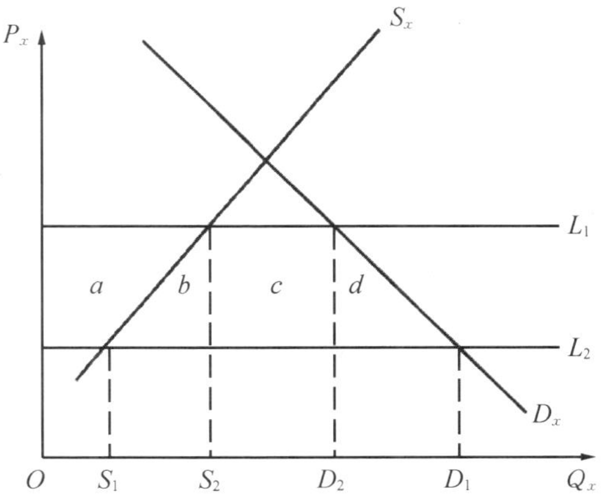

图 6－4　关税同盟的贸易创造效应

进一步观察消费者剩余和生产者剩余可以看到关税同盟对社会福利产生的影响。消费者剩余是指消费者愿意支付的最高价格与这种产品的实际价格之间的差，反映了消费者的福利，表现在需求曲线上，就是需求曲线和价格线下面的梯形部分。生产者剩余是指生产者实际能够获得的收益和它愿意接受的最小收益之间的差，在图上表现为供给曲线之上和市场价格之下的三角形部分。可以看到，当价格下降的时候，消费者剩余增加了图中 $a+b+c+d$ 部分（贸易创造效应），生产者剩余损失了图中 a 部分。同时，产品价格的下降是由于取消了关税带来的，因此价格的下降幅度等于关税的大小，在加入关税同盟之后，政府将减少图中 c 部分表示的关税收入，关税损失与生产者剩余的减少 $(a+c)$ 即贸易转移效应所带来的损失。总体来说，贸易创造效应大于贸易转移效应。

这是简化后静态的经济利益，即不考虑长期发展的需求。区域经济一体化的反对者也常就一体化影响国内弱小产业的成长、产业结构升级的理由抵制一体化。但学者们指出，经济一体化也能因为企业竞争的加剧、市场规模的扩大、规模经济的产生以及要素的流动使各国获得动态利益。

相比传统经济利益，有时候政府更注重非传统经济利益。对于大国而言，区域经济一体化能扩大其市场规模，从而提高其对国际经济规则的影响力，如 20 世纪 80 年代中期美国决定与其贸易伙伴（如以色列）进行自由贸易区谈判，部分原因就是对关贸总协定成员国拒绝在 1982 年启动新一轮多边贸易谈判感到不满。此外，区域经济一体化是部分国家保障市场准入的选择，如英国和其他六国面对欧洲经济共同体的发展，先是组建欧洲自由贸易区予以对抗，20 世纪 80 年代由于市场准入等问题，又全部加入欧盟。对小国而言，获得大国的市场准入机会是更为重要的利益。

本章总结

随着全球化和区域经济一体化的发展，各国对外贸易的依存度在不断加强。世界上的每一个地区都发挥着不可替代的作用，地区之间的相互依赖和合作让世界拥有了更多财富。历史已经垂青了那些区域化走在前面的地区，而我们最终追求的全球化是各个区域之间的一体化。

目前，某些国家的贸易保护主义越演越烈，各个国家的资本管制也有收紧的趋势。从国际贸易和国际金融的角度来看，短期而言，国家间的资本流动越自由，在全球资本流动网络中的地位越高，这个国家在国际贸易网络中的地位也会越高。长期而言，自由的国际贸易和国际金融业有着相互促进的作用（丁浩员，2019）。当前的贸易保护主义和资本管制若继续发酵，可能会在贸易和金融两个维度上导致“去全球化”的发生，对于各个国家乃至全球的发展都有着不利的影响。

全球各个区域就如同一张蜘蛛网，只有各个地区之间相互连通，才能形成一个稳定的结构，如果只有一个霸权国家存在，其他国家在全球化中就会如同一盘散沙，难以凝聚。因此，要让全球化繁荣，我们应该继续更加努力地推进区域经济一体化的进程。

重要概念

1. **区域经济一体化**（Regional Economic Integration）是指不同的经济主体之间为了获取生产、消费、贸易等利益而产生的市场一体化的过程。

2. **特惠关税区**（Preferential Trade Agreement，PTA）又称优惠贸易安排，是指在成员之间相互给予关税减让的优惠待遇。

3. **自由贸易区**（Free Trade Area，FTA）的各成员之间商品和服务贸易的所有壁垒取消，各成员可以保持对非成员的独立贸易政策。

4. **关税同盟**（Customs Union）消除了成员之间的贸易壁垒，并采用统一的对外贸易政策。

5. **共同市场**（Common Market）是指成员之间没有任何贸易壁垒，实行统一的对外贸易政策，并允许生产要素在成员之间自由流动，包括劳动力和资本的自由流动。

6. **经济联盟**（Economic Union）涉及成员之间产品和生产要素的自由流动，以及采用的财政政策和货币政策。

7. **政治联盟**(Political Union)在经济联盟的基础上，由一个中央政治机构来协调成员的经济、社会和对外政策。

复习与思考

1. 2018年10月17日，美国宣布启动退出万国邮政联盟[①]程序——如未来一年未能与万国邮政联盟达成新协议，美国将会退出。美国白宫两名匿名高级官员在当天的记者吹风会上称，万国邮政联盟当前的“终端费”政策对美国不公平，全球多国在国际邮件计费问题上“占美国的便宜”。美国白宫在随后发表的声明中说，美国国务院将向万国邮政联盟发函通知美国的决定。未来一年内，美国将在万国邮政联盟内部就新规则进行双边或多边谈判，如不能达成协议，美国将退出万国邮政联盟。声明同时说，不管协商结果如何，美国将在“现实允许的情况下”尽早开始实施美方自定的“终端费”费率，实施日期不会晚于2020年1月1日。请简要评述美国退出万国邮政联盟的动因及其影响。

2. 2019年8月16日，“一带一路”绿色投资原则(GIP)第一次全体会议在北京举行。来自中国和英国的政府和监管机构、GIP签署机构、国际组织、第三方机构的一百五十多名代表出席了本次会议。作为2018年中英财经对话的重要成果，“一带一路”绿色投资原则正在被各方广泛接受，最新统计数据显示，截至2019年8月，已有全球30家大型金融机构签署了该原则。你认为“一带一路”绿色投资原则是如何具体地影响了区域经济一体化的？中国在促进区域经济一体化的过程中扮演着何种角色？

① 万国邮政联盟(Universal Postal Union)简称万国邮联，于1874年成立，后来归到联合国系统之下，总部设在瑞士首都伯尔尼。万国邮联有192个成员国，每4年开一次大会商定终端费，一国一票，投票结束后18个月内实施。

第七章

全球资本市场

学习目标

- 了解全球资本市场概况。
- 明确全球资本市场迅猛发展的动因。
- 熟悉资本市场全球化所带来的风险。
- 理解汇率变动对国际商务活动的影响。

引入案例

2007～2009年的全球金融危机是一场在2007年8月9日开始浮现的金融危机。早期次级房屋信贷危机爆发后，投资者开始对按揭证券的价值失去信心，引发流动性危机。即使多国中央银行多次向金融市场注入巨额资金，也无法阻止这场金融危机的爆发。到2008年9月9日，这场金融危机开始失控，并导致多家大型金融机构倒闭或被政府接管。这场金融危机严重影响了全球经济，包括个人、企业和政府。

经济陷入困境的第一个迹象发生在2006年。那时美国房价开始下跌。起初，房地产经纪人鼓掌，认为过热的住房市场将恢复到可持续的水平。房地产经纪人没有意识到有太多的房主信贷有问题。银行允许人们以100%或以上的新住房价值获得贷款。许多人指责社区再投资法①，因为它促使银行在次级贷款(Subprime Loans)领域进行投资，但这不是根本原因。《格拉姆-鲁德曼法案》是真正的罪魁祸首。它允许银行从事他们出售给投资者的有利可图的衍生品交易。这些抵押贷款支持证券需要住房贷款作为抵押品。衍生品对越来越多的抵押贷款产生了难以适应的需求。

金融危机的最初迹象出现在2007年。北岩银行(Northern Rock Bank)是首批遭遇冲击的对象之一，它是英国的主流银行。该银行已借不到额外资金来偿还2007年9月中旬产生的到期债务。由于没有持续现金注入，其所经营的高杠杆性质的业务无法持续，最终导致其被接管。当银行意识到自己必须承担损失时，它们惊慌失措，停止互相借贷。他们不希望其他银行给他们一个毫无价值的抵押贷款作为抵押品。因此，银行间借贷成本(Libor)上升。银行业的这种不信任是2008年金融危机的主要原因。

之后，美联储开始通过定期拍卖机制(Term Auction Facility)向银行系统注入流动性。但这还不够。一些从事按揭证券化的金融机构，如贝尔斯登(Bear Stearns)就成为牺牲品。投

① 美国国会在1977年通过了社区再投资法案(Community Reinvestment Act)，督促银行等金融机构向经济能力较差、风险较高的私人或是商业机构发行房地产抵押贷款。

资者卖掉了贝尔斯登的股票，因为它拥有太多“有毒”资产。贝尔斯登与摩根大通接洽，希望借力脱离困境，美联储不得不通过300亿美元的担保来使交易顺利进行(到2012年，美联储已经拿到了全部贷款)。

贝尔斯登获得救助后，华尔街认为恐慌已经结束。但事实与之相反，整个2008年夏天，情况继续恶化。2008年7月11日，全美最大的受押公司瓦解。印地麦克银行的资产在他们被紧缩信贷下的压力压垮后被联邦人员查封，原因是房屋价格的不断下滑以及房屋赎回权丧失率的上升。投资者想知道政府是否将试图救助抵押放贷者——房利美(Fannie Mae)和房地美(Freddie Mac)。2008年9月7日，虽然联邦政府接管了房利美和房地美，但危机仍然加剧。许多立法者将整个危机归咎于房利美和房地美。对他们来说，解决办法是关闭这两个机构或使其私有化。但如果它们被关闭，住房市场就会崩溃，因为它们为90%的抵押贷款提供担保。

此外，证券化，或捆绑和转售贷款，已经不仅仅蔓延到住房，危机开始影响那些与房地产无关的普通信贷，进而影响那些与抵押贷款没有直接关系的大型金融机构。这些机构拥有的资产大多是从那些与房屋按揭有关联的收益所取得的。对于这些以信用贷款为主要标的的证券，或称信用衍生性商品，原本是用来确保这些金融机构免于倒闭的风险，然而由于次级房屋信贷危机的发生，使得受到这些信用衍生性商品冲击的成员增加了，包括雷曼兄弟、美国国际集团、美林证券等。而其他公司开始面临压力，包括美国最大的存款及借贷公司——华盛顿互惠银行，并影响了大型投资银行——摩根士丹利和高盛证券。

不仅如此，其他国家的市场也受到了影响。2008年9月28日，英国财政部实行了一项对于英国主要房贷银行——布拉福德-宾利银行(Bradford & Bingley)的援助计划。西班牙最大的银行桑坦德(Grupo Santander)计划接收存款账户和办公室的运作，而按揭和借贷会被国有化。荷兰、比利时、卢森堡三国中的一家大型银行和资产公司——富通金融集团(Fortis)的资产部分被国有化，比利时、荷兰和卢森堡政府共投注112亿欧元(约163亿美元)给这家银行。据2008年9月29日报道，德国财政部长宣布救援德国裕宝地产银行(Hypo Real Estate)，一家总部设于慕尼黑、由数家地产财务银行组成的控股公司，但是在2008年10月4日，此项救援方案被中止。同一天，冰岛政府接管了冰岛第三大银行——格里特利尔银行(Glitnir)。爱尔兰政府宣布将为6家爱尔兰银行[联合爱尔兰银行(Allied Irish Banks)、爱尔兰银行(Bank of Ireland)、英爱尔兰银行(Anglo Irish Bank)、爱尔兰人寿(Irish Life and Permanent)、爱尔兰全国金融(Irish Nationwide)和EBS金融(EBS Building Society)]承担一个两年的计划，去担保所有存款(零售、商业、机构及同业)，涉及债项约为4 000亿美元。2008年10月7日，俄罗斯总统公布了一项对于俄罗斯国内银行360亿美元的纾困案。一些国家和地区宣布了增加或更新的存款保证金额度。中国台湾提出将存款保障金额度提高两倍至新台币300万元(92 000美元)。欧盟协议增加存款保障金额度为每一位欧盟存户至少5万欧元，部分欧盟国家宣布提高存款保障金的上限。荷兰、西班牙和比利时政府宣布他们给予每一位存户存款保障金上限至10万欧元。

与此同时，美国政府再次不得不介入监管。在一系列救市举措之后，2010年美国国会通过了多德-弗兰克华尔街改革法案(Dodd-Frank Wall Street Reform and Consumer Protection Act)，以防止银行承担太多风险。该法案旨在通过改善金融体系问责制和透明度，促进美国金融稳定，解决“大而不倒”问题，保护纳税人利益，保护消费者利益，这被认为是自《1933年银行法》[1]以来美国改革力度最大、影响最深远的金融监管改革。

---

① 格拉斯-斯蒂格尔法案(Glass-Steagall Act)也称《1933年银行法》。此法案确立了美国银行的分业制度，禁止银行包销和经营公司证券，只能购买由美联储批准的债券，保证商业银行避免证券业的风险。

7.1　全球资本市场的概况

全球资本市场(Global Capital Market)是指国际借贷资本集中的场所,也是国际资本以货币形式进行交易和流通的国际存贷的活动场所。其功能是将希望投资的群体和希望借款的群体连接在一起,就像图 7-1 所展示的这样。其中,希望投资的群体包括拥有盈余现金的企业、个人以及非银行金融机构,如养老基金、保险公司等;希望借款的群体包括个人、企业和政府。在这两个群体之间的是做市商。做市商是间接或直接地连接投资者和借款者的金融服务企业,包括商业银行,如花旗银行;投资银行,如高盛公司等。

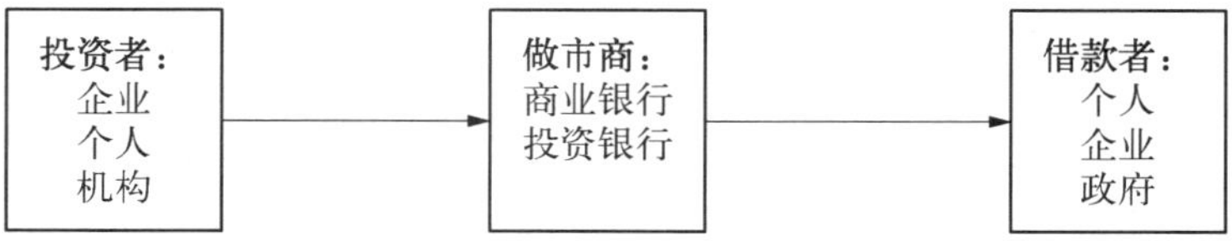

图 7-1　全球资本市场参与者

投资者、做市商、借款者这三类群体组成了资本市场的主要参与者。其中,商业银行具有间接的连接功能。它们从企业和个人那里获得现金存款,以支付利息作为回报,然后以一个较高的利率为借款者提供贷款,从利息率差额中牟利。投资银行发挥了直接的连接功能。它将投资者和借款者撮合在一起,并收取佣金,如高盛公司为希望投资的个人充当股票经纪人。它的员工会向投资者推荐最具有吸引力的股票,并为其购买股票,通过这种服务收取费用。

据国际清算银行的数据显示,目前全球资本市场日益壮大,其中三个最主要的组成部分是欧洲货币市场、全球债券市场和全球股票市场。

7.1.1　欧洲货币市场

欧洲货币市场(Eurocurrency Market)并不是指位于欧洲的货币市场,也不是指欧洲所流通的货币(欧元、英镑之类)的市场。这里的"欧洲"二字不是地理意义上的欧洲,而是"境外""离岸"的意思,因此,欧洲货币市场又称离岸金融市场。欧洲货币也就是指存放在发行国境外的银行的任何一种货币。其中,欧洲美元即存在于美国境外的美元,约占所有欧洲货币总量的 2/3。其他比较重要的欧洲货币包括欧洲日元、欧洲英镑等。

欧洲货币市场起源于 20 世纪 50 年代中期,市场上最初只有欧洲美元。当时,由于东西方冷战,苏联和东欧国家为了本国资金的安全,将原来存在美国的美元转存到欧洲;同时期,美国和其他国家的一些资本家为避免其"账外资产"暴露,从而引起美国管制和税务当局追查,也把美元存在伦敦的银行,这些存在于欧洲的美元便是欧洲美元(Eurodollar)最初的由来。起初,欧洲美元总额不过 10 亿多美元,且主要是以保障资金安全的目的存放于欧洲的银行。在第二次世界大战结束以后,美国通过对饱受战争创伤的西欧各国的援助与投资,以及支付驻扎在西欧的美国军队的开支,使大量美元流入西欧。1957 年,英国政府为了恢复战争后的经济、重建英镑地位,禁止英国的银行用英镑为非英国的贸易提供融资,却准许伦敦的商业银行通过吸收美元以及向从事国际贸易和投资的企业贷放美元来为同样的贸易融资,从而在伦敦开放了以美元为主体的外币交易市场,使得伦敦至今都是欧洲货币的交易中心。

到了 20 世纪 60 年代,由于美国国际收支不断出现逆差、趋势日益恶化,因此,美国政府采取了一系列限制美元外流的措施。例如,美国政府从1963年起实施利息平衡税,对外国政府和私人企业在美国发行的债券的利息一律征收平衡税,借以限制美国企业对外直接投资,同时限制设立海外分支机构和银行对外信贷。1968年,美国政府的金融管制当局正式停止美国企业汇出美元到国外投资。这是欧洲美元迅速增长的最根本原因,美国之外的潜在美元借款者发现在美国借入美元太过困难,于是转向欧洲美元市场以获得必要的美元融资。

1973年布雷顿森林体系崩溃之后,资本主义国家开始实行浮动汇率,美国政府改变了对美元外流的相关政策,但一些银行和工商企业为了减少汇率风险并投机牟利,增加了外汇买卖,从而对欧洲货币市场的资金需求依然不减。石油输出国组织在1973～1974年和1979～1980年两次提高石油价格后,其成员国积聚了巨额美元,而出于资本安全等原因,这些国家将其美元存放在伦敦的银行,进一步推动了欧洲货币市场的发展。

之后,欧洲货币市场不断发展,其中一个主要原因是缺乏政府管制。与欧洲货币市场不同,国内货币存款在所有工业化国家都是受管制的,以保证了大量国内存款者突然决定取款时银行有足够的流动资金满足取款需要。而欧洲货币市场是一个不受任何国家政府管制和税收限制的市场,所以经营非常自由,这也使得银行能为欧洲货币存款提供比国内货币存款更高的利率,向欧洲货币的借款者收取比本币借款更低的利息。换句话说,欧洲货币存款利率和贷款利率之间的差额比国内存款利率和贷款利率之间的差额要小。因此,欧洲货币市场具有相当大的吸引力。

但是,欧洲货币市场也有缺陷,它为世界经济带来了一定的不稳定性。一方面,当存款者使用一个受监管的银行业体系时,他们所面临的银行倒闭从而导致其存款损失的可能性是很小的;而欧洲货币市场是无监管的体系,其银行倒闭导致存款者受到损失的可能性就相对大一些。另一方面,国际贷款会使一家企业暴露于外汇风险之中,而以本币借入资金就可以避免外汇风险。

7.1.2 全球债券市场

全球债券市场(Global Bond Market)迅速发展于20世纪八九十年代,主要交易的国际债券可以分为外国债券和欧洲债券。

外国债券(Foreign Bonds)是在借款人(政府、私人企业或国际金融机构)所在国与发行市场所在国具有不同的国籍并以发行市场所在国的货币为面值货币发行的债券。对发行人来说,发行外国债券的关键就是筹资的成本问题,而对购买人来说,涉及发行人的资信程度、偿还期限、付息方式以及与投资收益率相关的,如票面利率、发行价格等问题。这种债券只在一国市场上发行并受该国证券法规制约。例如,扬基债券(Yankee Bond)是非美国主体在美国市场上发行的债券,武士债券(Samurai Bond)是非日本主体在日本市场上发行的债券;同样,还有英国的猛犬债券(Bulldogs Bond)、荷兰的伦勃朗债券等都是非本国主体在该国发行的债券。

欧洲债券(Euro Bonds)是指一国政府、金融机构和工商企业在国际市场上以可以自由兑换的第三国货币标值并还本付息的债券。欧洲债券的"欧洲"二字与欧洲货币中的"欧洲"一样,指的是离境、境外的意思,指其票面金额货币并非发行国当地货币的债券,通常由国际银团承销,在标价货币国之外的其他国家发行。欧洲债券的产生与欧洲货币市场的兴起有关。20世纪60年代,美国政府限制美元外流的措施导致许多欧洲国家开始在美国境外发行美元债券,这是最早的欧洲债券。20世纪70年代后,随着美元汇率波动幅度的增大,以德国马克、瑞士法郎和日元为计值货币的欧洲债券的比重逐渐增加;同时,发行地开始突破欧洲地域限制,在亚太、北美以及拉丁美洲等地发行的欧洲债券日渐增多。该市场因为没有法规干预,信息披露要求较为宽松,且有税收优惠,与国内债券市场相比,也是一个极具吸引力的选择。

7.1.3 全球股票市场

早在资本主义发展初期,西欧就有了证券的发行与交易,17 世纪初在荷兰阿姆斯特丹就出现了世界上最早的股票交易市场。从 20 世纪 70 年代开始,证券市场进入加速发展阶段。目前,全世界有六十多个国家设有证券交易所。截至 2018 年 2 月,世界上主要的证券市场有纽约证券交易所、纳斯达克证券交易所、日本东京证券交易所、上海证券交易所、香港证券交易所、泛欧证券交易所、伦敦证券交易所、深圳证券交易所、印度孟买证券交易所、德国证券交易所等。其中,纽约证券交易所是目前世界上规模最大的有价证券交易市场。该市场最初成形于 24 名经纪人所签订的"梧桐树协定",之所以有这个名字,是因为该协定是于 1792 年 5 月 17 日在纽约华尔街和威廉街的西北角一家咖啡馆门前的梧桐树下签订的。1817 年,当时的股票交易参与者成立了"纽约证券和交易管理处"。1863 年,该管理处正式更名为纽约证券交易所,并沿用至今。与纽约证券交易所这种有形交易所不同,纳斯达克(NASDAQ)证券交易所[全美证券交易商协会自动报价系统(National Association of Securities Dealers Automated Quotations)]是基于电子网络的无形市场,是美国证券商协会为解决场外交易的分割问题于 1968 年决定创建的系统。1971 年,该交易系统正式启动。伦敦证券交易所是世界上历史最悠久的证券交易所之一,其历史可以追溯到 300 年前。它的前身为 17 世纪末伦敦交易街的露天市场,是当时买卖政府债券的"皇家交易所"。之所以有必要提及伦敦证券交易所,是因为其是目前最具国际化的股票交易所,其外国公司股票的交易量与市值都超过了英国公司的股票。

表 7-1　　全球十大证券交易所

证券交易所	股票总市值(亿美元)	上市公司总数(家)	指 数 名 称
纽约证券交易所	232 764	2 296	道琼斯工业平均指数
纳斯达克证券交易所	105 903	2 962	纳斯达克综合指数
日本证券交易所	63 997	3 604	日经 225 指数
上海证券交易所	52 814	1 410	上证综合指数
香港证券交易所	44 916	2 162	香港恒生指数
泛欧证券交易所	44 708	1 243	法国 CAC 40 指数
伦敦证券交易所	43 532	2 488	英国富时 100 指数
深圳证券交易所	35 969	2 102	深证成分指数
印度孟买证券交易所	22 635	1 916	印度 SENSEX 指数
德国证券交易所	22 488	501	德国 DAX30 指数

数据来源:世界交易所联合会网站,指数名称为 2018 年 3 月底数据。

正是像伦敦证券交易所这样的国际性股票市场,使得企业能够从国际投资者那里获得融资,其股票在多个交易所上市,通过在全球发行股票或债券筹措资金。投资资金来源的增加能够降低企业的资金成本。随着国际股票投资的发展，不久的将来可能会诞生“没有国籍的企业”。

7.2 全球资本市场的益处

熊猫债券与点心债券

熊猫债券(Panda Bonds)是境外机构在中国发行的以人民币计价的债券，它与日本的武士债券、美国的扬基债券均属于外国债券。

熊猫债券首次获批是在2005年10月，当时国际金融公司(IFC)和亚洲开发银行(ADB)获准在中国银行间债券市场分别发行11.3亿元和10亿元人民币债券，这批债券被当时的财政部部长金人庆命名为熊猫债券。此后，这两家国际开发机构又分别在2006年和2009年发行了第二期熊猫债券(8.7亿元和10亿元)。2014年3月，德国戴姆勒股份有限公司在中国银行间债券市场发行5亿元非公开募集熊猫债券，标志着熊猫债券的发行主体由国际开发机构延伸至境外私人机构。2015年，随着人民币加入国际货币基金组织特别提款权的进程进入冲刺阶段，熊猫债券迎来了自2005年该市场启动以来的首个发行高潮，仅2015年一年就有累计6家国外机构在中国银行间债券市场发行熊猫债券，发行总金额达到155亿元人民币。

点心债券(Dim Sum Bonds)是在中国香港发行的离岸人民币债券，从发行国家与发行货币不一致的角度来说，点心债券是一种欧洲债券。

在2010年之前，发行点心债券的主要单位是国家开发银行、中国进出口银行等中资机构以及亚洲开发银行等国际金融机构，并没有得到公众的广泛认可。2010年之后，这个市场的发展明显提速。2010年8月，麦当劳在中国香港发行首只跨国企业离岸人民币债券，募集了2亿元人民币。美国工程机械制造商卡特彼勒随后在11月发行了10亿元人民币债券。2011年3月28日联合利华公司在中国香港发行人民币债券，债券期限为3年，面向机构投资者，总价值为3亿元人民币，利率为1.15%。该公司成为第一家发行人民币债券的欧洲跨国企业，第一家发行人民币债券的快速消费品企业。

随着中国资本市场的不断开放，熊猫债券与点心债券的发展越来越快，如同全球资本市场快速发展一样，根本动因在于它的存在既有利于借款者，也有利于投资者。

7.2.1 对借款者的益处

通过微观经济学经典的需求供给模型，可以从理论层面解释全球资本市场带给借款者的益处。

对于借款者(即债券的发行者)来说，资金成本(借款的价格)越高，他们愿意且能承受的借款额越少。对于投资者(即购买债券的个体、企业、金融机构等)来说，资金成本越高，他们的投资回报率相应越高，购买债券的意愿与数量增加。如图7-2所示，以资金成本为纵坐标，以各种利率水平上期望/可以获得的资金数量为横坐标。资金需求与资金成本负相关，则可简化表示成曲线D；资金供给与资金成本正相关，则是向右上方倾斜的曲线。曲线S为借款者仅在本国市场借人民币时面临的资金供给；当他们除了在本国市场借贷，更向全球资本市场借款，在中国发行熊猫债券时，他们将面临更多资金供应量，资金供给曲线S_1比曲线S平坦。在一个纯粹的国内资本市场中，投资者群体限于本国居民。这就为借款者可获得的资金供应量设

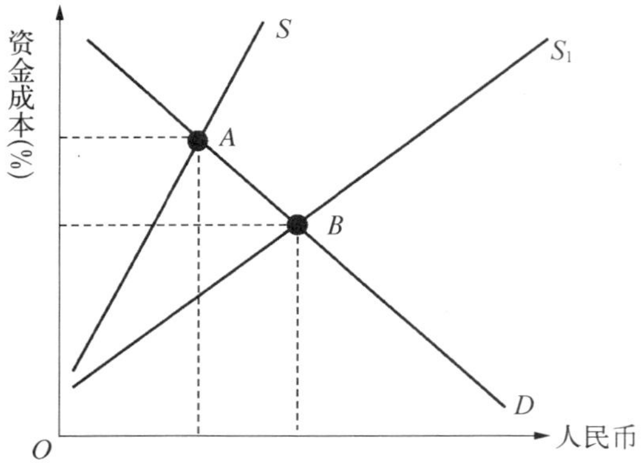

图 7-2　资金供给与资金成本

定了一个上限。换句话说，市场的流动性受到了限制。而一个全球资本市场则拥有大得多的投资者群体，为借款者提供了更多资金供应量。按微观经济学理论，需求曲线与供给曲线的交点为市场均衡点，决定了市场的销量与价格。借款者若只在本国资本市场借款，他们的交易点为 A（即需求曲线 D 与供给曲线 S 的交点），相对于借款者在全球资本市场借款的交易点 B（即需求曲线 D 与供给曲线 S_1 的交点），其获得的资金量少，借贷成本高。也就是说，发行熊猫债券与点心债券的跨国企业通过全球资本市场能以更低的成本借到更多人民币。

在浮动汇率制度下，外汇风险使得这一影响变得更加复杂。汇率的不利变动会大大提高外币债务的成本。

假设有一家中国企业希望借入期限为 1 年的 10 亿元人民币贷款。这家企业能够以 10%的利率从中国的银行借到这笔款项，也能够以 6%的年利率向国际银行借入美元。如果这家企业在中国的银行借款，年终一共偿还 11 亿元人民币本息。如果这家企业选择借入美元，则会面临外汇风险。假设这一年人民币兑美元汇率稳定，则年终总贷款成本为 10.6 亿元人民币（10×6%+10），通过借入美元融资，该企业可以降低 4%，即 4 000 万元人民币的资金成本。但若这一年内人民币对美元的汇率急剧下跌（如 2015 年年底人民币兑美元的中间价约为 1 美元兑 6.49 元人民币，至 2016 年年底人民币兑美元的中间价约为 1 美元兑 6.94 元人民币），则该企业借入美元的成本可能不降反升。年初借款时该企业借入 1.54 亿美元（10/6.49），年底应还本息 1.632 4 亿美元（1.54×6%+1.54），即需要用约 11.33 亿元人民币来兑换美元以还款，这家企业的资金成本由预计的 6%剧增到 13.3%，比在中国资本市场借款更高。所以，当一家企业从全球资本市场筹措资金时，必须在低利率带来的收益和由于汇率的不利变动引起实际资金成本增加而带来的风险之间进行权衡。

7.2.2　对投资者的好处

对于投资者，从资本供需图来看，似乎并没有什么明显的收益；但从不确定性的角度来看，全球资本市场的出现使得投资者的投资选择大幅增加，投资者可以在国际范围内分散投资组合，与纯粹的国内资本市场相比，其投资风险可以降低。关于资产组合与风险的讨论可以追溯到 1952 年马科维茨的《投资组合选择与有效多样化》一文，之后经济学家们在马科维茨的理论基础上做了许多延伸与探讨。其中，格鲁贝尔（1968）曾结合理论与实证研究，发现了国际投资组合多样化对世界福利是有益处的。埃文斯和史蒂文·阿彻（1968）从实证的角度采集 1958～1967 年标准普尔指数中的 470 只股票的数据为样本，得出增加股票投资组合规模能显著降低投资组合的风险水平的结论。费舍尔和劳瑞（1970）发现，市场整体风险程度是"一只股票组合"的 50%～75%。索尔尼（1974）则发现，一个充分分散化的国际股票投资组合的风险程度仅仅是一个典型个股的 12%。达斯和乌帕尔（2004）再次论证了国际投资多样化能够减少系统风险。

7.3　全球资本市场的风险

当然，我们也不能被全球资本市场的好处蒙蔽了双眼，应当认识到全球资本市场所带来的风险，尤其是能引起全球金融危机的风险。

一些分析家担心，由于对跨国资本流动管制的放松，单个国家面对投机性资本流动的冲击时变得更加脆弱。他们认为，这将对一国经济产生不稳定的影响。另外，也有人提出有关国际投资基本状况的信息不足可能会促进全球资本市场中投机性资金的流动，这些因素则可能导致金融市场动荡。

7.3.1　投资者的有限注意

有限注意的概念最早由卡纳曼于1973年提出，指的是个体要在不同的事物上分配认知资源，注意力分配在一件事物上必然减少了个体对于另一件事物的注意力。有限注意会导致人的信息层叠，也就是决策者放弃自己对信息的搜集、加工和处理，直接通过观察别人的行动做出判断和决策。信息层叠使人们放弃自己挖掘信息而接受被大家所普遍接受的做法或信息，进而使得有限注意的投资者可能更趋向于羊群行为(Herd Behavior)①。羊群行为又会进一步导致资产定价的正反馈机制，加剧市场的波动并损害市场效率，进而引发泡沫与市场狂热。由于这样的非理性行为导致的危机很多，如荷兰郁金香"泡沫"、最近一次的金融危机。当投资的对象由一国的资本市场变成全球资本市场时，投资者所接受的信息更多，处理信息的难度更大，有限注意这一情况更为普遍，非理性行为的产生更难以避免。

郁金香"泡沫"——史上第一次金融危机

郁金香原产于小亚细亚，1593年传入荷兰。1630年前后，荷兰人培育出了一些新奇的郁金香品种，其颜色和花型都深受人们的欢迎。典雅高贵的郁金香新品种很快就风靡了欧洲上层社会。在礼服上别一枝郁金香成为最时髦的装饰。贵夫人在晚礼服上佩戴郁金香珍品成为地位和身份的象征。王室贵族以及达官富豪纷纷趋之若鹜，争相购买最稀有的郁金香品种，特别是在当时盛行奢侈之风的法国。投机商看中其中的商机，开始囤积郁金香球茎，并推动价格上涨。

1634年，炒买郁金香的热潮蔓延为荷兰的全民运动。当时1 000元一个的郁金香球茎不到一个月就升值为2万元。1635年秋季，在巴黎一个最好的郁金香球茎的价钱相当于110盎司黄金。1636年12月至1637年1月，所有品种的郁金香价格全线上升。以一种稀有品种Gouda为例，其价格在1634年年底仅为每盎司1.5基尔德(荷兰盾)，到1636年年底也只不过上升到每盎司2基尔德。随着郁金香投机市场的形成，Gouda的价格大起大落。在1636年11月，其价格猛升到7基尔德，随后回跌到1.5基尔德，在1636年12月12日其价格再度强烈反弹，直上11基尔德，过了新年之后再猛跌到5.5基尔德。由于新投机者的加入，价格再次急剧上升，到1637年1月29日其价格已经突破了14基尔德大关。这三次大起大落，每一次的振荡幅度都超过400%。拿1636年12

① 金融市场中的"羊群行为"是一种特殊的非理性行为，是指投资者在信息环境不确定的情况下，行为受到其他投资者的影响，模仿他人的决策，或者过度依赖舆论(即市场中多数人的观念)，而不考虑自己的信息的行为。

月 9 日最低点(1.5 基尔德)与 12 月 12 日的最高点(11 基尔德)相比,3 天之内价格上升将近 10 倍。超额利润招来了四面八方的投机客。也许有人早就怀疑郁金香的价格已经完全背离了一种花卉的常规,但是倒买倒卖所获取的暴利使得许多投机客丧失了理智。到 1637 年 1 月,连普通品种的郁金香价格也被抬高了 25 倍多。例如,Switsers 的价格在 1637 年 1 月上旬尚且低于 1 基尔德,到月底就被炒到 14 基尔德,到 1637 年 2 月 5 日上涨为 30 基尔德,在 30 天内涨幅超过了 29 倍。在这段时间内,几乎每一个投机者都沉浸在突然发了一笔横财的美梦之中。也是在这样的背景下,为了方便郁金香交易,人们干脆在阿姆斯特丹的证券交易所内开设了固定的交易市场。正如当时一名历史学家所描述的:"谁都相信,郁金香热将永远持续下去,世界各地的有钱人都会向荷兰发出订单,无论什么样的价格都会有人付账。在受到如此恩惠的荷兰,贫困将会一去不复返。无论是贵族、市民、农民,还是工匠、船夫、随从、伙计,甚至是扫烟囱的工人和旧衣服店里的老妇,都加入了郁金香的投机。无论处在哪个阶层,人们都将财产变换成现金,投资于这种花卉。"1637 年,郁金香的价格已经涨到了骇人听闻的水平。与前一年相比,郁金香总涨幅高达 5 900%!1637 年 2 月,一株名为"永远的奥古斯都"的郁金香售价高达 6 700 荷兰盾,这笔钱足以买下阿姆斯特丹运河边的一幢豪宅,而当时荷兰人的平均年收入只有 150 荷兰盾。

就当郁金香的期货合同在荷兰小酒店中被炒得热火朝天的时候,倒买倒卖的人逐渐意识到郁金香交货的时间就快要到了。一旦把郁金香的球茎种到地里,也就很难再转手买卖了。人们开始怀疑,花这么大的价钱买来的郁金香球茎就是开出花来到底能值多少钱?前不久还奇货可居的郁金香合同一下子就变成了烫手的山芋。持有郁金香合同的人宁可少要点价钱也要抛给别人。在人们的信心动摇之后,郁金香的价格立刻开始下降。价格下降导致人们进一步丧失对郁金香市场的信心。恶性循环的结果导致郁金香市场全线崩溃。

1637 年 2 月 24 日,花商们在荷兰首都阿姆斯特丹开会决定,在 1636 年 12 月以前签订的郁金香合同必须交货,而在此之后签订的合同,买主有权少付 10%的货款。这个决定不仅没有解决问题,反而加剧了郁金香市场的混乱。买主和卖主的关系纠缠不清。荷兰政府不得不出面干预,拒绝批准这个提议。1637 年 4 月 27 日,荷兰政府决定终止所有合同。一年之后,荷兰政府通过一项规定,允许郁金香的最终买主在支付合同价格的 3.5%之后中止合同。按照这一规定,如果郁金香的最终持有者已经付清了货款,那么他的损失可能要超过当初投资数量的 96.5%。如果还没有支付货款的话,他很幸运,只需支付合同货款的 3.5%,那么卖给他这份合同的人就要遭受非常严重的损失了。这次投机事故给荷兰造成了相当大的打击,3 年内荷兰的经济陷于瘫痪。

荷兰郁金香事件是世界金融史上的第一次"泡沫"危机,其用残酷的现实告诉我们,资本市场在给我们带来便利与收益的同时,也伴随着风险。尤其随着资本市场全球化程度的日趋深化,其带来的风险将更大、更难以预测。

资料来源:赵涛. 金融史其实很有趣[M]. 上海:立信会计出版社,2010.

7.3.2 机构投资的行为

机构投资者的一个重要特征就是其具有代理人的身份,其所进行的投资是为委托人提供一种金融服务。那么，这种委托代理矛盾的存在以及现有代理制度的问题就会导致其在投资决策中出现一些非理性的行为。委托代理理论(Principal-agent Theory)是建立在非对称信息博弈论的基础上的，由于委托人与代理人的目标并不一致，委托人追求的是自己的财富更多，而代理人追求的是自己的工资津贴收入、奢侈消费和闲暇时间最大化，这必然导致两者的利益冲突。在没有有效的制度安排的情况下，代理人的行为很可能最终损害委托人的利益。其中委托代理关系的观点——"常规失败比非常规成功更容易"——认为，职业经理人通过赢得承认和尊重，维护自己的好声誉，从而能够获得长期利益。简单来说，与可能成功的策略相比，人们更愿意采取与大家相同的策略，哪怕成为失败群体中的一员，这样至少可以避免自己的声誉遭到破坏。这个模型很好地解释了"羊群效应"在职业经理人中的体现，即职业经理人在职业压力下的行为。但很明显，机构投资者的这种行为会加剧市场的不稳定性。委托代理理论也解释了另一种可怕的现象——"魔鬼交易员"现象。"魔鬼交易员"是指躲避银行内部监控，进行违规交易的交易员，他们通过违规交易，将委托人的资金暴露于巨大的风险之中，以换取他们高昂佣金的可能。"魔鬼交易员"的原型——尼克·利森，就是在未经批准的情况下，在国际资本市场上进行套汇交易，使得英国老牌商业银行——巴林银行倒闭。

7.3.3 社会因素

若无数投资者的判断与决策都彼此独立，那么任何错误的想法都可能会互相抵消；但如果大多数人的想法高度一致，就会导致市场的系统性偏离。那些定期沟通和交流的人，他们的想法会很相似，故而社会因素会导致信息和情绪的传递。投资者会通过各种社会关系和渠道获取决策依据，而个人行为反过来会对其他主体产生影响，形成社会互动。因此，口头传递信息可以对其他主体产生影响。

同样，媒体信息传递也能对市场趋势有很强的推动力量。我们曾见到，在股市的非理性繁荣期，各种乐观预期在市场中流传，媒体对于乐观预期的新闻报道成为投机性价格变化的主要宣传者，从而对价格形成正反馈机制，导致"泡沫"的出现。投资者在社会接触中除了可以互相传递信息外，还会传递社会情绪。索罗斯曾经说过：市场在绝望中落地，在欢乐中升腾，在疯狂中毁灭！在经济良好的时候，投资者倾向于承担更多风险，而随着时间的推移，投资者承受的风险水平越来越高，直到超过收支平衡点而崩溃。

国际资本市场除了面临以上因素所导致的风险外，还需要注意风险的传导。对于开放的经济体而言，资本的流入和流出都会影响本国的经济运行。国际资本市场的存在使得各个资本开放的经济体更容易受其他经济体的影响，这种影响可以通过汇率、资本流动性影响经济的各个层面，这种影响可能是客观事件、冲击造成的，也可能是另一国政策变动主观导致的。

本章总结

全球资本市场的发展为国际商务活动中的借款和投资创造了机会。

在借款方面，企业通过利用全球资本市场，通常能够以比在纯粹的国内资本市场更低的成本借到资金，而无论企业采取何种筹措形式。全球资本市场上较低的资金成本反映了其更好的流动性和总体上宽松的政府管制。在大部分国内资本市场上，政府的管制会提高资金成本。然而，与这一点相对应的是借入外币所带来的外汇风险。

从投资方面看，全球资本市场的发展为企业、机构和个人提供了分散投资、降低风险的机会。与纯粹的国内市场相比，通过持有一个分散化的分属不同国家的股票和债券的投资组合，投资者可以将整体风险降到一个更低的水平，而外汇风险再次成为一个复杂的因素。

重要概念

1. **全球资本市场**（Global Capital Market）是指国际借贷资本集中的场所，也是国际资本以货币形式进行交易和流通的国际存贷的活动场所。

2. **欧洲货币市场**（Eurocurrency Market）是非居民之间以银行为中介在某种货币发行国国境之外从事该种货币借贷的市场。

3. **外国债券**（Foreign Bonds）是在借款人（政府、私人企业或国际金融机构）所在国与发行市场所在国具有不同的国籍并以发行市场所在国的货币为面值货币发行的债券。

4. **欧洲债券**（Euro Bonds）是指一国政府、金融机构和工商企业在国际市场上以可以自由兑换的第三国货币标值并还本付息的债券。

5. **委托代理理论**（Principal-agent Theory）认为，委托代理关系是随着生产力大发展和规模化大生产的出现而产生的，但在委托代理关系中，由于委托人追求的是自己的财富更大，而代理人追求的是自己的工资津贴收入、奢侈消费和闲暇时间最大化，这必然导致两者的利益冲突。

复习与思考

1. 2018 年 10 月 12 日，证监会正式发布《关于上海证券交易所与伦敦证券交易所互联互通存托凭证业务的监管规定（试行）》，自公布之日起施行。中国证监会和英国金融行为监管局于 2019 年 6 月 17 日发布“沪伦通”联合公告，原则批准上海证券交易所和伦敦证券交易所开展“沪伦通”。同日，“沪伦通”启动仪式在伦敦举行，上海证券交易所上市公司华泰证券股份有限公司发行的“沪伦通”下首只全球存托凭证（GDR）产品在伦敦证券交易所挂牌交易。“沪伦通”的开通对中国、欧洲乃至全球的金融市场有何影响？

2. 2019 年 1 月 30 日，证监会发布《关于在上海证券交易所设立科创板并试点注册制的实施意见》。同年 3 月 1 日，证监会发布《科创板首次公开发行股票注册管理办法（试行）》和《科创板上市公司持续监管办法（试行）》。2019 年 6 月 13 日，科创板正式开板；7 月 22 日，科创板首批公司上市；8 月 8 日，第二批科创板公司挂牌上市。如何看待国家将科创板的设立和发展作为扩大开放的措施之一？如何看待科技和科创企业在全球资本市场中的作用？很多人认为“科创板将书写中国资本市场历史新篇章”。此次科创板的开板对中国资本市场和全球资本市场的发展有何启示？

第八章

制度与国际商务

学习目标

- 解释制度的概念，明确制度的分类。
- 列举四个反映制度的指标。
- 理解正式制度的三个维度，并能够举例。
- 理解非正式制度的三个维度，并能够举例。
- 明确制度对于国际商务的重要作用，并能够举出现实中的例子。

引入案例

2018 年 7 月的一则新闻：一艘运载着 7 万吨大豆的船从美国开往中国大连港，在海上开足马力一路狂奔。这艘船为什么这样着急呢？因为在 2018 年的 7 月 6 日美国东部时间 00:01，美国宣布对华关税生效，将对中国 340 亿美元的商品加征 25%的关税。为反击美国对中国商品加征关税，中国同时宣布对同等规模的美国商品加征关税，而大豆就在这批加税商品的名单中。为了赶在中方关税落地之前抵达中国港口，货船必须争分夺秒，一旦无法及时到港，便不得不多缴纳 600 万美元的关税。

这艘从美国西雅图出发的货船满载着价值 1.5 亿多元人民币的美国大豆，原计划于北京时间 2018 年 7 月 6 日上午 9 时抵达大连港清关，但由于种种原因，未能按时抵达大连港。这艘船究竟会抢在美国宣布开启“贸易战”之前靠港清关，还是在中国开征 25%的惩罚性关税之后才到港？区区几个小时的误差将决定是否缴纳 600 万美元的天价关税，因此，这艘满载货物的船的航速已经超过了 14 节，堪称亡命狂奔。可惜的是，这艘船终于还是在中国开征惩罚性关税后才到港，成为首艘被中方征收惩罚性关税的靠港船只。

8.1 制度的定义

作为人与人之间交往的游戏规则，制度很早就产生了。例如，北宋时期的王安石就非常重视制度。王安石不仅是唐宋八大家之一，文学造诣极深，他还担任过宰相、驰骋官场。为了改变当时北宋积贫积弱的局面，王安石积极推行变法新政，想要通过改变制度来实现北宋的繁荣昌盛。表 8-1 列举了一部分王安石变法的措施，如农田水利法鼓励人们兴修水利，积极推动基础设施建设。

表 8-1　王安石变法的部分措施

措　施	内　容	作　用
青苗法	政府在青黄不接时向农民提供低息贷款(钱或粮食)	使农民免受高利贷盘剥,缓和了阶级矛盾,增加了政府的财政收入。但强制借贷,利息较高,对农民仍是沉重的负担
农田水利法	鼓励垦荒和兴修水利	保证了灌溉,耕地面积增加,促进了农业生产的发展,政府税收增加
免役法	政府征收免役钱,雇人服役	保证农民的生产时间,有利于发展农业生产,增加政府收入
市易法	设市易物,收滞销货,短缺时卖出,以稳定市场	打破了大商人对市场的垄断,增加了政府的财政收入
方田均税法	核实土地,按多少、好坏收税	一定程度抑制兼并,增加了政府收入,减轻农民部分税负

王安石在《取材》一文中强调了制度的重要性:所谓诸生者,不独取训习句读而已,必也习典礼,明制度。意思是:人做学问,不能只是学习文章句法,一定得熟悉典章礼制、明悉制度。

说起制度,我们最先想到的可能是一些国家颁布的政策方针,如中国特色社会主义、"一国两制"等。除了国内的政策,还有许多与国际商务直接相关的国际政策,如最惠国待遇。最惠国待遇是指各个国家协商并达成一致:我给你最优惠的待遇,同时你也要给我最优惠的待遇。这里的最优惠待遇指的是现在别人有的待遇我要有,以后别人有的新待遇我也要有。目前,在投资方面,中国已经签订了七十多个最惠国待遇条款,在贸易与航运领域签订了百余个。最惠国待遇是一个正式制度的例子,当然还有非正式制度,如价值观念、道德评价、文化习俗等。

一些制度经济学家,如道格拉斯·诺思和西奥多·舒尔茨都曾对制度做过概念上的界定。诺思是新制度经济学的奠基人,提出了产权理论和制度变迁理论。在宏观经济生产理论的研究中,大多数人认为科学技术是推动经济增长的第一要素,但是诺思(1990)提出,制度也是推动经济增长的重要因素。诺斯认为,制度是决定人们相互之间关系的人为约束,是人与人之间交往的游戏规则。舒尔茨提出了现代农业和人力资本理论。他认为,制度是一种规则,涉及社会、政治和经济的方方面面。诺思和舒尔茨对制度的定义相近。总的来说,**制度**(Institutions)是在一定历史条件和环境背景下形成的人与人之间交往的游戏规则,是大家共同遵守的办事规程或行动准则。应当注意的是,制度的范围非常广泛,包括政治、经济、法律和文化的方方面面。具体对于国际商务来说,制度则是对跨国企业行为具有一定约束力的法则。

8.2　制度的分类

根据正式程度,制度可以划分为**正式制度**(Formal Institutions)和**非正式制度**(Informal Institutions)。正式制度包括法律、规章和规则,非正式制度包括规范、文化和道德(如表 8-2 所示)。

表 8-2 制度的分类

正式的程度	举　例
正式制度	法　律
	规　章
	规　则
非正式制度	规　范
	文　化
	道　德

8.2.1 正式制度

(1) 法律

法律(Laws)由享有立法权的立法机关制定,依照法定程序颁布和修改,并由国家强制力保证实施。法律既是统治阶级意志的体现,也是国家的统治工具,如《宪法》。

(2) 规章

规章(Regulations)是行政性法律规范文件,由各级领导机关、社会团体、企事业单位制定并发布实施,目的是方便管理,规范工作、活动和有关人员的行为,如《中华人民共和国企业所得税法实施条例》。规章既具有行政约束力,又能够规范人们的行为。根据性质和内容,规章可以分为行政规章、组织规章、业务规章和一般规章。行政规章由中央和地方政府发布;组织规章由一个组织、企业或团体发布,如企业章程;业务规章是对专项业务进行系统性的规定;一般规章则是一个兜底的定义。

图 8-1 显示的是海关总署的官网,上面列举了海关最近的一些规章,包括允许进口智利鲜梨、对进口菲律宾新鲜椰子植物的检疫要求等。这些规章影响跨国企业对外贸易的决策,也影响货物过关的标准和流程。

(3) 规则

规则(Rules)由群众共同制定,或由代表人统一制定,通过后由群体中的所有成员一起遵守,如在商务场合应当正式着装。

正式制度的内容和质量对于国际商务来说意义重大。正式制度的质量较差意味着政局不稳定,合约执行力弱,企业面临的风险和成本高。好的制度环境则提供了经营所需的融资环境和产权保障,降低了交易成本,提高了投资效率,能够吸引更多跨国企业进行对外投资。

汇率制度就是正式制度的一种。根据汇率变动的幅度,汇率制度可以分为固定汇率制和浮动汇率制。固定汇率制和浮动汇率制在历史上是交替实施的,影响汇率制度变迁的最重要动因是战争和经济危机。历史上最早的汇率制度是金本位制度下的固定汇率制,即货币与黄金挂钩。两次世界大战期间,各国因筹备军饷而超发货币,造成严重的通货膨胀,致使货币汇率完全脱离了黄金平价,处于浮动汇率制。两次世界大战中,美国均远离主要战场,经济发展迅速,美元在国际货币市场上逐渐占据强势地位。因此,1944 年布雷顿森林体系的建立确认了双挂钩的汇率体制,即美元与黄金挂钩,其他各国货币与美元挂钩。然而,此后的越南战争使美国元气大伤,贸易赤字扩大,美元超发进而面临巨大的贬值压力,布雷顿森林体系逐渐崩溃。1976 年,国际货币基金组织召开牙买加会议,确立浮动汇率制度的合法化地位,赋予会员

图 8－1　海关总署官网

国在汇率制度上的选择自由。中国目前实行的是以市场供求为基础、参考一篮子货币进行调节、有管理的浮动汇率制度。但由于在中国是不允许外币自由兑换的，因此西方一直说中国的汇率没有市场化。

那么，对于一个国家来说，是使用固定汇率制好，还是使用浮动汇率制好？其实，这个问题没有定论，两种外汇制度各有优缺点。“三元悖论”就是说，一个国家无论选择何种制度，货币政策独立、汇率稳定和资本自由流动这三个目标不可能同时达到，最多只能完成其中的两个目标。例如，选择固定汇率制，能够达到汇率稳定的目标，但货币政策独立和资本自由流动这两个目标中就必须放弃一个，否则就容易引发货币和金融危机。1997 年首先从泰国爆发的亚洲金融危机就是一个例子。

1997 年亚洲金融危机：泰国的汇率制度

20 世纪 90 年代，泰国试图建立市场经济制度，尽可能地实现资本账户开放，并根据本国经济状况来制定自己的货币政策，即实现货币政策的独立自主；同时，实行盯住汇率，希望保持本国汇率稳定。在这一背景下，以索罗斯为代表的国际投机者开始炒作泰铢。他们从各种渠道借入大量泰铢，而后以当时 1 美元等于 24 泰铢的固定价格兑换成美元。通过这些投机者在国际金融市场的影响力，以及当时泰铢价值被高估的实际状况，在媒体上进行宣传并发表公开演说，使得拥有泰铢的人们相信泰铢将要贬值，因而在国际货币市场上大量抛售泰铢。为了维持泰铢的汇率稳定，泰国政府利用外汇储备大量购买泰铢。经历了巨额外汇储备流失后，泰国政府被迫放弃了固定汇率制，改为实行浮动汇率制。泰铢贬值了，当时的汇率是1美元兑40泰铢。此时，索罗斯等投机者便抛美元、购泰铢，来偿还先前借入的泰铢，从中赚取差价。泰国的经济在这场浩劫中严重衰退。

由此可见，选择固定汇率制度必须放弃资本自由流动或货币政策独立；而选择浮动汇率制度则意味着达到了货币政策独立和资本自由流动的目标，但放弃了汇率稳定。相比之下，更明智的选择是在浮动汇率制和固定汇率制之间找到一个平衡点，即有管理的浮动汇率制度。目前，中国实行的就是有管理的浮动汇率制度。

外汇制度除了会影响一国的经济外，还会影响对跨国企业的投资决策。那么，跨国企业更青睐固定汇率制还是浮动汇率制呢？从汇率风险的角度考虑，固定汇率制能够降低跨国企业进出口和进行国际投资的风险，能够限制投机对于稳定汇率的破坏作用。从这个角度看，固定汇率制更有利于国际商务。

8.2.2 非正式制度

(1) 规范

规范(Standards)是指约定俗成或明文规定的标准。明文规定的标准如ISO标准。ISO是一个全球性的非政府组织，其职责是在全世界范围内促进标准化工作的开展，便于国际贸易、科学技术和经济的交流与合作。ISO标准体现在日常生活的方方面面，如目前人们使用的A4纸规格就是由ISO标准制定的。除了遵循明文规定的标准外，跨国企业还会参考约定俗成的标准，也就是说，其他跨国企业的投资和贸易行为会为跨国企业提供参考。例如，咨询公司的主要业务是针对企业管理者在战略层面的一些问题开展尽职调查，努力做出客观、全面和公正的解答。常见的问题包括：是否应该进入一个新市场或者提供新产品、新服务，如何超越竞争对手等。其实，对于应当做出何种决策，跨国企业在聘请咨询公司之前往往已经有了自己的答案，聘请咨询公司的服务费非常昂贵，企业聘请专业咨询人士也不是法律规定必需的；但由于其他竞争对手常常聘请咨询公司收集数据和帮助分析形势，如果自己不聘请这样一个帮手，就会冒着无法掌握全局信息的风险，因此，许多跨国企业也就默认了这种规范，付出高昂的费用来聘请咨询公司帮助自己做出决策。

(2) 文化

文化(Culture)是相对于政治、经济而言的人类全部精神活动及其活动产品，如古老的中华文化和埃及文化(下文我们将着重从四个角度讲解文化，包括语言、宗教、社会结构和教育)。

(3) 道德

道德(Morals)是人类分辨善恶、对错的行为准则，如在地铁上不能吃东西。而在企业层面，道德可以归结为跨国企业的社会责任感(下文我们将会介绍几个有关道德的例子)。

8.3 制度的作用

对国际商务而言，制度最关键的作用是降低不确定性。

不确定性(Uncertainty)是指事先不能准确知道某个事件或某种决策的结果。其实，人们的日常生活中充满着不确定性。例如，天气预报提示明天有80%的概率降雨，那么明天既有可能降雨,也有可能不降雨;小王买一张彩票,中一等奖的概率是一千七百万分之一,那么小王有很大的可能为中国的福利事业做出贡献,也有很小的可能一夜之间成为百万富翁。在经济学中,不确定性是一个重要的课题。经济学中的不确定性指的是经济主体对于未来的收益和损失不能确知。那么,有什么指标可以用来量化不确定性呢?有三类指标可以用来衡量不确定性:第一类是概率,第二类是期望值,第三类是方差和标准差。

对于不确定性,每一位市场参与者的态度是不一样的,这就是市场参与者的风险偏好。如果读者开过股票账户,那么一定做过风险测评,用来测试被试者的风险偏好程度。具体地,经济学中的市场参与者的风险偏好可以分为三类:风险厌恶、风险偏好和风险中性。这三类风险偏好可以分别用不同的效用函数图表示。效用函数图的横轴是收益,纵轴是效用。无论一个人是风险厌恶、风险偏好,还是风险中性的,随着收益的增加,其效用都是增加的,但增加的速度有所区别,这就形成了三类不同的风险偏好。

如图 8-2 所示,对风险厌恶者来说,随着收益的增加,效用的增加率递减,因此,风险厌恶者的效用函数一般被假设为凹性,二阶导数小于 0。e 点的含义是参与者有 50%的可能性一无所获,有 50%的可能性获得 100 元;d 点的含义是参与者确定能够获得 50 元。虽然两者的期望收益都是 50 元,但对风险厌恶者来说,确定的 50 元收益带来的效用更高。

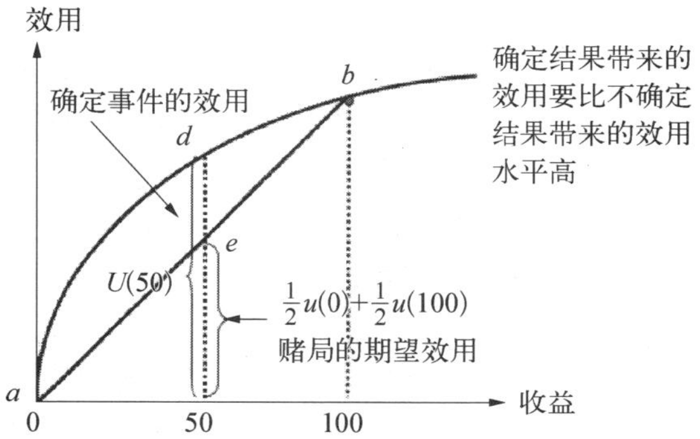

期望效用水平=$\frac{1}{2}u(0)+\frac{1}{2}u(100)$

$u(50)>\frac{1}{2}u(0)+\frac{1}{2}u(100)$

图 8-2　风险厌恶者的效用函数

如图 8-3 所示,对风险偏好者来说,随着货币价值的增加,效用函数的增加率逐渐递增,一般假设函数为凸性,二阶导数大于 0。确定事件 e 的效用小于不确定事件 d 的效用。

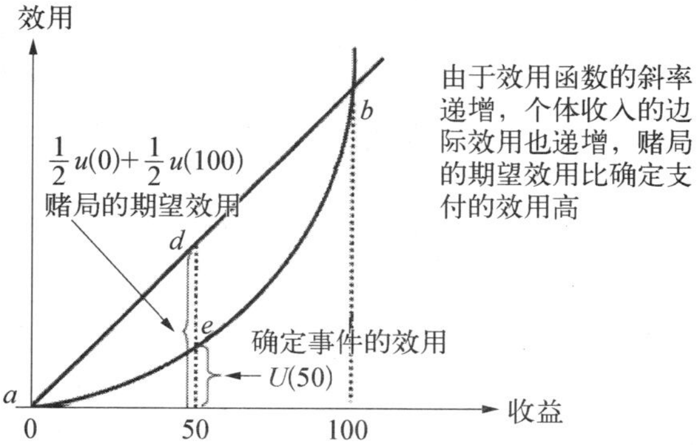

图 8-3　风险偏好者的效用函数

如图 8-4 所示，对于风险中性者来说，随着收益的增加，效用的增加率不变，它的货币收益函数是线性的，效用函数是一条直线，期望效用等于确定支付的效用。

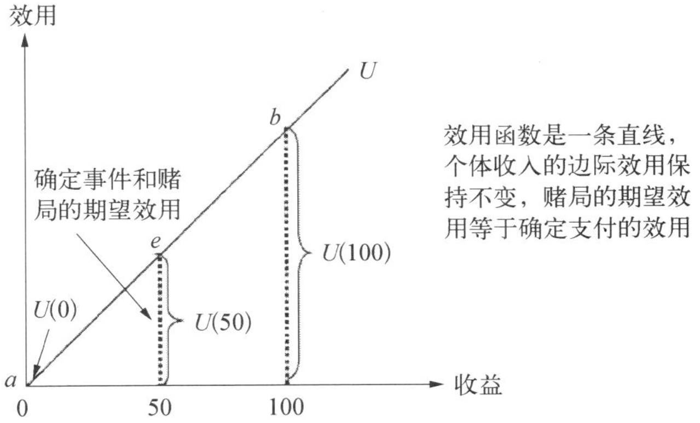

图 8-4　风险中性者的效用函数

那么，制度如何降低不确定性？一方面，制度通过发出什么行为是合法的、可接受的，什么行为是不合法的、不可接受的信号来影响个人和企业的决策制定。例如，《中华人民共和国企业所得税法》明确规定，在中国境内的企业必须缴纳 25%的企业所得税，为企业明确了应当纳税的义务。另一方面，通过给予违规者惩罚来增加违规成本，促使企业履行自己的职责和义务。例如，对于不履行合同的企业，可以通过仲裁和起诉使其承担继续履行、采取补救措施或者赔偿损失等违约责任。通过制定合规边界和惩戒违规者，制度降低了具有潜在破坏性的不确定性。

降低不确定性对于经济发展意义重大。前些年，中国的“山寨”之风盛行，从康帅傅、阿迪王到 Hiphone，这些“山寨”产品无一例外地侵犯了他人的专利权。近年来，中国愈发重视知识产权保护。2016 年 11 月，中国发布了关于完善产权保护制度、依法保护产权的意见，并提出所有产权形式都要全面保护、平等保护、依法保护，并解决以往产生的与产权相关的历史案件。这一意见的出台有利于提高企业家的产权安全预期，促进企业进行科技创新。知识产权制度通过降低发明专利后收入的不确定性，极大地促进了创新发展和科技进步。

经济政策的不确定性(Economic Policy Uncertainty, EPU)是一个用以反映经济政策不确定性的指数。这一指数在 2011 年由三个学者——斯科特·R. 贝克、尼古拉斯·布鲁姆以及史蒂文·J. 戴维斯编制，主要用来反映全球 24 个经济体经济政策的不确定性，是一个月度数据。美国的 EPU 指数有三个组成部分：第一部分是新闻指数，即在 10 家美国大型新闻媒体上统计与经济政策不确定性有关的文章数目，具体的筛选方式是查找同时包含“不确定性”“经济”和任意一个政策相关词语的文章，这个政策相关词语包括“联邦储备”“白宫”“立法”等。由于不同报纸的不同月份文章数量不同，不具备可比性，因此要进行标准化处理。第二部分是税法法条失效指数，即通过统计每年失效的税法法条数目来衡量税法变动的不确定性。第三部分是经济预测差值指数，具体又分为 CPI 预测差值、联邦政府支出预测差值和地方州政府支出预测差值，即通过考察不同预测机构对重要经济指标的预测差异来衡量经济政策的不确定性。这三个子指标的权重分别是 1/2、1/6 和 1/3。

中国的 EPU 指数仅包括综合指数的第一部分，也就是新闻指数。这一指数在中国的构建方式是使用程序筛选出《南华早报》中所有同时包含“不确定性”“中国”“经济政策”三类关键词的文章，将选出的文章定义为经济政策不确定性相关文章，统计每个月经济政策不确定性相关文章的总数，并进行标准化处理。贝克等人指出，新闻指数和综合指数具有很强的相关性，因此仅使用新闻指数仍然具有代表性。

EPU 数值越大，证明一国的经济政策不确定性越强。贝克等人的研究表明，EPU 指数与实际宏观经济变量，如经济增长和就业率，有显著的反向关系；同时，对权益市场的大幅波动也有解释作用。由此看来，一国的经济政策越稳定，经济发展水平越高。

图 8－5 展示了 1995 年之后中国的 EPU 指数变动情况。从图中能够观察到中国 EPU 指数的几个显著拐点：2000 年 10 月中国加入世界贸易组织、2008 年金融危机和“四万亿”政策的提出及实施、2012 年 10 月十八大的召开，2015 年“8.11”汇率改革、2016 年 1 月熔断机制的实施及废除、2016 年 11 月特朗普“上台”以及 2018 年 3 月开始的中美贸易摩擦。在这些时间点，中国的经济政策不确定性都有显著上升。

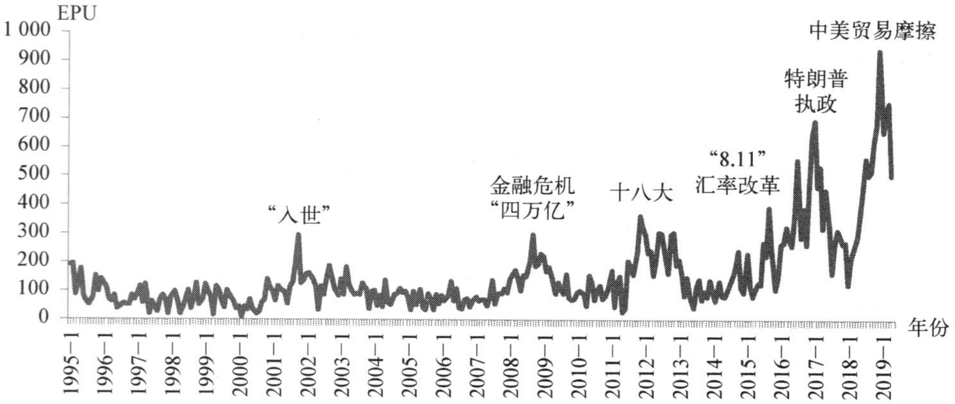

资料来源：Economic Policy Uncertaity，编者整理。

图 8－5　1995 年至 2019 年 1 月中国的 EPU 指数变动情况

图 8－6 展示了反映美国经济政策不确定性的综合指数。从 1985 年至 2019 年 1 月，美国的 EPU 指数有几次大的波动。例如，1987 年 10 月的股灾、1990 年 8 月至 1991 年 2 月的海湾战争、2001 年的“9.11”事件、2003 年 3 月的伊拉克战争、2008 年金融危机、2016 年 11 月特朗普“上台”以及 2018 年 3 月开始的中美贸易摩擦都显著提高了美国企业面临的经济政策的不确定性。

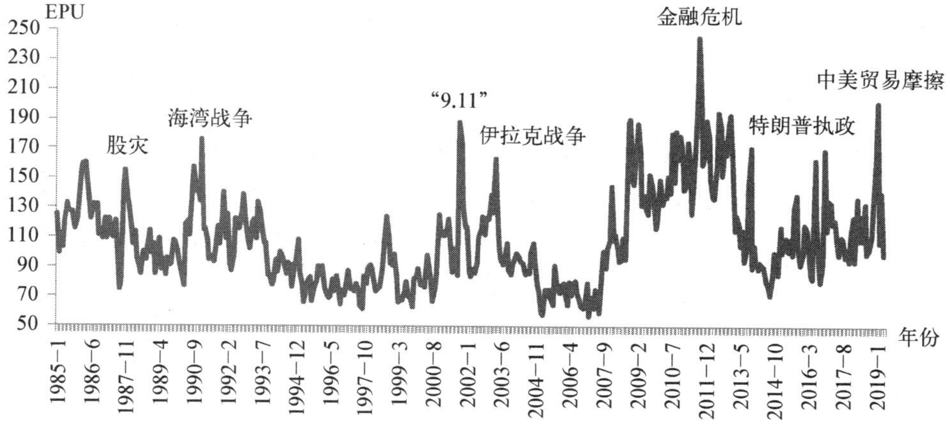

资料来源：Economic Policy Uncertaity，编者整理。

图 8－6　1985 年至 2019 年 1 月美国的 EPU 指数变动情况

制度能够降低不确定性，那么，跨国企业对制度做出了什么反应？一个例子是企业选择注册地。开曼群岛在1978年获得了一个皇家法令，规定永远豁免开曼群岛的缴税义务。因此，开曼群岛无论是对个人还是对企业都不征任何直接税。从腾讯、阿里巴巴、百度等互联网巨头，到地产界的碧桂园、世茂地产，再到运动品牌李宁、安踏，许多国人耳熟能详的企业是开曼群岛的注册企业。在开曼群岛注册是这些企业在国家正式制度约束内追求其利益的合理反应。开曼群岛也因此获得了"避税天堂"的称号。"避税天堂"是指那些为吸引外国资本流入、繁荣本国经济，在本国确定一定范围，允许境外人士在此投资和从事各种经济、贸易活动，而又不对其征直接税，或者实行低直接税税率的国家和地区。"避税天堂"大多是较小的沿海国家和内陆国家，甚至是很小的岛屿或"飞地"。它们自然资源稀缺、人口数量较少、经济基础薄弱。但由于它们具有能够避税的"优越性"，因此吸引了大量国外企业来此注册。但是，由于"避税天堂"的金融信息及税收体制不透明，为其他国家和地区的企业、组织、个人进行避税、"洗钱"提供了便利，损害了国际金融体系的稳定，因此，这些"避税天堂"也受到了国际社会的抨击。

8.4 制度的现实数据

8.4.1 营商环境便利度

反应制度特征的第一个指数是营商环境便利度。世界银行每年都会发布《营商环境报告》，并公布营商环境便利度，这是一个年度数据。

图8－7体现了营商环境便利度指数的测量范围。其包括一个内圆和一个外圆。外圆是与企业经营便利度相关的五大维度，包括选址、融资、日常经营、营商环境的安全性和开办企业；内圆则是具体的十一个方面，包括开办企业、办理施工许可证、获得电力、登记财产、获得信贷、保护少数投资者、纳税、跨境贸易、执行合同、办理破产和劳动力市场监管。其中，劳动力市

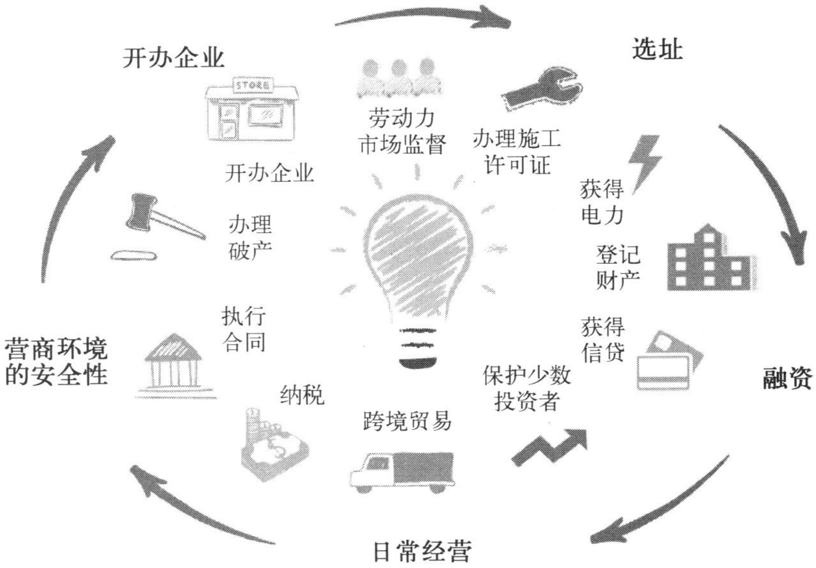

资料来源：世界银行。

图8－7 营商环境便利度的覆盖范围

场监管没有被纳入营商环境便利度指标，而是被单独作为一个数据进行分析，其余的十个指标共同组成了营商环境便利度。由此能够看出，营商环境便利度广泛覆盖了在一个地区开办和经营企业的便利程度，记录了一位企业家开办并运营一家企业，官方要求的所有手续，以及完成这些手续所需的时间和费用。这一指数报告了全世界 190 个国家和地区的营商便利度情况。

图 8－8 展示了 2018 年中国营商环境便利度的情况，横轴是营商环境便利度的 10 个子指标，纵轴是得分情况。2018 年中国营商环境便利度在世界上排名第四十六位，比 2017 年上升了三十二位。其中，在办理企业、获得电力等方面，中国得分较高，但在获得信贷、办理破产等方面的得分较低。

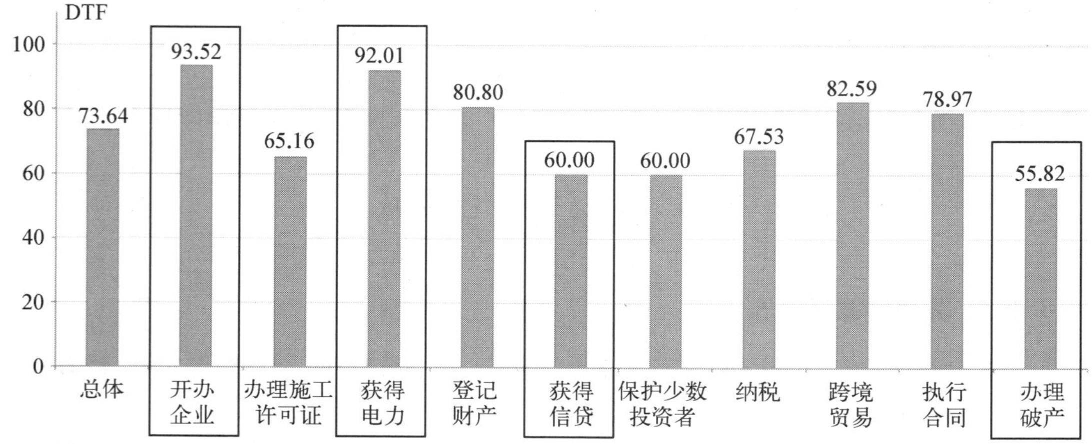

资料来源：世界银行。

图 8－8　2018 年中国营商环境便利度分指标情况

营商环境便利度所反映的经济制度便利性对一国的经济发展有重要影响。图 8－9 分别对比了 OECD 高收入国家和撒哈拉以南非洲国家开办企业的平均时间和获取电力的平均成本。这两类国家在经济发展方面有较大差异，开办企业的平均时间和获取电力的平均成本这两个指标显著地反映了两者营商环境便利度的差距。横轴均为时间，范围是从 2006 年到 2019 年；纵轴是得分情况。由此能够得出两个结论：一是撒哈拉以南非洲国家创办企业所花

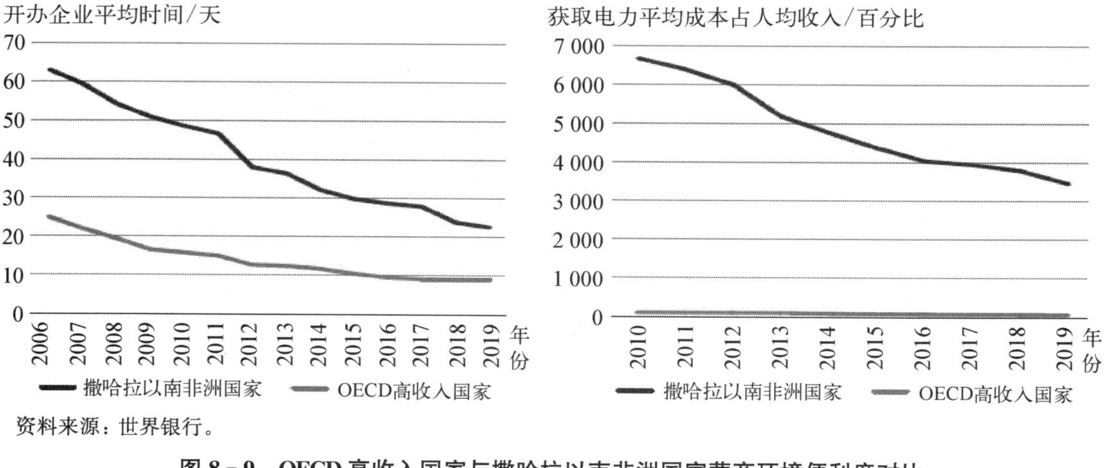

资料来源：世界银行。

图 8－9　OECD 高收入国家与撒哈拉以南非洲国家营商环境便利度对比

费的时间和获取电力的平均成本高于 OECD 国家，表明 OECD 国家给企业创造了更便利的制度环境，节省了企业的时间和资金成本；二是两者的差异在逐渐缩小，撒哈拉以南非洲国家的执行成本比 OECD 国家下降得更快。

8.4.2 金融市场发展程度

传统的贸易理论主要关注自然禀赋和生产要素产生的比较优势，并且一国应该集中发展本国具有比较优势的产业。但实际上，制度也能构成一国的比较优势。拉詹和津加莱斯具体探究了金融市场发展这一正式制度对于比较优势的影响。由于不同的产业对于外部融资即金融体系的依赖程度不同，金融发展程度也会决定一个地区何种产业会增长更快，何种产业会因此形成比较优势。完善的金融体系下，充裕的外部资金使得企业对物质资本、劳动和技术等要素的交换和流通更为方便，并承担更低的外部风险和交易成本。拉詹和津加莱斯的实证研究证实了这样的猜想，他们的研究表明，对外部融资依赖程度较高的企业和产业在具备完善而高效的金融体系的国家增长速度明显更快，发达的金融市场和良好的制度能够帮助企业克服道德风险和逆向选择问题，降低企业的外部融资成本。因此，金融市场发展状况能够对比较优势产生很大影响。他们的研究也在产业层面验证了金融会促进经济增长。

在实证方面，拉詹和津加莱斯基于 42 个国家、36 个产业的数据，剔除了国家和产业的固定效应，考察产业对外部融资的依赖度和一国金融市场发展的交叉项对年均增加价值增长率的效应。拉詹和津加莱斯主要选取了两个代理变量衡量金融市场的发展程度。

第一个变量是资本化率，其计算方式如下：

$$\text{资本化率}=\frac{\text{国内信贷}+\text{股市市值}}{\text{GDP}}$$

资本化率是反应金融市场发展情况的传统变量，其值越高，国内信贷的资金池越大；股票市值越高，则金融市场的发展越完善。

第二个代理变量是一国的会计标准。会计准则反映了财务数据披露的标准，得分越高表明披露得越规范，信息不对称程度越低，一国的金融市场越完善，企业进行外部融资的成本就越低。

表 8－3 列举了在拉詹和津加莱斯的测度方法下，金融市场发展程度最高和最低的十个国家。表中的前十个国家是金融发展水平最高的十个国家，后十个国家是金融发展水平最低的十个国家。可以观察到，在 20 世纪 90 年代，新西兰的金融市场比较发达，在之前营商环境的数据中，新西兰的营商环境便利度也是最优的。

表 8－3　　部分国家的金融市场发展程度

国　家	会计标准	资本化率	对私人部门的国内信贷率	人均收入(美元)
新西兰	70	0.59	0.19	7 490
南　非	70	1.51	0.26	2 899
挪　威	74	0.63	0.34	13 430
加拿大	74	0.98	0.45	10 486
澳大利亚	75	0.82	0.28	9 866

续表

国　家	会计标准	资本化率	对私人部门的国内信贷率	人均收入(美元)
马来西亚	76	1.19	0.48	1 683
芬　兰	77	0.52	0.48	10 181
英　国	78	0.78	0.25	9 600
新加坡	78	1.96	0.57	4 661
瑞　典	83	0.79	0.42	14 368
孟加拉国	—	0.20	0.07	121
肯尼亚	—	0.28	0.20	417
摩洛哥	—	0.41	0.16	807
斯里兰卡	—	0.44	0.21	252
巴基斯坦	—	0.53	0.25	290
哥斯达黎加	—	0.53	0.26	2 155
津巴布韦	—	1.01	0.30	441
约　旦	—	1.16	0.54	1 109
埃　及	24	0.74	0.21	563
葡萄牙	36	0.82	0.52	2 301

这里所探讨的金融市场发展状况构成比较优势，或者金融市场发展促进经济增长，都是从完善的金融市场能够降低企业从外部融资的交易成本角度来说的。谈及融资制度，还有两个间接融资制度值得关注：P2P和高利贷。间接融资制度意味着借款人不知道自己的资金流向了哪里、谁在使用自己的资金，而贷款人也不知道自己所使用的这笔钱归属于谁。也就是说，间接融资制度有一个金融中介作为“桥梁”，存在于借款人和贷款人之间。直接融资制度则没有这个金融中介作为“桥梁”。例如股票，当投资者购买时，他们很明确地知道所购买的是哪家企业的股票。

P2P是一种将小额资金聚集起来借贷给有资金需求的人群的一种民间小额借贷模式。面对传统金融机构融资成本高、效率低、较少针对小微企业提供信贷业务等弱点，P2P平台投资门槛低、资金运转快、利率高，并能够针对小微企业开放信贷业务，可以部分地缓解小微企业融资难、融资贵的困境。然而，目前中国的P2P平台发展还不完善，许多P2P平台存在违规操作现象，如在建立初期以高回报来吸引投资者，但投资的真实收益较少，绝大部分资金来自后期投资人。在这种情况下，一旦资金链断裂，P2P平台就会存在“爆雷”的风险。截至2018年年底，中国有超过300家P2P平台发生“爆雷”，许多投资者损失巨大。由此可见，中国的P2P行业还需要加强监管。

高利贷是指索取特别高额利息的贷款，在中国属于违法行为。根据最高人民法院的规定，高利贷的判定以年利率36%为标准，年利率超过36%的借贷被称为高利贷。高利贷的优点是手续简单，操作快，能够满足中小企业对于资金的需求。在银行更愿意把资金贷给国有企业、大企业，而不愿把资金贷给中小企业的现实情况下，高利贷这种民间借贷模式发展较快。但是，高利贷的风险极高，经营高利贷的非法金融机构往往自身实力非常有限，当资金周转不灵的现象出现时，企业无法继续运行，这时存款人大量计提存款或者大量贷款无法收回，导致资金链断裂，从而引发信用风险。

8.4.3 ICRG

国际国家风险指南(The International Country Risk Guide，ICRG)由政治风险服务集团(PRS Group)发布，旨在评估一国的制度发展情况，无论在国际组织还是在学术界，应用都非常广泛。

ICRG 是一个月度数据，范围覆盖全世界 140 个国家和地区，包括 1 个综合指标和 3 个分指标。3 个分指标分别反映了一国的政治风险、经济风险和金融风险，权重比例是 2∶1∶1。其中，政治风险涉及 13 个子指标，经济风险和金融风险各包括 5 个子指标。ICRG 综合风险指数(CR)的计算公式如下：

$$CR = 0.5 \times (PR + ER + FR)$$

其中，政治风险(PR)计 100 分，占比为 50%；经济风险(ER)和金融风险(FR)各计 50 分，各占比 25%。因此，CR 的总分为 100 分。分值越高表明国家的制度风险越低，制度环境越好；分值越低则表明国家的制度风险越高，制度环境越差。

使用 ICRG 能够开展许多与制度相关的研究。例如，我们使用 ICRG 数据探究了东道国制度环境对 OFDI 的影响。过去的研究往往是基于国家层面的宏观数据，而这一研究使用了企业层面的微观数据，基本的计量模型如下：

$$OFDI_{ict} = \alpha + \beta Institution_{ct-1} + \gamma_1 Experience_{ict-1} + \gamma_2 X_{ct-1} + \theta_{it} + \theta_c + \varepsilon_{ict}$$

其中，因变量 $OFDI$ 是企业 i 在第 t 年对东道国 c 的投资情况，具体操作时采取了两个变量：第一个是虚拟变量($Dummy$)，表示企业是否在东道国进行投资；第二个是数值变量($Number$)，表示 $OFDI$ 的项目数。主要自变量是制度变量($Institution$)，表示东道国 c 在 $t-1$ 年的制度情况，使用 ICRG 综合指标，政治、经济、金融三个分指标来衡量。投资经验($Experience$)表示企业 i 在 $t-1$ 年之前是否有对东道国 c 的投资经验。控制变量包括东道国的 GDP 增长率、人均 GDP 和进出口贸易额占 GDP 的比重。此外，还控制了企业-年份和国家的固定效应。

表 8-4 列出了主要的实证结果。第四行制度变量展示的是主要自变量制度的回归结果，第①、②列是采用 ICRG 总指标来衡量制度的回归结果，第③、④列采用政治风险，第⑤、⑥列采用经济风险，第⑦、⑧列采用金融风险。其中，奇数列使用虚拟变量，即以企业是否在东道国投资作为因变量；偶数列采用数值变量，即以企业在东道国的投资次数作为因变量。研究结果显示，无论是以虚拟变量——“跨国企业是否进行对外直接投资”为被解释变量，还是以正常的数值变量——“对外直接投资项目数量”为被解释变量，自变量 ICRG 综合指数的系数均显著为正，表明东道国的制度环境越稳定，企业越倾向于在该东道国进行投资，且投资的次数越多。从制度的三个维度来看，东道国的政治风险和经济风险越低，企业就越容易进行投资，但是金融风险的影响并不显著。这也体现了制度对国际商务的重要影响。

表 8-4　　东道国制度环境对 OFDI 的回归结果

项目	①	②	③	④	⑤	⑥	⑦	⑧
	虚拟变量	数值变量	虚拟变量	数值变量	虚拟变量	数值变量	虚拟变量	数值变量
	综合指标		政治风险指标		经济风险指标		金融风险指标	
制度变量	0.004 19[a] (0.000 94)	0.003 13[a] (0.000 70)	0.007 73[a] (0.001 36)	0.005 83[a] (0.001 01)	0.002 17[a] (0.000 46)	0.001 61[a] (0.000 36)	−0.000 587 (0.000 46)	−0.000 432 (0.000 34)
投资经验	0.037 9[a] (0.005 12)	0.028 8[a] (0.003 96)	0.037 9[a] (0.005 13)	0.028 8[a] (0.003 96)	0.037 9[a] (0.005 12)	0.028 8[a] (0.003 96)	0.037 9[a] (0.005 13)	0.028 8[a] (0.003 96)
国内生产总值增长率	0.004 99[a] (0.001 11)	0.003 81[a] (0.000 81)	0.004 40[a] (0.001 11)	0.003 36[a] (0.000 80)	0.004 72[a] (0.001 11)	0.003 62[a] (0.000 81)	0.006 30[a] (0.001 17)	0.004 80[a] (0.000 86)
人均国内生产总值	−0.003 69[a] (0.000 64)	−0.002 74[a] (0.000 48)	−0.003 93[a] (0.000 66)	−0.002 93[a] (0.000 49)	−0.003 47[a] (0.000 62)	−0.002 58[a] (0.000 46)	−0.002 97[a] (0.000 60)	−0.002 21[a] (0.000 45)
进出口贸易额占国内生产总值的比重	−0.000 7 (0.000 75)	−0.000 697 (0.000 57)	−0.000 975 (0.000 76)	−0.000 907 (0.000 58)	−0.000 307 (0.000 72)	−0.000 404 (0.000 55)	−0.000 189 (0.000 75)	−0.000 317 (0.000 58)
企业-年份固定效应	是	是	是	是	是	是	是	是
国家的固定效应	是	是	是	是	是	是	是	是
观测值	624 098	624 098	624 098	624 098	624 098	624 098	624 098	624 098
R^2	0.032	0.032	0.032	0.032	0.032	0.032	0.032	0.032

注：a、b、c 分别表示 1%、5%、10%水平上显著。

8.4.4　市场化指数

市场化指数是由中国学者樊纲、王小鲁和朱鹏提出的。市场化指数以 5 个维度、18 个一级指标和 25 个二级指标为基础，用主成分分析法为基本计量方法构造而成。这一指数的价值在于它可以作为一个“制度变量”。5 个维度具体包括政府与市场的关系、非国有经济的发展、产品市场的发育程度、要素市场的发育程度以及市场中介组织发育和法律制度环境。由此可见，市场化指数较为全面地衡量了一国的制度。处理后的市场化指数与市场化程度正相关，也就是得分越高，市场化程度越高；得分越低，市场化程度越低。之前这个指数的取值范围是 0 到 10，后来由于市场化不断发展，就逐渐解除了这个范围限制，允许市场化指数超过 10 或者小于 0。

图 8-10 反映了中国 2014 年各省份的人均 GNP 与市场化指数之间的关系。其中，人均 GNP 能够系统地反映一个地区的繁荣程度。图上的横轴是市场化指数，纵轴是各省的人均 GNP，用人民币元来度量。可以观察到，趋势线是向右上方倾斜的，表明市场化指数与人均 GNP 正相关，市场化指数越高的省份，人均 GNP 也就越高。由此可见，体制改革方面的差距与各地区经济差异高度相关。

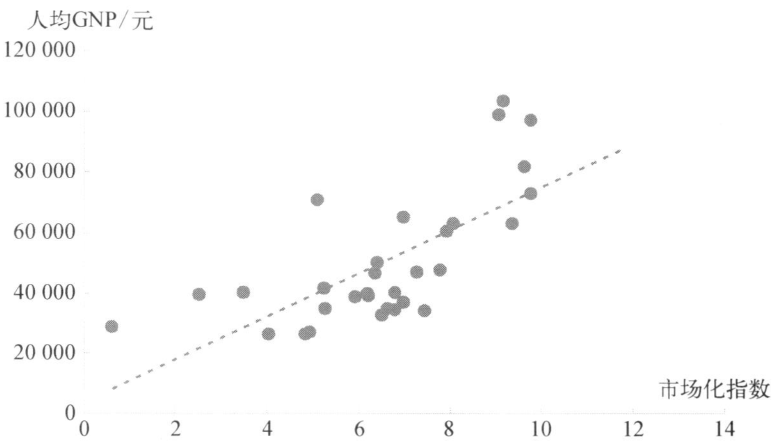

资料来源：王小鲁，樊纲，余静文. 中国分省份市场化指数报告：2016[M]. 北京：社会科学文献出版社，2017.

图 8－10　市场化指数与人均 GNP 之间存在正相关关系

表 8－5 列举了市场化指数最高和最低的 5 个省市。左半部分是市场化指数最高的 5 个省市，包括浙江、上海、江苏、广东和天津，均分布于中国的东南沿海，经济发展较快。右半部分是市场化指数最低的 5 个省市，包括西藏、青海、新疆、甘肃、贵州，均分布于中国的西部地区，经济发展相对落后。

表 8－5　　2014 年市场化指数全国前五位和后五位省份

省　市	市场化指数	省　市	市场化指数
浙　江	9.78	西　藏	0.62
上　海	9.77	青　海	2.53
江　苏	9.63	新　疆	3.49
广　东	9.35	甘　肃	4.04
天　津	9.17	贵　州	4.85

资料来源：王小鲁，樊纲，余静文. 中国分省份市场化指数报告：2016[M]. 北京：社会科学文献出版社，2017.

市场化指数的应用

腐败的政府是“掠夺之手”，是影响经济和社会发展的“毒瘤”，企业通常因为腐败而承受着不必要的成本和负担，但这只是其中的一个方面。从另一个角度来说，腐败能够提升经济运行的效率，腐败是“吱呀作响的轮子所需要的‘润滑油’”。在腐败横行时，贿赂有助于企业规避繁文缛节并得到政府助益。例如，企业通过行贿而建立政治关联并得到官员庇护，可以加快办理各项手续，甚至赢得稀缺资源。在这种情况下，腐败会提高经济的运行效率。这是学术界目前对于腐败对经济发展影响的看法，即反腐是一把“双刃剑”。因此，我们要考察的是“反腐”运动对于企业均衡的影响，2013 年的“反腐”运动刚好可以作为一个自然实验进行研究。

对自然科学中的实验大家并不陌生，如在实验室做伽利略的自由落体实验，一个质量大的物体和一个质量小的物体从相同的高度同时下落，除了物体的质量外，其他因素完全一样，这是很严谨的自然科学实验。但是，在社会科学中做自然实验是很困难的，就拿研究“反腐”而言，最理想的情况是找两个地理位置、经济发展水平、文化传统等全部因素相同的国家，一个进行“反腐”行动，一个不进行，看市场的反应。但这是不可能实现的。因此，社会科学中的自然实验往往要抓住历史机遇。

习近平致力于“反腐”并且成效显著，我们的研究就将“反腐”当作一个自然实验，看股票市场是如何对“反腐”行动做出反应的。需要补充说明的是，一般情况下，股价的波动反映着投资者对企业前景的判断，在某种程度上可作为衡量“反腐”效果的“晴雨表”。研究提出了一个概念框架，即“反腐”影响企业的渠道，还采用了事件分析法进行实证分析。要使用事件分析法，就要选择某一特定事件，这项研究选择的就是“反腐”运动，具体来说是研究 2013 年 5 月 17 日，王岐山要求中央巡视组到各省级政府进行多轮巡查这一事件前后，样本股票收益率的变化，也就是检验股票价格对“反腐”这个信息披露的反应，进而解释“反腐”这件事对于样本股票收益率的影响。接着要选择估计窗(Estimation Window)，利用这一期间的数据估算在不发生“反腐”运动的情况下股市的期望收益率。还要选择事件窗(Event Window)，计算公开“反腐”运动期间的异常收益率。

图 8－11 是一个时间轴，估计窗往往比事件窗的时间跨度大。然后计算累计异常收益率(CAR)，并进行统计检验来判断在某一显著性水平上，事件是否对股票收益产生了影响。

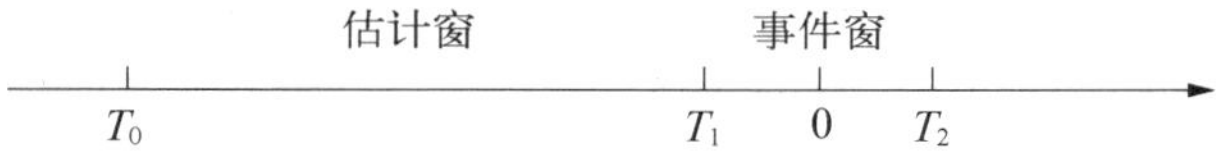

图 8－11　事件窗与估计窗

研究所使用的数据来自 CSMAR 数据库，样本包括 2 258 个非金融领域的上市公司。围绕 2013 年 5 月 17 日中央巡视组巡查这一事件，选择了 180 日的估计窗，时间区间是从 2013 年 5 月 17 日宣布日的前 11 天开始再向前追溯 180 日。研究选择了 11 日的事件窗，由 2013 年 5 月 17 日宣布日和前后 5 天这一时间范围构成。计算事件窗内的累计异常收益率，并检验显著性水平。研究还使用测量累计异常收益率的不同方法做了稳健性检验。

表 8－6 总结了最主要的实证结果。第一列是不同时间长度的事件窗，或者是采用不同市场基准的事件窗，如沪深 300 指数、考虑了三因素模型的事件窗，主要结果在第二行，后面的结果作为稳健性检验而存在。第二列是平均 CAR。第三列是所有样本股中下跌的公司数量。在 11 天的事件窗期间内，市场平均获得了 2.818％的收益率。在 11 天内，2 258 只样本股中只有 774 只股票下跌，并且无论是选择不同的测量累计异常收益率的方法还是选择不同的事件窗，这一结果都是稳健的。这意味着在中纪委宣布在各省巡视后，股票市场预期腐败的“掠夺之手”的危害会减弱，官僚主义的减少会补偿腐败的“润滑油”作用的减弱，总体来说，“反腐”会提升上市公司的业绩表现。

表 8-6 “反腐”对中国股票市场影响的事件分析结果

事件窗	平均累计异常收益率	股价下跌公司/所有公司
CAR(−5, 5)	0.028 18***	774/2 258
三因素 *CAR*(−5, 5)	0.033 16***	648/2 258
总价值 *CAR*(−5, 5)	0.024 30***	850/2 258
沪深 300 *CAR*(−5, 5)	0.042 16***	516/2 258
CAR(−5, 10)	0.033 11***	723/2 258
CAR(−10, 10)	0.046 01***	707/2 258
CAR(−10, 20)	0.054 28***	828/2 258

注：*** 代表 1%的显著性水平。

除主要的实证结果外，这项研究还探究了中纪委巡视对不同特征企业累计异常收益率影响的异质性。研究主要得出了三个结论：一是中纪委巡视使得奢侈品企业的收益显著降低，原因是奢侈品常常作为贿赂官员的礼物，“反腐”运动使人们停止贿赂官员，投资者们当然就不再看好奢侈品行业了。二是民营企业比国有企业的收益高，小企业比大企业的收益高，无政治关联的企业比有政治关联的企业的收益高，也就是说，中央巡视的利好效应在小型企业、民营企业和没有政治关联的企业最为明显。三是当地的制度起到重要作用，这部分研究使用了樊纲市场化指数中的一个维度——要素市场的发展程度，还有一个一级指标——对生产者合法权益的保护来作为代理变量，用来反映中国地方制度质量的两个方面。对于要素市场欠发达的省份来说，那里的企业更依赖于贿赂政府官员来打通关系办事，腐败的“润滑油”作用更显著，中央巡视的力度越大，反腐败力度越强，这些企业受到的重创也就越多，大小企业、国企民营、有无政治关联的企业在“反腐”后的收益率差异更小。在法律保护机制更完善的省份，政府较少伸出“掠夺之手”，中央巡视的市场反应也就较弱，大小企业、国企民营、有无政治关联的企业在“反腐”后的收益率差异更小。因此，尽管小企业、民营企业、无政治关联的企业比国有企业、大企业、有政治关联的企业收益更高，但收益率差值在制度更优化的省份显著降低。

市场这只“看不见的手”要发挥配置资源的基础性作用，政府这只“看得见的手”则主要是为经济健康发展提供良好环境，为居民和社会提供基本公共产品和服务。过多的行政审批既严重影响经济活力，也为一些官员寻租腐败提供条件。在这样的背景下，习近平的“反腐”对于提升中国的市场经济活力有重要意义。

本章总结

每家企业在进行国际商务活动时，不可避免地要面对不同的来自东道国与母国的制度，这些制度直接或间接地影响着企业的运营与风险。本章既介绍了制度的定义和分类，又具体介绍了正式制度和非正式制度的内涵。

重要概念

1. **制度**(Institutions)是在一定历史条件和环境背景下形成的人与人之间交往的游戏规则,是大家共同遵守的办事规程或行动准则。

2. **正式制度**(Formal Institutions)是指一些成文的规定,包括法律、规章和规则。

3. **非正式制度**(Informal Institutions)是指对人的行为不成文的限制,是与法律等正式制度相对的概念,包括规范、文化和道德。

4. **法律**(Laws)由享有立法权的立法机关制定,依照法定程序颁布和修改,并由国家强制力保证实施。

5. **规章**(Regulations)是行政性法律规范文件,由各级领导机关、社会团体、企事业单位制定并发布实施,目的是方便管理,规范工作、活动和有关人员的行为。

6. **规则**(Rules)由群众共同制定,或由代表人统一制定,通过后由群体中的所有成员一起遵守,如在商务场合应当正式着装。

复习与思考

1. 据英国《金融时报》2018 年 7 月 1 日报道,欧盟委员会近日在给美国商务部的一份报告中警告,特朗普要以惩罚性关税打击汽车进口,可能引发全球对高达 3 000 亿美元的美国产品展开报复。报告中称,欧盟和其他主要经济体"很可能……对显著数量的贸易"采取反制措施,可能涉及高达 2 940 亿美元的贸易,占 2017 年美国商品出口的 19%。美国对欧盟汽车加征关税属于正式制度还是非正式制度?美国对欧盟汽车加征关税将会对美国国内汽车市场产生什么影响?对美欧贸易有何影响?

2. 你觉得正式制度和非正式制度,哪个对商务活动的影响更大?如何避免制度对商务活动的不利影响?

第九章

政治经济与法律

学习目标

- 了解全球主要的几种政治、经济、法律制度。
- 理解不同政治、经济、法律制度的优缺点。
- 了解不同正式制度对商务活动可能产生的影响。

引入案例

2008年1月1日，我国《劳动合同法》正式实施，旨在提高最低工资水平、规定缴纳“三金”、明确加班报酬、提高劳动者收入。据测算，《劳动合同法》的实施使加工企业劳动力成本提高30%以上。此后，大批加工企业倒闭或转移。以苏州为例，比较著名的企业外迁、倒闭现象有三星最大代工厂苏州普光电子关闭、诺基亚苏州工厂关闭、苏州紫兴纸业发布停产解散公告等。社会上有相当数量的观点认为这些企业的倒闭与外迁是《劳动合同法》提高企业成本的原因，也有观点认为企业成本的提高主要是大环境趋势下的产物，《劳动合同法》的实施并不是主要原因。

9.1 政治制度

政治制度(Political Institutions)是指统治阶级为实现阶级专政而采取的统治方式的总和，包括国家政权的组织形式、国家结构形式、政党制度及选举制度等。一种最常见的对政治制度的分类是根据国家权力的集散程度，将政治制度分为民主制和集权制。

民主制是一种由公民选举代理人来代表他们治理国家的政治制度，获得大多数选票的政党胜出，并组建政府对国家进行管理。民主制的发展大致可以分为三个阶段：第一个阶段是以雅典为代表的直接民主制。民主制起源于古希腊时期的雅典。雅典民主制度的核心内容是全体公民直接参与城邦国家公共事务的管理，是一种实行直接民主的政治制度。古代雅典人认为，所有公民在各方面都是平等的，所以雅典的官员是通过抽签产生的，这就是最初的民主制。随着人口的增长，直接民主制的局限性渐渐显现，因为在人口众多的国家，无论如何全体公民不可能在同一时间、同一地点平等地表达自己的意志。于是，13世纪英国建立了代议制政府。此后，美国、法国等资本主义国家相继建立了代议制度，这就是第二个阶段。代议制是以议会为国家政治活动中心，由少数代表通过辩论进行主要立法和行政决策的政治制度。以英国为例，代议制的优势是650名议员容易形成一个主导局面，能够快速通过议案，可以迅速有效地解决英国面临的问题。然而近年来，英国屡次使用“全民公投”这种直接民主的方式侵害了代议制的效力。第三个阶段是行政集权民主制，即由议会主权转向行政集权。20 世纪 30 年代，从美国开始的经济大萧条波及主要资本主义国家，各国面临严重的政治经济危机，只有依靠政府的力量才能走出大萧条的低谷。尽管各国仍然保留代议民主制的普选制，但议会的权力已经有所削弱。

目前，拥有最悠久民主制历史的国家是英国，它从 13 世纪议会成立以来就确立了民主制。印度则是世界上人口最多的民主制国家。民主制的对立面就是集权制。在集权制国家，领导人或者政党对全体公民实施绝对的政治控制。目前，世界上大多数国家实行民主制，实行集权制的国家较少。

那么，民主制和集权制，哪个对跨国企业更有利？民主制更有利于国际商务的发展，因为集权制国家的政治风险比较高，不仅可能频发抗议和暴乱，更极端的可能是使外国资产国有化，也就是集权制政府没收跨国企业的资产。查韦斯领导下的委内瑞拉就是一个例子。委内瑞拉是一个拥有丰富资源的国家。它的石油储量和人均石油占有量超过沙特阿拉伯，是世界石油储量第一大国。2001 年，委内瑞拉颁布了《碳氢化合物法》，规定所有外企必须首先与委内瑞拉石油公司组建合资企业，然后进行投资，并且委内瑞拉石油公司至少占有 51%的股份。由于埃克森美孚石油公司和康菲石油公司拒绝签署其国有化协议，2007 年，埃克森美孚和康菲石油公司的资产被强行收缴。要知道，这两家企业当时的估值近 120 亿美元，但查韦斯仅向埃克森美孚补偿了 2.55 亿美元，向康菲补偿了 4.2 亿美元。这一国有化的直接结果是生产力迅速下降。在其他企业石油开采技术和设备不断提升的背景下，委内瑞拉的国企石油公司的开采量反而下降了 30%。

与民主制和集权制息息相关的是集体主义和个人主义。一般来说，强调集体主义的国家往往倾向于采取集权制，而强调个人主义的国家则倾向于采取民主制。集体主义的概念源自柏拉图，他在《理想国》中提出，个人的权利应当服从大多数人的利益，财产应该归公众所有。个人主义是集体主义的对立面，有趣的是，个人主义最先起源于柏拉图的学生亚里士多德，他认为私有财产具有比公共财产更高的生产效率。因此，个人主义者认为每个人都应当享有追求经济和政治的自由的权力。

目前，世界上更倾向于集体主义的国家有中国、巴基斯坦、泰国、新加坡、墨西哥和日本等。集体主义特征表现在这些国家的许多方面。例如，1991 年新加坡政府发表了《共同价值观白皮书》，推出了五大“共同价值观念”，力图让新加坡国内各民族、各阶层、不同宗教信仰的民众共同接受和认可。其中的第一条共同价值观就是国家至上、社会优先。再如，日本人认为压抑自己的个性是一种美德，要求个人的意愿服从于集体的意愿。日本人具有强烈的集体归属意识，人们时时意识到自己是集体的一员。

相比之下，更倾向于个人主义的国家以欧美系为主，包括美国、澳大利亚、英国、加拿大、新西兰、意大利、比利时和丹麦等。个人主义体现在美国人生活的方方面面。父母会向年纪尚小的孩子征求意见，把他们当作有能力对事物做出独立判断的人来对待。父母非常尊重孩子的意愿、隐私和尊严，给其发展个性的空间。在美国电影中，个人英雄主义也常常有所体现，如《超人》。

那么，个人主义和集体主义会对跨国企业产生什么影响呢？例如，个人主义和集体主义会影响跨国企业的管理，也就是说，针对不同国家员工的个性特点，管理层应当采用不同的方式。

美国个人主义与中国集体主义的碰撞

一个中国人和一个美国人既是同事,也是朋友。一次,这个美国人在会议中提出了一个方案,征询在场的中国经理的意见,无人提出异议,于是这个美国老板决定采用这个方案。但是,会后这个中国人却找到这个美国人,提出了方案中的问题,认为方案不可行。这位美国老板非常生气:"你为什么不早点说出来呢,耽误了决策的时间。"而这位中国经理也很不解,认为"我没有在众人面前指出你的错误,是保全了你的面子、维护了集体的和谐"。

9.2 法律制度

法律是国家的产物,是统治阶级为了实现统治和管理国家的目的,经过一定的立法程序所颁布的基本法律和普通法律。因此,法律是统治阶级意志的体现。对于国际商务活动来说,法律体系通过明确界定什么可行、什么不可行来打击机会主义行为,能够将不确定性最小化,降低交易成本。

目前,世界上的法律体系包括三个:大陆法系、普通法系和神权法系。

(1) 大陆法系

大陆法系起源于罗马法,是目前最古老、最具影响力、在全世界分布最广的法律体系,世界上一共有八十多个国家采用大陆法,中国就是其中一个。大陆法系最大的特点是法律以成文法的形式存在,包括立法机构制定的各种规范法律文件、行政机关颁布的各种行政法规等,不包括司法判例。大陆法系规定了较为全面的法条,故而法官的灵活性比较小,只能适用法律,即援引成文法中的规定来审判案件,而不能创造法律。现实情况是,在大陆法系国家,企业订立的合同往往比较短,这是因为法律已经考虑到了许多交易中可能发生的问题,大部分纠纷是有法可依的,所以不必在合同中一一体现。

(2) 普通法系

普通法系起源于英国。不同于大陆法系有较为全面的法条,普通法系最大的特点是它主要根据先例和惯例来定刑和量刑。法官在处理案件时,既可以援引成文法,也可以援用判例,还可以有条件地运用解释和推理来创造新的判例,也就是说,法官可以创造法律。普通法系国家的企业订立的合同往往比较长、比较详细,因为法律没有较为全面的条文,所以企业在订立合同时就会努力涵盖所有可能发生的纠纷的解决方案,将解决问题的主动权掌握在自己手中。普通法系中一个很重要的制度是陪审团制度。在普通法系国家中,无论是民事案件还是刑事案件,一般都会配备一个陪审团,陪审团通常由 12 至 14 名成员组成,其人员的法定条件是:有良好的信用、成年人、永久居民、无案底。这里没有信仰要求,但有两项专业性限制:一是对案件所涉及的专业比较懂行的人不能当选,二是懂法的人不能当选。因此,专家、学者、政府高官和企业精英统统不能当陪审员,因为普通法系认为,这些人受过高等教育,自视较高,容易先入为主,这可能给控辩双方带来不公平,也就是说,这些精英阶层不足以代表社会最基本的公平和公正。那么,谁有资格进陪审团呢?答案是社会最底层的百姓,也就是通常所说的草根阶层。普通法系根据人们日常生活中形成的公序良俗来判别谁是谁非,不看重学历、威望。用平民组成陪审团,只要不符合陪审团判别是非的观念就是违法。这样可以避免不法分子钻法律的空子,而且可以解决更多容易产生争议的案件,也有利于人们道德素质的进步。

普通法系和大陆法系主要有四个区别:第一个是法律渊源,前文已经有所阐述。第二个是在论证方法上的区别。普通法系的判决书往往采用归纳法，即列举大量事实和判例，得出其中的共同点，总结出一般的法律规则作为裁判依据；而大陆法系则更多地采用演绎法，也就是"大前提—小前提—结论"的三段论。第三个是审判权。第四个是证据来源。相比物证，普通法系更偏爱人证。这样一来，证人的神态和语气就被放到了聚光灯下接受最为挑剔的检验，双方律师都会花时间帮己方证人做准备。相比之下，大陆法系普遍允许用书面的证言来替代当庭作证，很少会采取强制手段令证人到庭。

大陆法系和普通法系的区别例证

第一个例子是辛普森案。在法庭上，辛普森被要求戴上在案发现场发现的沾有血迹的手套。在陪审团面前，辛普森展现出了良好的演技，表示折腾了许久也无法戴上这过小的手套，即便戴上手指也无法自由活动。事实上，普通法系的律师为了应对陪审团，常常采用一些表现手法上的方式，通过塑造舆论，引导被告人在法庭上表现出合适的表情、姿势和语气面对指控，以获取陪审团的加分。最终，陪审团相信了辛普森的话，辛普森被无罪释放。如果这个案件发生在大陆法系国家，如德国，辛普森就不会如此好运了。因为根据成文法的规定，只有当法官认为通过非法方式获取的证据将构成对于法典条文的实质性违反时，才能做出在具体案件中排除该项证据的判决。因此，辛普森案中的大部分物证将被采用，辛普森大概率会被处以无期徒刑(德国是没有死刑的)。

第二个例子是这样的：在一个普通法系国家，一个小男孩因为摸高压线而被电得面目全非，遂告了电力公司，律师让面目全非的小男孩在陪审团面前站了 10 分钟，让大家看他的样子。陪审团会裁决电力公司需要赔偿，因为基于人性，陪审团会认为小男孩被电得实在太惨了。如果在大陆法系国家，裁决通常是不需要赔偿，因为电力公司在电线旁边竖有警告牌。

(3) 神权法系

神权法是一种基于宗教教义的法律体系，如犹太法和伊斯兰法。我们也许见过蒙着面纱的女人，这是伊斯兰教的传统：伊斯兰教要求女性不能在公众场合与男性面对面接触。沙特阿拉伯的国教就是伊斯兰教，因此按照沙特阿拉伯的法律，女性必须遵守严格的着装规定。

那么，法律制度对国际商务有什么影响？波尔塔、洛佩兹·德·瑟雷、施莱弗等(1998)的研究表明，就保护公司股东和债权人方面而言，普通法法律表现最好，大陆法法律表现最差。麦当劳在沙特阿拉伯投资时，开了女士快餐店，便于男人和女人分开进食。尽管同时开男士快餐店和女士快餐店会增加麦当劳的运营成本，但为了适应当地的制度，麦当劳不得不付出这样的代价。事实证明，麦当劳做出这样的改变是值得的，截至 2016 年，麦当劳已经在沙特阿拉伯开了 224 家门店，仅次于在中国香港的门店数。

法律是用来规范个人和企业的行为的，但是有一种行为尽管违背法律，却普遍存在于各国商界，那就是贪污腐败。甚至有一些政府官员会通过法律机制变相地向企业勒索钱财或资源，如征收过多税收、索取高昂许可证费用、将财产收归国有等，这当然会对国际商务产生不利影响。实际上，同一个国家不同方面的制度是具有相关性的，如果一个国家的制度质量较好，那么很可能这个国家各方面的制度质量都比较好；同样，如果一个国家的制度质量比较差，那么无论是营商环境还是清廉程度都会比较差。

在有关国际商务的法律中，很重要的一点是对于知识产权的保护。自 2018 年 3 月以来，中美贸易摩擦愈演愈烈，表面上是贸易之争，实质上是大国崛起的制高点之争，是以知识产权为核心的科技实力之争。目前，特朗普提出的对中国加税的领域包括航空、新能源汽车、新材料等，选择的不是中国更具比较优势的中低端制造业，而是战略性高技术产业，对应的正是“中国制造 2025”中计划主要发展的高科技产业。由此可见科技发展和知识产权对于一个国家综合实力的重要意义。

在现代社会，技术和专利不仅是大国崛起的关键，而且是许多跨国企业的核心竞争力。例如，高通的主营产品中，专利授权只占营业收入的 33%，但实际利润却高达 67%，因此，高通不仅是一家芯片企业，更是一家专利企业。

2017 年，英特尔以 153 亿美元的高价收购以色列高科技企业 Mobileye，据悉，这一价格超过溢价的 30%。Mobileye 专注于研发高级驾驶辅助系统，即 ADAS。ADAS 是指通过在汽车上安装各种各样的传感器来识别车辆行驶过程中的环境状况和动态性能，然后把这些识别内容汇总成数据，进行分析判断之后为车主呈现，从而让驾驶者知道自己开车的环境是否安全，如果存在危险，应该做出怎样的反应等，使得开车的安全系数更高。ADAS 是自动驾驶的核心技术，而 Mobileye 是该行业的龙头老大。从 1999 年 Mobileye 成立到 2007 年搭载 Mobileye 产品的车型上市，历经 8 年的研发，Mobileye 才将自己的产品投入商用。由于 Mobileye 较早进入自动驾驶领域，并且其创新能力和研发速度始终保持在行业前列，因此，Mobileye 此后的发展可谓势如破竹。在参与各大汽车厂商智能汽车安全设备的招标时，只专注于高级驾驶辅助系统的 Mobileye 的成功率几乎是百分之百。

由此可见，科技创新是当代企业的核心竞争力，是决定一家企业的盈利能力和能否长久经营的关键。那么，对跨国企业来说，通过知识产权来保护它的科技成果就显得尤为重要了。知识产权就是在一定时期内，国家赋予创造者对其智力劳动成果所享有的专有权利，具体包括专利、版权和商标。

从保护对象上来看，专利保护的重点是具有新颖性的技术，版权保护的重点是具有独创性的作品，商标保护的重点是商品或服务的标志。例如在人工智能时代，智能汽车成为汽车制造业的前沿产品。经过 A 企业研发团队的不懈努力，终于研制成功了新一代智能汽车，那么，A 企业将如何保护自己的知识产权呢?

首先，产品在上市之前应有一个响亮的名字。例如，A 企业决定给这款车起名“ABC”，那么“ABC”就可以作为这款汽车的商标。一旦“ABC”商标通过了注册，在智能汽车领域，未经 A 企业允许，其他企业就不能使用“ABC”这个品牌。

仅仅不让他人使用“ABC”这个名字当然不能全面保护知识产权，如智能汽车中具有突破性的技术就无法通过申请商标来保护。此时，专利就派上用场了。如果 A 企业为该项智能技术申请了专利，那么即便竞争对手破解了相关技术，也不能擅自在自己的产品上使用，这就最大限度地保护了 A 企业的专利技术不受侵犯。

最后，软件系统对于智能汽车来说也非常重要。为了防止竞争对手抄袭软件源代码，申请软件著作权登记就成为 A 企业的明智之举(软件著作权属于版权的一种)。如果抄袭事件发生，A 企业的软件著作权证书就是强有力的维权证据。

为什么知识产权对跨国企业如此重要? 事实上，一项技术的研发往往需要较长的时间，需要企业投入巨额研发费用。例如，Mobileye 研发出高级驾驶辅助系统用了 8 年时间。既然如此，企业为什么还愿意从事研发呢? 这是因为符合市场需求的研发成果对于企业来说是一个巨大的盈利来源。但是，如果没有完善的专利制度和法律保护，市场上盗版横行，企业研制出的产品能够被他人轻而易举地模仿然后低价销售，那么企业从研发中获得的利润就没有了，自然就没有动力从事研发，一个社会的科技就很难进步。

9.3 经济制度

9.3.1 三种经济制度

经济制度(Economic Institutions)是组织社会经济活动的根本原则，是在社会经济活动的一定或全部范围内，人们普遍承认并且实际共同遵守的行为规范，是一个国家治理经济的游戏规则。两种极端的经济制度是市场经济和计划经济，介于两者之间的就是混合经济。

市场经济体制以市场力量这只"看不见的手"为主导，所有生产要素都归私人所有，政府采取放任自由的不干预做法。

计划经济则意味着政府在经济中具有至高无上的权力，所有生产要素都由国家和政府所有并控制，商品和服务的供给、需求、定价都由政府计划。苏联实行的农业集体化运动就是计划经济的一个典型例子。1924 年斯大林掌权后，为了快速发展工业化，赶超西方国家，决定实行农业集体化政策，因为斯大林认为农业集体化能够大幅提高粮食产量，通过出口剩余谷物筹措资金，向外国购买工业机械。所以，斯大林下令所有作物、牲畜和工具都归属于国家，所有小型农场集中在一起形成由国家所有的集体农场。1934 年，参加集体农庄的农户占农户总数的 71.4%，苏联宣布其农业集体化基本实现。然而，由于出现了一系列决策失误，如要求过急、侵犯中农利益、组织形式比较单一等，在全盘集体化期间曾经出现了农业生产严重下降的情况，在此期间，农业总产值下降了 23%，牲畜头数减少了 50%。苏联的农业集体化运动以失败告终。

那么，计划经济和市场经济孰优孰劣呢？事实上，关于计划经济和市场经济的优劣比较，两位诺贝尔经济学奖获得者——米尔顿·弗里德曼和哈耶克曾发表过各自的观点。

米尔顿·弗里德曼是货币主义学派的主要提倡者，由于在现代货币数量论、消费函数理论和自然率假说等方面的贡献，他于 1976 年获得了诺贝尔奖。米尔顿·弗里德曼主张自由市场经济，反对政府干预，认为自由市场能实现资源的最佳配置，且经济自由是达到政治自由不可缺少的手段。他认为，20 世纪 30 年代的经济大萧条并非是自由放任造成的，反而是政府对市场过多干预和管制造成的。但他并不否认政府的必要性：一方面，某些行业只能够由政府来提供，如国防；另一方面，市场的作用是有缺陷的，如完全的自由市场难以规避外部性。外部性指的是某个经济个体的行动使他人或社会受益或受损。如果是使他人收益，且受益者无须花费代价，那就是正外部性，如教育；如果是使他人受损，且造成损失的人没有为此承担成本，那就是负外部性，如许多化工企业在生产过程中会排放污水，污染环境的恶劣后果将由社会共同承担。当存在外部性时，仅靠市场机制往往不能促使资源的最优配置和社会福利的最大化，政府应该进行适度干预。

哈耶克是奥地利经济学派的主要成员之一，由于他在货币政策和商业周期理论上的开创性研究，以及对于经济、社会和制度互动影响的敏锐分析，于 1974 年获得诺贝尔奖。哈耶克提出了新自由主义思想，认为市场经济是最有效率的资源配置体制，主张彻底的经济自由，反对任何形式的国家干预，甚至主张废除国家发行货币的垄断权。哈耶克在其著作《通往奴役之路》中提出计划经济导致政治上的集权，是通向奴役的道路。

总的来说，米尔顿·弗里德曼和哈耶克都倡导市场经济，反对政府干预，但是米尔顿·弗里德曼并没有完全否定政府的作用，而哈耶克则反对任何形式的国家干预。

那么，有没有国家实行完全的市场经济，即亚当·斯密提出的完全理想的放任自由主义？答案是没有。现实生活中，没有一个国家的政府是对经济毫不干预的，即便是市场经济发达的美国。同理，现实中也没有任何一个国家实行的是完全的计划经济体制。因此，大多数国家实行的是混合经济体制，关键是市场力量与计划力量的相对比重。

中国实行的是以公有制经济为主体、多种所有制经济共同发展的基本经济制度。其中，公有制经济是指由国家代表全体人民对生产资料行使共同所有权，由部分劳动群众共同占有生产资料和劳动产品的经济形式。那么，中国经济制度的公有制可以体现在哪些方面？例如，中国的土地归谁所有？依据中国的土地管理法，中国的土地归国家和集体所有，也就是说，即便一个富豪建造了一幢很大很豪华的别墅，对于建造别墅的这块土地，这位富豪也只有使用权，所有权是国家和集体的。全世界土地自由程度最高的国家是美国。但即便是在美国，土地也不是百分之百归私人所有。具体来说，美国国土面积中私人所有的土地占58%，主要分布在东部；联邦政府所有的土地占32%，主要分布在西部；州及地方政府所有的土地占10%。可见，现实中没有绝对的市场经济或者计划经济，只是各国的市场经济和计划经济程度有所不同。

自中华人民共和国成立以来，以1978年改革开放为界，中国经济制度的发展大致可以分为两个阶段：

第一个阶段是1978年改革开放之前，中国长期处于计划经济体制下，企业生产经营的目标主要是满足国内需求，即便有少量出口也是国家计划的产物，如为了换取那时非常稀缺的外汇。那时商品供应极为缺乏，国家为了满足人民生活的基本需求，开始实行票证经济，用票证对紧缺的消费品进行配给。各地的商品票证通常分为吃、穿、用三类，大多数商品是凭票供应的。例如，我们去商店想要买一些面粉，仅仅有钱是买不到的，必须同时交钱和面粉票才能买到面粉。后来，随着中国经济的发展和生产力水平的提高，1983年，票证退出历史舞台。

第二个阶段是1978年改革开放之后，中国的社会主义市场经济体制逐渐确立。在从计划经济走向市场经济的过程中，出现了一个特殊的现象——价格双轨制。价格双轨制是指一种商品有两种价格，一种是国家统一定价，另一种是市场调节价，这是由同时实行计划经济和市场经济两种运行机制导致的。为什么要实行价格双轨制？在计划经济时代，几乎一切商品的价格都由政府决定，并且价格远远低于正常市场价。改革开放后，理应让价格回归市场，但在尝试价格“闯关”时，政府发现飞速上涨的价格和急剧的通货膨胀容易引起人们的恐慌，进而导致抢购热，银行的现金存款几近被取空，引起社会混乱。为了平稳地将计划价格过渡到市场价格，国家决定实行价格双轨制。然而，有一些官员及其家属利用权力以计划价格取得商品，转而以高昂的市场价格出售，从中赚取差价，这种现象被称为“官倒”和“倒爷”，价格双轨制滋生了贪污贿赂。例如，当时国营的内蒙古赤峰公司从一家铝矿以每吨3 700元的计划内价格购得500吨铝锭，然后以每吨6 500元的价格就地倒卖给民营的广东公司，后者再将之倒卖三次，价格提高到每吨7 000元，最后仍由国有金属材料公司买回，调拨给国营的赤峰公司。铝锭原地不动，从中倒腾的“倒爷”们赚了个盆满钵满，国有公司成了买单人。自20世纪90年代向市场经济转轨以来，价格双轨制便逐步退出了历史舞台。

改革开放大大减少了制度障碍，允许生产要素自由流动，实现了资源的重新配置，中国的经济迅速发展，图9-1能够反映中国历年GDP的变化。从1978年的3 679亿元到2018年的90万亿元，40年间中国的GDP增长了244倍，年均增长率为15%。在这一阶段，中国经济经历了飞速的发展。

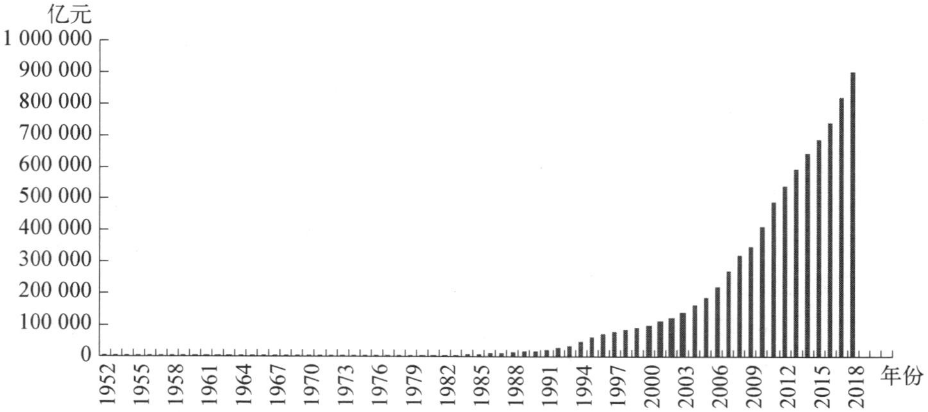

资料来源：CSMAR.

图 9－1　改革开放后我国 GDP 呈指数型增长(1)

另一组数据是自 1980 年以来每年世界上 GDP 总量前十位的国家(如图 9－2 所示)。我们选取了比较有代表性的年份,并框出了中国。横轴是 GDP 前十名的国家,最左边是第一名,最右边是第十名。1992 年之前,中国一直没有登上前十位。到了 1992 年,中国的 GDP 终于排名第十位,但与前面的发达国家,如美国、日本、德国相比,差距甚远。2000 年,中国排名第六位,但与美国相比,差距仍然很大。2001 年加入世界贸易组织之后,中国迎来了飞速发展。2007 年,中国排名第三位,仅次于美国和日本,且与日本的经济总量差距很小。2010 年,中国超越日本,此后一直排在第二位,并且与美国的差距逐渐缩小,把日本远远地甩在后面。

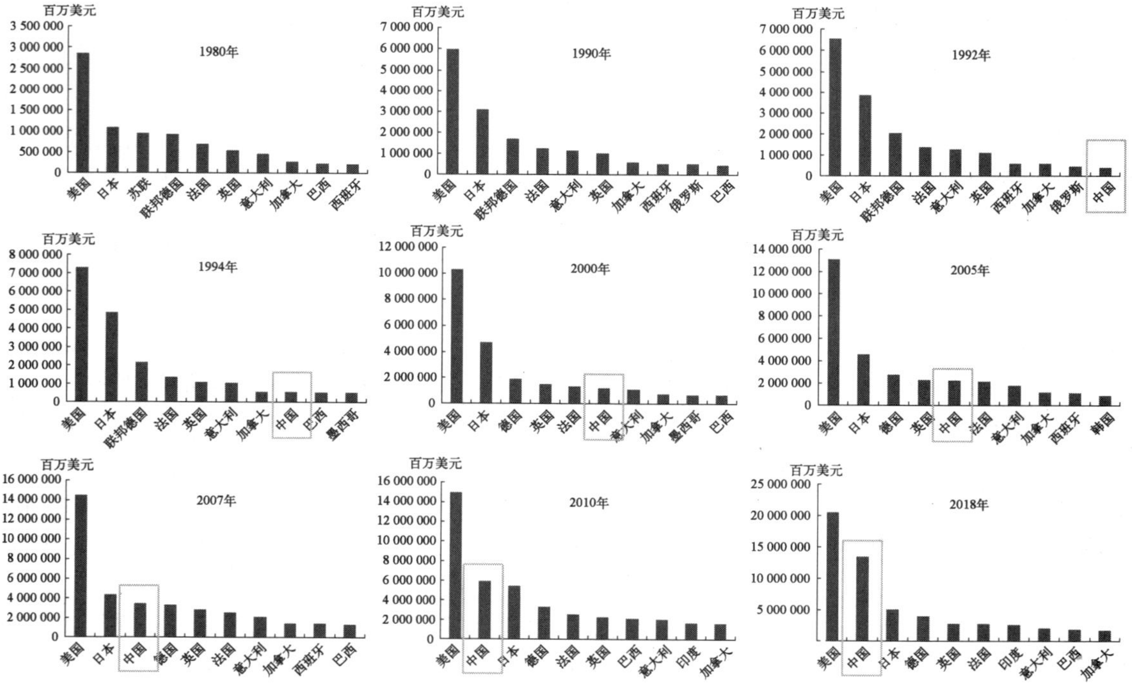

资料来源：CSMAR,编者整理。

图 9－2　改革开放后我国 GDP 呈指数型增长(2)

9.3.2 经济制度与企业

所有制的含义是生产资料归谁所有。所有制关系是社会生产关系的核心和基础。从广义上来说，企业的所有制可以分为私有制和国有制。具体而言，根据所有制，企业可以分为国有企业、中外合资企业、外商独资企业、合伙企业等。国有企业是指国家对其资本拥有所有权或者控制权，政府的意志和利益决定了国有企业的行为，根据国家持股人持有股份的不同，可以划分为独资、控股和参股。国家全资的企业就是国有独资企业，如一些军工和通信企业；如果国家持股人作为第一大股东，即实际控制人，那么这家企业就是国有控股企业；如果国家持股人持有的股份较少，不是实际控制人，那么这家企业就是参股企业。

国有企业是一个能够体现中国独具特色的经济制度的例子。俄罗斯也有国有企业，并且俄罗斯的寡头国企曾经一度控制了国家经济命脉。

不同于欧美经历了18世纪产业革命的老牌财团，也不同于日本明治维新后发展起来的三井、三菱、住友等大财团，俄罗斯的寡头是国家制度变迁中产生的独特社会经济现象。20世纪70年代，苏联经济的发展开始进入停滞期，斯大林所创造的中央强力指令的“计划经济模式”开始暴露出越来越多的弊端。在这个过程中，一些头脑灵活的人发现了商机，凭借着特权和人脉，开始从事倒买倒卖活动，利用同种商品在不同地方的差价谋取暴利。一些人甚至通过苏联在东德方面的驻军，将西方生产的家用电器、高级轿车等紧俏商品走私入境。这些人就此积累了“第一桶金”，俄罗斯寡头开始萌芽。此后的国企私有化运动造成了更深远的负面影响。1992年，叶利钦的改革团队决定把全国的资产以1.48亿份支票和凭单的形式分割。对于大部分群众来说，要认识到这种票据的作用是很困难的。而极少数人却看到了商机，他们通过关系从国家银行拆借出资金，尽全力收购凭单，随后用它们来获取对一些优秀企业的控制权。就这样，寡头们将手伸向了石油、冶金、传媒、食品等行业，几乎完成了对俄罗斯经济命脉的掌控。在证券私有化结束的1994年，被称为俄国“私有化之父”的丘拜斯说，俄罗斯企业的股份将不可避免地集中于10%～15%的少数人之手。就这样，原属于人民的财富转瞬间就流入寡头们的腰包，他们在苏联的废墟上建立了自己的帝国。俄罗斯寡头不仅在经济上占据绝大多数资源，而且干预政治，造成社会混乱。

那么，国有制和私有制孰优孰劣呢？这个问题尚存在争议。但值得强调的一点是，社会主义国家并不只有国有企业，资本主义国家也并不只有民营企业。例如，中国虽是社会主义国家，但民营企业仍在中国繁荣发展。根据人民日报的相关报道，截至2017年年底，中国民营企业数量达2 700万家，民营经济对国家财政收入的贡献占比超过50%，技术创新和新产品占比超过70%，对新增就业贡献的占比超过90%。美国是一个资本主义国家，但它也有国有企业，尽管数量很少，仅有二十多家，且这些国有企业对美国的经济只起到5%的作用。这些企业由美国联邦控制或者设立，因而称为联邦政府公司，如美国邮政署就属于联邦政府公司，排在世界五百强第一百二十三位。除联邦政府公司外，还有一些受美国政府资助但由私人运营的企业，如在“次贷”危机中经受严重冲击的房地美和房利美向美国联邦政府求助，美国联邦政府通过资金救助而持有了这两家企业80%的股份，成为实际控制人。从美国政府持有的股份数量来看，房地美和房利美完全称得上是美国的国有企业。

一提起国有企业，人们常常会想到效率低下、盈利能力弱、大而不强、大而不优等特点。例如中国石化集团，2014年收入4 470亿美元，与壳牌石油相当，但员工规模几乎是壳牌石油的10倍。其实，这与企业的目标有关。不同于一般企业以利润最大化为目标，国有企业作为政府实施其政治和经济政策的工具，必须服从于政府特定时期的目标，利润目标仅是其中的一个并不绝对占主导地位的目标，否则国有企业将等同于私人企业，无法用于解决国家经济运行过程中的结构性矛盾。国有企业的政策工具作用主要表现在执行政府宏观经济政策的职能。例如，国有企业常被用作反经济周期的手段，在经济衰退时期，政府通过强制扩大国有企业的投资来拉动需求以推动经济增长，实现经济发展的目标。此外，国有企业还承担了增加就业、保证纳税等职能。

9.4 正式制度的相关研究

9.4.1 正式制度与国际贸易

正式制度对企业的运营治理、企业产品的质量、企业的风险控制等都有重要的意义。从宏观的角度看，正式制度还能为国际贸易建立比较优势。目前，学术上关于合同执行和特定关系投资如何影响国际贸易的文献越来越多。例如，列夫琴科(2007)和努恩(2007)发现，更好的制度质量和合同执行能将一个国家的比较优势转移到更依赖良好制度的产品上。具体来说，列夫琴科(2007)表明，如果某些产品比其他产品更依赖制度，那么一个国家制度的质量可以成为其比较优势的一个重要来源。努恩(2007)则证明，一个国家的正式制度的变现之一——合同环境在关系特定投资更为密集的领域产生了比较优势。马跃、曲保智和张铁凡(2010)曾利用发展中国家和转型国家企业层面的数据对司法质量、合约密集度以及贸易间的关系做了实证分析，表明一个良好的法律体系显著地增加了企业特定关系投资最为重要的商品，也就是高合约密集度的产品的出口。

9.4.2 正式制度中的企业制度

企业具有异质性，每家企业都有特定的技术和地理特征，与其他市场参与者和监管机构进行交流互动的方式也各不相同。即使是处于同一个国家的不同企业，也会由于其所在的地理位置和行业的不同而面临完全不同的事实上的制度环境。

从地理位置来看，伯科威茨和克莱(2006)表明，美国各州的州法院质量差异很大，并且严重受州的初始条件影响。拉文和伍德拉夫(2007)发现，墨西哥法律体系的质量存在显著差异。研究结果表明，企业的制度环境将影响对该企业的投资，因此，法律体系质量的变化会反映在企业规模的变化上。阿西莫格鲁和戴尔认为，法律上的制度和事实上的制度在各国有很大的差异。他们指出，在墨西哥和巴西等国家，国家在修改法律和法律上的制度方面拥有相当大的权力；同时，事实上的制度往往在国界内有很大的差异。约翰逊等人(1998)认为，虽然正式规则在某些情况下被包括了进来，但真正重要的是法规和法律是如何实际实施的。他们发现，发展中国家和转型期国家的区域间司法自由裁量权特别大，这也就是研究关注的重点。从行业来看，国家制度和政策可能对不同行业或一个行业内的不同企业产生不同的影响。例如，关税政策可能促进某些行业而阻碍其他行业的发展，或者可能使某个行业中的某些企业受益而对其他企业产生中性影响。考虑到一家企业不可能生产每个行业的产品，也就是区别于整个国家，因此很有可能存在跨行业和行业内的制度效应差异从而显著影响企业的制度环境。所以，跨国分析中对企业级制度的研究越来越受到关注。

司法质量、合约密集度及贸易间的关系

马跃、曲保智和张铁凡(2010)的研究不仅考察了一个国家的平均制度质量,而且考察了一个国家内制度和合同执行的潜在重大变化,从而检验了制度对企业出口的影响。文章将努恩(2007)的研究扩展到微观层面的分析。研究结果表明,一个良好的法律体系显著地增加了企业特定关系投资最为重要的商品,也就是高合约密集度的产品的出口。此外,文章还考虑到企业层面特征的异质性,发现出口企业与优越的业绩相关,特别是那些生产力水平高、年轻、工资高、规模大、研发支出高的企业出口会更多。该文章的数据来自世界银行编制的大型企业级调查数据库。基准回归模型使用的是 Tobit 模型,稳健性检验使用了两阶段回归模型,并且将使用英国普通法和法国民法的国家的企业进行倾向评分匹配来解决反向因果问题。

该文所使用的世界银行的企业调查数据已经被用于许多现有的企业层面的研究,如财务和法律约束与企业增长、解除产权保护和合同执行的影响以及司法质量如何影响企业的非正式活动等。研究的企业级数据取自世界银行 2002~2005 年进行的企业调查,是一个横断面数据库。这项调查涵盖了许多国家,主要是发展中国家和转型国家的商业认知及数十项商业环境质量指标,主要目的是了解各国企业增长的不同障碍。2002~2005 年的企业调查覆盖了来自 81 个国家的 1 万多家企业。由于缺少对一些关键变量的观察,研究的样本规模是 28 个国家的 8 792 家制造企业。样本包括 6 个转型国家和 22 个来自东欧、亚洲、非洲和拉丁美洲的发展中国家。在这 8 792 家企业中,39%的企业报告了样本期内的出口情况。

表 9-1 国家层面的样本分布情况

序号	国家	企业数量
1	贝宁	168
2	巴西	1 556
3	保加利亚	72
4	柬埔寨	22
5	哥斯达黎加	252
6	厄瓜多尔	168
7	埃及	858
8	萨尔瓦多	462
9	危地马拉	435
10	圭亚那	143
11	洪都拉斯	422
12	印度尼西亚	171
13	吉尔吉斯斯坦	80
14	马达加斯加	155

续表

序　号	国　　家	企业数量
15	马拉维	146
16	马　里	106
17	毛里求斯	123
18	摩尔多瓦	90
19	摩洛哥	849
20	尼加拉瓜	444
21	阿　曼	63
22	波　兰	60
23	塞内加尔	170
24	南　非	472
25	塔吉克斯坦	49
26	乌兹别克斯坦	87
27	越　南	1 014
28	赞比亚	155
总　计		8 792

数据来源：World Bank Enterprise Survey(2003—2005年)。

司法质量指数(JQI)是该文的重要变量之一。这个指数来自世界银行企业调查的问题218R——对“法律制度障碍”的调查问题，企业对司法质量的看法。对这个问题的回答表明了法律障碍对企业运营和增长的重要影响。企业从“无障碍”到“非常严重的障碍”五个答案中选择一个。为了生成JQI，研究首先指定一个介于4(表示“无障碍”)和0(表示“非常严重的障碍”)之间的值，然后将变量进行标准化处理，以确保平均值为0，标准差为1。更高的价值意味着更好的司法质量。接着，把数据进行一些简单处理，用来比较JQI的国内外差异。文章计算了28个国家的JQI国内标准差的平均值，然后计算了28个国家的JQI平均值的标准差。国内的平均JQI的标准差(0.89)远高于跨国的平均JQI的标准差(0.36)。这一实证证据说明了一个国家内企业层面司法质量衡量的异质性也很重要，并为文章使用企业层面制度来衡量企业层面的出口活动提供了支持。

表9-2的面板A是一些关键变量的描述性统计信息。其中，出口为企业出口额加1，这是为了避免没有出口的企业其出口额变量无法取对数。

表9-2　　样本数据

变　　量	企业数量	平均值	标准差	最小值	最大值
企业层面变量					
出口额对数(千美元)	8 792	2.4	3.46	0	18.25

续表

变　　量	企业数量	平均值	标准差	最小值	最大值
劳动生产率对数(美元/人)	8 792	2.21	2.56	−12.65	13.43
企业成立时长对数	8 792	2.99	1.12	0.69	5.57
工资对数	8 792	6.91	2.6	−11.88	19.1
企业员工数对数	8 792	3.81	1.44	0	9.86
研发支出对数(千美元)	8 792	0.56	1.39	0	10.66
司法质量指数	8 792	0	1	−2.27	0.89
变量	作业数量				
合同强度指数					
z_1	123	0.51	0.2	0.11	0.87
z_2	123	0.88	0.14	0.33	1
变量	国家数量				
国家层面变量					
国家层面司法质量指数	28	0.04	0.36	−0.75	0.69
法律规则指数	28	−0.37	0.58	−1.3	0.87

数据来源：World Bank Enterprise Survey(2003—2005 年)。

表 9－3 是将 JQI 作为被解释变量，将是否是出口厂商的虚拟变量、企业所在地、最大股东持股比例、所有制性质的虚拟变量、企业员工数对数、企业年龄对数作为解释变量。其中，解释变量“企业所在地”来自调查问题 7：“贵公司和贵公司总部位于该国何处？”(1＝首都；2＝另一个人口超过 100 万的城市；3＝人口在 25 万～100 万的城市；4＝人口在 5 万～25 万的城市；5＝人口在 5 万以下的城镇或地点)由于不同规模的城市的制度可能不同，因此纳入了此变量。因为具有不同治理和所有权结构的企业可能在不同的制度环境中运营，所以模型还包括一个企业所有制的虚拟变量。例如，国有企业与没有政府联系的私营企业相比，企业的经营环境可能更为有利。文章还使用调查问题 5(a)中的变量“大股东持有的股份百分比”(“大股东或所有者拥有贵公司的百分比”)作为企业治理结构的指标。这个变量的值越高，表示企业越紧密；该值越低，则表示企业拥有许多外部股东。出口状态是一个二值变量，值为 1 则是出口者，值为 0 则是非出口者。将这一变量包括在内，是因为出口商可能对良好的制度有更大的需求，他们对制度环境的看法可能会受其出口活动的影响。结果表明，就司法质量而言，企业层面的制度不仅取决于国家虚拟变量，而且取决于其他跨国因素：行业、企业所在地、所有权、企业治理和企业规模。例如，位于首都或大城市的企业、拥有大量外部股东的企业、私营企业和相对较大的企业遇到了更多法律障碍，并报告了较低的 JQI。这也就表明，企业的制度环境中存在着很大程度的异质性，而这些异质性不止受国家层面变量的影响。

表 9-3　　JQI 作为被解释变量在企业层面的 OLS 回归

项　　目	①	②	③
是否为出口厂商	0.022 [0.016]**	0.019 [0.037]**	0.014 [0.682]
企业所在地	0.025 [0.016]**		0.023 [0.020]**
最大股东持股比例		0.001 9 [0.012]**	0.001 3 [0.014]**
所有制性质		0.088 [0.019]**	0.073 [0.030]**
企业员工数对数			−0.069 [0.000]***
企业成立时长对数			−0.023 [0.200]
常数项	0.295 [0.018]**	0.566 [0.062]*	0.379 [0.025]**
观测值	8 785	8 362	8 362
调整后的 R^2	0.124	0.120	0.126

数据来源：World Bank Enterprise Survey(2003—2005 年)。

接下来是研究的概念框架和回归模型。目前，涉及国际贸易的文献有两部分。第一部分着重研究了合同执行与贸易流之间的关系，主要是在合同不完全性的基础上，对不同的模型结构进行了研究。安特拉斯(2005)提出了一个模型，其中，国际交易合同的不完全性限制了生产过程可以跨国界分散的程度。科斯蒂诺(2005)分析了合同执行的不完全对分工程度和贸易模式的影响。阿西莫格鲁等人(2007)开发了一个模型来研究合同不完全性、技术互补性和技术采用，并表明合同制度的差异导致了内生比较优势的差异。列夫琴科(2007)提出了一个国际贸易模型，其中，合同执行质量的差异在不完全合约的 Grossman - Hart - Moore 框架内建模，并表明合同执行是决定贸易量的一个重要因素。为了说明合同执行如何影响企业的出口，假设双方正在考虑对联合生产设施的投资，由于他们的投资将特定于生产关系，因此他们这一部分投资的不可逆性使双方更不愿意进入拟订协议的流程，从而导致效率低下。解决这个问题的一种方法是订立有约束力的长期合同。这正是合同执行可以减少潜在投资不足非常重要的原因。在其他条件相同的情况下，在更好的司法环境中运营并从更强有力的合同执行中受益的企业不太可能遭受投资不足的影响，更可能具有成本优势，出口更多。对于那些生产最终产品的企业来说，这些成本优势应该更大，因为这些产品更需要使用特定关系投资。因此，一个高质量的司法系统和强有力的合同执行将促进最终产品的稳定出口，特别是那些需要高合同强度的产品。这方面的实证研究主要集中在国家层面制度质量差异与国家间贸易流动之间的关系。安德森和马库勒(2002)指出，设在进口商国家的无效执法机构提高了国际交易成本，阻碍了国际贸易。伯科威茨等人(2006)发现位于出口商所在国的良好机构是如何能够促进具有许多合同无法充分规定的特征的定制商品的国际贸易的。在最近一篇与研究相关的论文中，努恩(2007)测试了合同执行力更好的国家是否在合约强度重要的行业中出口更多。他构建了一个变量来衡量需要特定关系投资的中间投入比例，并发现在国家-行业层面，合同执行力较好的国家在特定关系投资最重要的行业(高合约密集度商品)中出口更多。相关文献的第二部分则集中在异质企业和贸易上。最近的实证研究发现，相对来说，出口企业比非出口企业更具生产力，规模更大，生存的可能性也更大。

研究定义了第二个重要的解释变量用于度量合约密集度。研究使用努恩(2007)制定的合约密集度指数来衡量跨行业关系特定投资的重要性。按照美国经济分析局根据1997年北美工业分类系统编制的美国投入产出表的行业分类，对努恩的数据进行分类。由于世界银行企业调查中的企业行业信息是基于四位数的ISIC代码，因此，研究使用美国人口普查局的一致性表将1997年北美工业分类系统编制的行业分类转换为ISIC分类。在构建合约密集度指数时，努恩(2007)首先使用1997年美国I-O表来确定每个行业中使用的中间投入。为了确定哪些中间投入是特定于关系的，努恩(2007)使用了劳赫(1999)的数据，他将四位数的SITC行业分为三个交易类别：① 主要在有组织的交易所交易的货物(如汽油、猪肉)；② 具有参考价格的货物(如化学品、化肥)；③ 既没有参考价格也没有有组织的交易所(如汽车、机械)的交易。在有组织的交易所交易的中间投入通常有许多买家和卖家，而且不太可能面临拖延问题。具有参考价格的投入品具有中间关系的特异性。如果一个投入品既不是在有组织的交易所进行交易，也不是参考定价，那么它更有可能是特定于关系的。

$$z_1 = \sum_k \theta_{ik} R_k^{neither}$$

$$z_2 = \sum_k \theta_{ik} (R_k^{neither} + R_k^{refprice})$$

$$\begin{aligned}\ln(Exp_{jic}+1) = {} & \alpha + \beta z_i JOI_{jic} + \gamma_1 Age_{jic} + \gamma_2 Employment_{jic} + \gamma_3 Productivity_{jic} \\ & + \gamma_4 Wage_{jic} + \gamma_5 R\&D_{jic} + \sum_i \delta_i \, Industry\ dummy_i \\ & + \sum_c \delta_c \, Country\ dummy_c + \varepsilon_{jic}\end{aligned}$$

其中，θ_{ik} 是行业 i 中投入品 k 占总投入的比例；$R_k^{neither}$ 是投入品 k 中既没有在有组织的交易所出售，也没有参考定价的比例；$R_k^{refprice}$ 是有参考定价的投入品 k 的比例；z_1 和 z_2 的区别在于 z_2 认为有参考定价的投入品是特定于关系的。下面是进行基准回归的 Tobit 模型。由于因变量是出口量，对于那些没有出口活动的企业(这些企业占了样本的很大部分)，它的值为零，因此使用了 Tobit 模型对企业级出口量方程进行估计。与努恩(2007)相似，在等式中，企业出口是通过合同强度与企业级司法质量指数 $z_i \times JQI_{jic}$ 的交叉项来解释的。$z_i \times JQI_{jic}$ 的一个正系数表明，在高质量司法系统的环境中运营的企业将出口更多特定关系投资对其更为重要的产品。换句话说，β 应该是正的。

表 9－4 报告了 Tobit 回归的结果。第①～③列使用保守的合约密集度度量(z_1)；第④～⑥列使用更自由的度量(z_2)。在第①、②、④和⑤列中，使用国家固定效应和行业固定效应进行估计部分地获得其绝对优势。第③和⑥列加入了行业和国家虚拟变量的交叉项，以获取其比较优势：某些国家特征的增加将导致某些行业的生产和出口相对增加。这是由于各行业在生产所需的因素和体制环境方面各不相同，各国提供这些行业特定要求的能力也各不相同。所以，在实践中，这种行业-国家的匹配产生了比较优势。使用 z_1 和 z_2 的回归结果一致。在所有回归中，z 和 JQI 之间的相互作用系数都有正的符号，并且在 5%的水平上显著，这与研究的假设是一致的。司法质量指数对出口的影响在数量上也具有重要意义。此外，根据回归结果，生产效率更高、年龄更小、规模更大、工资更高、研发支出更大的企业的出口额往往更高。

表 9－4　　Tobit 回归结果

项　目	①	②	③	④	⑤	⑥
$z_1 \times JQI$	0.132 [0.008]***	0.107 [0.037]**	0.086 [0.039]**			
$z_2 \times JQI$				0.152 [0.003]***	0.147 [0.016]***	0.102 [0.023]**
ln(劳动生产率)		0.857 [0.000]***	0.746 [0.012]**		0.757 [0.000]***	0.638 [0.019]**
ln(企业成立时长)		−0.392 [0.040]**	−0.318 [0.052]*		−0.262 [0.112]	−0.223 [0.147]
ln(工资率)		0.315 [0.034]**	0.287 [0.039]**		0.314 [0.039]**	0.282 [0.042]**
ln(员工数)		2.557 [0.000]***	2.342 [0.009]***		2.557 [0.000]***	2.341 [0.007]***
ln(研发支出)		0.254 [0.000]***	0.240 [0.003]***		0.255 [0.000]***	0.243 [0.008]***
常数项	−8.386 [0.012]**	−8.652 [0.000]***	−19.175 [0.000]***	−16.417 [0.019]**	−16.917 [0.000]***	−32.896 [0.000]***
行业固定效应	是	是	是	是	是	是
国家固定效应	是	是	是	是	是	是
行业与国家交叉固定效应	否	否	是	否	否	是
观测值	8 792	8 792	8 792	8 792	8 792	8 792
国家	28	28	28	28	28	28
伪 R^2	0.132	0.134	0.163	0.133	0.138	0.166
对数似然	−14 390	−12 916	−12 534	−14 389	−12 916	−12 537

数据来源：World Bank Enterprise Survey(2003—2005 年)。

前面的回归模型的一个潜在问题是，企业特征对出口的影响可能取决于不同的行业，因此，对 $z_1 \times JQI_{jic}$ 或 $z_2 \times JQI_{jic}$ 的估计可能有偏差。为了解决这一问题，研究将合约密集度和一些关键的企业特征的交互项纳入回归(如表 9-5 所示)。这些交互项的系数均为正，且显著。这意味着，企业生产率、工资率和研发支出对那些使用更多定制商品作为中间投入的企业的出口具有更大的影响。然而，合同强度与司法质量指标交互项的回归结果在性质上保持不变。

表 9-5　　放入交互项后的 Tobit 回归

项　目	①	②	③	④	⑤	⑥
$z_1 \times JQI$	0.104 [0.038]**	0.100 [0.036]**	0.094 [0.037]**			
$z_1 \times$ln(劳动生产率)	0.285 [0.070]*					
$z_1 \times$ln(工资率)		0.438 [0.012]**				
$z_1 \times$ln(研发支出)			1.046 [0.018]**			
$z_2 \times JQI$				0.147 [0.024]**	0.147 [0.026]**	0.144 [0.019]**
$z_2 \times$ln(劳动生产率)				0.376 [0.089]*		
$z_2 \times$ln(工资率)					0.692 [0.027]**	
$z_2 \times$ln(研发支出)						0.758 [0.014]**
ln(劳动生产率)	0.630 [0.005]***	0.868 [0.000]***	0.857 [0.000]***	0.708 [0.016]**	0.855 [0.000]***	0.858 [0.000]***
ln(企业成立时长)	−0.398 [0.015]**	−0.400 [0.113]	−0.395 [0.068]*	−0.393 [0.019]**	−0.389 [0.021]**	−0.393 [0.117]
ln(工资率)	0.321 [0.024]**	0.105 [0.330]	0.320 [0.023]**	0.317 [0.028]**	0.375 [0.135]	0.316 [0.024]**
ln(员工数)	2.558 [0.000]***	2.561 [0.000]***	2.558 [0.000]***	2.558 [0.000]***	2.556 [0.000]***	2.557 [0.000]***
ln(研发支出)	0.247 [0.000]***	0.242 [0.000]***	0.228 [0.021]**	0.253 [0.000]***	0.255 [0.000]***	0.233 [0.019]**
常数项	−8.298 [0.000]***	−8.307 [0.000]***	−8.198 [0.000]***	−16.050 [0.000]***	−16.197 [0.000]***	−16.089 [0.000]***
行业固定效应	是	是	是	是	是	是

续表

项　目	①	②	③	④	⑤	⑥
国家固定效应	是	是	是	是	是	是
观测值	8 792	8 792	8 792	8 792	8 792	8 792
国家	28	28	28	28	28	28
伪 R^2	0.142	0.138	0.137	0.138	0.135	0.135
对数似然	−12 912	−12 906	−12 907	−12 916	−12 916	−12 913

数据来源：World Bank Enterprise Survey(2003—2005 年)。

为了进一步比较国家层面和企业层面机构的影响，研究还将机构的总效应分解为国家层面效应和企业层面效应，将这两个指标纳入一个回归模型。研究将国家层面的司法质量定义为该国所有企业 *JQI* 的平均值。研究还使用了符合列夫琴科(2007)和努恩(2007)的法治指数作为一种替代措施。表 9－5 的第①～③列使用 z_1 显示回归结果，第④～⑥列使用 z_2 显示结果。在第③和⑥列中，研究将国家固定效应和合约密集度的交叉项作为替代。从表中可以看到，国家层面的制度变量和企业层面的制度变量在决定企业出口方面都显著。如果比较系数，列①和④表明国家层面 *JQI* 的效果比企业层面 *JQI* 强。然而，即使在国家层面的制度质量受到控制之后，企业层面感知制度质量的变量仍然是解释企业出口的一个重要因素(如表 9－6 所示)。

表 9－6　　将总效应分解为国家层面效应和企业层面效应后的 Tobit 回归

项　目	①	②	③	④	⑤	⑥
$z_1 \times JQI$	0.104 [0.025]**	0.107 [0.032]**	0.136 [0.024]**			
$z_1 \times$ 国家 *JQI*	0.307 [0.033]**					
$z_1 \times$ 国家法律规则		0.203 [0.019]**				
$z_1 \times$ 国家固定效应			是			
$z_2 \times JQI$				0.153 [0.024]**	0.148 [0.036]**	0.154 [0.013]**
$z_2 \times$ 国家 *JQI*				0.226 [0.037]**		
$z_2 \times$ 国家法律规则					0.125 [0.031]**	
$z_2 \times$ 国家固定效应						是
ln(劳动生产率)	0.858 [0.000]***	0.857 [0.000]***	0.874 [0.000]***	0.854 [0.000]***	0.858 [0.000]***	0.847 [0.000]***

续表

项　　目	①	②	③	④	⑤	⑥
ln(企业成立时长)	−0.392 [0.042]**	−0.371 [0.060]*	−0.380 [0.114]	−0.279 [0.121]	−0.391 [0.019]**	−0.351 [0.067]*
ln(工资率)	0.305 [0.042]**	0.315 [0.024]**	0.331 [0.057]*	0.315 [0.039]**	0.316 [0.054]*	0.332 [0.046]**
ln(员工数)	2.557 [0.000]***	2.557 [0.000]***	2.503 [0.000]***	2.552 [0.000]***	2.556 [0.000]***	2.503 [0.000]***
ln(研发支出)	0.254 [0.000]***	0.254 [0.000]***	0.260 [0.000]***	0.257 [0.000]***	0.255 [0.000]***	0.273 [0.009]***
常数项	−8.679 [0.000]***	−8.250 [0.039]**	−8.275 [0.174]	−17.603 [0.000]***	−16.791 [0.035]**	−16.114 [0.160]
行业固定效应	是	是	是	是	是	是
国家固定效应	是	是	是	是	是	是
观测值	8 792	8 792	8 792	8 792	8 792	8 792
国家	28	28	28	28	28	28
伪 R^2	0.138	0.136	0.143	0.138	0.135	0.14
对数似然	−12 916	−12 913	−12 830	−12 915	−12 917	−12 835

数据来源：World Bank Enterprise Survey(2003—2005 年)。

最后研究进行了稳健性检验。首先是两阶段选择模型。这种方法的第一阶段模拟了企业的出口决策。因变量是一个出口虚拟指标,出口商取 1,非出口商取 0。第二阶段通过对自己选择出口的企业的出口额以第一阶段出口决策为条件进行估算,估算出口密集度。第一阶段用以下 Probit 模型进行估计。第二阶段通过增加逆米尔斯比来修正样本选择偏差,从而估计选出企业的出口方程。第一阶段选取"许可障碍"和"监管不确定性"作为排除变量。变量"许可障碍"来自世界银行调查的问题 218J,衡量了获得营业执照和经营许可证的障碍的严重性。变量"监管不确定性"来自问题 218M,评估经济和监管政策不确定性对企业造成的障碍的严重性。对于 218J 和 218M 这两个问题,企业从"无障碍"到"非常严重的障碍"5 个答案中选择一个。研究对这两个变量进行标准化,使它们在样本中的平均值和单位标准偏差为零。变量值越高,说明企业面临越多的监管障碍。

$$\text{Prob}(Export\ dummy_{jic}=1)=\Phi(zJQI_{jic},\ age_{jic},\ size_{jic},\ productivity_{jic},\ wage_{jic},\ R\&D_{jic},\ regulatory\ costs_{jic})$$

$$\begin{aligned}\ln(Exp_{jic})=&\alpha+\beta zJQI_{jic}+\gamma_1 Age_{jic}+\gamma_2 Employement_{jic}+\gamma_3 Productivity_{jic}\\&+\gamma_4 Wage_{jic}+\gamma_5 R\&D_{jic}+\Sigma_i\delta_i Industry\ dummy\\&+\Sigma_c\delta_c Country\ dummy_c+\rho\lambda(\hat{\theta}Z_{jic})+\varepsilon_{jic}\end{aligned}$$

表 9－7 第①列和第③列分别报告了第一阶段以 z_1 和 z_2 作为度量的合约密集度概率估算结果。$z_1 \times JQI$ 和 $z_2 \times JQI$ 这两个交叉项的显著系数反映了企业的司法环境对其决定进入出口行业的影响。在这两个回归中，两个监管成本变量（许可障碍和监管不确定性）的系数都带有负号，并且在 5% 的水平上具有统计显著性。这些发现意味着，监管成本为想要进入出口行业的企业创造了进入壁垒。第②和④列显示了第二阶段 OLS 估计的结果，标准误差由赫克曼(1979)公式修正。它们在回归中包括了逆米尔斯比，但去除了两个监管成本变量。第①列和第③列报告了排他性限制测试的结果，表明在第二阶段方程式中，企业级的监管成本变量在 10% 的水平上是不显著的，因此可以作为排除变量。$z_1 \times JQI$ 和 $z_2 \times JQI$ 系数为正，在 5% 的水平上显著，证实了文章的假设。

表 9－7　　两阶段回归

项　目	① 第一阶段 概率估算 （出口商＝1）	② 第二阶段 OLS 检验 （出口量）	③ 第一阶段 概率估算 （出口商＝1）	④ 第二阶段 OLS 检验 （出口量）
$z_1 \times JQI$	0.030 [0.014]**	0.104 [0.001]***		
$z_2 \times JQI$			0.016 [0.028]**	0.163 [0.004]***
ln(劳动生产率)	0.083 [0.029]**	0.942 [0.007]***	0.084 [0.025]**	0.941 [0.003]***
ln(企业成立时长)	−0.083 [0.037]**	−0.215 [0.023]**	−0.08 [0.032]**	−0.213 [0.036]**
ln(工资率)	0.067 [0.037]**	0.367 [0.018]**	0.068 [0.034]**	0.359 [0.027]**
ln(员工数)	0.498 [0.000]***	2.215 [0.000]***	0.497 [0.000]***	2.231 [0.000]***
ln(研发支出)	0.067 [0.001]***	0.169 [0.008]***	0.065 [0.001]***	0.182 [0.003]***
许可障碍	−0.068 [0.033]**		−0.072 [0.029]**	
监管不确定性	−0.014 [0.039]**		−0.013 [0.035]**	
ρ(逆米尔斯比)		0.134 [0.038]**		0.138 [0.034]**
常数项	−2.108 [0.000]***	−9.747 [0.000]***	−2.107 [0.000]***	−9.697 [0.000]***
除约束检验：				
许可障碍(p－值)	0.437		0.351	
监管不确定性(p－值)	0.235		0.265	

续表

项　　目	① 第一阶段 概率估算 (出口商=1)	② 第二阶段 OLS 检验 (出口量)	③ 第一阶段 概率估算 (出口商=1)	④ 第二阶段 OLS 检验 (出口量)
行业固定效应	是	是	是	是
国家固定效应	是	是	是	是
观测值	8 792	3 419	8 792	3 419
国家	28	28	28	28
R^2	0.246	0.575	0.245	0.561

数据来源：World Bank Enterprise Survey(2003—2005 年)。

制度与贸易之间的因果关系是相互的：好的制度能促进贸易，贸易机会有助于改善制度。多拉和克莱(2003)发现开放与贸易之间存在正相关关系，这意味着它们之间存在双向因果关系。安德森(2008)开发了一个理论模型，证明贸易促进合同的执行。研究采用努恩(2007)的倾向评分匹配方法来解决内生性问题。研究比较了英国普通法系国家和法国大陆法系国家中与企业层面特征(如生产力、公司年龄、工资率、公司规模和研发支出)相匹配的企业的相对出口，以及包括人均 GDP、金融发展、要素禀赋等国家层面的控制变量和贸易开放程度。为了匹配在英国普通法和法国民法的国家运营的企业，我们遵循努恩(2007)并使用倾向评分匹配方法，将 L_{jic} 作为一个指标变量，如果行业 i 中的 j 企业位于法律体系基于英国普通法的 c 国，则等于 1；如果 c 国的法律体系基于法国民法，则等于 0。研究首先估计了以下法国民法的 Probit 模型，然后对于英国普通法国家 b 中的行业 i 中的每家企业 j，以企业 j 和企业 k 倾向得分距离最小为标准从法国民法国家 f 中的同一行业 i 中选择企业 k。按这个模型进行 OLS 回归：

$$\ln\left(\frac{\chi_{jib}+1}{\chi_{kif}+1}\right)=\alpha+\beta z_i+u_{jkibf}$$

$$L_{jic}=\Pr(L_{jic}=1 \mid W_{jic})=\Phi(W_{jic}\theta_i)$$

$$k(i,\ f)=arg\ min\ |\hat{P}_{jib}-\hat{P}_{kif}|,\ k(i,\ f)\in \mathscr{F}i$$

总共 916 家企业所在国家的法律制度基于英国普通法，7 487 家企业所在国家的法律制度基于法国民法。拉波特等(1998)发现，英国普通法国家往往比法国民法国家有更好的法律保护。研究希望英国普通法国家的企业在合同密集型行业的出口量比法国民法国家的企业多。因此，β 应该是正的。表 9-8 的第①列是没有进行匹配的样本进行回归的结果。第②～⑥列使用匹配的企业-国家对样本报告等式的 OLS 估计值。在第②和③列中，除了企业的生产率、企业年龄、工资率、企业规模和研发支出等特征外，企业-国家还分别通过人均 GDP 和金融发展的对数进行匹配。在第④和⑤列中，除了企业特征外，企业-国家还分别通过要素捐赠和贸易开放进行匹配。最后，第⑥列报告了除企业特征外，与所有国家级特征也相匹配的企业-国家，如人均GDP对数、金融发展、要素禀赋和贸易开放程度。在所有情况下，合约密集度指数上的估计参数在5%的水平上显著为正。有意义的是，在②～⑥列所有匹配的情况下的估计参数的大小都大于第①列0.839的基准估计值。这一发现表明，不控制英国和法国——法律渊源国之间重要的国家和企业特征的差异，会使司法质量对企业贸易流的估计的影响下降。研究结果还表明，即使控制这些差异，法律渊源仍然是企业级出口的重要决定因素，因此，结果还是稳健的。

表9-8　　英国普通法和法国民法国家的匹配样本对比

项　目	① 没有匹配的	② 人均国内生产总值	③ 金融发展	④ 要素捐赠	⑤ 贸易开放度	⑥ 所有变量
合同密集度：z_1	0.839 [0.033]**	1.034 [0.026]**	1.609 [0.037]**	2.446 [0.013]**	1.237 [0.034]**	1.404 [0.039]**
国家匹配固定效应	是	是	是	是	是	是
样本数	667 318	916	916	916	916	916
调整后的R^2	0.194	0.265	0.206	0.231	0.192	0.227

数据来源：World Bank Enterprise Survey(2003—2005年)。

总的来说，这篇2010年发表在JCE上的文章利用世界银行对来自28个发展中国家和转型期国家的8 792家企业的横截面调查，研究了特定关系投资和企业级机构质量对企业出口的影响。文章发现，良好的合同执行和良好的法律制度加强了企业的出口活动，这些企业将定制商品作为投入，对于他们来说，关系特定的投资最为重要。研究表明，即使在国家层面的制度措施受到控制之后，企业层面的制度措施仍然在解释企业出口中发挥着重要作用。研究还发现，出口企业普遍具有优越的绩效特征，这与现有的异质企业和贸易文献是一致的。

此外，研究使用Tobit估计的结果与使用其他替代估计策略如由赫克曼等(2008)修正的用于研究企业进入出口市场和确定出口量的两阶段决策过程的两阶段抽样选择一致估计量都是稳健的。研究通过遵循努恩(2007)的研究并使用倾向评分匹配技术对交易量进行建模来处理潜在的内生性问题。具体来说，文章比较了英国普通法系国家和法国大陆法系国家的企业层面特征和国家层面控制变量都匹配的企业的相对出口，这项稳健性检验对文章的主要实证结果是有力的证明，并进一步证明了制度质量与企业出口绩效之间的关系。

本章总结

本章深入介绍了三种主要的正式制度——政治制度、法律制度、经济制度，并举例介绍了目前各国不同的政治、法律、经济制度，以及这些制度对企业国际商务活动的影响。

重要概念

1. **政治制度**(Political Institutions)是指统治阶级为实现阶级专政而采取的统治方式的总和,包括国家政权的组织形式、国家结构形式、政党制度及选举制度等。

2. **法律制度**(Law Institutions)是指一个国家或地区的所有法律原则和规则的总称。

3. **大陆法系**起源于罗马法,最大的特点是法律以成文法的形式存在,包括立法机构制定的各种规范法律文件、行政机关颁布的各种行政法规等,不包括司法判例。

4. **普通法系**起源于英国,最大的特点是它主要根据先例和惯例来定刑和量刑。

5. **神权法**是一种基于宗教教义的法律体系,如犹太法和伊斯兰法。

6. **经济制度**(Economic Institutions)是组织社会经济活动的根本原则,是在社会经济活动的一定或全部范围内,人们普遍承认并且实际共同遵守的行为规范,是一个国家治理经济的游戏规则。

7. **市场经济体制**以市场力量这只"看不见的手"为主导,所有生产要素都归私人所有,政府采取放任自由的不干预做法。

8. **计划经济**意味着政府在经济中具有至高无上的权力,所有生产要素都由国家和政府所有和控制,商品和服务的供给、需求、定价都由政府计划。

9. **混合经济制度**既有市场经济成分,又有计划经济成分。

复习与思考

1. 据报道,2003 年周家儒的温州市冠盛汽车零部件集团股份有限公司(简称"冠盛集团")在美国亚特兰大投资合并当地一家企业。多日谈判后,双方终于达成了初步并购协议,但在签署排他性的谅解备忘录时,周家儒没有意识到应该增加附加条款,以便用法律手段限制对方再提价。结果,该美国企业的最大债权人在债权人会上提出抬价 20%,而这超出了冠盛集团的承受能力,最终导致了此次海外投资并购失败。请你谈谈正式制度对国际商务的重要性。

2. 我国的汇率制度从浮动单一制到固定汇率制,再到如今的以市场供求为基础、参考一篮子货币进行调节、有管理的浮动汇率制度,变化的经济背景是什么?如果有一天人民币成为亚洲货币,对中国的国际商务活动有何影响?

第十章

文化差异与商务伦理

学习目标

- 了解几种主要的非正式制度的形式。
- 明白文化差异对商务活动的影响。
- 掌握商务伦理的概念。
- 理解不同商务伦理对商务活动的影响。

引入案例

不只是关税会影响跨国企业的行为，各国的文化差异也迫使跨国企业实施差异化的经营战略，如麦当劳的国际化。1979 年，麦当劳计划进入法国快餐市场，在对法国市场进行调研时，发现法国人不仅崇尚浪漫和自由，而且十分讲究饮食。法国人的饮食习惯是多样菜慢慢吃，流程相当烦琐，而且十分注重就餐环境。这与快餐店价格低廉、方便快捷的特点几乎是相悖的。为了适应法国文化，麦当劳在汉堡之外推出了咖啡、沙拉和甜点以满足法国人对饮食多样性的需求。此外，麦当劳还模仿星巴克的店面进行装修，以提高法国人的就餐体验。这使得麦当劳在法国的形象趋于高端。这一系列为适应法国人的就餐习惯而做出的战略调整使麦当劳在法国大获成功。调查显示，每位法国消费者在麦当劳平均每次消费的金额是美国消费者的 4 倍。

麦当劳没有根据中国市场的特点迅速做出调整，相比之下，其竞争对手肯德基则做出了更快的反应。早在 2002 年，肯德基就根据中国人的口味推出了“寒稻香蘑饭”，成为西式快餐中

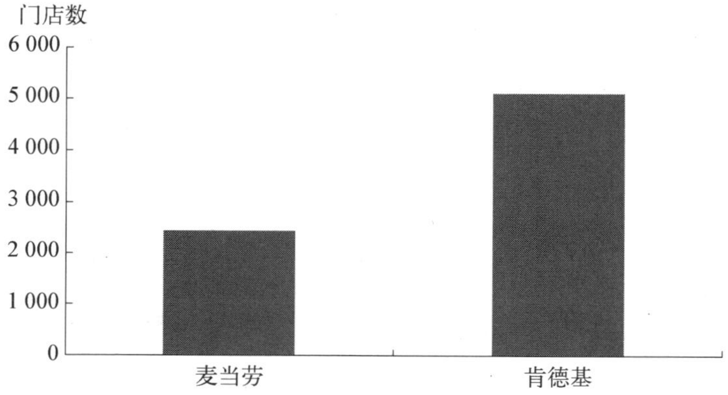

图 10－1　肯德基与麦当劳在中国的门店数量(2016 年)

第一个推出米饭的品牌。在这之后，肯德基又陆续推出了海鲜蛋花粥、油条、烧饼、盖浇饭等中式食物。现在，当我们走进肯德基购买一份早餐时，会发现将近一半的菜品是中式的。肯德基由于迅速适应中国本土口味而赢得了一个好的开始。相比之下，麦当劳在进入中国市场后，菜品上始终遵循严格的全球模式，直到 2016 年才开始考虑针对中国的差异化战略，在菜品设置上融入中国元素。目前，麦当劳在世界上的门店数远超肯德基，但在中国，肯德基的门店数量则远多于麦当劳。如今，肯德基在中国开设了近 6 000 家门店，麦当劳仅开设了 2 000 家左右。

麦当劳在法国市场和在中国市场扩张的案例给我们启示：跨国企业在进入海外市场时如果没有充分考虑当地的文化并做出相应的战略调整，就会付出高昂的代价。

现实中，正式制度和非正式制度的发展并不同步，一旦正式制度还未发展完善，国际商务就会在很大程度上受非正式制度的影响。正式制度是通过法律条文、国家颁布的政策得以实现的。那么，非正式制度是如何被企业和人们广泛接受的？事实上，非正式制度的形成是一个长期的、渐进的演化过程，是人们重复博弈的结果。在正式制度设立之前，人们从自身的收益和效用最大化出发，在与他人不断博弈的过程中选择了某种均衡结果，这种结果一旦成为人们的共识和习惯，就形成了世代相传的非正式制度。随着社会的发展，正式制度将逐渐替代非正式制度。这一节将考察非正式制度的三个方面：文化、道德和规范。

10.1 文化制度

非正式制度的第一个维度是文化。本书采用跨文化专家霍夫斯泰德对文化的定义，即**文化**(Culture)是一个群体内成员的共同思维方式，这种思维方式与另一个群体的思维方式有差异。

文化主要包括 4 个方面的内容：语言、宗教、社会结构和教育。

10.1.1 语言

学习国际商务，一个非常重要的技能就是英语的语言能力。英语作为国际通用语言，其主导地位是毋庸置疑的。为什么英语是通用语言？有两个数据便于解释这个问题。

第一个数据是按语言划分的世界产出比例。如图 10-2 所示，图中扇形的面积代表讲某种语言的所有国家的产出占世界总产出的比例。可以观察到，讲英语的国家的产出占全球总产出的份额达到 40%，远超过讲其他语言的国家。这是英语作为通用语言的第一个原因。

第二个原因是全球化要求使用一种通用语言，因为在拥有共同语言的国家之间进行贸易能够降低成本。根据彭维刚的调查，假设所有欧洲国家的英语熟练程度提高 10%，那么欧洲内部贸易将会增加 15%；如果把所有欧洲人的英语熟练程度提高到荷兰人的水平——荷兰人的英语熟练程度在欧洲非英语母语国家中排名第一，那么欧洲的内部贸易将会激增 70%。

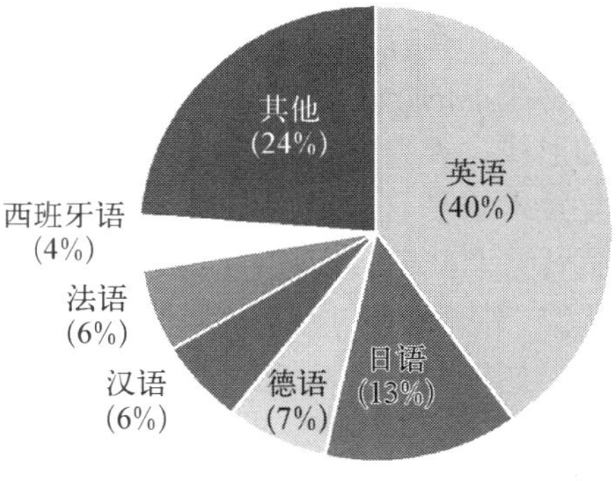

资料来源：彭维刚. 全球商务[M]. 北京：中国人民大学出版社，2016.

图 10-2　按语言划分的世界产出比例

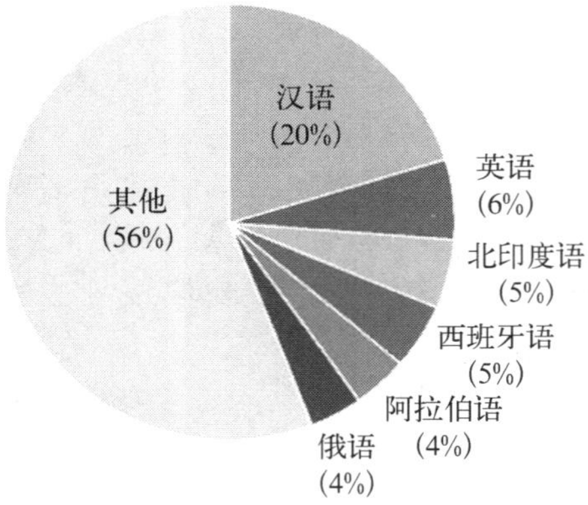

资料来源：彭维刚. 全球商务[M]. 北京：中国人民大学出版社，2016.

图 10－3　各官方语言的人口比例

但说起使用人数最多的语言，则非汉语莫属。如图 10－3 所示，扇形的含义是使用某种语言的人数占世界总人口的比重。可以观察到，使用汉语的人最多，占世界总人口的比重为 20%，英语仅占 6%。尽管世界上使用汉语的人数最多，但由于一些原因，如 16 世纪英国的殖民主义扩张和第二次世界大战后美国在国际上的霸主地位，英语仍是国际通用语言。

此外，从分布地域来看，英语主要分布在北美、澳洲、欧洲、南亚和非洲等地，覆盖范围非常广泛。

那么，语言会对国际商务产生什么影响？语言大体上通过两种途径影响国际贸易：

其一，两个国家如果使用相同或者相近的语言，能够显著降低沟通成本。如果两个国家的语言比较相近，那么，其中一国的国民学习和掌握另一国的语言就比较容易。例如，很多讲西班牙语的人也能讲或者至少可以听懂葡萄牙语，因为西班牙语和葡萄牙语非常相近。语言是经济交流的载体，统一的语言能够降低经济行为中的交易成本，如果语言差距大，沟通的交易成本显然会上升。这一点不仅反映在国际商务上，即便是国内的经济行为也会受语言——方言的影响。来自中国的北方人不经过学习，恐怕很难听懂粤语。即便是对于比较接近普通话的东北方言，南方人听起来可能也会产生一些误解。因为不同的方言可能会使人们对同一个词语产生不同的解释，这就在一定程度上增加了沟通成本。当然，随着普通话的普及，方言对经济行为的影响在不断减弱。

其二，语言的相近性往往意味着两国在文化与历史方面的关联，这种关联对双边贸易的影响不可低估。例如，巴西的官方语言是葡萄牙语，正是因为巴西历史上曾是葡萄牙的殖民地，葡萄牙占领巴西长达三百多年。历史上的关联是两国之间经济贸易往来密切的重要因素。例如，作为世界第四大橄榄油生产国，葡萄牙的主要出口国是巴西，占其出口总量的 1/4。

方言对于国际商务有什么影响？李路、贺宇倩和汤晓燕研究了方言对于企业并购的影响，文章于 2018 年 6 月发表在《财经研究》上。研究选取了 2000～2012 年中国上市企业并购非上市企业为研究对象，手工匹配了收购方与目标方企业的方言差异，探究方言对企业并购绩效的影响。研究发现：在并购中，收购方和目标方的方言差异越小，收购方进行并购的绩效就越好；普通话普及度会在一定程度上消除方言差异在并购中的影响。

为什么方言会影响企业并购的绩效呢？对这一问题的解答可以从人力资本、身份认同和交易成本的角度来考虑。从人力资本角度来说，方言是企业的一项独特资本，是人力资本的一种形式。人力资本与物质资本相对，是指体现在劳动者身上的资本，如劳动者的知识技能、文化技术水平与健康状况等。方言作为一种人力资本，会产生经济效益，如拥有相同或相近的语言背景意味着具有信息与资源优势，能够使个人或企业在进行跨地区经济活动时更具有竞争优势。从身份认同的角度来说，方言是身份认同的重要维度，它会影响人际交往中的心理距离。如果两家企业的决策者的方言很接近，他们之间的心理距离也会接近，两家企业之间的互动不确定性会降低。从交易成本的角度来说，决策者方言差异小的两家企业的沟通会更便捷、更准确，能够降低交易成本。因此，在并购过程中，方言背景作为一项资本，能为企业提供便利，相同或相近的方言背景能够成为并购双方天然的纽带，更易调动资源分配、促进交易协商并提高并购效益。

在做研究时，应当怎么对方言进行量化呢？现有的较为通用的做法是定义方言距离，如李路等人构建了方言差异系数(LD)。他们定义：属于同一方言片的方言距离为0；属于同一方言区而不同方言片的方言距离区间为1～3；属于不同方言大区时，方言距离区间为3～5。① 在此基础上，研究结合各方言的发音特点、发展历史和地理区域三个特点，将各个区间中的方言差异系数归为0、1、2、3、4、5六档，方言差异越大，系数越大；方言差异越小，系数就越小。

在实证模型方面，被解释变量是并购市场反应，即使用并购首次公告日前后5个交易日的累计超额收益率来衡量并购的绩效。主要的解释变量就是方言差异系数。控制变量包括企业地理距离、高管政治关联、交易特征、收购方特征、制度环境特征等因素；此外，还控制了行业和年度固定效应。

表10-1列出了主要的回归结果。应当关注主要解释变量——方言差异系数对并购绩效影响的回归结果，也就是表中第一行。结果显示，方言差异对收购方股东财富影响的回归系数为-0.009，并且在1%的水平上显著，表明方言差异系数越大，即收购方与目标方方言差异越大，股东财富越小，收购方所进行的并购绩效越差。从经济显著性来看，由于5日累计超额收益率的均值是1.1%，方言差异系数的取值是从0到5，意味着方言差异系数每变动一单位，并购首次公告日前后5个交易日的累计超额收益率会下降0.9%，而方言差异最大为5单位时，5日累计超额收益率会下降4.5%，这对于仅有5个交易日的收购方股东财富而言具有一定的显著性经济影响。在采取工具变量法、控制缺失变量和随机效应模型等方法后，发现检验结果依然稳健。

表10-1　　方言差异与并购绩效的主要回归结果

因变量 5日累计超额收益率	全样本
方言差异系数	-0.009*** (0.002)
高管政治关联	-0.005(0.427)
交易规模	0.032(0.107)
股票支付	0.098*** (0.004)
多元化并购	-0.005(0.460)
高技术产业	-0.003(0.646)
企业规模	-0.001(0.628)
资产负债率	-0 012*** (0.001)
托宾 Q 值	-0.001* (0.064)
账面市值比	0.012(0.464)
最终控制人性质	0.005(0.484)

① 由中国社会科学院和澳大利亚人文科学院合作编纂的中国语言地图集对汉语方言提出了“点—小片—片—区—大区”的五层次划分法。“点”指方言点，一般是在一个县(市)选一个方言代表点，在方言复杂的地区则选两个或多个代表点。若干个“点”组成“小片”，若干个“小片”组成“片”，若干个“片”组成“区”，若干个“区”组成“大区”。

续表

因变量 5 日累计超额收益率	全样本
股权控制改革	0.026(0.228)
地理距离	0.005(0.174)
市场化进程指数	0.002(0.617)
国内生产总值	−0.023(0.158)
常数项	0.116(0.166)
产业固定效应	是
年份固定效应	是
样本数	543
R^2	0.128

注：括号内为建立在怀特(1980)异方差调整以及彼得森(2009)的收购方上的 p 统计量；*** 、** 和 * 分别表示在 1%、5%和 10%的水平上统计显著。

在验证目标方与并购方的方言差异会降低企业并购绩效后，李路等人进一步验证了普通话普及程度对于这一关系的影响。

表 10 - 2 报告了普通话普及程度的分样本检验，发现只有在收购方所在地普通话普及程度低时，方言差异才影响收购方股东财富，且在 5%的水平上显著，这表明普通话普及水平可能在一定程度上消除了方言差异在并购中的影响。

表 10 - 2　　普通话普及程度及其回归结果

因变量 5 日累计超额收益率	收购方所在地普通话 普及程度高(1)	收购方所在地普通话 普及程度低(2)
方言差异系数	−0.007(0.167)	−0.008**(0.037)
控制变量	是	是
产业固定效应	是	是
年份固定效应	是	是
样本数	218	325
R^2	0.213	0.137

注：普通话普及程度分样本的方言差异系数的卡方统计量 p 值为 0.032。

10.1.2　宗教

除了语言，宗教也是文化的一个重要表现。世界上信仰宗教的人口占全世界人口的比重高达 85%。目前，世界上的四大宗教分别是基督教、伊斯兰教、印度教和佛教。

那么，宗教给国际商务带来了怎样的影响？有两个例子可以用来说明这个问题。

第一个例子与圣诞节有关。在基督教国家，圣诞季是购物和消费的高峰。在美国，全年一半的玩具是在圣诞节前一个月卖出的，并且美国的孩子们消费了世界玩具的一半，而所有玩具都是在美国之外生产的，其中很大一部分是由中国生产的。这产生了巨大的生产、分销和协调压力。此外，产品从中国运到美国的航期至少有两个星期，一旦晚点，就会毁掉整个圣诞季的玩具销售。

第二个例子发生在沙特阿拉伯。那里的人们信奉伊斯兰教，不吃任何他们觉得外形丑陋的不洁之物，包括猪、甲鱼和螃蟹等，并且他们对猪这种动物是很忌讳的。一位美国跨国企业的经理人与沙特方谈合同，为了给客户留下一个好印象，就在提案文本外面另外加上昂贵的猪皮革封面，结果这个提案还没审阅就被否决了，因为穆斯林拒绝任何与猪有关的东西。由此可以发现，文化对于国际商务会产生很重要的影响，在与另一种文化的人接触前，先熟悉对方的文化非常重要。

雷光勇、刘茉和曹雅丽使用2010年中国私营企业研究课题组对民营企业家宗教信仰的调查数据，考察了企业家宗教信仰对投资偏好的影响，这篇文章于2016年6月发表在《财经研究》上。他们的研究发现：企业家的宗教信仰确实会影响其所经营企业的投资偏好，笃信宗教的企业家更倾向于风险相对较低的关系型投资，以减少企业生存环境的不确定性。把企业家的宗教信仰细化为东方宗教和西方宗教后，他们发现，信仰东方宗教的企业家所在的企业更偏好风险较小的关系型投资，这是因为关系型投资既适应了中国社会几千年来的文化传统，又可以降低企业的经营风险并带来较为丰厚的短期利润；同时，关系型投资还与中国以人情为基础的传统理念以及东方宗教讲究布施、舍得的教义息息相关。

在实证方面，有关企业家宗教信仰的数据来源于私营企业研究课题组进行的全国民营企业第十次抽样调查，问卷中有关宗教信仰的数据直接来自对企业家本人的询问，这更能直观地考察宗教信仰对企业经济活动的影响。文章构建了两个模型，被解释变量分别是关系型投资强度和研发投资强度。其中，关系型投资强度用人均业务招待费来衡量，研发投资强度用人均研发投资来衡量。主要的解释变量是有无宗教信仰的虚拟变量。

世界是多元化的，目前世界上已知的语言有超过七千种，而谈及宗教，除了佛教、基督教、印度数和伊斯兰教外，其余大大小小的宗教不胜枚举。当探究文化对国际商务的影响时，不应当仅仅停留在定性层面，还要量化地考察这个问题。那么，应当如何用数据来度量文化？

荷兰心理学家霍夫斯泰德设计了“文化距离”这一指标。从1967年到1973年，霍夫斯泰德在著名的跨国企业IBM进行了一项大规模的文化价值观调查，调查和分析的重点是IBM的各国员工在价值观上表现出来的国别差异。他的团队对IBM的各国员工先后进行了两轮问卷调查，共计发放了十一万六千多份调查问卷并回收了答案。此后，经过整理和补充，霍夫斯泰德总结出衡量文化和价值观的六个维度，每个维度的范围都是0到100分，用来对国家之间的文化距离进行定量分析。

第一个维度是集体主义和个人主义。个人主义倾向的社会中人与人之间的关系是松散的，人们倾向于关心自己及自己所在的小家庭，对大家庭，如集体和国家的利益则不甚关心；而具有集体主义倾向的社会则注重族群内关系，关心大家庭，认为牢固的族群关系可以给人们持续的保护，而个人则必须对族群绝对忠诚。许多西方发达国家，如美国、加拿大、澳大利亚，还有欧洲的许多国家个人主义倾向显著。东方国家普遍来说集体主义程度是比较深的，如中国，这与人们一直以来遵循的传统美德有关。父母常常教导孩子要团结合作、乐于助人，孔融让梨和雷锋的故事被人们口口相传，这些价值取向其实都反映了集体主义。

第二个维度是权力距离。权力距离是指某一社会中地位低的人对于权力在社会或组织中不平等分配的接受程度。各个国家由于对权力的理解不同,在这个维度上存在着很大的差异。欧美人不是很看重权力,他们更注重个人能力。而亚洲国家由于体制的关系,注重权力的约束力。

第三个维度是男性化与女性化。这一维度主要看某一社会代表男性的品质,如竞争性、独断性更多,还是代表女性的品质,如谦虚、关爱他人更多,以及对男性和女性职能的界定。

第四个维度是不确定性的规避,即一个社会对于风险的态度,以及是否通过一些方式来避免和控制不确定性。不确定性规避程度较深的国家,国民厌恶风险,倾向于使用规章制度和技术手段等规避风险;此外,比较重视权威、地位、资历、年龄等,相信绝对知识和专家评定,难以容忍偏激观点和行为,如日本和土耳其。对不确定性的容忍度高的国家,对不确定性的规避程度弱,对于反常的行为和意见比较宽容,规章制度少,在哲学、宗教方面容许各种不同的主张同时存在,如中国和美国。

第五个维度是长期取向与短期取向,即社会成员的耐心程度和延迟满足的能力。中国的长期取向根植于儒家思想,鼓励追求未来回报的美德。美国、澳大利亚和加拿大则认为当前的需求是最重要的,鼓励增加支出和及时享乐。

第六个维度是自身放纵与约束,指的是某一社会对人满足享受生活和享乐欲望的允许程度。国家越倾向于自身放纵,说明该社会整体对自身的约束力不大。中国是一个非常强调约束自身的国家,美国则是比较自由、追求享乐的国家。

在图 10-4 中,编者选取了六个国家(中国、美国、日本、英国、加拿大和澳大利亚)绘制了文化距离六维度的对比图,横轴是六个国家,纵轴是在六个维度上的得分情况。每个国家都具备一些特点。

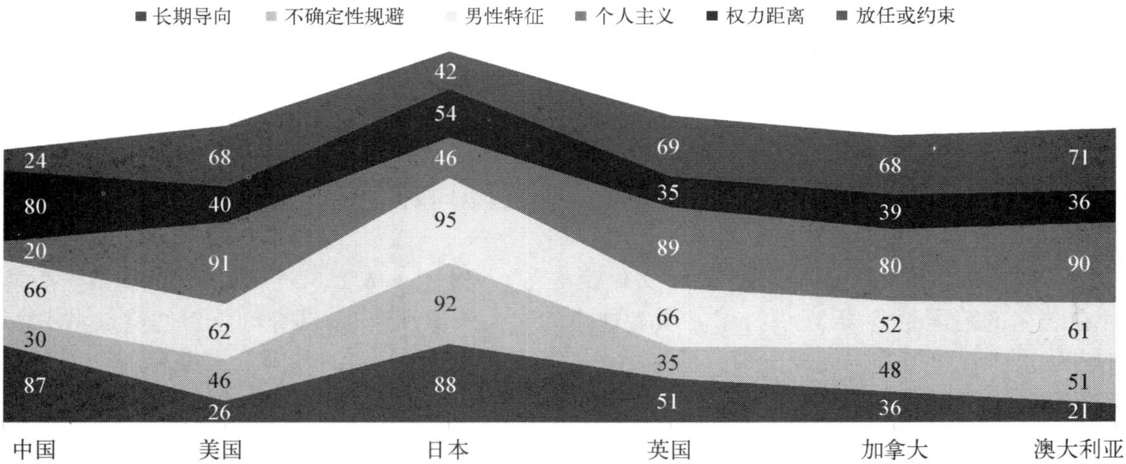

资料来源:https://geerthofstede.com/culture-geert-hofstede-gert-jan-hofstede/6d-model-of-national-culture/。

图 10-4 文化距离六维度对比

例如,日本的男性特征非常明显,在这一维度上得 95 分,远超英国和中国。在日本社会,男人多从事比较刚毅的职业,如政治家、军人和企业管理者,而女人多从事看护职业,除了家庭主妇外还担任教师和护士等。中国的权力距离得 80 分,权力程度较高,意味着权力较小的人所期望并能够接受的权力分配不平等程度较深。这其实与中国的历史有关。中国古代奉行三纲五常,认为上下有别、上行下效,如君臣有义、父子有亲、夫妻有别、长幼有序、朋友有义。此外，中国的不确定性规避得分是最低的，意味着人们具有承担风险的较大意愿，变化的阻力较小。而在高不确定性规避的国家，如日本，人们把就业保障和退休福利看得很重，比较抗拒改变，现在日本的部分企业仍奉行终身雇佣制。不同国家的文化特征会对国际商务产生影响。例如，与美国的跨国企业相比，日本的跨国企业的合作行为更多，这与日本长久以来形成的集体主义观念相一致。

10.1.3 社会结构

社会结构具体表现在两个方面：社会分层和社会流动性。社会分层是把每个人按照社会阶级进行分类的现象。社会流动性则是一个社会成员从较低的社会类别到达更高社会类别的难易程度。

通常来说，高度的社会分层有较低的社会流动性，如印度的种姓制度。尽管在法律层面上种姓制度被取消了，但还是广泛地在非正式层面实施。图 10－5 表明了种姓制度划分的四个等级：第一种姓婆罗门是原人的嘴，第二种姓刹帝利是原人的双臂，第三种姓吠舍是原人的大腿，第四种姓首陀罗是原人的脚。除了四大种姓之外，还有一种被排除在种姓外的人，即所谓“不可接受的贱民”，又称“达利特”，被排除在原人的身体之外。在印度，种姓在很大程度上决定了工作。不同种姓间的交往严格受限，禁止通婚，甚至不能同桌吃饭。这种种姓的分化保证种姓之间的差别被世世代代传递下去。

在高度社会分层国家经营的跨国企业应当对当地的制度保持敏感性。例如，在候选人中挑选正式员工的评价标准并不完全取决于技术资质和经验，还要考虑到社会阶层。如果让较低社会阶层的管理人员来监管较高社会阶层的雇员，可能会使员工之间心存芥蒂。

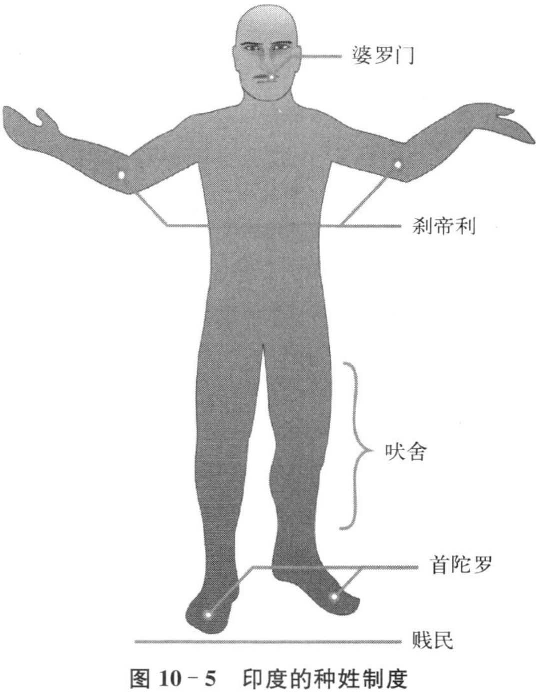

图 10－5　印度的种姓制度

10.1.4 教育

从国际商务的角度看，教育最重要的作用之一是其对国家竞争优势起到决定性作用。钦尼雷拉和施特雷布(2017)的研究表明，人力资本对经济的影响涉及两种渠道：一方面，人力资本的增加通过提高劳动生产率，直接促进经济增长；另一方面，作为研发的重要投入，人力资本通过加速技术变革从而提高劳动生产率，间接促进经济增长。例如，日本在第二次世界大战后经济发展迅速，很大一部分原因在于日本非常重视国民教育。明治维新后，日本就很重视发展教育，战前已普及了四年制及六年制教育；到 1950 年，已实现九年制义务教育的完全普及，适龄儿童的入学率达到 99%。1956～1978 年，日本的教育经费在行政费用中的占比达 20%～23%，名列资本主义国家之首。20 世纪 70 年代以后，日本已成为资本主义世界名列第二的经济强国，也成为仅次于美国的教育大国，初中入高中的升学率达到 94%，高中入大学的升学率达到 37%。

印度是世界上五大计算机软件供应国之一，是仅次于美国的第二大计算机软件出口国，软件出口额占全球市场份额的 20%。印度在软件方面的成功很大程度上来源于其对计算机教育的重视。印度政府十分重视 IT 人才的培养，把它列为一项长期的战略任务。早在 1984 年，印度就制定了计算机软件出口、开发和培训政策。政府在大约 3 000 所中学中推出“中学计算机扫盲和学习计划”。后来，为了解决学校基础设施差和课程陈旧的问题，政府在世界银行的帮助下，启动了一项“技术教育质量改进计划”，投资 150 亿卢比帮助一些国家技术学院升级。而为了提升学生们的实践经验，印度德里理工学院与西门子、IBM、摩托罗拉等软件企业建立联合实验室和实训基地，60%的课程直接在实验室进行。一系列措施促使印度在软件外包市场上占据强有力的竞争地位。

10.2 商务道德

道德(Morals)是指导和支配个人和企业行为的一系列准则、标准和规范。法律反映了一个社会的最低行为标准，道德涵盖的范围则更广，一些合法的行为也许是不道德的，如把垃圾仍在地上，虽然不会被抓进监狱，但却破坏了环境。

有关商业不道德行为的例子有很多，如 2005 年 2 月 18 日英国某食品制造商的产品中被检测出苏丹红一号色素。还有其他产品质量问题、贿赂和环境污染等都是商业不道德行为。此外，国际商务中还会产生许多道德伦理问题，如员工待遇和人权等。从 2010 年 1 月 23 日第一名员工跳楼至今，富士康已发生近 20 起跳楼事件。在富士康，技工们长期处于高度紧张、高强度的工作状态，人们将自己的全部时间和精力投入流水线中，几乎变成工作机器，信仰和自尊极度缺失。

在国际商务活动中进行道德管理是一件比较困难的事情。一方面，总部与海外营业部相距甚远，控制力减弱；另一方面，在一个国家是道德的事情在其他国家可能是不道德的。面对这样的差异，管理者应如何应对？

商业道德学者托马斯·唐纳森提出了中间路线指导原则：尊重人的尊严和基本权利，尊重当地的传统，尊重制度环境。尊重人的尊严和基本权利是最低道德门槛，它包括与客户健康和安全相关的权利，以及企业不能够雇用童工。尊重当地传统则体现了一定的文化敏感性。例如在美国，雇用员工的子女和亲戚而不雇用更合格的申请人是非法的，但印度公司常常用人唯亲，因为他们认为这会增加员工的忠诚度。尊重制度环境要求对于当地的制度有非常细致的了解。例如，给英国人送礼时，如果礼品价格偏高，就会被误认为是一种贿赂，因此，送鲜花、巧克力或者红酒都是合适的。而在日本，人们偏好给予和接受昂贵的礼品，礼物越贵重，表示情谊越深厚。实际上，要学好国际商务，甚至要经营好一家跨国企业，商务礼仪是非常重要的，不同国家的商务礼仪不尽相同。

表 10-3 展示了信任度数据。CGSS 是中国第一个全国性的大型社会调查项目，从 2003 年到 2009 年每年调查一次，从 2010 年开始到 2019 年每两年调查一次，对全国 125 个县(市)的 10 000 户家庭中的个人进行调查。通过定期、系统地收集中国人与中国社会各个方面的数据，总结社会变迁的长期趋势，探讨具有重大理论和现实意义的社会议题。这里的信任度数据是针对一个问题的调查结果：“在不直接涉及金钱利益的一般社会交往/接触中，您觉得陌生人中可以信任的人多不多？”被调查者可以选择“绝大多数不可信”“多数不可信”“可信者与不可信者各半”

"多数可信"和"绝大多数可信"这五项中的一项，五项选择分别赋值 1、2、3、4 和 5，然后对每个省份的居民计算平均值作为这个省份的社会信任度指标值，数值越大表明社会信任度越高。

表 10－3　　对陌生人信任度排名

省　份	信任度	省　份	信任度
山东省	2.19	四川省	2.13
安徽省	2.18	湖北省	2.09
贵州省	2.17	北京市	2.07
浙江省	2.06	上海市	1.75
江苏省	2.05	广西壮族自治区	1.75
福建省	2.04	甘肃省	1.74
湖南省	1.98	青海省	1.73
重庆市	1.98	吉林省	1.73
云南省	1.93	辽宁省	1.71
广东省	1.91	宁夏回族自治区	1.68
河南省	1.88	河北省	1.67
陕西省	1.86	内蒙古自治区	1.67
江西省	1.84	山西省	1.66
天津市	1.82	黑龙江省	1.53

数据来源：中国综合社会调查(CGSS)。

编者选择了 2015 年的信任度数据，统计了每个省份的均值数据，可以看出，山东人对陌生人的信任度是最高的，第二到第四位的省份分别是安徽、贵州、四川和湖北。为什么不同的省份对陌生人的信任度存在差异？山东作为孔孟之乡，儒家文化是否产生了重要影响？

针对信任度数据，编者还展开了一些研究。两个地区间的劳动力结构越相近，这两个地区的人力资本关联度也就越高。现有的文献已经证实，两个地区间的人力资本关联度越高，越容易发生异地并购。编者采用了 2012 年 CGSS 年度调查数据分别衡量目标方地区对陌生人的信任度和对绝大多数人的信任度，根据目标方省份社会信任指标中位数进行划分，确定各个目标方省份是处于高信任环境还是低信任环境。在进行子样本分组检验时发现，当目标方省份信任环境比较差时，地区间人力资本关联度对异地并购的促进作用反而更加明显。两个地区间较高人力资本关联度带来的优势能够弥补目标方地区信任度缺失带来的劣势，促进两个地区间的并购交易。

通过信任度数据，我们知道人和人之间的信任程度是不同的，有很多因素影响信任度。例如，两个人感情越深，越容易相互信任；交往时间越长，越容易相互信任。那么，有什么因素会系统地影响地区间人与人信任程度的差异？一个有趣的因素是儒家祠庙的数量。宗族观念是儒家思想的重要组成部分，所以儒家祠庙数量可以在一定程度上衡量一个地区的宗族凝聚力。宗族凝聚力越强，对对方的信任度越强。

反应地区间人们的信任差异的另一个指标是地级市下辖县平均每个县姓氏数量。一般情况下，姓氏数量越少，对方与自己属于同一宗族的概率越高，信任度就越高。

那么，信任度对于国际商务有什么影响？信任与交易问题的经济学研究可以追溯到英国古典经济学家亚当·斯密，在其著作《道德情操论》中，其对信任与人类经济行为的关系展开了论述。他认为，经济行为是建立在社会习惯和道德的基础上的，脱离社会习惯和道德的约束，交易的根基便会动摇。信任因具有协调社会关系的功能而直接影响交易活动的规模以及经济活动的整体效率，所以被认为是一种重要的社会资本。任何时期的商业交易均依赖信任，信任已成为一个社会经济构建和运作的"润滑剂"。逻辑上，信任能够确立有效率且低成本的契约执行机制，因而构成了市场经济中一切交易的前提。市场上的任何一笔交易，如果买方对卖方所提供产品或服务的品质缺乏一定的信任，或者卖方质疑买方的支付手段以及方式的可靠性，那么交易活动就不可能发生。从这个意义上看，没有信任就不会发生交易行为。

10.3 其他非正式制度的影响

近年来，不少研究发现国内制度是一国比较优势的重要决定因素，对于制度不完善的经济体尤其如此，在决定其比较优势时，制度因素比要素禀赋更重要。然而，这样的观点似乎很难与世界上最大的出口经济体——中国的经验相吻合。因为从各种指标来看，中国的制度发展相对落后，无法构成扩大出口的比较优势。例如，根据国际标准的测量方法，中国的司法和金融制度都比较落后。基于考夫曼等人(2003)提出的法治指数——用来衡量司法质量——2014年中国的法治质量排在世界第一百二十位，并且人们普遍认为中国的金融机构是不发达的。例如，中国在法定债权和股东权利等方面的平均分低于巴基斯坦和南非等其他新兴国家。但过去十几年来，中国高度依靠外部融资或合同执行的行业的出口出现了井喷式发展，发展速度明显快于对外部融资和合同执行依赖度低的行业。

表 10-4 列出了 2000 年至 2013 年中国的行业出口增长数据，根据拉詹和津加莱斯(1998)对外部融资依赖度的测度，塑料制品行业最依赖外部融资，但中国 2013 年该行业的出口值是 2000 年的 16 倍以上。同样，根据努恩(2007)对合同强度的测度，在最依赖合同约束的电机行业，中国出口额同期增长 29 倍以上；但最少依靠外部融资的烟草业和最少依靠合同约束的石油炼焦业的出口额在同期仅分别增长了 2 倍和 12.5 倍。总的来说，中国的制度相对落后，但出口增长迅速，尤其是高度依靠外部融资和合同执行的行业出口增长迅速，我们把这一现象称为"出口之谜"。

表 10-4　　2000～2013 年中国部分行业出口增长情况

行　业	依靠程度	出口增长
塑料制品业	最依靠外部融资	16 倍
电子机械业	最依靠合同约束	29 倍
烟草业	最不依靠外部融资	2 倍
石油炼焦业	最不依靠合同约束	12.5 倍

落后的正式司法和金融制度与出口快速增长之间的反差令人困惑。但是当一国的正式制度不完善的时候，替代制度往往演变为处理合同约束或融资问题的主要途径。

为什么要考虑政治关联这一非正式制度？一方面，这与中国的制度背景有关。例如白等

(2014)认为，中国的实质制度特征是特惠制，也就是各级政府控制资源配置，利用其政治和经济力量来支持与之相关的企业，尤其偏重相关的出口企业。另一方面，这种政府与企业关联的实质制度特征在国际通用的标准衡量中并没有体现，但是在资源配置中起着至关重要的作用。因此研究认为，与政府的关联可能会对企业出口产生重要影响。

为了研究政治关联如何影响企业出口，我们构建了一个简单的异质性企业模型来说明潜在的影响机制，并为实证分析提供可检验的假设。在模型中，一部分企业的物料投入是关系特定的。由于技术原因，这一比重在不同行业间存在差异。具有较大比重的部门更依赖于合同执行程度。此外，为了生产和进入国外市场，企业需要借入资金来支付一定比例的成本。这个比例反映了企业对外部融资的依赖性，而且也因技术原因在各行业中存在差异。基于现有政治关联文献的实证发现，假设政治关联企业与非政治关联企业相比具有两个关键优势，即更好的合同法律环境和更好的外部融资渠道，那么，关联企业在合同密集型和外部融资依赖型行业中拥有比较优势。

然而，关联企业也有劣势。现有的研究表明，关联企业通常具有较低的管理效率。布鲁姆等(2018)的最新研究发现，管理效率会对企业出口产生重要作用。基于此，模型假设：由于更低的管理效率，企业的边际生产成本随其政治关联程度的增加而增加。这种与管理无效率相关的负面影响是普遍的，不随行业的变化而变化。因此，政治关联对企业出口绩效的总体影响是不确定的，这取决于企业对外部融资或合同执行的依赖程度。

研究使用中国上市制造业企业和中国海关数据检验了上述简单模型，对于核心变量政治关联，通过高管团队成员，如 CEO 和 CFO，以及董事会成员，如主席和董事的简历信息获得。时间跨度从 2004 年到 2013 年。回归模型如下：

$$\text{出口(export)}_i = \beta\ \text{政治关联(connect)}_i + r\ \text{控制变量}_{kit} + \varepsilon_i$$

其中，被解释变量是 k 行业 i 企业于第 t 年在目的地国家 j 的出口，通过取对数进行标准化。主要解释变量是政治关联，也就是企业 i 的政治关联程度。控制变量主要包括企业特征，如全要素生产率(TFP)和资本回报率(ROA)等。模型中，企业层面固定效应和目的国-行业-年份固定效应分别控制没有观测到的企业异质性和国家层面的需求变动。

主要回归结果与模型的预测相符。表 10－5 中第一行是主要解释变量政治关联的回归结果，政治关联的估计系数在 1%的水平上显著为负，但是两个交互项在 1%的水平上显著为正。这意味着政治关联对企业出口有一般的负面影响，但负效应随合同执行或外部融资依赖程度的减弱可能变为正面的效应。面板 B 进一步检验了政治关联对行业总出口额的影响，结果也是类似的。

表 10－5　　企业政治关联影响出口的回归结果

变　量	面板 A：总出口		面板 B：行业总出口	
	①	②	③	④
政治关联	**−7.320***** (0.727)	**−7.134***** (0.734)	**−5.180**** (2.463)	**−5.730**** (2.513)
合同执行×政治关联	**11.292***** (1.257)	**11.462***** (1.257)	**8.398**** (4.216)	**10.388**** (4.207)

变　　量	面板 A： 总出口		面板 B： 行业总出口	
	①	②	③	④
外生金融发展×政治关联	**4.013***** (0.791)	**3.846***** (0.792)	**7.090***** (2.248)	**6.561***** (2.283)
控制变量	否	是	否	是
企业固定效应	是	是	是	是
目的国-行业-年份固定效应	是	是	—	—
行业-年份固定效应	—	—	是	是
观测值	154 013	154 013	17 140	17 140
R^2	0.413	0.416	0.442	0.446

注："总出口"是按目的地、行业、年份加总的出口；"行业总出口"是按行业、年份加总的出口。

通过实证研究得出结论：政治关联对不同行业出口的影响是不一样的，其总体影响是正还是负取决于行业合同密集程度和对外部融资的依赖程度。政治关联对外部融资和合同执行依赖程度高的行业出口的正面作用更大。

政治关联本身的系数显著为负，但是交叉项显著为正。这一结果意味着政治关联对合约执行或者外部融资依赖度高的行业正面作用更大。由于本身系数为负，其对具体行业的总体影响是正还是负取决于行业合同密集程度和对外部融资的依赖程度。

回归系数进一步显示，政治关联导致的行业间出口差异有显著经济意义。以专业和科学设备制造业、石油炼油业为例，前者在合同密集度(0.78)和对外部融资依存度(0.96)中排名第二；而后者在合同密集度(0.06)中排名最低，对外部融资依存度排名倒数第五(0.04)。

本章总结

本章深入介绍了非正式制度，包括文化与道德的定义。不同的文化，包括语言、宗教、社会结构、教育等，都会对企业运营造成不同的影响。

重要概念

1. **文化**(Culture)是一个群体内成员的共同思维方式，这种思维方式与另一个群体的思维方式有所差异。

2. **权力距离**(Power Distance)是指某一社会中地位低的人对于权力在社会或组织中不平等分配的接受程度。

3. **社会分层**(Social Stratification)是把每个人按照社会阶级进行分类的现象。

4. **社会流动性**(Social Mobility)是一个社会成员从较低的社会类别到达更高社会地位的难易程度。

5. **道德**(Morals)是指导和支配个人及企业行为的一系列准则、标准和规范。

复习与思考

1. 戴维森(1980)曾证明,处于起步阶段的跨国企业在投资区位选择时对文化环境接近的国家有明显偏好,而处于成熟阶段的跨国企业投资区位选择的敏感度不高。科古特(1985)的研究显示,随着投资者在东道国经营行为的深化,他们对当地文化的熟悉程度随之提高,跨国企业所感知的与东道国的文化距离相应缩短,有助于增强区位吸引力。请从文化角度,谈谈中国作为跨国企业东道国、母国分别有什么需要注意的。

2. 吉索、萨皮恩扎和津加莱斯(2004)在研究社会信任度与金融发展时提及,犹太社会人与人之间的信任度大大降低了其成员之间借贷的成本。温州民营企业采用的是中国典型的以家族信任起家的民营模式。请谈谈你对这种中国"家"文化的理解。这种文化对中国民营企业的发展带来了哪些益处和弊端?

第十一章

跨国企业的战略

学习目标

- 了解企业的分类。
- 理解跨国企业的基本定义。
- 掌握企业生产率的决定因素。
- 理解跨国企业战略选择的标准。

引入案例

谈及中国的跨国企业，许多人不由自主地会想起华为。作为成功走出国门的民营企业，华为是中国企业“走出去”的典型代表。在2018年中国企业联合会、中国企业家协会联合发布的“2018中国企业500强”排行榜上，华为稳居民营企业第一。

在“走出去”的过程中，华为坚信要以文化为核心，以创新为归属，深刻、准确地洞察客户的愿望，才能提高对客户的竞争力和自身的盈利能力。

文化看不见、摸不着，却像空气一样始终围绕在我们身边。“工者有其股”的文化制度成就了“华为狼性”，这也是华为创造奇迹的根本所在。二十多年前，从华为创立的第一天起，任正非就给知识劳动者的智慧——这些非货币、非实物的无形资产进行定价，让“知本家”作为核心资产成为华为的股东和大大小小的老板，迄今为止，华为有将近8万名股东。最新的股权创新方案是，外籍员工也将大批量地成为公司股东，从而实现完全意义上的“工者有其股”。而在员工的职业生涯安排上，华为有一个很有意思的做法，即大范围、大跨度的调岗和轮换。例如，研发部门的员工去做营销，而营销部门的员工则调换过来做研发。这样既有利于培养复合型人才，也有利于不同的职能组织之间换位思考、相互协同，真正践行“以客户为中心”的原则。

华为的文化动力紧紧扣住市场需求并规范了华为的技术创新流程，保证了“以客户需求为导向”的技术创新，让华为的技术创新做到在准确理解客户需求之后，将客户的需求准确传递，然后根据市场需求，准确进行创新取舍评判，并且保证了人力、能力的全面支持。

华为高度重视技术创新与研究，坚持将每年收入的10%以上投入研发。2018年，华为在研发方面投入了一千多亿元人民币，在“2018年欧盟工业研发投资排名”中位列全球第五。过去的十年中，华为在研发方面累计投入了4 800亿美元。华为是全球最大的专利持有企业之一。在中国，华为发明专利的授权量居第一位。截至2018年年底，华为累计获得授权专利87 805项，其中有11 152项核心专利在美国授权。

作为一家全球化的企业，华为坚持在全球的比较优势下将资源最佳配置，在全球设有31家联合创新中心，同时设有16家研发中心，分布在瑞典、美国、加拿大、印度、俄罗斯、德国、法国、日本以及中国的北京、深圳、南京、上海等，结合各地的人才比较优势，做到全球共同创新。

正如任正非所说："没有创新，要在高科技行业中生存下去几乎是不可能的。若不冒险，跟在别人后面，长期处于二三流，我们将无法与跨国公司竞争，也无法获得活下去的权利。"

目前，华为正在全球积极地构建万物互联的智能世界，拥有一百三十多家海外子公司、18.8 万名员工，业务遍及一百七十多个国家和地区，服务于三十多亿人口。2018 年，华为实现销售收入 7 212 亿元人民币，同比增长 19.5%。其中，海外销售收入占到总销售收入的 48%，达到 3 490 亿元人民币，同比增长 20%。

资料来源：梁剑.华为：双轮驱动与世界同行[J].中国品牌，2015(12)：42—43.

11.1 跨国企业的定义

11.1.1 企业的定义

企业一般是指以营利为目的，运用各种生产要素(土地、劳动力、资本、技术和企业家才能等)，向市场提供商品或服务，实现自主经营、自负盈亏、独立核算的法人或其他社会经济组织。因此，腾讯是一家企业，但 QQ 则不是企业；百姓大药房是企业，校医院的药房则不是企业。

企业可以分为独资企业、合伙制企业、股份制企业、非营利组织和国有企业等。

独资企业(Sole Proprietorship)是指个人出资经营、归个人所有和控制、由个人承担经营风险和享有全部经营收益的企业，常存在于零售业、手工业、农业、渔业、服务业和家庭作坊等，如一个小镇上的某影楼、某酒店，如果它们注册的是企业的话就可能是个人独资企业，如果没有注册为企业就多半是个体户。

合伙制企业(Partnership)即两人或两人以上按照协议投资，共同经营、共负盈亏的企业。合伙制企业的财产由全体合伙人共有，合伙人对企业债务承担无限连带清偿责任。常见的一些专业团体就是合伙制企业，如律师事务所、会计师事务所等。

股份制企业(Joint-stock Company)是指企业的财产由两个或两个以上出资者共同出资，并以股份形式构成的企业。我国的股份制企业主要是指股份有限公司和有限责任公司(包括国有独资公司)两种组织形式。某些国有、集体、私营等经济组织虽以股份制形式经营，但未以股份有限公司或有限责任公司登记注册的，仍按原所有制经济性质划分其经济类型。

非营利组织(Non-profit Organizations)是指不以营利为目的的组织，其目标通常是支持或处理个人关心或者公众关注的议题或事件，涉及的领域包括艺术、慈善、教育、学术、环保等，如中国红十字会、国际环境保护组织协会、中华慈善总会、消费者权益保护协会、中国残疾人协会等。

国有企业(State-owned Enterprise)在中国很常见，如中国移动、中国电信、中国电网、中石油等；但在 OECD 国家并不常见，如美国只有二十多家国有企业，这些国有企业对美国的经济贡献只占 5%左右。

11.1.2 企业为何存在

企业到底为何而存在，为什么不是个体与个体之间相互提供商品和服务呢？对于这个问题的回答，大致可以分为三类：第一类是从交易成本的角度回答，第二类是从不完全契约的角度回答，第三类是从产权的角度回答。

科斯是最早从交易成本的角度解释企业的存在的。他认为，市场的运行是有成本的，主要包括价格搜寻成本、市场交易的谈判和签约费用、税收等。通过形成一个组织，并允许某个权威（企业家）来支配资源，就能节约某些市场运行成本。当存在企业时，某一生产要素（或它的所有者）与企业内部的其他一些生产要素签订一系列契约的数量大大减少了，一系列契约被一个契约替代了。当然，企业的运行也是需要成本的，如管理成本、委托代理问题等。当企业运行成本低于市场运行成本时，企业规模就可以扩大；当企业运行成本等于市场运行成本时，企业规模即为最优。

威廉姆森以交易作为经济分析的基本单位，并将每次交易视为契约。由于人的有限理性，交易者不可能预测到未来交易的所有偶然事件并以第三方能够证实的方式签订契约，因此，契约天然是不完全的。在交易者机会主义动机的驱使下，契约签订后可能会出现违约、成本高昂的讨价还价和再谈判等危害契约关系的行为。为保证交易的顺利进行，交易者需要根据交易的不同类型确定不同的治理结构以减少交易效率损失。由于治理结构的不同属性决定不同治理结构在应对不同交易属性所决定的不同类型交易时具有比较优势（即节约治理成本），因此，经济治理的核心问题是研究如何在交易类型和治理结构之间实现有效匹配。企业作为一种科层治理结构，其具备的治理结构属性特征决定其在治理交易频率高的专用型资产交易中具有比较优势。由于企业的这种比较优势会被随着企业内部交易数量的增加而产生的激励扭曲和选择性干预的不可能性逐渐削弱，因此，企业边界不能无限扩张，存在适度的效率边界。

新产权理论以格鲁斯曼、哈特、莫尔等人为代表。他们建立正式理论模型（简称 GHM 模型），分析了不完全契约理论下的“敲竹杠”问题。假设风险中性的买方和卖方要交易一种商品。为了完成交易，双方需要做出关系专用型投资。由于自然状态和商品的性质在投资之前是不可预见的，因此，双方只能缔结一份不完全契约，当投资完成和自然状态被双方观察到后，为了实现有效率的交易，双方会对商品交易契约进行再谈判。由于投资的关系专用型特征，事后投资方将面临被对方“敲竹杠”的风险，只能获得部分投资收益，双方事后再谈判时的谈判力影响事后剩余分配，事后谈判力来源于对物质资产的剩余控制权（企业资产所有者对企业的所有权）。

11.1.3 跨国企业的现实数据

国际直接投资是国际商务中的重要环节，其增长主要受跨国企业对外直接投资增长的驱动。在 20 世纪 90 年代，特别是 20 世纪 90 年代中后期，跨国企业对外直接投资尤其是跨国并购的交易规模急剧扩大，成为国际直接投资的主要力量。根据联合国贸易和发展会议的统计，2000 年，全球跨国并购的金额达到 11 440 亿美元，是 1990 年的十余倍，占当年全球外国直接投资流入量的 90%以上。尽管自 2001 年起由于全球外国直接投资流入量急剧减少，全球跨国并购金额连续下降，但是 2003 年全球跨国并购金额仍然占到当年全球外国直接投资流入量的 50%以上。自 2004 年以来，随着全球外国经济增长与企业对外投资的加速，跨国并购高速增长，2007 年并购交易金额创纪录，达 16 370 亿美元，占当年全球外国直接投资流入量的 81%。但是，自 2008 年以来，受美国“次贷”危机的影响，世界经济下滑，许多国家不同程度地陷入流动性不足的危机，跨国并购活动量也急剧下降。随着全球经济复苏以及跨国企业对并购信心的恢复，2016 年跨国并购额为 8 870 亿美元，创 2011 年以来最高水平。但 2017 年世界经济增速放缓，全球复苏之路崎岖艰辛，并购活动减少，当年跨国并购额同比下降 22%。2018 年，并购金额从 2017 年的 6 940 亿美元上升至 8 160 亿美元，全球并购净额占外国直接投资流入的比例达到 62%，达到 2000 年互联网繁荣以来的最高水平。其中，在发达经济体，并购净额增长 21%，达到 6 890 亿美元，占全球总额的 84%。发展中经济体和转型经济体的并购净额保持在 1 270 亿美元。这一增长主要是因为美国跨国企业的收购增加了一倍，2017 年税制改革后，美国取消海外累积留存收益的纳税义务可能促成了这一繁荣，政策“红利”集中在 2018 年下半年释放。

2018 年，绿地投资项目金额超过跨国并购金额，其中初级产业的投资翻了一番，达到 410 亿美元，达到自 2011 年以来的最高水平。这主要是由 2018 年对金属开采项目投资的增加和对采掘业、自然资源加工的投资所推动。其中，卡罗资源公司（塞浦路斯）宣布了一个价值 43 亿美元的津巴布韦铂金矿项目，由非洲财政支持。同时，制造业项目投资额增加了 35%，达到 4 660 亿美元。这主要是因为壳牌加拿大公司（壳牌、马石油、中石油、三菱公司和韩国天然气合资企业）在加拿大建造液化天然气出口设施的项目是加拿大历史上最大的私营业界投资项目，计划资本支出总计 300 亿美元。

这些资本化程度高、不断进行国际直接投资活动的企业就是**跨国公司**（Multinational Enterprise，MNE）。跨国公司是国际商务活动的主体，这些公司在世界范围内从事各种贸易活动，为国际直接投资提供了重要的资金来源。美国商务部对跨国公司的定义：持有外国某公司 10%及以上具有表决权股票的公司被称为跨国公司。

表 11－1 汇总了 2018 年全球前 500 强跨国公司所在国家，中国公司以 120 家的数量排在第二位。通过观察跨国公司的分布和这些国家的经济总量可以发现，跨国公司主要集中于发达国家，发展中国家和新兴经济体中的跨国公司数目在逐渐增加。

表 11－1　　2018 年全球跨国公司的分布及其所在国家的经济情况　　单位：个，十亿美元

全球 500 强跨国公司分布			全球 GDP 排名		全球前 20 强跨国公司的经营情况			
排名	国　家	数量	国　家	GDP	公司名称	营业收入	国家	行　业
1	美　国	126	美　国	20 513	沃尔玛	500	美国	综合商业
2	中　国	120	中　国	13 457	国家电网	349	中国	公用设施
3	日　本	52	日　本	5 071	中石化	327	中国	炼　油
4	德　国	32	德　国	4 029	中石油	326	中国	炼　油
5	法　国	28	英　国	2 809	壳牌公司	312	荷兰	炼　油
6	英　国	21	法　国	2 795	丰田汽车	265	日本	车辆与零部件
7	韩　国	16	印　度	2 690	大众公司	260	德国	车辆与零部件
8	荷　兰	15	意大利	2 087	英国石油	245	英国	炼　油
9	瑞　士	14	巴　西	1 909	埃克森美孚	244	美国	炼　油
10	加拿大	12	加拿大	1 734	伯克希尔-哈撒韦	242	美国	保　险
11	西班牙	9	韩　国	1 656	苹果公司	229	美国	计算机、办公设备
12	印　度	7	俄罗斯	1 576	三星电子	212	韩国	电子、电气设备
13	巴　西	7	西班牙	1 437	麦克森公司	208	美国	批发：保健

续表

全球500强跨国公司分布			全球GDP排名		全球前20强跨国公司的经营情况			
排名	国　家	数量	国　家	GDP	公司名称	营业收入	国家	行　　业
14	澳大利亚	7	澳大利亚	1 317	嘉能可	205	瑞士	采矿、原油生产
15	意大利	6	墨西哥	1 199	联合健康	201	美国	保　　险
16	墨西哥	4	印　尼	1 005	戴姆勒股份	185	德国	车辆与零部件
17	俄罗斯	4	荷　兰	910	CVS Health	185	美国	保健：药品与其他
18	爱尔兰	4	沙　特	770	亚马逊	178	美国	互联网服务和零售
19	新加坡	3	土耳其	714	EXOR集团	162	荷兰	多元化金融
20	瑞　典	2	瑞　士	709	美国电话电报公司	161	美国	电　　信

数据来源：http://www.fortunechina.com/。

跨国公司在一国的就业、贸易和研发中占据重要的地位，是一国经济的重要组成部分。美国跨国公司创造了美国1/5的就业机会，薪酬平均比国内公司高出1/4，掌控着美国贸易量的90%，总部设在美国的公司研发投入占全美公司研发投入的75%。

通过研究跨国公司，我们能够为其他企业提供跨国经营经验。跨国公司的经济活动在世界范围内进行，而每个国家的文化、消费者偏好都存在区别，因而跨国公司面对的是不同的劳动力市场、不同的法律和税收体系，这也就意味着跨国公司能够接触和利用更多资源，如不同的劳动力市场给跨国公司带来了降低生产成本的机会。

当然，并不是每家企业都能够成为跨国公司。虽然跨国公司可以利用更多资源，但是整合、协调这些资源的成本非常高，如跨国公司需要面临更高的语言、通信、运输等成本。当一家企业准备拓展海外业务时，母国企业的工作人员需要具备多种语言能力，并且最好熟悉东道国的风俗习惯，以便做好母国企业信息的上传下达。相应的，跨国公司需要向这些人才支付高额的报酬，规模较小的企业则没有能力负担这些费用。

跨国公司是一国经济的重要组成部分，许多跨国公司具有“富”可敌国的经济体量，年营业收入可超过世界上许多发展中国家。跨国公司资产规模宏大，拥有的分支机构遍布全球各个地方。如果将跨国公司的全球生产“帝国”当作一个国家主体来计算，那么全球经济活动的主导地区并不是少数发达国家，而应该是一批超大规模的跨国公司。2018年稳居全球跨国公司榜首的沃尔玛的营业收入超过GDP排名在全球25位的泰国(4 901亿美元)。统计表明，世界上的两百多个国家和地区中，有近90%的国家和地区的国民生产总值低于连续数年排名“财富500强”首位的沃尔玛。

从行业分布来看(如表11－2所示)，金融、保险类行业机构占比较大，其余产业主要集中在汽车、石油业、电器和电子设备以及电信等行业。

表11－2　　2018年全球500强跨国公司的行业分布　　单位：个

排名	行　　业	数量	排名	行　　业	数量	排名	行　　业	数量
1	银行：商业储蓄	51	3	炼油	31	5	采矿、原油生产	21
2	车辆与零部件	34	4	人寿与健康保险(股份)	24	6	食品店和杂货店	20

续表

排名	行　业	数量	排名	行　业	数量	排名	行　业	数量
7	贸易	20	24	工业机械	7	40	娱乐	3
8	公用设施	18	25	邮件、包裹、货物包装运输	7	41	家居、个人用品	3
9	电信	17	26	保健：保险和管理医保	6	42	铁路运输	3
10	财产与意外保险（股份）	16	27	互联网服务和零售	6	43	批发：食品	3
11	金属产品	15	28	食品：消费产品	5	44	服装	3
12	电子、电气设备	15	29	信息技术服务	5	45	医疗器材和设备	3
13	航天与防务	14	30	批发：保健	5	46	保健：药品和其他服务	2
14	制药	13	31	房地产	5	47	财产与意外保险（互助）	2
15	工程与建筑	11	32	饮料	4	48	人力资源和雇佣服务	2
16	人寿与健康保险（互助）	10	33	建材、玻璃	4	49	烟草	2
17	计算机、办公设备	9	34	综合商业	4	50	批发：电子、办公设备	2
18	多元化金融	9	35	网络、通信设备	4	51	建筑和农业机械	2
19	能源	9	36	管道运输	4	52	保健：医疗设施	2
20	专业零售	9	37	半导体、电子元件	4	53	纺织	2
21	航空	7	38	船务	4	54	食品：饮食服务业	1
22	化学品	7						
23	食品生产	7	39	计算机软件	3	55	油气设备与服务	1

数据来源：http://www.fortunechina.com/。

表 11－3 的全球前 100 强数据显示，跨国公司的外国资产和国外销售占比在近两年均超过 60%，跨国公司在国外的雇员占 50%以上，这说明跨国公司在一国的就业、贸易中占据着重要的地位。全球前 100 强跨国公司与母公司在发展中国家及转型经济体中的跨国公司相比较的数据表明了规模较大的跨国公司主要集中于发达经济体，发达经济体的跨国公司在资产、销售额以及雇员等方面均远超发展中国家的跨国公司。

表 11－3　2016～2017 年全球前 100 家非金融跨国公司　单位：十亿美元，千人，%

项目＼年份＼范围	全　球					发展中国家和转型经济体		
	2016	2017	2016～2017 变化	2018	2017～2018 变化	2016	2017	2016～2017 变化
资　产								
国　外	8 337	8 996	7.9	9 231	2.8	1 895	2 119	11.8
国　内	4 894	5 538	13.2	6 262	14.8	5 100	5 613	10.1
全　部	13 231	14 534	9.8	15 492	7.2	6 995	7 732	10.5

续表

项目＼年份＼范围	全球					发展中国家和转型经济体		
	2016	2017	2016～2017 变化	2018	2017～2018 变化	2016	2017	2016～2017 变化
外国资产占比	63	62	−1.1	60	−2.3	27	27	0.3
销售额								
国　外	4 765	5 200	9.1	5 587	8.1	1 535	1 897	23.6
国　内	2 737	2 817	2.9	3 790	35.5	2 066	2 537	22.8
全　部	7 502	8 017	6.9	9 377	18.1	3 601	4 433	23.1
国外销售额占比	64	65	1.3	60	−5.3	43	43	0.2
雇　员								
国　外	9 535	9 662	1.3	9 611	0.8	4 618	4 521	−2.1
国　内	6 920	7 037	1.7	7 876	13.8	8 622	8 652	0.4
全　部	16 455	16 699	1.5	17 488	6.3	13 240	13 174	−0.5
外国雇员占比	58	58	−0.1	55	−2.9	35	34	−0.6

数据来源：联合国. 世界投资报告 2019[R].

11.2　成为跨国企业的决定因素：企业生产率

国际贸易其实是国家之间的企业进行的贸易。事实表明，并非所有企业都会进行国际贸易，而参与国际贸易的企业也会有不同的表现。我们在本章第二节所介绍的国家层面的贸易理论假定企业都是同质的，而新新贸易理论则假设企业是异质性的，且企业异质性的一个重要来源是企业的生产率，其会影响企业是否选择出口及企业在贸易中的收益等。

11.2.1　企业生产率的计算

在现实生活中，并非所有企业都可以参与出口，即使在发达国家中，也只有少数企业会参与出口，阻止剩下的企业进入出口市场的一个重要因素是企业的生产率。我们可以将企业视为一个将投入转换为产出的生产函数，如我们熟悉的柯布-道格拉斯函数：$Y=AK^{\alpha}L^{\beta}$（其中，K 表示资本，L 表示劳动），我们关注的生产率就在 A 这个“黑匣子”里面。

下文所要讲的生产率其实是全要素生产率（Total Factor Productivity，TFP）。与单独的某一种生产率（如劳动生产率）不同，**全要素生产率就是企业的产出总量除以全部资源投入量**。一般来说，企业的经营者是知道自己企业的全要素生产率水平的，但经济学家却难以知道，因为企业经营者的认知很难设定统一的标准。所以，经济学家只能用已知的信息，间接地估计企业的全要素生产率。

根据前面提到的全要素生产率的定义，当我们将企业的产出总量和要素投入都取对数之后，我们可以将企业的生产函数写成下面的形式：

$$y_{it}=f(l_{it},\ k_{it},\ m_{it})+TFP_{it}+\varepsilon_{it}$$

其中，i 表示企业，t 表示时间，y_{it} 表示企业总产出的对数形式，l_{it}、k_{it}、m_{it} 分别表示企业劳动、资本和能源原材料等中间投入量的对数形式，TFP_{it} 是全要素生产率，ε_{it} 是随机误差项。

那么，要怎样根据上述生产函数估计出企业的全要素生产率（ω_{it}）呢？下面简要介绍几种估计方法。

第一种方法只考虑劳动力这一投入品，因此全要素生产率也即劳动生产率。根据全要素生产率的定义，企业的劳动生产率可以定义如下：

$$\text{劳动生产率}=\frac{\text{劳动总产出}}{\text{劳动总投入}}$$

将等式两边取对数，有：

$$\ln(\text{劳动生产率})=\ln(\text{劳动总产出})-\ln(\text{劳动总投入})$$

在这种假设下，企业的劳动生产率可以通过如下方法计算得到：

$$TFP_{it}^{1}=va_{it}-l_{it}$$

其中，TFP_{it}^{1} 表示企业 i 在时期 t 的劳动生产率；va_{it} 表示企业 i 在时刻 t 的附加值的对数形式[附加值（Added Value）是附加价值的简称，是在产品原有价值的基础上，通过生产过程中的有效劳动新创造的价值，即附加在产品原有价值上的新价值]；l_{it} 是劳动的投入，即雇佣劳动所花费的总工资。

第二种方法是假设生产投入品有劳动力、资本、材料三种，并且将生产函数假设为柯布-道格拉斯的扩展形式（即 $Y=AK^{\alpha_k}L^{\alpha_l}M^{\alpha_m}$）。根据全要素生产率的定义，取对数后，企业的全要素生产率可以表示为如下形式：

$$TFP_{it}^{3}=y_{it}-\alpha_l l_{it}-\alpha_k k_{it}-\alpha_m m_{it}$$

其中，y_{it} 表示企业总产出的对数形式，k_{it} 表示企业有形资本的对数形式，m_{it} 表示企业投入材料的对数形式。

第三种方法是考虑企业的五种投入品，除了劳动力、资本、材料之外，还考虑了能源和信息技术，全要素生产率可以写成如下形式：

$$TFP_{it}^{5}=y_{it}-\alpha_l l_{it}-\alpha_k k_{it}-\alpha_m m_{it}-\alpha_e e_{it}-\alpha_c c_{it}$$

其中，e_{it} 表示企业投入能源的对数形式，c_{it} 表示企业使用的信息技术的对数形式。

在现实研究中，使用较多的是考虑三种要素投入的全要素生产率。

需要注意的是，即使在同一个国家，不同企业之间的 TFP 也可能存在较大差异。图 11－1 是谢和克莱诺（2009）关于印度、中国、美国的 TFP 分布情况的分析，统计的年份分别为：印度 1994 年、中国 2005 年、美国 1997 年。从图中可

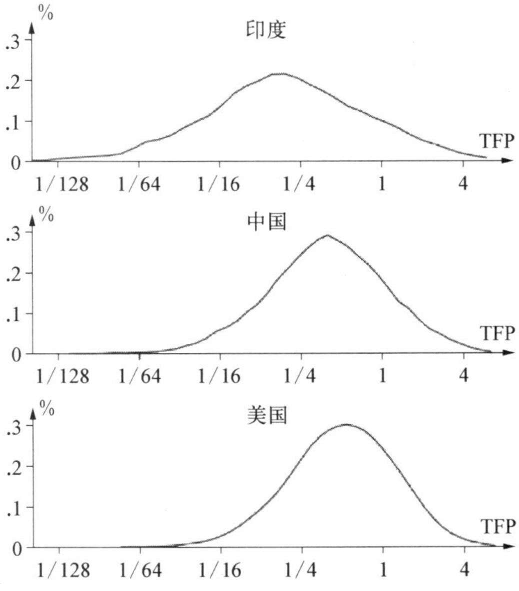

资料来源：谢和克莱诺（2009）。

图 11－1　印度、中国和美国的企业 TFP 分布

以看出，一个国家内不同企业的TFP存在很大差异，如印度企业中最高的TFP大于4，最小的TFP则接近0。图中横坐标表示TFP的值，纵坐标对应的是有多大比例的企业TFP为该值。从图中可以看到，中国企业与美国企业的TFP分布相较于印度企业更集中，且均值较高，理论上，中美企业生产率的差异较印度企业小，且平均生产率高于印度。该研究的作者指出，出现此结论可能是因为在中国的样本选择中，小型工厂的样本选的数量不够，小型工厂的TFP一般比较低，因此图中可能低估了中国TFP较低企业的比例，关于中国的结论可能失真。印度和美国的TFP分布则更加具有可比性，具体比较印度与美国企业TFP的分布曲线可以看到，印度TFP分布的左尾要厚于美国，也就是说，印度低TFP的企业更多，这也与印度经常用政策来扶持那些无效率的工厂相一致。

11.2.2 影响企业TFP的因素

到目前为止，TFP对我们而言仍是一个“黑匣子”，仅仅只看“黑匣子”的表面，我们很难知道是哪些因素导致了同一个国家不同企业之间的TFP差异。而这个问题对经济学而言，不仅仅局限于国际贸易领域，因为它还给我们指明了提高企业TFP的方向。下面总结了一些重要的影响企业TFP的因素：

第一个重要的因素是研发投入，一般简称R&D。已经有许多研究论证了研发投入可以带来技术进步，进而提高企业的TFP。例如，格里菲斯等(2004)利用12个OECD国家的行业面板数据检验了R&D对TFP的促进作用，认为R&D的影响有两种途径：一是直接通过创新促进增长，二是通过技术转移间接影响。但这一规律并不适用于所有企业，如胡(2005)将所有样本中的企业划分为高科技企业和非高科技企业两个样本之后，结果表明高科技企业的研发投入可以显著提高企业的生产率，而非高科技企业的研发投入对企业的生产率没有显著的影响。

第二个因素是人力资本。人力资本是指存在于人体之中的具有经济价值的知识、技能和体力(健康状况)等质量因素之和，我们所熟知的教育投资是人力投资的主要部分。人力资本可以提高企业的技术吸收能力，继而提高企业的生产水平，促进企业TFP的上升。人力资本的度量方式有企业员工平均受教育年限、研发人员占员工总数的比重等。从这个度量方式上可以看出，在讲人力资本的时候，其实更多强调的是技术人才。技术人才是指能够完成特定技术任务的人员，也就是已经掌握了特定技术的专业基础理论和基本技能，可以从事该技术领域的基本工作的人员。例如，在2018年各省份GDP增速的排名中，我国曾经重要的重工业基地——东北三省的GDP增速排名倒数，其经济下行的一个重要原因就是技术人才的流失，这导致企业的TFP也比较低，进而导致企业经营绩效差，企业对外来资本的吸引力较弱，使得企业经营业绩进一步变差，然后企业对技术人才的吸引力下降，如此恶性循环，东北经济难以出现快速增长。因此，在“振兴东北”的过程中，如何留住技术人才是一个值得思考的问题。

第三个因素是企业的管理水平。企业的管理能力主要从两个方面提升企业的TFP：一个方面是先进的管理能力可以让企业使用更精细、质量更好的投入品和更加复杂的加工技术来提升企业的生产效率。例如，当一家企业需要专业化的投入品时，这种投入品无法在公开市场上直接购买，而是需要与别的企业签订特定的生产合同，管理能力好的企业更容易寻找到生产特定投入品的厂商并且签订生产合同。另一方面是先进的管理能力可以让企业以更低的成本来加工投入品以及进行组装，如管理能力强的企业的不同生产环节的工人之间往往有更好的沟通，能更有效率地完成加工，降低生产成本。

那么，在实际应用中应该如何度量企业的管理能力呢？对于上市企业而言，可以衡量企业独立董事的人数，独立董事人数越多，意味着企业对经营的监控程度越强；也可以考虑企业的CEO 二元性，即董事长兼任 CEO 或独立董事，也就是权力集中度，CEO 二元性会降低董事会对管理层尤其是 CEO 本身的监督，弱化董事会的监督职能。独立董事人数和 CEO 二元性考虑的都是企业监督层面的管理能力。企业的管理能力也会体现在生产工程、晋升机制等方面。

相较之下，问卷调查是一个更为全面的度量方式，它可以多维度地考虑企业的管理能力，涉及的范围不仅仅局限于上市企业。问卷调查的缺陷在于成本高、耗时久、信息可能不准确等。

美国统计局曾在 2010 年的制造业年度调查中对大约 32 000 家制造业工厂的管理能力进行标准化评估，这些数据记录在管理和组织实践调查(MOPS)数据库。MOPS 一共包含 18 个问题，分为三个方面：

一是对企业的监控程度的评估，即企业是否频繁地、多维度地监控企业的绩效。图 11 - 2 是 MOPS 问卷上的第二题，问的是在 2005 年和 2010 年这家工厂使用了多少关键的绩效指标(包括生产指标、成本、损耗、质量、存货、能源、旷工率、按时交货等)来监控企业。指标越多，意味着工厂的监控力度越大。

2 In 2005 and 2010, how many key performance indicators were monitored at this establishment?

Examples: Metrics on production, cost, waste, quality, inventory, energy, absenteeism and deliveries on time.

Check one box for each year	2005	2010
1-2 key performance indicators	☐	☐
3-9 key performance indicators	☐	☐
10 or more key performance indicators	☐	☐
No key performance indicators (If no key performance indicators in both years, SKIP to 6)	☐	☐

图 11 - 2　MOPS 中企业监控程度的评估

二是对企业生产过程的评估，包含对企业生产设计、一体化以及实现等的评估。图 11 - 3 是问卷中的第八题，它问的是在这种工厂，有哪些人知道生产目标，知道的人越多，说明企业的生产过程越合理，得分越高，意味着企业的管理能力越强。

8 In 2005 and 2010, who was aware of the production targets at this establishment? *Check one box for each year*

	2005	2010
Only senior managers	☐	☐
Most managers and some production workers	☐	☐
Most managers and most production workers	☐	☐
All managers and most production workers	☐	☐

图 11 - 3　MOPS 中企业生产过程的评估

三是企业的激励机制，如企业是如何识别并奖励表现优异的员工以及企业如何识别并处罚表现欠佳的员工的。图 11 - 4 是问卷中的第十四题，它调查的是在一家工厂里，经理晋升的主要方式是什么。如果主要是通过经理的表现和能力，那么会认为这家工厂的激励机制很好；如果主要是通过任期、家庭关系等或者根本没有晋升机会，那么就会认为这家工厂的激励机制较差。

14 In 2005 and 2010, what was the primary way **managers** were promoted at this establishment?

Check one box for each year	2005	2010
Promotions were based solely on performance and ability	☐	☐
Promotions were based partly on performance and ability, and partly on other factors (for example, tenure or family connections)	☐	☐
Promotions were based mainly on factors other than performance and ability (for example, tenure or family connections)	☐	☐
Managers are normally not promoted	☐	☐

图 11－4　MOPS 中企业激励机制的评估

其中，关于对企业监控和生产过程的评估是对物质资本管理能力的评估，对激励机制的评估是对人力资本管理能力的评估，两者共同构成了企业的管理能力。

当我们将关注点放在提高一个行业乃至整个国家的生产率上时，我们应该怎么做呢？提升企业的生产率是一个很实用的思考角度，当企业的生产率普遍提高时，行业乃至整个国家的生产率也必然上升。我们还可以从另外一个角度思考问题，当一个行业或国家的生产率较低时，往往是由于生产率低的企业占有较大的比重，当这个比重降低时，总的生产率就能提高。降低这个比重的一个方法是资源重新配置，即将资源更多地向生产率高的企业倾斜，一些生产率低的企业则会退出市场。

11.3　是否成为跨国企业的战略选择

一般来说，企业既可以通过出口，即采取在国内生产，在国外销售的方式进入海外市场，也可以通过对外直接投资，在东道国开设工厂，直接开展生产销售活动的方式进入海外市场。一旦选择了后者，该企业就将成为跨国企业。因此，企业面临是否以对外直接投资方式成为跨国企业的问题。通常，作为一个理性的经济人，企业会从利润最大化的角度衡量两种进入方式的成本以及所带来的收入，选择利润较大的方式进入东道国。

11.3.1　模型设定

模型假设只有两个国家，母国 A 和东道国 B，用字母 i 表示国家，每个国家的总支出是 E_i。主要考虑三种类型的企业，第一种是只在国内生产并在国内销售的国内企业；第二种是仅在国内生产并向国外销售的出口企业；第三种是跨国企业，为了满足企业所在国的当地需求，在国内外均进行生产活动。此处用 j 表示企业类型，其中，d 代表国内企业、e 代表出口企业、m 代表跨国企业。

该模型假设市场是垄断竞争市场。以服装业为例，在服装市场中，每一家企业都生产不同款式的服装，生产的是独一无二的产品，这构成了产品的消费市场。消费者喜欢各种各样的服装，由于每家企业的服装不能完全替代，因此他们会从不同的企业购买产品，这形成了产品的需求市场。由于每家企业提供差异化的产品，因此每家企业在市场上都具有一定的垄断能力，可以设定自己的价格，价格较低的企业因为具有价格优势往往能售出更多产品。这一假设意味着每家企业都将拥有自己的市场份额，而该企业的价格高低影响着其拥有的市场份额。通常，我们通过需求函数将市场特征体现出来，企业不同产品的需求量与其价格相关。

企业的需求函数为：

$$X(p_j) = E_i p_j^{-\varepsilon} \tag{11-1}$$

企业的收入函数为：

$$R_j = p_j X(p_j) \tag{11-2}$$

其中，p_j 代表产品在不同市场的销售价格（p_d 代表国内产品的价格，p_e 代表出口企业出口产品的价格，p_m 代表产品在东道国的销售价格）；E_i 代表每个国家的总支出（E_A 代表母国的总支出，E_B 代表东道国的总支出）；ε 代表产品的需求价格弹性，在垄断竞争市场上，假定行业的产品需求价格弹性 $\varepsilon > 1$，ε 越大，需求对价格的变化就越敏感。

由于技术水平的不同，企业的生产效率往往也不同，如高新技术企业的生产率往往高于一般制造企业。为了研究问题的方便，模型中给定生产率 φ，每家企业的生产率相同。

企业的生产函数为：

$$X = \varphi l \tag{11-3}$$

其中，φ 代表生产率，l 代表公司雇佣的劳动人数。

通过企业的生产函数可以看出，在企业投入劳动力相同的情况下，企业的生产率越高，产出越大。当给定一国单位劳动力的工资水平（ω_i）时，通过等式（11－3）便可以表示企业的**边际成本**（Marginal Cost，MC）和**可变成本**（Variable Cost，VC）。边际成本即企业每多生产一单位产出需要支付的成本，可变成本是指在总成本中随产量的变化而变动的成本，两者的计算公式如下：

$$MC_j = \frac{\omega i}{\varphi} \tag{11-4}$$

$$V_j = XMC_j = X\frac{\omega_i}{\varphi} \tag{11-5}$$

企业在国内生产 $X(p_d)$ 单位产出的可变成本（V_d）为：

$$V_d = X(p_d)\frac{\omega_A}{\varphi}$$

企业在东道国生产 $X(p_m)$ 单位产出的可变成本（V_m）为：

$$V_m = X(p_m)\frac{\omega_B}{\varphi}$$

值得关注的是，出口企业用于出口的产品与企业当地销售的产品的可变成本是不一样的，因为出口企业的产品还将面对冰山成本，这一成本通常用 τ 来表示。冰山成本是指产品出口所需的额外可变成本。出口存在运输损耗，如果企业想让 1 单位产品到达目的地，往往需要在集装箱里装上 $1+\tau$ 单位产品，所以企业出口 $X(p_e)$ 单位产品的可变成本可以表示为：

$$V_e = X(p_e)\frac{\omega_A}{\varphi}(1+\tau)$$

除了可变成本外，企业的生产活动还需承担一定的不变成本，也就是如厂房、设备等的**固定成本**(Fixed Cost, FC)。固定成本用 F_j 表示，F_d 表示国内生产所需的固定成本，F_e 表示出口所需的固定成本，F_m 表示海外生产的固定成本。

企业总成本为可变成本和固定成本的和，表示为：

$$C_j = V_j + F_j \tag{11-6}$$

其中，$C_d = X(p_d)\frac{\omega_A}{\varphi} + F_d$，$C_e = X(p_e)\frac{\omega_A}{\varphi}(1+\tau) + F_e$，$C_m = X(p_m)\frac{\omega_B}{\varphi} + F_m$。

企业总成本函数(11－6)结合收入函数(11－2)，可以得出利润函数：

$$\pi^j(p_j) = p_j X(p_j) - C_j \tag{11-7}$$

假设企业都是以利润最大化为目标的，接下来，我们将分别对三种企业进行分析，进行利润的最大化求解，解释为什么企业会选择对外直接投资。

11.3.2 国内企业：只在国内生产并且只在国内销售

国内企业的总收入为：

$$R_d = p_d X(p_d)$$

总成本为：

$$C_d = X(p_d)\frac{\omega_A}{\varphi} + F_d$$

利润为：

$$\pi^d = p_d X(p_d) - X(p_d)\frac{\omega_A}{\varphi} - F_d$$

化简利润函数，并将需求函数(11－1)代入上式，可得：

$$\pi^d = \left(p_d - \frac{\omega_A}{\varphi}\right)E_A p_d^{-\varepsilon} - F_d \tag{11-8}$$

从利润函数(11－8)可以看出，企业唯一能决定的就是价格 p。因此，企业要通过选定价格 p 来使国内利润最大化。在垄断竞争市场上，企业实现利润最大化的条件是企业边际收益等于边际成本。当边际成本小于边际收益时，企业可以通过不断增加产量来增加利润，直至边际收益等于边际成本；而当边际成本大于边际收益时，意味着企业每多生产一单位产品，其收益小于其成本，利润随着产量的增加反而会下降，所以企业会减少产量以增加利润，直到边际收益等于边际成本。

根据企业在国内市场的收入 $R_d = p_d X(p_d)$，企业收入对生产量求导：

$$MR_d = \frac{\mathrm{d}R_d}{\mathrm{d}X(p_d)} = \frac{\mathrm{d}R_d}{\mathrm{d}p_d} \times \frac{\mathrm{d}p_d}{\mathrm{d}X(p)}$$

$$= (1-\varepsilon)E_A p_d^{-\varepsilon} \times \left(-\frac{p^{\varepsilon+1}}{E_A\varepsilon}\right)$$

$$= p_d \frac{\varepsilon-1}{\varepsilon}$$

边际成本为：

$$MC_d = \frac{\omega_A}{\varphi}$$

令 $MR_d = MC_d$，可得：

$$p_d \frac{\varepsilon-1}{\varepsilon} = \frac{\omega_A}{\varphi}$$

化简后得国内价格：

$$p_d = \frac{\varepsilon}{\varepsilon-1} \times \frac{\omega_A}{\varphi} \tag{11-9}$$

将(11－9)代入利润公式(11－8)，得：

$$\pi^d(p_d) = \frac{E_A}{\varepsilon}\left(\frac{\varepsilon}{\varepsilon-1}\frac{\omega_A}{\varphi}\right)^{1-\varepsilon} - F_d \tag{11-10}$$

11.3.3 出口企业：在国内生产并向国外销售

出口企业在国内市场和国外市场都销售时，收入和成本需要考虑两个部分，一个部分是企业在国内进行销售的收入和成本，另一个部分是企业将国内生产的商品出口到国外的收入和成本。

出口企业的总收入为：

$$R_e = p_d X(p_d) + p_e X(p_e)$$

总成本为：

$$C_e = X(p_d)\frac{\omega_A}{\varphi} + X(p_e)\frac{\omega_A}{\varphi}(1+\tau) + F_d + F_e$$

利润为：

$$\pi^e(p_e) = p_d X(p_d) + p_e X(p_e) - X(p_d)\frac{\omega_A}{\varphi} - X(p_e)\frac{\omega_A}{\varphi}(1+\tau) - F_d - F_e \tag{11-11}$$

企业在其边际成本等于边际收益时，利润最大。同理可得，出口企业利润最大化的国内销售价格 $p_d = \frac{\varepsilon}{\varepsilon-1} \times \frac{\omega_A}{\varphi}$ 以及国外销售价格 $p_e = \frac{\varepsilon}{\varepsilon-1} \times \frac{\omega_A}{\varphi}(1+\tau)$。将售价代入利润公式(11－11)，化简得：

$$\pi^e(\varphi) = \frac{E_A}{\varepsilon}\left(\frac{\varepsilon}{\varepsilon-1} \times \frac{\omega_A}{\varphi}\right)^{1-\varepsilon} + \frac{E_B}{\varepsilon}\left[\frac{\varepsilon}{\varepsilon-1} \times \frac{\omega_A}{\varphi}(1+\tau)\right]^{1-\varepsilon} - F_d - F_e \tag{11-12}$$

11.3.4 跨国企业：在国内外均进行生产销售活动

跨国企业是通过在海外投资设厂的方式进入东道国市场，在国内市场和国外市场均进行生产销售活动，所以在表示跨国企业的收入和成本时，要考虑国内和国外两个部分。

跨国企业的总收入为：

$$R_m = p_d X(p_d) + p_m X(p_m)$$

总成本为：

$$C_m = X(p_d)\frac{\omega_A}{\varphi} + X(p_m)\frac{\omega_B}{\varphi} + F_d + F_m$$

利润为：

$$\pi^m(p_m) = p_d X(p_d) + p_m X(p_m) - X(p_d)\frac{\omega_A}{\varphi} - X(p_m)\frac{\omega_B}{\varphi} - F_d - F_e \quad (11-13)$$

通过边际成本等于边际收益原则，可得跨国企业利润最大化的国内销售价格 $p_d = \frac{\varepsilon}{\varepsilon-1}\times\frac{\omega_A}{\varphi}$，国外销售价格 $p_m = \frac{\varepsilon}{\varepsilon-1}\times\frac{\omega_B}{\varphi}$。将价格代入利润方程(11－13)，化简可得：

$$\pi^m(\varphi) = \frac{E_A}{\varepsilon}\left(\frac{\varepsilon}{\varepsilon-1}\times\frac{\omega_A}{\varphi}\right)^{1-\varepsilon} + \frac{E_B}{\varepsilon}\left(\frac{\varepsilon}{\varepsilon-1}\times\frac{\omega_B}{\varphi}\right)^{1-\varepsilon} - F_d - F_m \quad (11-14)$$

11.3.5 出口企业与跨国企业的比较

得出出口企业和跨国企业的利润公式后，便可以通过这两个公式来探究企业为什么选择对外直接投资。为了更直观地对企业进入东道国的两种方式进行比较，两个公式表示如下：

出口企业利润：

$$\pi^e(\varphi) = \frac{E_A}{\varepsilon}\left(\frac{\varepsilon}{\varepsilon-1}\times\frac{\omega_A}{\varphi}\right)^{1-\varepsilon} + \frac{E_B}{\varepsilon}\left[\frac{\varepsilon}{\varepsilon-1}\times\frac{\omega_A}{\varphi}(1+\tau)\right]^{1-\varepsilon} - F_d - F_e$$

跨国企业利润：

$$\pi^m(\varphi) = \frac{E_A}{\varepsilon}\left(\frac{\varepsilon}{\varepsilon-1}\times\frac{\omega_A}{\varphi}\right)^{1-\varepsilon} + \frac{E_B}{\varepsilon}\left(\frac{\varepsilon}{\varepsilon-1}\times\frac{\omega_B}{\varphi}\right)^{1-\varepsilon} - F_d - F_m$$

两者的国内利润部分是一样的，所以在对这两种方式的利润进行比较时，可以减掉其国内利润。出口企业在东道国销售产品，其在国外市场上的利润 $\Delta\pi^e(\varphi) = \frac{E_B}{\varepsilon}\left[\frac{\varepsilon}{\varepsilon-1}\times\frac{\omega_A}{\varphi}(1+\tau)\right]^{1-\varepsilon} - F_e$；跨国企业在国外市场上的最终利润 $\Delta\pi^m(\varphi) = \frac{E_B}{\varepsilon}\left(\frac{\varepsilon}{\varepsilon-1}\times\frac{\omega_B}{\varphi}\right)^{1-\varepsilon} - F_m$。通过比较两者的大小，可以对企业究竟选择以出口方式进入东道国还是选择以对外直接投资方式进入东道国做出判断。

综上所述，企业之所以会选择对外直接投资方式进入东道国，是因为对外直接投资能够使企业获得更多利润。所以，当企业选择以出口方式进入东道国市场获取的利润高于以对外直接投资方式进入东道国获取的利润时，企业会选择出口；反之，企业会选择以对外直接投资的方式进入东道国市场。

11.4 跨国企业对外直接投资方式的战略选择

在第三章中，我们了解到，如果企业选择对外直接投资，那从是否设立新企业的角度，有并购与新建两种投资方式供选择。对于这两种模式，一种模式的优点便是另一种模式的缺点，一种模式的缺点便是另一种模式的优点。考虑到这两种模式各有特点，企业在进行对外直接投资时，往往会提前评估自身面临的内部环境和外部环境。

一般来说，从内部环境的角度出发，企业会考虑以下四个基本因素：

第一，自身拥有的技术、商标、商誉等资源。拥有新技术、著名商标等资源的企业通常会选择新建的方式进入东道国市场，因为通过新建，企业可以确保经营控制权；而没有特殊资源的企业大多采取并购的方式进入东道国市场，主要是为了获取被并购企业在技术和管理等方面的优势。

第二，自身的发展战略。如果采取多样化的经营战略，那么并购是实现产品多样化最合适的方法；而对于那些希望扩大市场占有率的企业来说，则会选择新建方式。

第三，自身的国际经营经验。由于并购进入的不确定性较小，缺少国际经营经验的企业往往倾向于采取并购的方式进入国际市场，以减少进入国际市场的失误；而经验较丰富的企业倾向于采取新建的方式进入东道国。

第四，自身的增长率情况。当企业处于高速增长期时，迅速对外扩张亟须训练有素的管理人员和技术人员，企业原有的资源可能不足，这种情况下，很多企业不得不采用并购的方式进入东道国，以利用被并购企业现有的人力资源解决人才缺乏的问题。

从企业所面对的外部环境的角度出发，企业会考虑的四个基本因素如下：

首先是东道国的经济发展水平。企业往往会采取并购的方式进入经济发达、工业化程度高的国家和地区，因为这些国家和地区的企业的管理和技术水平较高，并购后改造和调整的成本较小；而在经济落后的国家，改造成本、运行成本不确定，企业一般会选择新建方式进入。

其次是东道国的外资政策。多数东道国政府欢迎外国企业通过新建的方式在当地投资设厂，而对外资并购本地企业进行限制。这主要是因为各国普遍认为，新建能带来更多先进技术和管理经验，有利于扩大就业；而并购可能会削弱市场竞争，导致垄断。

再次是市场的增长情况。对于具有较高成长率的企业来说，其倾向于采取并购方式迅速进入目标市场。

最后是市场的竞争态势。对于竞争激烈的目标市场，企业会采取并购的方式进入，因为这种市场很难通过新建方式进入并取得市场份额。

表 11-4　　跨国并购和绿地投资的选择

方　式	企业的内部环境	企业的外部环境
并　购	① 企业拥有的技术、商标、商誉等资源状况：少 ② 企业的发展战略：纵向拓展 ③ 国际经营经验：少 ④ 企业增长率：快速增长	① 东道国经济发展水平：高 ② 东道国外资政策：排斥 ③ 市场增长：快 ④ 竞争态势：激烈

续表

方　式	企业的内部环境	企业的外部环境
新　建	① 企业拥有的技术、商标、商誉等资源状况：多 ② 企业的发展战略：横向拓展 ③ 国际经营经验：丰富 ④ 企业增长率：平稳	① 东道国经济发展水平：低 ② 东道国外资政策：欢迎 ③ 市场增长：慢 ④ 竞争态势：平缓

总之，对于选择并购还是新建，企业应根据自身所处的内外部环境做出决策。例如，当企业试图进入一个运行良好的市场时，如果其竞争对手刚好也在这个市场上谋取地位，那么对该企业来说，并购是比较好的选择；但如果该企业的竞争优势建立在组织内在的能力和文化基础上，那么新建依然是不错的选择。

本章总结

本章阐述了跨国企业的定义，并以生产率为切入口，通过数学模型的方式分析了什么样的企业可以成为跨国企业，什么样的企业更适合出口而非对外直接投资，什么样的企业不适合从事跨国运营。对于跨国企业的对外直接投资方式——并购和绿地投资，本章也进行了分析，并且阐述了其战略选择的依据与优缺点。

重要概念

1. **独资企业**（Sole Proprietorship）是指个人出资经营、归个人所有和控制、由个人承担经营风险和享有全部经营收益的企业。

2. **合伙制企业**（Partnership）即两人或两人以上按照协议投资，共同经营、共负盈亏的企业。

3. **股份制企业**（Joint-stock Company）是指企业的财产由两个或两个以上出资者共同出资，并以股份形式构成的企业。

4. **非营利组织**（Non-profit Organizations）是指不以营利为目的的组织。

5. **国有企业**（State-owned Enterprise）由国家对其资本拥有所有权或者控制权，政府的意志和利益决定了国有企业的行为。

6. **跨国公司**（Multinational Enterprise，MNE）是国际商务活动的主体，可以指持有外国某公司10%及以上具有表决权股票的公司。

7. **全要素生产率**（Total Factor Productivity，TFP）是指企业的产出总量除以全部资源投入量。

复习与思考

1. 2018年9月2日，“2018中国企业500强”对外公布。打开榜单分析报告，中国大企业上榜世界500强的数量从2017年的115家增至120家，仅比美国上榜企业数量少6家，稳居世界第二；排行榜上中国内地企业的数量约是10年前的3倍。“我国已有部分企业在一些产品和技术方面达到世界一流水平，但在人才、品牌、文化、商业模式等方面，特别是创新能力、标准话语权、国际公认度等方面，真正成为世界一流的企业仍然为数不多。争创世界一流企业任重道远，需要我们敢做善为、奋起直追。”中国企业联合会、中国企业家协会会长王忠禹说。你认为我国的跨国企业质与量如何？我国何类企业更容易成为跨国企业？

2. 2019 年 7 月 22 日，《财富》发布了世界 500 强 2019 年排行榜。这份榜单中，中国大企业数量首次与美国并驾齐驱，其中在制药企业方面，中国有两家企业入围，分别是中国华润有限公司（简称“华润”）和中国医药集团（简称“中国医药”）。对比 2018 年，这两家企业的排名皆超越了多数跨国制药企业。但回到赚钱能力上，华润实现营业收入 919.86 亿美元，实现利润 34.75 亿美元，其旗下的主要制药板块——华润医药 2018 年全年营收仅超 1 800 亿港元；中国医药 2018 年仅实现利润 8.84 亿美元。而榜上的其他 9 家跨国药企中，4 家 2018 年利润超过 100 亿美元，4 家 2018 年利润超过 40 亿美元。你认为我国跨国药企要保证其跨国经营的盈利性，应该从哪些方面努力？

参考文献

[1] 保罗·克鲁格曼,茅瑞斯·奥伯斯法尔德. 国际经济学(上、下册)[M]. 6 版. 北京：中国人民大学出版社,2006.

[2] 陈波,贺超群. 出口与工资差距：基于我国工业企业的理论与实证分析[J]. 管理世界,2013(8)：6—15.

[3] 程大中,郑乐凯,魏如青. 全球价值链视角下的中国服务贸易竞争力再评估[J]. 世界经济研究,2017(5).

[4] 戴相龙. 关于金融全球化问题[J]. 金融研究,1999(1).

[5] 大卫·李嘉图. 政治经济学及赋税原理[M]. 北京：商务印书馆,1979.

[6] 邓继光. 经济全球化冲击下的民族产业安全——从民族品牌被并购的角度来看[J]. 毛泽东邓小平理论研究,2008(10)：56—58+84.

[7] 丁浩员,曹姝劼. 出口贸易与企业内收入不平等——基于 2005—2013 年中国上市公司的面板数据分析,2019.

[8] 董锁成,黄永斌,李泽红,石广义,毛琦梁和李俊等. 丝绸之路经济带经济发展格局与区域经济一体化模式[J]. 资源科学,2014,36(12),2451—2458.

[9] 格里芬·普斯泰. 国际商务[M]. 5 版. 北京：中国人民大学出版社,2008.

[10] 韩国文等. 金融市场学[M]. 北京：清华大学出版社,2014.

[11] 韩玉军. 国际商务[M]. 2 版. 北京：中国人民大学出版社,2017.

[12] 侯景新. 论区域文化与经济发展的相关关系[J]. 生产力研究,2003(1)：145—147.

[13] 江小涓,李蕊. FDI 对中国工业增长和技术进步的贡献[J]. 中国工业经济,2002(7)：5—16.

[14] 康江江,张凡,宁越敏. 苹果手机零部件全球价值链的价值分配与中国角色演变[J]. 地理科学进展,2019,38(3)：395—406.

[15] 雷光勇,刘茉,曹雅丽. 宗教信仰、政治身份与企业投资偏好[J]. 财经研究,2016,42(06)：110—120.

[16] 李东阳. 当代西方国际投资学[M]. 辽宁：东北财经大学出版社,1994.

[17] 李路,贺宇倩,汤晓燕. 文化差异、方言特征与企业并购[J]. 财经研究,2018,44(6)：140—152.

[18] 李文和. 从乡村小店到零售大鳄——纵论沃尔玛的扩张之路[J]. 当代经济(下半月),2007(08)：14—15.

[19] 李向阳. 全球化时代的区域经济合作[J]. 世界经济,2002(5)：3—9.

[20] 李向阳. 新区域主义与大国战略[J]. 国际经济评论,2003(4).

[21] 梁福. 温州民营企业管理模式转型——基于信任文化视角[J]. 商情，2013(31)：191—193.

[22] 刘金全，张菀庭，徐宁. 资本账户开放度、货币政策独立性与汇率制度选择：三元悖论还是二元悖论？[J]. 世界经济研究，2018(05)：3—13+64+135.

[23] 李瑞林，骆华松. 区域经济一体化：内涵、效应与实现途径[J]. 经济问题探索，2007(1)，52—57.

[24] 孟庆民. 区域经济一体化的概念与机制[J]. 开发研究，2001(02)，47—49.

[25] 彭维刚. 全球商务[M]. 北京：中国人民大学出版社，2016.

[26] 沈坤荣，耿强. 外国直接投资的外溢效应分析[J]. 金融研究，2000(3)：103—110.

[27] 沈利生，唐志. 对外贸易对我国污染排放的影响——以二氧化硫排放为例[J]. 管理世界，2008(6).

[28] 宋冬林，李政. 文化基因、信任模式与中国家族企业的管理专业化及国际化[J]. 北方论丛，2007(3)：134—140.

[29] 彭作和，朱自强. 产品生命周期模型在国际贸易中的应用[J]. 上海理工大学学报，2000，22(4).

[30] 宿景昌. 论区域经济一体化组织的类型、作用及发展趋势[J]. 山东教育学院学报，2000，15(6)：1—6.

[31] 武芳. 非洲地区一体化进程的发展与挑战[J]. 国际经济合作，2017(12)：10—15.

[32] 伍永刚. 小岛清对外直接投资理论中若干问题的剖析[J]. 南开经济研究，1996(4).

[33] 希尔·查尔斯. 国际商务[M]. 9 版. 王蔷等，译. 北京：中国人民大学，2013.

[34] 徐苏江. 英美及我国外汇市场结构的比较分析[J]. 新金融，2016(01)：21—26.

[35] 亚当·斯密. 国民财富的性质和原因的研究[M]. 北京：商务印书馆，1979.

[36] 于正志，童志远. 沃尔玛的国际扩张模式研究[J]. 黑龙江对外经贸，2006(03)：75—77+81.

[37] 王小鲁，樊纲，余静文. 中国分省份市场化指数报告：2016[M]. 北京：社会科学文献出版社，2017.

[38] 张小蒂，赵榄. 基于渠道控制的市场势力构建模式特征分析——以沃尔玛为例[J]. 中国工业经济，2009(2)：131—140.

[39] 张伊丽. 日本外汇保证金市场的发展及其对中国的启示[J]. 现代日本经济，2016(01)：32—41.

[40] 张中元. 论全球化、政治稳定性对经济增长的影响[R]. 世界经济与政治，2014(4).

[41] 赵媛，诸嘉. 区域经济一体化的动力机制及组织类型[J]. 世界地理研究，2007，16(3)：1—7.

[42] 周先波，李钜威，扬逢利. 关于全球化对经济增长的边际影响——基于面板数据模型非参数估计的分析[J]. 世界经济研究，2009(3).

[43] Alvarez R., Fuentes R.. *Trade Reforms and Manufacturing Industry in Chile* [M]//Structure and Structural Change in the Chilean Economy. Palgrave Macmillan UK, 2006.

[44] Alvarez R., Robertson R.. Exposure to Foreign Markets and Plant-level Innovation: Evidence from Chile and Mexico[J]. *The Journal of International Trade &*

Economic Development, 2004, 13(1): 57—87.

[45] Bernard A. B., Jensen J. B., Redding S. J., et al. Firms in International Trade [J]. *Journal of Economic Perspectives*, 2007, 21(3): 105—130.

[46] Bloom N., Manova K., Reenen J. V., Sun S. T., Yu Z. H.. Managing Trade: Evidence from China and the US[J]. *NBER Working Paper* No. 24718, 2018.

[47] Brooks E. L.. Why Don't Firms Export More? Product Quality and Colombian Plants[J]. *Journal of Development Economics*, 2006, 80(1): 160—178.

[48] Cinnirella F., Streb J.. The Role of Human Capital and Innovation in Economic Development: Evidence from Post-Malthusian Prussia[J]. *Journal of Economic Growth*, 2017, 22(2): 193—227.

[49] Hsieh, C. T., Klenow, P. J.. Misallocation and Manufacturing TFP in China and India[J]. *The Quarterly Journal of Economics*, 2009, 124(4): 1403—1448.

[50] Davidson W. H.. The Location of Foreign Direct Investment Activity: Country Characteristics and Experience Effects[J]. *Journal of International Business Studies*, 1980, 11(2): 9—22.

[51] Ding, H., Jin, Y., Liu, Z. and Xie, W.. The Relationship between International Trade and Capital Flow: A Network Perspective[J]. *Journal of International Money and Finance*, 2018.

[52] H. Ding, H. Fan, L. . Shu. Connect to Trade[J]. *Journal of International Economics*, 2017: 110.

[53] Dunning J. H.. Trade, Location of Economic Activity and the MNE: A Search for an Eclectic Approach[J]. *International Allocation of Economic Activity*, 1977(1023): 203—205.

[54] Eaton J., Kortum S., Kramarz F.. Dissecting Trade: Firms, Industries and Export Destinations[J]. *American Economic Review*, 2004, 94(2): 150—154.

[55] Ederington, Josh. International Coordination of Trade and Domestic Policies[J]. *American Economic Review*, 2001, 91(5): 1580—1593.

[56] E. U. How the European Union Works[M]. EU Book Shop, 2013.

[57] Friedman T. L.. The World is Flat: A Brief History of the Twenty-first Century [J]. *International Journal*, 2007, 9(1): 67—69.

[58] Griffith R., Stephen Redding and John Van Reenen. Mapping the Two Faces of R&D: Productivity Growth in a Panel of OECD Industries[J]. *Review of Economics & Statistics*, 2004, 86(4): 883—895.

[59] Guiso L., Sapienza P., Zingales L.. The Role of Social Capital in Financial Development[J]. *American Economic Review*, 2004, 94(3): 526—556.

[60] Helpman E., Marc Melitz and Yona Rubinstein. Estimating Trade Flows: Trading Partners and Trading Volumes[J]. *Quarterly Journal of Economics*, 123(2): 441—487.

[61] Hu A. G. Z., Jefferson G. H., Jinchang Q.. R&D and Technology Transfer: Firm-level Evidence from Chinese Industry[J]. *Review of Economics and Statistics*, 2005,

87(4): 780—786.

[62] Keller W., Olney W. W.. Globalization and Executive Compensation[R]. National Bureau of Economic Research, 2017.

[63] Kogut B.. Designing Global Strategies: Profiting from Operating Flexibility[J]. *Thunderbird International Business Review*, 2010, 28(1): 15—17.

[64] Kimura F., Kiyota K.. Exports, FDI, and Productivity: Dynamic Evidence from Japanese Firms[J]. *Review of World Economics*, 2006, 142(4): 695—719.

[65] Kojima, Kiyoshi. A Macroeconomic Approach to Foreign Direct Investment[J]. *Hitotsmbash Journal of Economics*, 1973(6): 156—187.

[66] Kojima, Kiyoshi, Ozawa, Terutomo. Micro And Macro Economic Models of Direct Foreign Investment — toward a Synthesis[J]. *Hitotsubashi Journal of Economics*, 1984, 25: 1—20.

[67] Krugman P. R.. What Do Undergrads Need to Know about Trade? [J]. *American Economic Review*, 1993, 83(2): 23—26.

[68] Mayer T., Ottaviano GIP. The Happy Few: the Internationalisation of European Firms. New Facts Based on Firm-level Evidence. Bruegel Blueprint Series [J]. *Intereconomics*, 2007, 43(3): 135—148.

[69] Yue M. A., Baozhi Q. U., Zhang Y.. Institutional Barriers Trade and Product Complexity: Empirical Evidence at the Firm Level [M]. *Review of International Economics*, 2011.

[70] Metthee. Playing a Large Part[J]. *Seattle Post-intelligencer*, 1994(4): 13.

[71] Morgan, Eleanor J.. A Decade of EC Merger Control[J]. *International Journal of the Economics of Business*, 2001, 8(3): 451—473.

[72] North, D.. Institutions, Institutional Change and Economic Performance[M]. Cambridge: The University Press, 1990.

[73] Nunn N.. Relationship-specificity, Incomplete Contracts and the Pattern of Trade [J]. *Quarterly Journal of Economics*, 2007, 122(2): 569—600.

[74] Peter J.. Buckley and Mark C.. Casson. The Future of the Multinational Enterprises[M]. 1st. UK: Palgrave Macmillan, 1976.

[75] Porta R. L., Lopez-De-Silane F., Shleifer A., et al.. Law and Finance[J]. *NBER Working Papers*, 1996, 106(6): 1113—1155.

[76] Rajan R. G., Zingales L.. Financial Dependence and Growth[J]. *Social Science Electronic Publishing*, 1998, 88(3): 559—586.

[77] Rily A.. The Single Market Ten Years on[J]. *European Policy Analyst*, 2002(12): 65—72.

[78] Stephen H. Hymer. The International Operations of National Firms: A Study of Direct Foreign Investment[J]. *Journal of International Business Studies*, 1977, 4(4): 391—195.

[79] Vernon R.. International Investment and International Trade in the Product Cycle [J]. *International Executive*, 1966, 8(4): 16.

[80] Xie W., Ding H., Chong T.. The Nexus between Social Capital and Bank Risk Taking[J]. *Journal of Risk and Financial Management*, 2016, 9(3): 9.

[81] H. Ding, H. Fang, S. Lin and K. Shi. Equilibrium Consequences of Corruption on Firms: Evidence from China's Anti-Corruption Campaign[R]. Presented at NBER-CCER Conference, 2017.

[82] Dixit A. K., Stiglitz J. E.. Monopolistic Competition and Optimum Product Diversity[J]. *The American Economic Review*, 1977, 67(3): 297—308.

[83] Hennart J. F.. What is Internalization? [J]. *Review of World economics*, 1986, 122(4): 791—804.

[84] Bai C. E., Lu J., Tao Z.. The Multitask Theory of State Enterprise Reform: Empirical Evidence from China[J]. American Economic Review, 2006, 96(2): 353—357.

[85] Manova K.. Credit Constraints, Heterogeneous Firms, and International Tade [J]. *Review of Economic Studies*, 2013, 80(2): 711—744.

[86] Rugman, Alan M., ed.. International Business: Theory of the Multinational Enterprise[M]. Vol. 1. Taylor & Francis, 2002.

[87] Vernon R.. International Investment and International Trade in the Product Cycle [J]. International Executive, 1966, 8(4): 16—16.

[88] Wilk R.. The Local and the Global in the Political Economy of Beauty: from Miss Belize to Miss World[J]. *Review of International Political Economy*, 1995, 2(1): 117—134.